"十三五"高等院校应用型人才培养规划教材

U0750454

会计电算化原理与实务

（第 2 版）

主　编　周　阅　张　倩
副主编　张　力　熊晓梅　张　煜
　　　　唐影华　孙桂春

北京理工大学出版社
BEIJING INSTITUTE OF TECHNOLOGY PRESS

内 容 简 介

本书主要讲述会计电算化的基本原理、会计软件的操作应用和会计电算化后的管理。

全书共分十章，第一章、第二章为基本原理部分，主要讲述会计电算和会计软件相关的、必要的基本原理、基础知识；第三章至第八章为财务软件操作应用部分，主要以用友 ERP-U8 为例讲述账务、报表、往来、工资、固定资产、供应链等业务的处理方法，并有配套的以岗位能力为训练目的的实训案例；第九章为会计电算化管理部分，主要讲述会计电算化后的管理方法，包括会计电算化的组织及岗位、内部控制、使用与维护和档案管理；第十章为综合实训，方便实践教学时使用。

本书适用于高等院校会计类及其他相关经济管理专业的教学，也可作为社会自学人士和从业人士的参考用书。

图书在版编目（CIP）数据

会计电算化原理与实务 / 周阅，张倩主编. —2 版. —北京：北京理工大学出版社，2017.2
（2017.3 重印）
ISBN 978-7-5682-0512-2

Ⅰ．①会…　Ⅱ．①周…　②张…　Ⅲ．①会计电算化-高等学校-教材　Ⅳ．①F232

中国版本图书馆 CIP 数据核字（2017）第 007400 号

出版发行 / 北京理工大学出版社有限责任公司
社　　　址 / 北京市海淀区中关村南大街 5 号
邮　　　编 / 100081
电　　　话 / （010）68914775（总编室）
　　　　　　（010）82562903（教材售后服务热线）
　　　　　　（010）68948351（其他图书服务热线）
网　　　址 / http://www.bitpress.com.cn
经　　　销 / 全国各地新华书店
印　　　刷 / 北京国马印刷厂
开　　　本 / 787 毫米×1092 毫米　1/16
印　　　张 / 19.5
字　　　数 / 458 千字
版　　　次 / 2017 年 2 月第 2 版　2017 年 3 月第 2 次印刷
定　　　价 / 44.80 元

责任编辑 / 周　磊
文案编辑 / 周　磊
责任校对 / 周瑞红
责任印制 / 李志强

再 版 前 言

21 世纪，信息化的浪潮扑面而来，各行各业都面临信息化的冲击与洗礼。会计工作作为经济社会领域的重要方面，使会计电算化进一步普及并向会计信息化方向发展。社会对会计电算化人员的需求数量在稳步增长，对会计从业人员的会计电算化能力也提出了更高的要求。

会计电算化是建立在会计学、管理学、系统工程学、计算机科学、数据库技术、信息技术等基础之上的一门综合性、边缘性学科。经济越发展，会计越重要。社会经济的飞速发展和经济信息的爆炸式增长对会计提出了更新、更高的要求，信息技术的进步为会计插上了腾飞的翅膀，会计电算化在企业经营管理中的重要作用越来越突现。这一切都表明，具备扎实过硬的会计电算化能力是新世纪会计从业人员的必备武器。

本书依据新企业会计准则，按照会计工作流程和岗位能力需求，结合用友 ERP-U8 组织编写。全书本着理论必要够用、技能扎实过硬的原则，充分贯彻"做中学"的理念，以工作过程为导向、岗位能力为本位，特色鲜明，优势突出，是一部针对性和实用性极强的高职高专教材。本书各实践篇章均配有针对岗位的实训资料，并提供了系统的综合实训资料，能很好满足基于工作过程、以能力为本位的高等职业教育人才培养需求。

本书具有如下特色：

1. 依据新企业会计准则，按照会计电算化应用型人才实际需求，以工作过程为导向，以能力为本位，本着电算理论必要够用、电算技能扎实过硬的原则组织编写。

2. 较好地避免了有的教材偏重理论而对技能重视不够，导致实用性不强的问题；也较好地解决了部分教材忽略理论而使学生进一步学习困难的矛盾。即较好地解决了理论的深涩难懂和实践操作的手册化。

3. 软件应用部分选择了成熟、应用广泛的用友软件 ERP-U8 为代表，这能使学生毕业后较快适应岗位需求。同时也注重了软件基本原理和功能的讲述，能较好地培训学生对不同财务软件的应变能力。

4. 分岗位按流程开展实训，各实践篇章均配备了相应的实训案例，同时还配有综合实训的案例。

本书由周阅担任第一主编，张倩担任第二主编，张力、熊晓梅、张煜、唐影华、孙桂春担任副主编，刘小刚、郑丹华、庄晓欧参加了编写。全书由周阅负责设计体系结构和拟定编写大纲，并负责对全书进行修改、补充、统撰和最后审定。

本书在编写过程中受到各参编学校的领导和北京理工大学出版社的大力支持和帮助，在此表示诚挚的谢意。

本书虽精心组织策划，严谨编撰，但由于时间仓促、能力有限，编写过程中难免有疏漏与不足之处，恳请读者理解并批评、指正。

编 者

目 录

会计电算化概述

通过对本章相关知识的学习，了解会计电算化的发展历程、发展现状和发展趋势；明确会计电算化的特点，特别是明确会计电算化与手工会计的异同；掌握会计电算化、会计数据、会计信息等概念；理解认识电算化会计信息系统的结构，为学好以后章节打下基础。

具备会计电算化的发展、特点、基本概念、与手工会计的比较以及电算化会计信息系统的认知能力。

第一节　会计电算化的起源和发展

进入 21 世纪以来，我国社会经济的迅速发展，资本市场的发展壮大，会计与国际接轨，企事业单位会计电算化程度的不断提高，对会计工作提出了新的更高的要求。计算机、信息技术和知识经济的高速发展，对会计电算化提出了挑战。在这样的大背景下，会计工作急需不断引入先进技术并提高自身的现代化水平，提高应对新形势变化的能力。

一、会计电算化的起源

（一）会计电算化的产生

会计是以货币为主要计量单位，用专门方法对企业和行政事业单位的经济活动进行连续的、完整的、系统的核算和监督的一种管理活动。会计的目的在于为信息使用者提供有用的会计信息。会计的各项活动都体现为对信息的某种作用，从而构成一个有秩序的数据处理和信息生成的过程：取得原始凭证，是信息的获得；原始凭证的审核，是信息特征的提取和确认；设置会计账户，是信息的分类；进行复式记账，填制记账凭证和登记账簿，是对数据进行分类汇总和储存；成本计算，是对成本信息作进一步加工充实；账务检查和核对，是会计内部信息的反馈和控制；编制会计报表，是财务信息的显示与输出；依靠会计资料进行经济活动分析，则是人们根据信息反馈对企业经济活动的调节与控制。

电子计算机是一种能自动、高速、精确进行大量信息处理、计算和管理的电子设备。随着电子计算机技术、网络技术及信息技术的飞速发展，其应用领域也迅速拓宽。会计电算化就是随之发展起来的一种通过电子计算机来处理会计信息的新方法。它用电子计算机代替人工记账、算账、报账以及部分替代由人脑完成的对会计信息的分析和判断过程。会计电算化是会计发展史上的重大革命，它不仅是会计发展的需要，而且是经济和科技发展对会计工作提出的要求，是时代发展的需要。

（二）会计电算化的概念

会计电算化是以电子计算机为主的当代电子技术和信息技术应用到会计领域中的简称。一方面，会计电算化是一个社会的概念，即许多单位的会计核算、会计管理均应用了电子计算机信息技术，实现了会计电算化。另一方面，它又是一个更新和发展的概念。随着电子计算机信息技术的发展，会计软件的不断更新，会计电算化的应用范围越来越广。会计电算化是一门融会计学、管理学、电子计算机技术、数据库技术、信息技术、网络通信技术为一体的交叉学科。

因此，会计电算化的概念可以表述为：以货币为主要计量单位，借助现代电子与信息技术，运用一定的技术方法，通过对会计数据的收集、输入、加工、存储、输出等手段，对各单位的经济活动进行全面、连续、系统、综合地反映和监督的一项管理活动。

二、会计电算化的发展

（一）国外会计电算化的发展

1. 会计单项业务处理阶段

会计单项业务处理阶段即将电子计算机应用于会计数据处理的低级阶段（1954—1965年）。1954年美国通用电气公司第一次用计算机计算职工工资，开创了电子计算机处理会计数据的新起点。

这个阶段的主要特点是：采用电子计算机只是模仿会计数据处理的手工方式，作简单的"账本搬家"，多用于处理那些数量大，计算简单而重复次数多的会计核算业务（如工资核算、材料日常收发等核算业务），一项具体业务对应于一个应用程序，主要采用单机用户。在此阶段，人们主要考虑的是如何用计算机来提高工作效率和节省费用，并没有改变会计数据处理的性质。

2. 会计数据综合处理阶段

会计数据综合处理阶段即电子计算机应用于会计数据处理的中级阶段（1965—1970年）。如工资核算、账务处理等一起构成会计核算系统。

其主要特点是：通过计算机系统对各类会计数据进行综合加工处理，并用来控制某些会计核算子系统，具有一定的反馈功能。为内部控制、分析、预测和决策提供更为详尽、更为及时的会计信息。在这一阶段，整个数据处理基本上实现自动化。计算机的应用不仅代替了人工处理会计业务，而且开始以"管理工具"的面目出现在企业活动中。但是，会计数据处理仍是以处理为中心，处理技术仍是考虑的中心问题。每项业务数据仍对应于一个程序，同一数据在许多业务中多次出现。在作业处理方式上，不仅采用成批处理，而且使用了实时处理，进一步推动了会计处理向实时性、集中化发展。

上面两个阶段合称为电子数据处理阶段（Electronic Data Processing，EDP）。

3. 管理信息系统

管理信息系统（Management Information System，MIS）处理阶段，即计算机应用于会计数据处理的高级阶段（1970 年以后）。

其主要特点是：在会计中普遍采用电算方式，并逐步建立起电算化会计信息系统。随着以大规模集成电路为标志的第四代电子计算机的问世及应用，微机的研制成功并推广普及，以及供多用户使用的集中数据库的建立，计算机网络化的出现和投入使用，以及其他专门数学方法的广泛应用，逐步实现了电算化的全面信息系统，即管理信息系统。在这个阶段，成批处理、实时处理同时应用，以原来的单项业务数据处理方式发展到以"数据"为中心，实现了"数据共享"，避免了重复劳动，从而能更快地提供各种会计信息，作为企业管理人员决策的依据。

4. 决策支持系统

决策支持系统（Decision Support System，DSS）处理阶段。

在管理信息系统的基础上，建立了完整的数据管理系统和数据模型库，为决策者提供决策方案，其基本特征是：数据冗余度减到最小，数据可以无限扩张，有分布式终端，构造网络。如管理会计系统，各种经济模型处理等。

实际上，会计只有在 MIS 阶段才能算是真正的电算化。到 DSS 阶段，会计信息系统作为企业信息系统的一个子系统，为决策提供信息，提供经济模型，这是电算化的发展趋势。

（二）我国会计电算化的发展

由于受各个方面条件的制约，我国会计电算化工作的起步较晚。但随着微型电子计算机（以下简称微机）的诞生和使用，从 20 世纪 70 年代末开始，由单项开发起步，不少企业已经开发了会计电算化系统。这段历程也可分为四个阶段：

1. 开始起步阶段（1983 年以前）

20 世纪 80 年代初，我国开始引进国外生产的计算机，其中大部分是微机，并同时开发国产微机。1979 年，财政部以长春第一汽车制造厂为重点试点单位，拨款 500 万元，从前民主德国进口了电子计算机，尝试将电子计算机技术应用于会计。1981 年 8 月在财政部、第一机械工业部、中国会计学会的支持下，中国人民大学和第一汽车制造厂在长春召开了"财务、会计、成本应用电子计算机专题讨论会"，正式把"电子计算机在会计中的应用"定名为"会计电算化"。这次会议是我国会计电算化理论研究的一个里程碑，标志着我国在会计电算化方面开始起步了。

这一阶段，会计电算化主要是理论研究和试验准备工作。其主要特点：一是单项会计业务的电算化工作，最为普遍的是工资核算的电算化；二是还处于试验探索阶段；三是后期对会计电算化的重要性已有所认识。

2. 自发发展阶段（1983—1987 年）

1983 年，国务院成立了电子振兴领导小组，全国掀起了一股应用计算机的热潮，微机及其技术逐步在国民经济各个部门得到应用，会计工作也不例外。1983 年，上海市在上海市吴径化工厂进行会计电算化工作的试点。自 1984 年起财政部科研所、中国人民大学、上海财经大学等院校开始招收会计电算化研究方向的硕士研究生。

该阶段的主要特点：一是采用工程化方法开展会计电算化工作和开发会计软件的少，多是单位各自为政，自行组织开发会计软件，低水平重复开发现象严重；二是会计软件多为专用定点软件，通用性、适应性差，盲目上马，浪费严重；三是单位会计电算化工作的开展缺乏与之相配套的各种组织管理制度及其他控制措施，在宏观上，缺乏统一的规划、指导与管理，没有相应的管理制度；四是开展了既懂会计又懂计算机人才的培训工作；五是注重了会计电算化实践经验的总结和理论研究工作。

3. 有组织、有计划的稳步发展阶段（1987—1992 年）

1987 年 11 月，中国会计学会成立了会计电算化研究小组，标志着我国会计电算化的发展走上了正轨。财政部颁发《关于国营企业推广应用电子计算机工作中的若干财务问题的规定》。1988 年 8 月，在吉林市举行了首届全国会计电算化学术讨论会，会上专门对标准化、规范化、通用化进行了研究。我国首家专业从事商品化会计软件和会计专用设备开发与推广应用的民办高科技企业"用友财务软件服务社"（"用友电子财务技术有限公司"的前身）在北京海淀区新技术产业开发试验区诞生。1989 年，财政部颁发了《会计核算软件管理的几项规定（试行）》；财政部评审并通过先锋集团公司的凯利—先锋 CP-800 通用财会软件系统，这是首家通过财政部评审的商品化会计软件。1990 年，财政部颁发了《关于会计核算软件评审问题的补充规定（试行）》。1991 年、1992 年财政部组织并通过了用友电子财务技术有限公司、中国科协咨询服务中心、上海财经大学、吉林长春市吉联会计电算化公司、北京卓越电子财务网络研究所、北京市建筑工程总公司、京粤汉字电脑技术开发中心、华仪软件系统工程公司、福建省财税信息中心和天津大学信息与控制研究所 10 家商品化会计核算软件的评审。

这一阶段的主要特点：一是出现了一批会计电算化先进单位；二是会计软件的开发向通用化、规范化、专业化和商品化方向发展；三是各级财政部门和业务主管部门加强了对会计电算化的管理，许多地区和部门制定了相应的发展规划、管理制度和会计软件开发标准；四是会计电算化的理论研究开始取得成果。

4. 宏观调控

宏观调控以制度为主，会计软件开发以市场为主，企业会计电算化从单纯的软件应用到强调组织管理作用的阶段（1992 年至今）。

在这个阶段，会计电算化的宏观管理与企业及行政事业单位的会计电算化工作逐步走向成熟，全国商品化会计软件厂家与商品化会计软件如雨后春笋，全面发展。但逐步淘汰，品牌集中在十余个上面。通过省级及财政部评审的会计软件大量增长，会计软件的水平稳步提高。财政部于 1994 年颁发了《代理记账管理暂行办法》、《会计电算化管理办法》、《商品化会计核算软件评审规则》、《会计核算软件基本功能规范》、1996 年颁布了《会计电算化工作规范》等法规，使会计电算化管理制度系统化。中国会计学会中青年会计电算化分会于 1993 年 3 月成立，标志着我国会计电算化人才的成长已成规模和我国会计电算化的实践得到总结。首届全国会计电算化成果展览会于 1994 年 9 月在京举行，充分展示了我国会计电算化的丰硕成果。

这个阶段的主要特点：一是经过近十年的摸索，对会计电算化的宏观管理已在向以调控为主的方向发展；二是以前以上级推广软件及单位自行开发为主的会计电算化模式，在商品化会计软件及其厂家的成熟和市场经济的推动下，已逐步减弱，以购置商品化软件，以及与商品化软件厂家联合开发的应用模式增强；三是在整个会计电算化工作中，正由过去的强调会计软件的开发，会计信息系统的建立逐步向强调电算化后的组织与管理，会计软件应用水平的提高等方向发展；四是以提高会计应用水平的会计电算化基础培训工作正在风行；五是以会计电算化为核心或手段的代理记账、会计电算化咨询等业务正在兴起。

三、会计电算化的发展趋势

（1）从管理制度来看，与手工会计制度融为一体的会计信息系统的管理制度体系将全面形成。随着宏观管理工作的逐步开展，经验的积累，会计软件的开发、评审、应用验收的规范，各有关部门的职责，会计电算化岗位责任制、人员管理制度、档案管理制度等正逐步完善。

（2）从软件产业来看，会计电算化不仅需要一个好的软件，还需要一个好的服务。因此在软件市场上将建立并健全一套规范化、产品化、网络化的服务体系，满足用户的需求。

（3）从会计信息系统的深度来看，会计信息系统将从会计核算型向会计管理决策型转化；从仅仅满足模拟手工的操作方式向管理决策方式转化。基于会计核算的新型会计管理决策软件不断涌现，确定合理的库存、合理的生产量、合理的资金需求，对应收账款、生产成本的有效控制等企业决策层关心的事情，通过会计信息系统都将得到解决。

（4）从会计信息系统的广度来看，会计信息系统和企业内部的其他管理子系统有机地组合在一起，形成了一个完整的管理信息系统。该系统将大大地降低数据采集成本，做到数据共享、数据一致，为企业管理决策层提供信息服务。这时会计信息系统只是管理信息系统中的一个子系统。它不仅仅从其他子系统采集数据加工，同时也为其他子系统提供必要的数据来源。

（5）从技术上来看，随着数据库和网络技术的发展，尤其是电子商务的发展，会计信息系统将发展为网络会计。企业间将通过互联网，进行电子审计、电子交易、电子结算、电子查询、发布信息等操作。所有的企业都将成为互联网相关的企业，形成一条条跨企业的电子链。

第二节　电算化会计信息系统

一、会计数据和会计信息

（一）数据和信息

（1）数据是用来记录客观事物的性质、形态、特征等的符号。归纳起来可分两类：一类是数值化的数据，如十进制数据，二进制数据等；另一类是非数值化的数据，如文字、图形、声音等。

（2）信息是数据加工处理以后得到的结果，这一结果对人们的决策行为产生影响。它是反映客观事物的状态和特征的各种事物的集合。

信息和数据这两个概念常常被人们混淆。数据强调对事实的客观记录；信息强调与人们决策活动的密切联系。在实际工作中，数据和信息往往很难严格区分。这是因为在整个数据处理过程中，经过处理和加工得到的信息，往往又成为再次数据处理过程中的原料——数据。信息和数据的这种交替过程存在于数据处理的各个领域。

（3）数据处理是指为了一定目的，按照一定的规则和方法对数据进行收集、并加工成有用信息的过程。数据处理的方式很多，常用的方法有手工、机械和电子处理三种方式。不同的数据处理方式在规模、效率、质量等方面是不同的，但其基本的工作环节大体相同：

① 数据的收集和输入。主要包括数据的收集、记录和检验。目的是将时间和空间上分散的数据收集起来以备使用。这是数据加工的基础，必须保证收集的数据完整和准确。没有足够的数据收集就不可能有完整的信息输出。

② 数据的存储。包括对原始数据、中间处理结果和最终处理结果的存储，以便再次加工和查询使用。

③ 数据的加工。包括对数据的分类、汇总、排序、检索、计算、更新等处理过程。它是数据处理的中心环节。

④ 数据的传送和输出。包括将数据从一个系统（部门、地区）传送到另一个系统（部门、地区），也包括系统内各子系统间数据的相互传送，或把最终结果移交给用户。这是数据处理的目的。

（二）系统和系统的基本构成

1. 系统及其特点

系统是指由一系列彼此相关的、相互联系的若干部分为实现特定的目的而建立起来的一个整体。例如：文教系统、卫生系统、国民经济系统等。企业是由一系列研发、生产、销售、管理等部门组成的为实现产品生产、销售的系统。企业这个系统又可分为若干子系统，如生产管理、会计、物资供应、产品销售、工艺技术、人事劳资等，会计子系统又可分为会计核算子系统，财务管理子系统等。系统具有以下特征：

① 独立性。每个系统都是一个相对独立的部分，它与周围环境之间有明确界限，但又受到周围环境的制约和影响。

② 整体性。系统各部分之间存在相互依存的关系，即相对独立又有机地联系在一起。

③ 目标性。系统的全部活动都是为了达到特定目标。系统中各组成部分分工不同，活动目标却是相同的。

④ 层次性。一个系统由若干部分组成，这些部分称为子系统。每个子系统又可分成更小的子系统。因此系统是可分的，相互之间又可有机结合具有结构上的层次性。

2. 系统基本构成及相互关系

系统的基本构成大致可以分成三部分：系统、系统内部的各个子系统、系统的周围环境。这是组成系统的三个基本要素。

它们之间的相互关系是：每个系统有它的特定目标和功能，这是区别各个系统的主要标志。为了完成系统的特定目标，每个系统有它确定的功能结构，这些功能结构各自完成系统的一部分工作。各功能结构之间相互影响、相互作用、相互联系、协同工作，以实现系统的整体目标。任何系统都处于特定环境中，系统必然要与外部环境发生各种各样的联系，受到环境变化的制约和影响。对系统研究的一个重要方面就是研究环境对系统的影响，这点对会计信息系统的研究尤为重要。

（三）会计数据和会计信息

在会计工作中，会计数据是指从不同来源、不同渠道获得的，记录在"单、证、账、表"上的各种原始会计资料。其来源广泛，既有企业内部生产经营活动产生的各种资料，也有企业外部与之相关的经济活动产生的各种资料。会计数据繁多，这不光是指每个会计期间需要处理的数据量大，更重要的是会计数据是一种随着企业生产经营活动的持续进行，而源源不断产生并需要进行数据处理的数据。由于会计业务处理的特点，会计数据具有连续性、系统性和周期性的特点。

会计信息是指按会计特有的处理方法对数据经过处理后产生的，为会计管理及经济管理所需要的一部分经济信息。主要有三类：它们是财务信息、定向信息和决策信息。财务信息反映财务上过去所发生的一切情况；定向信息是为管理所需要的特定信息；决策信息是指对未来具有预测性的信息，如会计预算后所得的一系列信息。由于会计信息在经济管理中有极其重要的作用，因此准确、及时是对会计信息的基本要求。

二、会计信息系统

会计信息系统（Accounting Information System，AIS），是企业组织内部一个对会计数据进行收集、存储、处理、传输的系统。它通过一定的方法，对原始凭证上的各类数据进行分类、加工、汇总，从价值角度对企业各项经济活动和经营成果进行连续、系统、完整的描述，并提供给相关信息需求者。

一个企业的正常发展离不开各类相关信息的及时收集、及时反映、及时回馈。会计信息系统作为企业管理信息系统的重要组成部分，其开发和使用的最终目标就是满足企业管理需要。随着企业的发展、内外部环境变化的加快，需要会计人员更加及时、有效地提供更多信息作为企业管理决策的参考。在手工会计信息系统中，为了能够最大限度地保证信息的真实、完整、有效，往往采用总账、明细账的平行登记；编制科目汇总表等方法来相互印证、比对、实现。但也暴露出效率低、时效性差等问题。

三、电算化会计信息系统及构成

（一）电算化会计信息系统

计算机运算的高速度、准确性以及海量存储弥补了人工核算的缺陷。原来手工会计信息系统暴露出来的问题成就了电算化会计信息系统的发展。当会计信息系统使用计算机作为主要数据处理工具后，所形成的系统就称之为电算化会计信息系统（Computer Accounting Information System，CAIS）。在这个系统中，凡是填制凭证、登记账簿、编制报表等工作都可由计算机来做，数据汇总、分类、计算、分析等工作也可由计算机承担，此外计算机还整理、存储、查询各种需转换成数据的文件、档案、资料等，生产经营过程中生产的大量原始数据，经由系统收集、整理、存储、传输，及时为管理提供各种信息。

（二）电算化会计信息系统的构成

会计电算化虽然是以计算机为工具，但人的因素更为重要，再加上会计数据、软件系统、会计规范就组成了电算化会计信息系统。

1. 计算机硬件配备

计算机硬件配备是指会计电算化所需硬件系统的构成模式。目前主要有单机系统、多用户系统和计算机网络系统等模式。

单机系统是指整个系统中只配置一台计算机和相应的外部设备，所使用的计算机一般是微机，同一时刻只能供一个用户使用。单机系统具有投资规模小、见效快的特点。适合会计电算化初期或核算简单、经济和技术力量比较薄弱的小型单位，但其可靠性比较差，不利于设备、数据共享。

多用户系统是指配置一台主机和多个终端，数据可由多个终端同时输入，主机对数据集中处理，可以很好地实现数据共享，提高了系统效率且具有良好的安全性。会计业务量大、地理分布集中、资金雄厚且具有一定维护力量的大中型企事业单位可选用多用户系统。

网络系统包括文件服务器（F/S）网络结构、客户机/服务器（C/S）网络结构和浏览器/Web服务器（B/S）网络体系。因为网络系统具有在网络范围内实现硬件、软件和数据的共享，传输速度快，易维护，使用方便，可靠性高等优点，正被越来越多的实现电算化的单位采用。

2. 软件系统

软件是一些程序的集合，包括系统软件和应用软件。系统软件包括操作系统、数据库管理系统等；应用软件是根据一个单位、一个组织、一项任务的实际需要而研制开发的软件，即凡是为了解决某些具体的、实际的问题而开发和研制的各种程序，都可称为应用软件。会计软件就是一种应用软件，其具体内容将在第二章中详细介绍。

3. 人员

一般地说，企业会计电算化系统需要三类人才：系统管理员、系统维护员、系统操作员。系统管理员参与整个会计电算化系统的建立与运行工作，主要负责电算化会计系统建立的组织与运行过程的管理工作，以保证系统的顺利建立和安全、有效运行。因此，系统管理员应熟悉全面的财务管理工作，对系统开发和使用各阶段所需知识也应有基本的了解。系统维护人员必须具备计算机软件开发和软硬件维护的知识，同时还应具备熟悉会计系统的会计和管理的基本知识。系统操作员要具备计算机的基本操作知识和熟练的会计业务，输入要准确、快速。

4. 会计数据

会计数据是指记录会计事项的符号。在会计工作中，从不同的来源和渠道取得的各种原始资料、原始凭证及记账凭证等都属于会计数据。

5. 会计规范

会计规范是指控制和保障会计电算化工作的各种规章和制度。如：会计电算化岗位责任制、会计电算化内部控制制度等。会计电算化工作规范的具体内容将在第九章中详细介绍。

第三节　电算化会计信息系统与手工会计信息系统的比较

会计是一个信息系统，它可以是手工会计信息系统（Hand Accounting Information System，HAIS），也可以是以计算机为工具的电算化会计信息系统。用 CAIS 取代 HAIS，不仅是会计工作手段的提高，而且是会计管理工作的改进和现代化。

一、电算化会计信息系统与手工会计信息系统的比较

（一）会计信息系统

1. 手工会计信息系统

手工会计信息系统就是利用人的手、眼、耳等作为输入器，用纸和笔把观察到的经济事项做记录，存储下来，以算盘、计算器作为计算工具，按照本书前述各种会计处理程序，在大脑的指挥下，进行分类、计算、记录、分析、检查和编表等一系列数据处理工作。手工操作的速度，受到人们阅读速度、记录速度和运算速度的制约，一般比较缓慢。

2. 电算化会计信息系统

电算化会计信息系统就是以电子计算机作为操作手段，来进行会计数据处理。电子计算机是一种运用电子技术，编写出特定的指令程序，按照人们的意图分析、处理数据，并得到预期结果的计算工具。其特点是：① 自动运算；② 速度快、精度高；③ 具有记忆功能；④ 能连续工作；⑤ 具有选择、判断以及做出合理决定的逻辑功能；⑥ 具有多功能的输入设备和输出设备。因此，任何复杂的工作，只要可以简化为一系列的算术或逻辑运算，都可以迅速而准确地用电子计算机来处理，这就是电子计算机的优势。

3. 电算化会计信息系统与手工会计信息系统账务处理流程的异同

（1）数据处理的起点和终点不同。在 HAIS 中，会计业务的处理起点为原始凭证，终点为编制会计报表。而在 CAIS 中，会计业务的起点可以是原始凭证、记账凭证或机制凭证，而终点为自动输出账簿和报表。

（2）数据处理顺序不同。在 HAIS 中，会计核算程序有记账凭证核算形式、科目汇总表核算形式等。会计人员根据选择的核算程序将凭证登记到账簿中，工作量很大，质量也难以得到保证。而在 CAIS 中，因计算机的特点，会计核算程序已无意义，所有账簿都由计算机自动完成。

（3）数据存储介质不同。在 HAIS 中，会计数据存储在纸张上。而在 CAIS 中，会计数据存储在光盘和磁盘等磁性介质上。

（4）对账的方式不同。在 HAIS 中，会计数据是根据复式记账原理，采用平行登记的方法，登记总账和相关明细账的，然后定期将总账、明细账中的数据进行核对，如果总账和相关明细账的数据不相符，说明记账有错误。而在 CAIS 中，只要会计软件的程序正确，所有账簿都由计算机自动处理完成，一般登记的账簿不会出现错误，也就没有必要对账了。

（二）电算化会计信息系统与手工会计信息系统的相同点

CAIS 与 HAIS 比较，两者有下列相同之处：

1. 两者目标一致

无论是手工会计还是电算化会计，其最终目标都是为加强经营管理，辅助经营决策，提高经济效益而提供会计信息。

2. 两者都要遵循基本的会计理论和会计方法

会计理论是会计学科的结晶，会计方法是会计工作的总结。会计电算化会引起会计理论上和会计方法上的变化，但这种变化是渐进型的，而不是突变型的。目前的会计电算化必须遵循基本的会计理论和会计方法。

3. 两者都要遵守会计法规和会计准则

会计法规是进行会计工作的法律依据；会计准则是指导会计工作的规范。会计不能置会计法规和会计准则于不顾，相反应当更严格地执行，从措施上、技术上杜绝可能的失误。

4. 基本工作要求相同

两者都有以下的基本工作：

（1）采集数据，予以输入；

（2）对数据进行加工处理，如排序、分类、计算和传递；

（3）存储记录和资料；

（4）制定各种程序，规定需要何种数据，于何时何地取得该项数据，以及如何使用和传递；

（5）编制输出报表。实行会计电算化，由于使用了现代化的设备和科学的管理体制，报表输出被赋予了新的含义。

（6）都必须按规定保存会计档案。会计档案是会计的重要历史资料，必须按照规定妥善保管。实行会计电算化，大部分会计档案的物理性质发生了变化，由手工会计下纸质的会计档案变为磁性介质的会计档案，备份、复制与灭失均很容易，这就要求用更科学的方法，加强对会计档案的保管。

（7）编制会计报表的要求相同。两个系统都要编制会计报表，并且都必须按国家要求编制企业外部报表。HAIS 是根据一定的会计核算程序编制出会计报表，CAIS 通过计算机程序和会计软件来实现编制会计报表的任务。

（三）电算化会计信息系统与手工会计信息系统的不同点

CAIS 与 HAIS 比较，两者有下列不同之处：

1. 处理工具的不同

HAIS 中使用的运算工具是算盘、计算器等，工作量大，计算速度慢。CAIS 中使用的运算工具是计算机及相关软件，整个数据过程基本上都由计算机来完成，人们只要输入原始数据便能得到相应的会计信息，工作量小，计算速度快。

2. 信息载体的不同

HAIS 中的信息都是以纸张为载体，占用空间大，保管不便，查找困难。CAIS 中，除了必要的会计凭证、账簿和报表外，一般都用光盘、磁盘等磁性介质作为信息载体，占用空间小，保管容易，查找也便捷。

3. 系统初始化不同

HAIS 的初始化工作包括建立会计科目，开设总账、特种日记账、明细账，登录余额等，较为简单。CAIS 的初始化工作较为复杂，且有一定的难度，主要包括会计系统的安装、账套的建立、用户及其权限的设置、软件运行环境的设置、编码方案的设置、会计科目及其代码的建立、末级科目初始余额的输入、凭证类别的设置、自动转账分录定义，会计报表名称、格式、数据来源公式的定义等。

4. 簿记规则不同

在 HAIS 中规定总账、日记账要用订本式账册，明细账一般用活页式账册；账簿记录中的错误要用画线更正法或红字冲销法、补充登记法来更正，账页中的空行、空页要用红线画销。而 CAIS 下打印输出的账页是折叠或带状的，与 HAIS 的账簿有明显的不同。错账更正方法与手工会计也有很多不同。为了保证审计的追踪线索不致中断，从而留下审计轨迹，HAIS 规定：凡是已经记账的凭证数据不能更改，只能采用红字冲销法和补充登记法更正，以便留下改动的痕迹。

5. 账务处理程序不同

HAIS 根据企业的生产规模、经营方式和管理形式的不同，采用不同的会计核算形式，常用的账务处理程序有记账凭证核算形式、科目汇总表核算形式、汇总记账凭证核算形式、日记账核算形式等，对业务数据采用了分散收集、分散处理、重复登记的操作方法，通过多人员、多环节进行内部牵制和相互核对，目的是为了简化会计核算手续，从而减少舞弊和差错。但都避免不了重复转抄与重复计算的根本弱点，伴随而来的是人员与环节的增多和差错的增多。在 CAIS 中，一般要根据文件的设置来确定，常用的是日记账文件核算形式和凭证文件的核算形式，在一个电算化会计信息系统中，通常只采用一种核算形式对数据进行集中收集、统一处理和数据共享。

6. 会计工作组织体制和人员不同

HAIS 中会计部门一般分为若干会计工作岗位，如工资、材料、固定资产、成本等岗位，以进行专门的会计业务核算，设有专人负责记账、编制报表等工作。而在 CAIS 中，会计工作岗位的划分发生了很大的变化，专门的业务核算工作都由计算机来替代，只设置了数据录入、审核、维护等岗位。

在人员构成上，HAIS 中均是会计专业人员。CAIS 中的人员将由会计专业人员、计算机专业人员、或两者都懂的复合型人员构成。

7. 内部控制方式不同

HAIS 的内部控制依据会计流程进行严密的控制，如账证核对、账账核对、账实核对等控制方式，而在 CAIS 中发生了较大变化，账证核对、账账核对不复存在，代之以更加严密的输入控制、权限控制、时序控制等。

8. 能否使会计发展为管理型方面存在根本性的不同

在 HAIS 中，会计人员成天应付手工的记账、算账、结账、报账，使会计工作停留在会计核算上，会计向管理型发展受到了很大的约束。而实行 CAIS 后，会计工作由计算机高效而精确地完成，使会计向管理型迅速发展。以会计为核心的管理信息系统，可以形成会计分析预测系统、会计决策支持系统等，从而使会计的职能得以转变和发展。

二、电算化会计信息系统的特点

电算化会计信息系统与手工会计信息系统经过比较具有如下特点：

1. 提高了会计数据处理的及时性和准确性

由于电子计算机能够长时间大量存储数据，并能以极高的速度和准确性自动地进行运算和数据处理，从而打破了手工操作的局限性，可以为经济管理工作提供更为详细、更加及时的信息。

2. 使会计数据处理规范化与标准化

计算机的高精度和准确性，保证了会计资料在计算机处理中的准确性，减少了由人为因素造成的错误，提高了会计信息的质量。因为记账、结账和生成报表等功能，都是按照设计好的程序在内嵌控制功能的监控下进行的，因此，只要保证记账凭证这一数据源的正确性，就可保证其下游的各类账簿和会计报表数据的正确性。

3. 采用了磁性介质存储会计信息

采用磁盘、光盘等磁性介质，以人们肉眼看不见的方式保存数据和信息。它可以把一个企业的全年会计数据，压缩存储在一片薄薄的磁盘上。大大压缩了存储空间，而且还可以保障信息的安全传递。

4. 拓展了会计数据的领域

会计电算化以后，由于计算机能大量存储并易于调用，从广度上拓展了会计数据的领域。在已建立起的过去经营活动详细记录的基础上，通过适时处理，不仅可以及时掌握当前经济活动的最新动态，而且还可以对未来经营方案进行预测，这就为日常管理、分析、预测和决策，随时提供可靠的依据

5. 为充分发挥会计的职能作用创造了有利条件

整个数据处理过程能全部由计算机自动完成，人们只需做一些辅助性的操作，而把工作的重点和主要精力放在对经济活动的分析、预测和日常管理方面，更好地完成会计反映和监督生产经营活动的各项任务，充分发挥会计的职能。

6. 实现经济信息共享

网络财务管理软件，通过网络的形式以电子数据和电子信号迅速传递信息，满足了不同用户的需要；还可以使用卫星通信技术，以数字化形式传递各种经济信息，信息共享的能力大大提高。

第四节　电算化会计信息系统的结构

电算化会计信息系统是由会计数据、会计信息和人等要素组成的系统。可以从不同的角度去认识它的结构。

一、从电算化会计信息系统的纵向划分

会计信息系统可以分解为会计核算处理子系统、会计信息分析子系统和会计决策支持子系统。会计核算处理子系统是用来处理日常经济业务和各种会计账簿、会计报表的。它的重点在于强调会计手工作业的自动化。这是会计信息系统的基础部分。会计信息分析子系统是根据积累的会计数据，对会计信息进行综合、概括地分析。会计决策子系统是运用会计信息来为企业作决策的子系统。该子系统具有良好的人—机对话功能，当我们将不确定因素输入计算机，计算机会为你求得答案，帮助我们做出决策。

在以上三个子系统中，会计核算处理子系统的工作量最大，数据处理最规范，越往后，处理的工作量越小，数据处理越不规范，不确定因素越大，形成了会计信息系统的金字塔结构。

二、从电算化会计信息系统的横向划分

从电算化会计信息系统的横向看，一个实用的电算化会计信息系统通常包括账务系统、购销存系统和管理与决策系统三部分，见图1-1。每部分由若干个子系统组成，即功能模块

组成。各部分或各子系统之间通过数据的接口，实现数据的相互传递。用户应该可以根据需要灵活地选择子系统，并方便地、分期分批地进行组建和扩展。

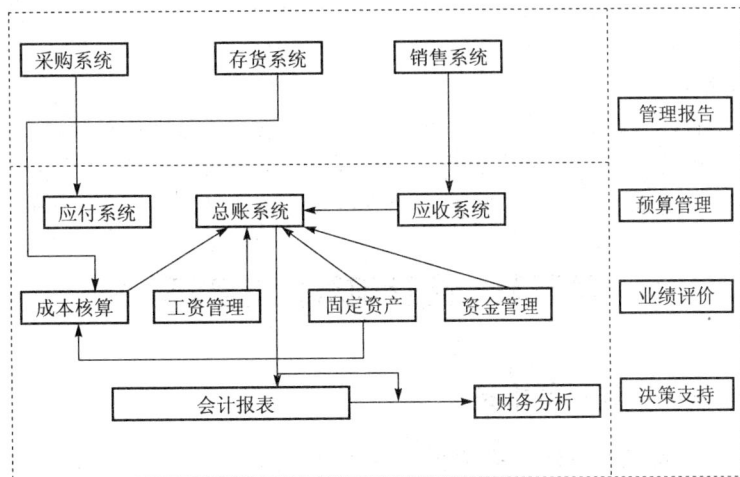

图 1–1　电算化会计信息系统示意图

1. 账务系统

账务系统包括总账子系统、应收子系统、应付子系统、工资子系统、固定资产子系统、成本管理子系统、资金管理子系统和报表子系统。

总账子系统是以凭证为原始依据，通过凭证输入和处理，完成记账、结账、银行对账、账簿查询、打印输出、系统服务及数据管理工作。应收子系统完成对应收账款的登记、核销工作，反映客户应收账款信息，进行账龄分析和坏账核算，对应收账款进行有效的管理。工资子系统是以职工工资数据为基础，完成工资的计算、汇总、分配、代发、查询、打印等工作，并有自动编制工资费用分配转账凭证等功能。固定资产子系统是完成存储和管理固定资产卡片、进行固定资产变动核算、自动登记固定资产明细账、完成计提折旧、灵活查询、汇总、打印固定资产账表等工作的系统。成本管理子系统是根据成本核算的要求，通过用户对成本核算的定义，对成本核算方法的选择，自动对从其他系统传递的数据进行汇总计算，输出用户需要的成本核算结果。资金管理子系统是以银行提供的单据、企业内部单据、会计凭证为依据，记录资金业务以及涉及资金管理方面的业务，处理内外的收款、付款、转账等业务，提供计息管理，提供单据的查询情况及报表。报表子系统主要是根据会计数据完成各种会计报表的编制和汇总工作，生成各种内外部报表，根据报表数据生成各种分析表和分析图。

2. 购销存系统

购销存系统主要包括采购子系统、存货子系统和销售子系统。

采购子系统是根据采购业务管理的需要，指定采购计划，对采购订单、采购到货、采购入库等状况进行全面管理，为采购部门和财务会计部门提供准确、及时的信息，帮助决策管理。有些商品化会计软件把采购子系统和应付子系统合为一体，即采购与应付子系统，能更好地实现采购与应付的链接。存货子系统是掌握存货的进销存动态情况，准确无误地将各类存货成本归集到成本项目和成本对象上，为企业成本核算提供依据，提供存货资金周转率和占用率的分析资料，为降低库存、资金积压，加速资金周转提供决策依据。销售子系统主要是对销售收入、销售成本、销售费用、销售税金、销售利润进行核算，生成主营业务收入报表、产品销售明细账簿等会计信息，自动编制有关凭证，为总账子系统提供资料。有些商品化会计软件把销售子系统和应收子系统合为一体，即销售与应收子系统，能更好地实现销售与营收的链接。

3. 管理与决策系统

管理系统应具有经营监管、报告分析和业绩评价功能。决策支持系统是利用现代计算机、通信技术和决策分析方法，通过建立数据库和决策模型向企业的决策者提供会计信息，帮助决策者对未来的经营方向、经营目标进行量化分析和论证，对企业生产经营做出科学的决策。

第五节　会计电算化的实施

一、会计电算化实施的基本条件

会计电算化实施的基本条件包括转变思想观念、搞好基础工作、人才储备、资金必要性等。

（一）转变思想观念

转变思想观念主要是指单位的领导、会计人员、计算机应用人员对会计电算化的含义、必要性有正确的理解，不应对会计电算化有片面与错误的认识。只有有关人员对会计电算化有了正确的认识，会计电算化工作才能顺利、健康地发展；只有单位的领导对会计电算化的含义、必要性有了正确的认识，他们才会积极主动地支持和参与这项工作，正确地领导这项工作的开展。正确的思想认识是开展会计电算化工作的前提。

单位领导对会计电算化的重视和支持，是会计电算化成功的关键。在会计电算化的实施过程中，要调集相应的物资和人力资源，开展的初期也会出现这样或者那样的问题，如果没有领导的支持，往往也会半路搁浅，无功而返。

（二）搞好基础工作

搞好基础工作主要是指会计工作的规范化、标准化、制度化、合法化。对基础工作较差的单位应先进行基础工作的整顿。同时也应认识到会计电算化工作的开展也将促进基础工作的加强，推进财会工作的规范化、标准化、制度化、合法化，是一个改进管理的过程。对会计电算化工作来说，良好的基础工作一般表现在以下几个方面：

（1）健全的岗位责任制和内部稽核制度；

（2）会计人员的业务素质与其工作相适应；

（3）主要原材料、能源消耗和工时耗用定额、费用开支等有标准或预算，并认真执行；

（4）各种原始记录的格式、内容、填制方法、签订、传递、汇集、反馈有统一要求和规范，做到真实、合法、完整、正确、清晰、及时；

（5）物资出入库经过计量、检验，手续齐备；

（6）发生的经济业务都取得或填制合法的原始凭证；

（7）记账凭证及其填制符合会计制度的内容和要求，并经有关责任人员签章；

（8）会计科目和核算内容符合会计制度规定的内容和要求；

（9）固定资产归口分级管理，做到账、卡、物三相符，固定资产及折旧核算正确；

（10）成本、销售、材料、产成品等的核算符合国家有关规定，核算正确；

（11）应有财产清查制度，并严格执行。

除此以外，在开展会计电算化工作时，还应注意以下几点：

（1）对会计科目、往来单位、人员、部门、产成品、材料等应有编码。编码应齐全、标准、规范，符合有关规定，便于计算机处理。在手工核算下，主要是重视名称，而不太重视编码，实行会计电算化后，处理信息、查询信息，主要通过编码进行，所以编码工作就非常重要。

（2）应改变按"师傅教徒弟的办法"进行核算的做法。应严格按照标准会计制度进行各项会计核算工作。

（3）应按统一的标准会计制度设计单位的会计制度。

（4）各种账簿的设置应规范、适应计算机处理等。

（三）人才储备

人才储备主要是指单位有开展会计电算化所需的人才。单位不同，对人才的需求不一样；实现会计电算化的方式不同，对人才的需求也不同。这里仅介绍选用商品化会计软件单位的人才需求。由于商品化会计软件厂家对客户提供的服务较多，目前我国的会计软件比较成熟，所以，对选用商品化会计软件的单位，对人和技术的要求并不高。实施会计电算化的单位应通过培训、引进等方式储备一批既懂计算机，又熟悉财会业务的会计电算化人才。

（四）资金必要性

开展任何一项工作都需一定的资金，对会计电算化工作也不例外。但是，单位大小不同，对资金的需求不同；实现会计电算化的方式不同，对资金的需求也不同；开展电算化业务的规模大小、项目多少不同，对资金的需求也不同。

会计电算化的费用一般包括：硬件费用、软件费用、准备费用、运行维护费用等，详情见表1-1。

表1-1 会计电算化费用项目

费用类型	项　　目	备　　注
硬件费用	主机	网络服务器、微机等
	终端机	工作站或其他兼容机
	外围设备	打印机、UPS、交换机、路由器等
	环境成本	房屋、地毯、空调等
软件费用	软件成本	系统软件、会计软件（开发或购置）
准备费用	机房建设、改造	装修、建设等
	安装及调试成本	主机、空调、电源、UPS、软件
	培训费用	开发与使用人员的培训
运行维护费用	维护费用	维护人员的薪酬、所用工具、耗材等
	使用成本	操作人员的薪酬、耗材等

二、会计电算化实施的步骤

会计电算化是一项系统工程，应按系统工程的方法来开展，即按下述步骤进行：可行性研究，会计电算化规划，编制实施计划，建立电算化会计信息系统，建立电算化后的组织与管理体系。

（一）会计电算化的可行性研究

会计电算化的可行性是指开展电算化工作的可能性和经济性，主要包括组织、技术、经济三方面。组织可行性是指单位内外环境是否为会计电算化创造了必要的条件；技术可行性是指单位所能组织和拥有的技术力量能否保证会计电算化工作的正常开展；经济可行性是指开展电算化工作所带来的有形效益与无形效益，与耗用成本的对比情况。

可行性分析一般按下述步骤进行：① 进行初步调查；② 据初步调查，确定目标和所要解决的问题；③ 确定约束因素，包括经济上、技术上、组织上的制约因素；④ 确定各种可选方案；⑤ 对各种可选方案进行可行性评价，主要是研究各种方案在经济上、技术上、组织上的可行性；⑥ 确定方案，推荐实施计划。

（二）会计电算化规划

会计电算化规划是对近几年单位会计电算化工作所要达到的目标，以及如何有效地、分步骤地实现这个目标而作的规划。它实质上是单位开展会计电算化工作的中长期规划，是对单位开展会计电算化工作所作的一个总体可行性研究。规划其一般以五年为宜：第一年的计划应该相当可靠；第二年的计划应比较可靠；第三年以后的计划可以粗略和概括一些，计划至少要根据每年的情况变化调整一次，以使计划符合实际。

会计电算化规划一般按下述步骤进行：① 研究确定单位的总体目标和会计部门的局部目标；② 综合考查会计电算化的环境制约，包括经济、技术、组织等单位内部制约与上级主管部门、国家的有关政策法令等外部制约；③ 确定会计电算化的总体目标，确定近几年内建立一个什么样的电算化会计信息系统；④ 分析确定单位的会计信息需求，即确定输入/输出什么信息，确定需要哪些数据接口标准；⑤ 确定所要建立系统的总体结构，可用数据流程图、功能图、层次图、数据结构图等工具来表示；⑥ 确定所要建立系统的资源需求，包括硬件、软件、人力、其他日常支出等；⑦ 制定会计电算化总体目标的分步骤实施规划，即将总体目标结合单位现有的条件，确定分步实施计划；⑧ 选择实现的有效途径；⑨ 确定实施计划，即最后确定当前所要建立的电算化会计信息系统的具体实施计划。

（三）编制实施计划

编制实施计划主要是根据确定的目标和会计电算化规划，确定人力、物力、财力的具体安排和工作的时间表。一般应根据选择的实施方式来确定。

（四）建立电算化会计信息系统

建立电算化会计信息系统主要是组织人力、财力、物力，建立电算化会计信息系统，是会计电算化规划与实施计划的具体落实。

（五）建立电算化后的组织与管理体系

电算化会计信息系统的建立仅仅是整个会计电算化工程的第一步，更为重要的是，如何有效地对单位的人力、财力、物力等各要素进行计划、组织、协调和控制，有效地运行电算化会计信息系统，使得实施电算化后的会计工作水平有根本性的提高，会计部门参与分析、控制、管理、决策的职能和作用得以充分的发挥。这就要求建立电算化后的组织与管理体系。电算化后会计部门的组织主要是指电算化的单位组织机构的调整，以及各项职能、职责的重新划分。电算化后会计工作的管理，一方面是指怎样运行，怎样更好地运行已建立的电算化会计信息系统和保证电算化会计信息系统安全、正常运行的一系列制度和控制措施；另一方面是指电算化后，会计部门如何积极参与单位的预测、决策、控制等管理活动，当好领导的参谋。在此，需说明的是，电算化后会计工作的组织与管理实质上是密不可分的，组织工作是管理工作的一部分，进行的管理工作又是以组织为基础，管理的好坏又首先取决于组织的好坏。

复习思考题 \\\\

1. 我国会计电算化的第一个里程碑是什么？
2. 什么是会计电算化？怎样理解它的发展趋势？
3. 电算化会计系统的组成要素有哪些？
4. 电算化会计和手工会计有何异同？
5. 电算化会计信息系统从纵向分为哪几个部分？简述它们之间的关系。
6. 电算化会计信息系统从横向划分为哪几部分？其中财务部分一般应包括哪些子系统？
7. 会计电算化实施应具备哪些基本条件？

会计软件

掌握会计软件的概念；理解会计软件按不同的分类标准的分类。

熟悉账务处理系统的基本功能和操作流程。

熟悉报表处理系统的基本功能和操作流程。

掌握商品化会计软件的概念、特点；熟悉商品化会计软件的选择原则。

理解 ERP 的概念；了解 ERP 的作用和主要模块；掌握 ERP 软件与会计软件的关系。

能利用会计软件的基本理论和基本思想,为基层单位选择适合单位实际需要的会计软件。

具备熟练辨别一个基层单位所操作的软件是会计软件还是 ERP 软件的技能。

第一节 会计软件概述

一、会计软件的概念

会计软件又称为财务软件，是由开发人员根据会计理论、会计方法和会计法规，利用某种程序设计语言开发编制的、用来完成会计工作的一种应用软件，包括采用各种计算机语言编制的一系列指挥计算机完成会计工作的程序代码和有关的文档技术资料。

会计软件用于配合计算机完成记账、算账、报账，以及部分的会计管理和会计辅助决策等工作，如日常核算、量本利分析、投资决策等工作。配备符合实际需要的会计软件是单位实现会计电算化的根本保证；学好、用好会计软件是开展会计电算化工作的重要前提。

二、会计软件的分类

会计软件可以按不同的分类标准进行不同的分类。

1. 会计软件按功能不同可分为会计核算软件、会计管理软件和会计决策软件

（1）会计核算软件是用于完成日常会计核算工作的会计软件，主要对业务数据进行录入、处理、存储、输出等，也就是替代手工记账、算账和报账的过程。会计核算型软件一般包括账务处理模块、工资核算模块、材料核算模块、固定资产核算模块、成本核算模块、往来核算模块、出纳模块和报表编制等模块。目前我国大部分会计软件都属于会计核算型软件。

（2）会计管理软件是用于完成会计管理控制工作的会计软件，它是在核算型会计软件的基础上增加了一部分辅助核算和管理功能。主要包括资金筹集管理、流动资金管理、成本控制、销售收入和利润管理等模块。

（3）会计决策软件是用于帮助决策者进行经营决策和预测工作的会计软件，它是会计软件的最高阶段。主要在管理型会计软件的基础上增加了投资决策、产品生产与定价、量本利分析等模块。

2. 会计软件按使用范围不同可分为通用会计软件和专用会计软件

（1）通用会计软件是指在一定范围内适用的会计软件。通用会计软件又分为全通用会计软件和行业性通用会计软件。目前我国市场上流通的商品化软件一般为通用软件，如，金蝶财务软件和用友财务软件等就属于通用会计软件。

通用会计软件的特点是不含或含有较少的会计核算规则与管理方法。其优点在于它实质上是一个工具，由用户自己输入会计核算规则，使会计软件突破了空间和时间上的局限，具有真正的通用性。其缺点是一方面软件越通用，个别用户的会计核算工作的细节就越难被兼顾。为了合理地确定通用程度，人们开发了一些行业通用软件。如行政单位、事业单位、商业、服务业、制造业、交通业等通用的会计软件。

（2）专用会计软件又叫定点开发软件，是指仅适用于个别单位会计业务的会计软件，如某企业针对自身的会计业务特点和管理要求而开发研制的会计软件。

定点开发会计软件的特点是把适合单位特点的会计核算规则与管理方法直接固化在程序中，如将报表格式、工资项目、计算方法等在程序中固定。其优点是比较适合使用单位的具体情况，最大限度地减小初始化工作量，使用方便。其缺点是受到空间和时间上的限制，只能在个别单位、一定的时期内使用。如会计核算方法一经变动就需要修改程序。

3. 会计软件按能否在市场上销售分为商品化会计软件和非商品化会计软件

（1）商品化会计软件是指计算机软件开发公司或会计软件专业开发公司开发设计的，并通过省级以上财政部门评审，作为商品准许在市场上销售的通用会计软件。

（2）非商品化会计软件是指未作为商品没有在市场上销售的会计软件。例如，专用会计软件、业务主管部门投资开发成功、免费或象征性收费发给所属单位使用的会计软件等。

4. 会计软件按会计信息共享程度分为单用户会计软件、多用户会计软件和网络会计三类软件

（1）单用户会计软件是指安装在一台或几台计算机上，每台计算机中的会计软件独立运行，生成的数据只存储在本地计算机中，各台计算机之间不能直接进行数据交换和共享。早期在 DOS 环境下开发的商品化会计软件都是单用户的。

（2）多用户会计软件是指安装在一个多用户操作系统的主机上，各终端上的会计人员能够同时使用、分别操作，不同终端上的会计人员能够共享会计信息。这种软件一般以 UNIX 为操作系统。

（3）网络会计软件是指安装在一个网络系统的服务器上，各客户机上的会计人员能够同时使用、分别操作，共享数据。这种软件的操作系统一般是网络操作系统，如 Windows 2000。

第二节　会计软件操作流程及基本功能

　　会计软件按功能不同，可以分为会计核算软件、会计管理软件和会计决策软件。目前，我国绝大多数基层企业实行的会计电算化工作，通常都是指会计核算电算化。本章所讲的也就是会计核算软件的操作流程和基本功能。

　　实际工作中，一个实现会计电算化的基层单位，尽管所选用的会计核算软件的厂家不同，品牌不同，取得的方式也有差异，但其基本流程和基本功能却是相似的。

　　大多数会计核算软件包括下列模块：账务处理、报表处理、固定资产核算、工资核算、材料核算、成本核算、往来款项核算及销售核算等功能模块。在会计电算化初级培训中，主要要求掌握账务处理模块和报表处理模块。现在重点介绍这两个模块的主要功能。

一、账务处理模块

　　在会计核算软件中，账务处理系统是其核心模块，它是由若干功能模块构成的，其基本功能结构如图 2-1 所示。

（一）账务处理系统的功能结构

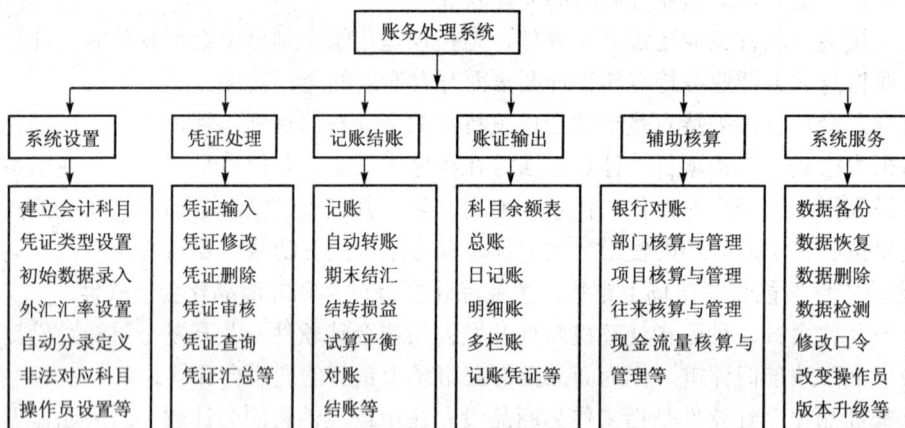

图 2-1　账务处理系统的功能结构图

（二）各功能模块的主要作用

　　（1）系统设置：用于建立账务处理系统的核算规则和输入基础数据。

　　（2）凭证处理：它是账务处理系统日常会计数据的重要入口。

　　（3）记账结账：它是账务处理系统内部会计数据处理的核心。

　　（4）账证输出：它是账务处理系统为用户提供财务信息的一个重要出口。

　　（5）辅助核算：逐步实现会计核算软件向会计管理软件的过渡。

　　（6）系统服务：用于维护账务处理系统数据的安全和完整。

（三）账务处理系统的操作流程

1. 账务处理系统的操作流程

账务处理系统的基本操作一般分为四大步骤 12 个过程，如图 2-2 所示。

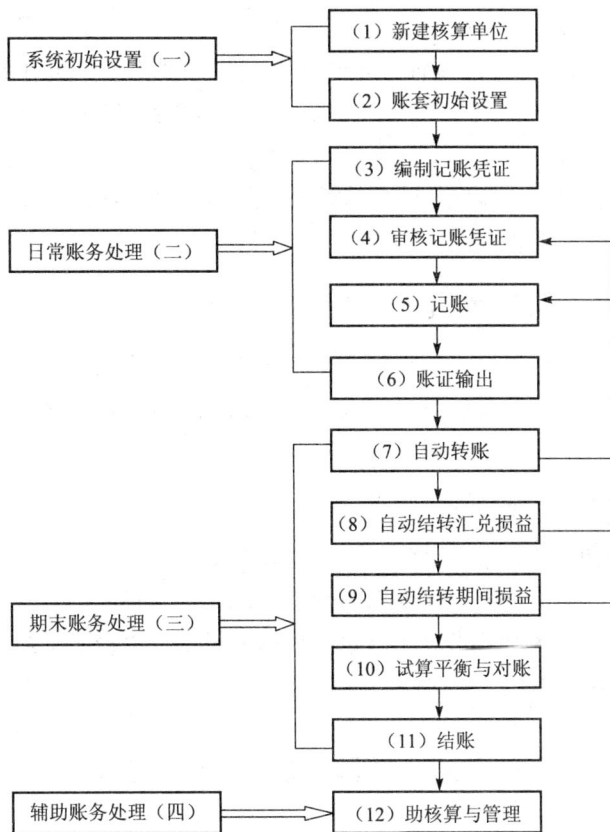

图 2-2　账务处理系统的操作过程图

2. 账务处理系统的操作流程说明

（1）新建核算单位：首次使用账务处理系统时，用户必须先在系统中建立本单位会计核算需要的账套。

（2）账套初始设置：用户首次进入新建账套时，必须对账务处理系统进行一系列的初始设置，将其转化成本单位专用的账务处理系统。

（3）编制记账凭证：经济业务发生后产生的原始数据，必须先以"记账凭证"的形式录入系统。

（4）审核记账凭证：为了防止将错误的凭证记账，应对已录入的记账凭证进行正确性审核，审核记账凭证也是系统自动记账的前提条件。

（5）记账：是系统自动将已审核的凭证及其数据在有关库文件之间进行转移、传递和更新，以备用户进行财务管理。

（6）账证输出：用户通过查询和打印机内有关证账表数据来获得各类财务信息。

（7）自动转账：系统期末自动将用户定义的"期末类"自动分录生成机制凭证，并审核记账或直接记账。

（8）自动结转汇兑损益：有外汇核算业务的单位，应进行期末结汇处理；机制的结汇凭证也要审核记账或直接记账。

（9）自动结转期间损益：系统期末将"损益类"账户的余额自动结转为零，机制的结转损益凭证也要审核记账或直接记账。

（10）试算平衡与对账：在结账前，系统应自动进行试算平衡和对账。

（11）结账：本期经济业务全部处理完毕后，用户应按期结账。结账后，用户也可以进行账证输出操作。

（12）辅助核算与管理：用户根据财务管理的需要，在基本账务处理的基础上，进行银行对账等有关账务辅助核算和管理。

二、报表处理系统的主要功能

在手工会计工作中，会计报表的数据完全由手工填写。在会计电算化方式下，由于日常账务处理及其他单项核算已经由计算机完成，各种会计数据都以计算机数据格式保存，因此可以通过会计软件的数据传递和数据加工，完成报表的自动编制。

（一）报表管理系统的基本功能

1. 基本功能结构图

报表管理系统的主要任务是设计报表的基本格式和定义报表的计算公式，从有关子系统和库存文件中采集有关数据并生成会计报表，对该报表进行审核、汇总和输出等管理。其基本功能结构图如图2-3所示。

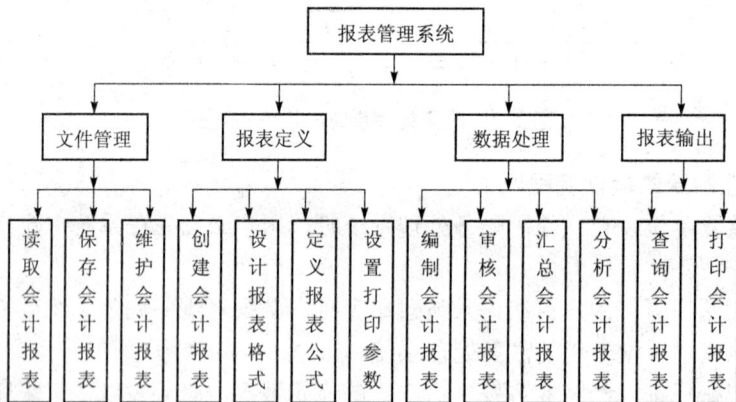

图2-3 报表管理系统基本功能结构图

2. 基本功能简介

（1）文件管理：提供了读取、保存、备份、恢复和删除等管理报表文件的功能。

（2）报表定义：提供了各类报表的新建、格式设计、计算公式定义、审核公式定义、舍位平衡公式定义和打印参数设置等编辑功能，以满足用户对报表的不同需求。

（3）数据处理：提供了根据初始设置的报表格式和公式从数据源中取得数据，并按规定程序自动编制、审核、汇总、舍位平衡、排序和分析会计报表等处理功能，以实现编报、审核等电算化。

（4）报表输出：提供了查询和打印系统内各种报表的功能，以供用户使用。

（二）报表管理系统的操作流程

1. 操作流程图

在通用报表管理系统中要完成一个会计报表的编制，一般要经过新表登记、报表定义、编制报表、审核报表和输出报表五个基本步骤，如图 2-4 所示。

图 2-4 报表管理系统的操作流程图

2. 操作内容简介

（1）新表登记：在报表管理系统内创建报表文件即新表注册登记，用于存放相关的报表数据。

（2）报表定义：对已登记报表的格式和公式进行定义、修改及其保存。

（3）编制报表：根据定义好的报表，自动生成相应的会计报表内容。

（4）审核报表：根据定义好的审核公式，检查报表的正确性。

（5）输出报表：以屏显、打印或网络传输等方式输出报表，供使用者利用。

第三节 会计软件的选择

基层单位实施会计电算化，配置计算机硬件是基础，具备熟练操作人员是保障，选择适合本单位实际需要的会计软件是核心。

一、会计软件的基本要求

电算化会计信息系统是一个数据处理系统，从会计软件的运行过程来看，可分为数据的输入、存储、处理和输出四个阶段。在输入阶段，通过直接输入、间接输入或自动输入的方式，将企业发生的经济业务录入到计算机里；为了实现数据一次录入，多次供用户使用的要求，将录入计算机里的会计数据进行存储；然后按照一定的方法、步骤进行加工处理，最后按照一定的输出方式，实现会计信息的汇总与共享。会计软件是否合法、合规是会计数据安全可靠的根本保证。如何判断一个会计软件是否合格，在 1994 年 6 月 30 日财政部发布的《会计软件基本功能规范》中对会计软件作了具体规定。

（一）总体要求

（1）会计软件不同于一般的软件，由于会计数据的特殊性，会计软件设计应当符合我国法律、法规、规章的规定，保证会计数据合法、真实、准确、完整，有利于提高会计核算的工作效率。

（2）会计软件应当按照国家统一会计制度的规定划分会计期间，分期结算账目和编制会计报表。会计软件可以根据用户需要同时具有提供按照其他会计年度生成参考性会计资料的功能。

（3）会计软件在设计性能允许使用范围内，不得出现由于自身原因造成死机或者非正常退出等情况。

（二）具体要求

1. 会计数据的输入

（1）会计数据的输入手段：可以采用键盘手工输入、磁盘导入和网络传输等几种形式。

（2）会计软件的初始化功能，主要包括以下内容：

① 输入会计核算所必需的期初数字及有关资料。包括总分类会计科目和明细分类会计科目名称、编号、年初数、累计发生额及有关数量指标等；

② 输入需要在本期进行对账的未达账项；

③ 选择会计核算方法，包括记账方法、固定资产折旧方法、存货计价方法、成本核算方法等；

④ 定义自动转账凭证，包括会计制度允许的自动冲回凭证等；

⑤ 输入操作人员岗位分工情况，包括操作人员姓名、操作权限、操作密码等；

⑥ 会计软件必须提供必要的方法对初始数据进行正确性校验。

（3）会计软件应当提供输入记账凭证的功能。

（4）会计软件应当提供对已经输入但未登账记账凭证的审核功能，审核通过后即不能再提供对机内凭证的修改。

（5）会计软件应当分别提供对审核功能与输入、修改功能的使用权限控制。

（6）发现已经输入并审核通过或者登账的记账凭证有错误的，可以采用红字凭证冲销法或者补充登记法进行更正；记账凭证输入时，红字可用"一"号或者其他标记表示。

（7）会计软件能对会计凭证的连续性进行控制。

（8）在输入记账凭证过程中，会计软件必须有以下提示功能：

① 正在输入的记账凭证编号是否与已输入的机内记账凭证编号重复；

② 以编号形式输入会计科目的，应当提示该编号所对应的会计科目名称；

③ 正在输入的记账凭证中的会计科目借贷双方金额不平衡，或没有输入金额，应予以提示并拒绝执行；

④ 正在输入的记账凭证有借方会计科目而没有贷方会计科目，或者有贷方会计科目而无借方会计科目的，应予以提示并拒绝执行；

⑤ 正在输入的收款凭证借方科目不是"库存现金"或"银行存款"科目、付款凭证贷方科目不是"库存现金"或"银行存款"科目的，应予以提示并拒绝执行。

2. 会计数据的处理

（1）会计软件应当提供根据审核通过的机内记账凭证及所附原始凭证登记账簿的功能。在计算机中，账簿文件或者数据库可以设置一个或者多个。

（2）会计软件应当提供自动进行银行对账的功能，并自动生成银行存款余额调节表。

（3）会计软件应当提供符合国家统一会计制度规定的自动编制会计报表的功能。

（4）会计软件应当提供机内会计数据按照规定的会计期间进行结账的功能。

① 结账前，会计软件应当自动检查本期输入的会计凭证是否全部登记入账，全部登记入账后才能结账。

② 结账后，不允许再输入上一会计期间的会计凭证。

（5）会计软件应具有跨期处理的功能。会计软件可以提供在本会计期间结束，但仍有一部分转账凭证需要延续至下一会计期间进行处理而没有结账时，输入下一会计期间会计凭证的功能。

3. 会计数据的输出

（1）会计软件应当提供对机内会计数据的查询功能：

① 查询机内总分类会计科目和明细分类会计科目的名称、编号、年初余额、期初余额、累计发生额、本期发生额和余额等项目；

② 查询本期已经输入并登账和未登账的机内记账凭证、原始凭证；

③ 查询机内本期和以前各期的总分类账和明细分类账簿；

④ 查询往来账款项目的结算情况；

⑤ 查询到期票据的结算情况；

⑥ 查询出来的机内数据如果已经结账，屏幕显示应给予提示。

（2）会计软件应当提供机内原始凭证、记账凭证、总账、明细账、日记账的打印输出功能，打印格式和内容应当符合国家统一会计制度的规定。

（3）对根据机内会计凭证和据以登记的相应账簿生成的各种机内账表数据，会计核算软件不能提供直接修改功能。

（4）会计年度终了进行结账时，会计软件应当提供在数据磁带、可装卸硬磁盘或者软磁盘等存储介质的强制备份功能。

4. 会计数据的安全

（1）会计软件具有按照初始化功能中的设定，防止非指定人员擅自使用的功能，以及对指定操作人员实行使用权限控制的功能。

（2）会计软件遇有以下情况时，应予以提示，并保持正常运行：

① 会计软件在执行备份功能时，存储介质无存储空间、数据磁带或者软磁盘未插入、软磁盘贴有写保护标签；

② 会计软件执行打印时，打印机未连接或未打开电源开关；

③ 会计软件操作过程中，输入了与软件当前要求输入项目不相关的数字或字符。

（3）对存储在磁性介质或者其他介质上的程序文件和相应的数据文件，会计核算软件应当有必要的加密或者其他保护措施，以防止被非法篡改。一旦发现程序文件和相应的数据文件被非法篡改，应当利用标准程序和备份数据，恢复会计核算软件的运行。

（4）会计软件应当具有在计算机发生故障或者由于强行关机及其他原因引起内存和外存会计数据被破坏的情况下，利用现有数据恢复到最近状态的功能。

二、会计软件的配备方式

目前配备会计软件通常有三种方式，即购买商品化会计软件、定点开发会计软件和二次开发会计软件。不同方式各有利弊，各单位应根据实际需要和自身的技术力量进行适当的选择。

1. 购买商品化会计软件

它是目前大多数中小型单位配备会计软件采用最多的一种方式。这种方式具有见效快、费用少、质量高、维护有保障和安全保密性好等优点，但存在初始化工作量较大和会计核算细节难被兼顾等缺点。

2. 定点开发会计软件

它是把适合本单位特点的会计核算规则与管理方法编入、固化在程序中的一种会计软件。定点开发又包括利用本单位技术力量的自行开发、依靠软件开发公司或高校等其他单位的委托开发和与其他单位协作的联合开发三种形式。这种方式开发的会计软件具有操作方便、专用性强，能满足单位会计核算与管理特殊需要等优点，但相对配备周期长、费用大。因此，这种方式一般适用于特定的和一些行业特点突出的单位，如铁路、电力、邮电、金融等单位。

3. 二次开发会计软件

它是为了满足本单位核算与管理特殊需要而对购买的通用的商品化会计软件进行适当的二次开发，然后利用商品化会计软件提供的接口，将各模块连接、组装在一起，完善原有会计软件的功能。它实质是上述两种方式的结合。具有实用能力强、见效较快等优点，但对单位会计人员要求有一定的软件开发能力。目前这种组装式的会计软件在我国使用不多。

三、商品化会计软件的选择

会计软件可以采用多种方式取得。商品化会计软件由于其通用性强、成本较低，已成为各单位实现电算化会计信息系统的捷径。目前，我国的商品化会计软件市场已基本成熟，开发会计软件的公司已超过 300 家，通过财政部评审的会计软件已有 40 多个，通过省市财政部门评审的会计软件已达到 200 多个，而且基本上是通用会计软件。在纷繁复杂的会计软件市场，如何选购一套符合本单位实际需要的会计软件，必须考虑多方面的因素。

（一）商品化会计软件的特点

1. 通用性

软件的通用性有两方面含义：一是纵向的通用，即软件能适应一个单位不同时期的会计工作变化的需要；二是横向的通用，即满足不同单位会计业务的不同需要。

2. 保密性

这里所说的保密性是指销售厂家的商品化会计软件对用户的保密性。商品化软件不给用户提供源程序代码，只提供经过加密的软件。这是因为开发会计软件的厂家，在开发过程中，投入了大量的人力、物力、财力，因此开发出来的商品化会计软件是商品化会计软件厂家的成果。他们要采取许多加密措施，以防止他人模仿、复制。因而一般不会提供给用户可读的源程序代码，他们提供给用户的是已经编译过的而且已加密的会计软件。

3. 软件由厂家统一维护与更新

对于一般的会计软件，如果不是开发人员，其他人员要对其进行维护是很费力的，而对于商品化的会计软件，由于厂家对其加密，这就使得用户维护会计软件几乎成为不可能的事情；因此，会计软件的维护与版本更新一般由会计软件的生产厂家或其指定的维护单位负责。目前我国的商品化会计软件生产厂家一般都实行终身维护，也有极少数厂家提供用户源程序代码，但不负责维护。

4. 与专用软件相对比，易学性较弱

商品化会计软件较专用软件难于学会使用，主要有两方面的原因：一是专用软件是按使用单位会计人员的用户需求专门设计的，因此符合用户的日常习惯，用户使用起来方便，有一种亲切感。而商品化会计软件，是针对不同单位、不同会计人员的共同需求设计的。因此，要想让商品化软件满足不同单位、不同会计人员的习惯，则很困难；要完全满足则更不可能。这就需要购买会计软件的会计人员改变自己的习惯，去适应商品化软件的要求；二是商品化软件为了实现其通用性，软件中一般都设有初始化设置和自定义功能，用户要学会使用这些自定义功能较困难。

但是，必须强调指出：第一，易学性较弱是与开发效果较好的专用软件相比来说的，是相对的，不是绝对的；第二，较难学会，并不说明软件易使用性差；相反，一旦学会使用，操作起来一般都比专用软件灵活、方便。

5. 与专用会计软件相比，初始化工作量大

由于商品化会计软件要满足不同单位的不同要求，因此，在通用的商品化会计软件中一般都有初始化设置模块。在此模块中，有大量的初始化工作，例如：设置会计科目、科目余额的录入、设置记账凭证类型（有些单位将记账凭证分为收款凭证、付款凭证和转账凭证；也有的单位将记账凭证分为"现收"、"现付"、"银收"、"银付"和"转账"五种凭证；也有的单位不分类型）、自动转账分录定义、辅助核算项目的设置等。

（二）商品化会计软件的选择原则

一般来说，单位在购买商品化会计软件时，应从以下几个方面进行考查与选择。

1. 合法性

会计工作要符合《会计法》和国家制定的有关会计准则和会计制度的规定，对执行会计工作的会计软件也有同样的要求。单位选购的商品化会计软件除了符合这些规定之外，还应满足国家有关会计软件的管理规定。目前，应满足财政部 1994 年 6 月颁布的《会计核算软件基本功能规范》中的有关要求和规定。此文件中对"会计数据的输入"、"会计数据的输出"、"会计数据的处理"和"会计数据的安全"都作了相当详细和具体的说明，具体内容见前面"会计软件的基本要求"。

由于商品化会计软件需要通过评审，以评价其是否符合国家的统一规定。所以，这项工作已由各级财政部门或主管部门代为执行了，单位只需考查商品化会计软件是否已通过省级以上（含省级）财政部门的评审即可。

2. 实用性

单位在选择商品化会计软件时，还应考查商品化软件在本单位使用是否实用，是否适用于本单位会计业务处理的性能要求。具体来说，主要包括以下四个要求：

（1）输入要求。主要指商品化会计软件是否能正确录入本单位所需的各类会计数据；每类数据的录入项目是否齐全。比如记账凭证的录入至少应包括：凭证日期、凭证编号、会计科目或编号（以编号形式输入会计科目的，应录提示该编号所对应的会计科目名称）、经济业务摘要、借方（或贷方）金额等。

（2）输出要求。主要是指商品化会计软件能输出哪些信息，输出的账表及其他信息的格式是否满足本单位输出要求。

（3）处理要求。主要指会计软件提供的处理功能是否满足本单位会计业务处理的要求；应考查所提供的处理功能是否齐全；这些处理功能的有效性如何。

（4）接口要求。主要包括从其他子系统或模块接收数据的录入接口要求和为其他子系统或模块提供数据的输出接口要求。单位应从输入接口和输出接口两方面考查商品化软件是否满足本单位软件扩充或数据联网等实际需要。

在考查与选择商品化会计软件对以上要求的满足情况时，我们应按以下步骤进行：

第一，审查商品化会计软件厂家提供的文档资料。

第二，通过演示版的操作使用，考查软件。

第三，通过实际数据，测试软件。

3. 通用性

通用性是指商品化会计软件应适应不同单位的会计工作需要和同一单位不同时期的会计工作需要，包括纵向通用性和横向通用性。现在的商品化会计软件有的适用性较强；有的则需要进行简单的二次开发。单位若想选择通用性较强的商品软件，一般应从以下几个方面进行考查：

（1）各种自定义功能是否满足使用单位的要求。对于会计业务不十分规范、变化较多的处理，通用软件一般都是通过自定义功能来实现通用性的。比如，通用报表生成系统，就应由使用单位定义数据来源、报表项目及计算公式、打印格式等。

（2）各种编码是否有由使用单位自定义的功能，是否有增、删、改等维护功能。

（3）对一些无法实现通用的功能是否设有可选功能，以满足通用性。例如，成本核算就可设置分批法、分类法、分步法等各种成本核算的可选方法，由使用单位按需要选择软件中的某种成本核算方法。

（4）对一些变化较多的计算方法是否可由使用单位进行自定义。例如，由使用单位自定义成本核算中的产品费用的归集公式。

4. 安全可靠性

安全性是指商品化会计软件防止会计信息被泄露和破坏的能力。可靠性是指商品化软件防错、查错、纠错的能力。评价会计软件的安全可靠性主要是考查将软件提供的各种可靠性保证措施结合起来，是否能有效地防止差错的发生，若发生差错后是否能及时查出并进行修改；安全性保证措施是否能有效地防止会计信息的泄漏和破坏。具体包括以下内容：

（1）是否有数据备份与恢复功能，并能有效地备份与恢复各种历史数据。

（2）是否有权限设置功能，并能最大限度地保证各有关人员只能执行其权限范围内的工作。

（3）会计软件中是否采用了各种容错技术，保证会计人员操作失误时，及时发现和纠正错误。

（4）会计软件是否将会计业务存在各种钩稽关系的特点融于软件中，随时检查各种生成数据的正确性。

（5）对各种上机操作是否留有记录，以便随时追踪查询各种失误与破坏。

5. 易使用性

易使用性是指商品化会计软件易学、易操作的性能。评价商品化会计软件的易使用性主要从以下几方面进行：

（1）软件资料的质量优劣；

（2）厂家提供的技术培训服务，其质量与效果如何；

（3）软件是否便于操作。从以下几点考查：

① 操作是否简单、直观；

② 操作是否符合会计人员的习惯，这主要指操作提示用语是否专业化和规范化；

③ 各种自定义功能、控制措施的使用是否简单实用；

④ 是否尽量减少人工干涉；

⑤ 界面是否简洁、美观、人性化。

6. 先进性

商品化会计软件在同类产品中的先进程度，包括安全性、可靠性、功能的完备性、通用性、运行效率、软件技术平台的先进性和软件设计的优良性等。先进性是单位选择商品化软件的因素之一，但对会计工作而言，商品化会计软件的选择主要还是考查合法性、实用性、通用性、安全可靠性和易使用性五个方面。

（三）选择商品化会计软件应注意的问题

在了解了商品化会计软件的选择原则之后，基层单位在选择商品化会计软件中应注意以下问题：

1. 是否是正版的会计软件

因为商品化会计软件厂家对其软件进行了加密。用户如购买其他拷贝软件，有可能会出现软件中数据的丢失、变化，甚至极有可能引入计算机病毒，影响会计工作的正常运行。另一方面，商品化会计软件厂家只对正版软件进行维护和版本更新工作。

2. 是否经过财政部门的评审

单位购买的商品化会计软件，只有通过财政部门的评审，才能在市场上销售，只有通过财政部门评审的软件才能代替手工记账。另外，单位在购置会计软件时，面对良莠不齐的会计软件，会计人员往往无所适从，通过评审的软件是由有关专家进行了详细的测试后通过的，专家对软件的评价比单位选购人员的评价要准确、全面得多。

3. 是否留有接口，接口是否符合要求

单位购买的商品化会计软件是通用软件，有时可能不能完全满足单位的实际需要，软件留有接口，可以根据本单位的特点增加一些特殊功能；如果需要对商品化会计软件进行二次开发，也可以利用软件提供的接口，将各模块连接、组装在一起，完善原有会计软件的功能。

4. 是否有良好的售后服务

用户购买一种会计软件后，应与开发商或销售单位建立长期伙伴关系，以满足软件使用过程中的各种需求和及时帮助。因此，会计软件售后服务的可靠性对用户来说至关重要，一般从软件公司的日常维护能力、用户培训和改版升级三个方面进行衡量。

5. 软件价格

各种会计软件在功能和价格上都存在一定的差别。一般来说，功能越强，销售价格就越高，加之不同会计软件的安装与维护费用、优惠条件等不尽相同。因此，用户只有对各种会计软件的功能/价格比等因素进行对照比较，才能选定经济实用的会计软件。

第四节 会计软件的实施流程

总结大量的成功和失败的案例，"实施"已成为会计软件能否取得成功的至关重要的一个环节，"三分软件，七分实施"不无道理。单位应充分重视会计电算化的实施工作，根据单位的具体情况，建立完整的切合实际的实施方案。

一、项目实施的组织

组织是实施的保证，会计软件要实施成功，需要成立项目实施小组，以推动项目的开展和评估项目的质量情况。对于客户方而言，一般要由三方面的人员参加，一是财务人员，参加人员一定对整个财务业务非常熟悉并具有重新架构财务管理的能力；二是技术人员，主要负责软硬件的规划和维护；三是主管领导，要重视会计软件的组织与实施，并从经费方面大力支持。

共同组建的项目小组，直接对项目的规划、开发、实施、运行等方面保持协调，保证项目实施过程中的问题能得到及时处理。

二、项目的实施

对于一个会计电算化项目来讲，软件满足业务需求只是成功的一部分，实施显得尤为重要。对于实施，除领导重视、组织保证外，采用什么样的实施方法也显得非常重要，各公司一般都有相应的实施规范，但方法大致差不多。实施的主要思想体现在两个方面：一是分步骤实施，即将系统的实施过程分为几个步骤，每一个步骤都有相关的文档资料；二是互动实施，即由项目实施小组、客户构成一个具体互动的实施过程，及时沟通和发现问题，保证实施保质保量地完成。

项目实施基本步骤和提供的相关文档如表2-1所示。

表2-1 项目实施阶段和文档

项目阶段	阶 段 文 档
1. 项目组织	项目组织要求、项目实施整体方案
2. 项目规划	项目总体规划、项目实施规划、项目运行规划
3. 培训	培训计划、培训组织与要求、培训教材、考核内容、培训结果确认表、培训考核成绩表、培训学员签到表
4. 需求调研	业务需求说明书
5. 软件调整	软件与业务符合情况分析、专项开发支持流程文档、软件测试文档
6. 系统准备	编码原则及相关的编码说明书、基础数据准备指导说明书、软件安装检查表、项目初始化方案、系统初始化确认表
7. 试运行	组织机构及岗位运行说明书、日常管理制度、业务流程说明书
8. 系统切换	系统切换注意问题、系统切换确认表、项目验收单
9. 运行维护	系统使用说明书、系统维护说明书

针对不同项目的规模、复杂程度，实施时间和方法都有所不同。对小的会计电算化项目

的实施，一般在一周内就可完成，而对于比较大的项目，则需要几个月，甚至一年以上的时间。因此，对实施文档、管理的严密程度，一般原则是大项目管理要求严格、文档详细；小项目则相对简单。

第五节 会计软件与 ERP 软件

一、ERP 的发展过程

1. ERP 的发展过程

20 世纪 60 年代后期，世界主要发达国家相继进入买方市场，制造企业之间的竞争日趋激烈，越来越多的企业认识到先进的企业管理是在竞争中生存的基本因素。他们不断地尝试各种管理方法、管理技术和管理手段，从而形成了他们对企业所拥有的人力、财力、物力、信息、时间和空间等综合资源进行综合平衡优化管理的先进管理模式。其发展过程可分为以下几个方面：

（1）20 世纪 60 年代制造业为了打破"发出订单，然后催办"的计划管理方式，设置了安全库存量，为需求与提前期提供缓冲——订货点法。

（2）20 世纪 70 年代，企业的管理者们已经清楚地认识到，真正的需要是有效的订单交货日期，产生了对物料清单的管理与利用，形成了物料需求计划——MRP。

（3）20 世纪 80 年代，企业的管理者们又认识到制造业要有一个集成的计划，以解决阻碍生产的各种问题，而不是以库存来弥补，或缓冲时间去补偿的方法来解决问题，要以生产与库存控制的集成方法来解决问题，于是 MRP Ⅱ 即制造资源计划产生了。

（4）20 世纪 90 年代以来，企业信息处理量不断加大，企业资源管理的复杂化也不断加大，这要求信息的处理要有更高的效率，传统的人工管理方式难以适应以上需要，而只能依靠计算机系统来实现企业的物流、资金流和信息流的统一管理，从而产生了新一代的管理理论与计算机系统——企业资源计划（ERP）。

2. ERP 的概念

ERP（Enterprise Resource Planning）的中文名称叫企业资源计划，产生于 20 世纪 90 年代。ERP 的产生无论是在全世界还是中国，都掀起了一场管理思想和管理技术的革命。在中国，当 MRP Ⅱ 还没有完全被中国的企业界人士完全认识和接受之前，它却在短短的几年时间内一跃成为电子商务时代的 ERP。ERP 作为一个新鲜事物，其概念和定义还未完全统一。综合各家所言，ERP 是指建立在信息技术基础上，以系统化的管理思想，为企业决策层及员工提供决策运行手段的管理平台。ERP 系统集中信息技术与先进的管理思想于一身，成为现代企业的运行模式，反映时代对企业合理调配资源，最大化地创造社会财富的要求，成为企业在信息时代生存、发展的基石。

根据 ERP 的概念，可以从管理思想、软件产品、管理系统三个层次理解：

（1）是由美国著名的计算机技术咨询和评估集团 Garter Group Inc. 提出的一整套企业管理系统体系标准，其实质是在 MRP Ⅱ（Manufacturing Resources Planning，"制造资源计划"）基础上进一步发展而成的面向供应链管理（Supply Chain Management）的管理思想；

（2）是综合应用了客户机/服务器体系、关系数据库结构、面向对象技术、图形用户界面、第四代语言（4GL）、网络通信等信息产业成果，以 ERP 管理思想为灵魂的软件产品；

（3）是整合了企业管理理念、业务流程、基础数据、人力、物力、计算机硬件和软件于一体的企业资源管理系统。

ERP 系统不是一个简单意义上的软件产品，它的基本思想是将企业的运营流程看做是一个紧密连接的供应链，包括供应商、制造工厂、分销网络和客户等，是计算机硬件和软件技术一体化的企业资源管理系统，是管理与技术的结合体，是一个较完整的集成化管理信息系统。ERP 将企业内部所有资源整合在一起，对采购、生产、成本、库存、分销、运输、财务、人力资源进行规划，从而达到最佳资源组合，取得最佳效益。

二、ERP 的管理思想

ERP 是一个面向供应链管理（Supply Chain Management，SCM）的管理信息集成。对于企业来说，ERP 首先应该是管理思想，其次是管理手段与信息系统。管理思想是 ERP 的灵魂，而核心管理思想就是实现对整个供应链的有效管理。ERP 基于 MRP Ⅱ，又超越了 MRP Ⅱ。ERP 系统在 MRP Ⅱ 的基础上扩展了管理范围，它把客户需求和企业内部的制造活动以及供应商的制造资源整合在一起，形成一个完整的供应链（SCM），并对供应链上的所有环节进行有效管理，这样就形成了以供应链为核心的 ERP 管理系统。供应链跨越了部门与企业，形成了以产品或服务为核心的业务流程。ERP 系统除了传统 MRP Ⅱ 系统的制造、财务、销售等功能外，还增加了分销管理、人力资源管理、运输管理、仓库管理、质量管理、设备管理、决策支持等功能；支持集团化、跨地区、跨国界运行，其主要宗旨就是将企业各方面的资源充分调配和平衡，使企业在激烈的市场竞争中全方位地发挥足够的能力，从而取得更好的经济效益。ERP 管理思想主要体现在：

1. 体现对整个供应链资源进行管理的思想

在知识经济时代仅靠自己企业的资源不可能有效地参与市场竞争，还必须把经营过程中的有关各方如供应商、制造工厂、分销网络、客户等纳入一个紧密的供应链中，才能有效地安排企业的产、供、销活动，满足企业利用全社会一切市场资源快速、高效地进行生产经营的需求，以期进一步提高效率和在市场上获得竞争优势。换句话说，现代企业竞争不是单一企业与单一企业间的竞争，而是一个企业供应链与另一个企业供应链之间的竞争。ERP 系统实现了对整个企业供应链的管理，适应了企业在知识经济时代市场竞争的需要。

2. 体现精益生产、同步工程和敏捷制造的思想

ERP 系统支持对混合型生产方式的管理，其管理思想表现在两个方面：其一是"精益生产（Lean Production，LP）"的思想，它是由美国麻省理工学院（MIT）提出的一种企业经营战略体系。即企业按大批量生产方式组织生产时，把客户、销售代理商、供应商、协作单位纳入生产体系，企业同其销售代理、客户和供应商的关系，已不再简单地是业务往来关系，而是利益共享的合作伙伴关系，这种合作伙伴关系组成了一个企业的供应链，这就是精益生产的核心思想。其二是"敏捷制造（Agile Manufacturing，AM）"的思想。当市场发生变化，企业遇有特定的市场和产品需求时，企业的基本合作伙伴不一定能满足新产品开发生产的要求，这时，企业会组织一个由特定的供应商和销售渠道组成的短期或一次性供应链，形成"虚拟工厂"，把供应和协作单位看成是企业的一个组成部分，运用"同步工程（SE）"，组织生产，用最短的时间将新产品打入市场，时刻保持产品的高质量、多样化和灵活性，这就是"敏捷制造"的核心思想。

3. 体现事前计划与事中控制的思想

ERP 系统中的计划体系主要包括：主生产计划、物料需求计划、能力计划、采购计划、销售计划、利润计划、财务预算和人力资源计划等，而且这些计划功能与价值控制功能已完全集成到整个供应链系统中。

另外，ERP 系统通过定义事务处理（Transaction）相关的会计核算科目与核算方式，以便在事务处理发生的同时自动生成会计分录，保证了资金流与物流的同步记录和数据的一致性。从而实现了根据财务资金现状，可以追溯资金的来龙去脉，并进一步追溯所发生的相关业务活动，改变了资金信息滞后于物料信息的状况，便于实现事中控制和实时做出决策。

此外，计划、事务处理、控制与决策功能都在整个供应链的业务处理流程中实现，要求在每个流程业务处理过程中最大限度地发挥每个人的工作潜能与责任心，流程与流程之间则强调人与人之间的合作精神，以便在有机组织中充分发挥每个人的主观能动性与潜能。实现企业管理从"高耸式"组织结构向"扁平式"组织机构的转变，提高企业对市场动态变化的响应速度。

总之，ERP 所包含的管理思想是非常广泛和深刻的，这些先进的管理思想之所以能够实现，又与 IT 技术的飞速发展与应用分不开。ERP 不仅面向供需链，体现精益生产、敏捷制造、同步工程的精神，而且必然要结合全面质量管理（TQM）以保证质量和客户满意度；结合准时制生产（JIT）以消除一切无效劳动与浪费、降低库存和缩短交货期；它还要结合约束理论（Theory of Constraint，TOC，是优化生产技术 OPT 的发展）米定义供应链上的"瓶颈"环节，以消除制约因素来扩大企业供应链的有效产出。

三、ERP 的作用

因为 MRP 最初是作为减少库存和改善客户服务水平的方法而提出的，所以，这方面的效益在大多数企业中首先引起了关注。随着 ERP 的发展，它为企业带来的多方面的效益已显现出来。ERP 的作用可以从定性和定量两方面来理解。

（一）定量的效益

就定量效益而言，各单位体会比较深刻。综合美国生产与库存控制学会（APICS）统计，使用一个 MRP Ⅱ/ERP 系统，平均可以为企业带来如下经济效益：

1. 降低库存投资

（1）降低库存量。使用 ERP 系统之后，由于有了好的需求计划，就可以在恰当的时间得到恰当的物料，企业不必保持很多的库存。根据统计数字，在使用 ERP 系统之后，库存量一般可以降低 20%～35%。

（2）降低库存管理费用。库存量降低还导致库存管理费用的降低。其中包括仓库维护费用、管理人员费用、保险费用、物料损坏和失盗等。库存管理费用通常占库存总投资的 25%。

（3）减少库存损耗。一方面，由于库存量减少，库存损耗也随之减少；另一方面，MRP 对库存记录的准确度有相当高的要求，为了保证库存记录的准确性，就要实行循环盘点法。因而能够及时发现造成库存损耗的原因，并及时予以消除，从而可以使库存损耗减少。

2. 降低采购成本

ERP 把供应商视为自己的外部工厂。通过采购计划法与供应商建立长期、稳定、双方受益的合作关系。这样，既保证了物料供应，又为采购人员节省了大量的时间和精力。使他们可对采购工作进行有价值的分析。有资料表明，使用 ERP，可以使采购成本降低 5%。

3. 提高生产率

（1）提高直接劳动生产率。使用 ERP 之后，由于减少了生产过程中的物料短缺，从而减少了生产和装配过程的中断，使直接劳动生产力的生产率得到提高。有资料表明，生产线生产率平均提高 5%～10%，装配线生产率平均提高 25%～40%。

（2）提高间接劳动生产率。以 ERP 作为通信工具，减少了文档及其传递工作，减少了混乱和重复的工作，从而提高了间接劳动生产力的生产率。有资料表明，间接劳动生产率可以提高 25%。

（3）减少加班。过多的加班会严重降低生产率，还会造成过多的库存。使用 ERP，可以提前作出能力需求计划，减少加班。有资料表明，加班时间可以减少 50%～90%。

4. 提高客户服务水平

要提高市场竞争力，既要有好的产品质量，又要有高水平的客户服务。要提高客户服务水平，就必须有好的产销配合。ERP 系统作为计划、控制和通信的工具，使得市场销售和生产制造部门可以在决策及日常活动中有效地相互配合。从而可以缩短生产提前期，迅速响应客户需求，并按时交货。据资料记载，一般按期交货履约率可达 90% 以上，接近 100%。

（二）定性的效益

（1）企业领导和各级管理人员可以随时掌握市场销售、生产和财务等方面的运行状况，不断改善经营决策，提高企业的应变能力和竞争地位。

（2）部门间的数据共享，使企业的各个部门不再是单独封闭的个体，而是融入企业整体的大环境下，按企业既定目标执行。

（3）在瞬息万变的市场竞争中，市场的敏感度增强，具有更强的市场适应能力和应变能力。

（4）可以进行资源的有效整合，发挥企业的资源优势，增强企业的竞争能力。

（5）能够规范企业的管理流程和管理制度。

四、ERP 的主要模块

ERP 是将企业所有资源进行整合集成管理，简单地说是将企业的三大流：物流、资金流、信息流进行全面一体化管理的管理信息系统。它的功能模块不同于以往的 MRP 或 MRP Ⅱ 的模块，它不仅可用于生产企业的管理，而且在许多其他类型的企业如一些非生产，公益事业的企业也可导入 ERP 系统进行资源计划和管理。这里我们将仍然以典型的生产企业为例子来介绍 ERP 的功能模块。

在企业中，一般的管理主要包括三方面的内容：生产控制（计划、制造）、物流管理（分销、采购、库存管理）和财务管理（会计核算、财务管理）。这三大系统本身就是集成体，它们互相之间有相应的接口，能够很好地整合在一起来对企业进行管理。另外，要特别一提的是，随着企业对人力资源管理重视的加强，已经有越来越多的 ERP 厂商将人力资源管理纳入了 ERP 系统的一个重要组成部分，对这一功能，我们也会进行一下简要的介绍。

（一）生产控制管理模块

这一部分是 ERP 系统的核心所在，它将企业的整个生产过程有机地结合在一起，使得企业能够有效地降低库存，提高效率。生产控制管理是一个以计划为导向的先进的生产、管理方法。首先，企业确定一个总生产计划，再经过系统层层细分后，下达到各部门去执行。即生产部门以此生产，采购部门按此采购等。

1. 主生产计划

它是根据生产计划、预测和客户订单的输入来安排将来的各生产周期中提供的产品种类和数量，它将生产计划转为产品计划，在平衡了物料和能力的需要后，精确到时间、数量的详细的进度计划。主生产计划是企业在一定时期内的总体安排。

2. 物料需求计划

在主生产计划决定生产多少最终产品后，再根据物料清单，把整个企业要生产的产品的数量转变为所需生产的零部件的数量，并对照现有的库存量，可得到还需加工多少，采购多少的最终数量。这是整个部门真正依照的计划。

3. 能力需求计划

它是在物料需求计划的基础上，将所有工作中心的总工作负荷与工作中心的能力平衡后产生的详细工作计划，用以确定所生成的物料需求计划是否是企业可行的需求计划。能力需求计划是一种短期的、当前实际应用的计划。

4. 车间控制

这是随时间变化的动态作业计划，是将作业分配到具体的各个车间，再进行作业排序、作业管理、作业监控。

5. 制造标准

在编制计划中需要许多生产基本信息，这些基本信息就是制造标准，包括零件、产品结构、工序和工作中心，都用唯一的代码在计算机中识别。

（二）物流管理模块

物流管理模块有以下三个方面：

1. 销售管理

销售管理是从产品的销售计划开始，对其销售产品、销售地区、销售客户各种信息的管理和统计，并可对销售数量、金额、利润、绩效、客户服务做出全面的分析，包括客户信息的管理和服务、销售订单的管理和销售的统计与分析三方面的功能。

2. 库存控制

用来控制存储物料的数量，以保证稳定的物流支持正常的生产，但又最小限度地占用资本。它是一种相关的、动态的及真实的库存控制系统。它能够结合、满足相关部门的需求，随时间变化动态地调整库存，精确地反映库存现状。

3. 采购管理

确定合理的定货量、优秀的供应商和保持最佳的安全储备。能够随时提供定购、验收的信息，跟踪和催促对外购或委外加工的物料，保证货物及时到达。建立供应商的档案，用最新的成本信息来调整库存的成本。

（三）财务管理模块

企业中，清晰分明的财务管理是极其重要的。所以，在 ERP 系统中它是不可或缺的一部分。ERP 中的财务模块与一般的财务软件不同，作为 ERP 系统中的一部分，它和系统的其他模块有相应的接口，能够相互集成，比如：它可将由生产活动、采购活动输入的信息自动计入财务模块生成总账、会计报表，取消了输入凭证烦琐的过程，几乎完全替代了以往传统的手工操作。一般的 ERP 软件的财务部分分为会计核算与财务管理两大块。

1. 会计核算

会计核算主要是记录、核算、反映和分析资金在企业经济活动中的变动过程及其结果。它由总账、应收账、应付账、现金、固定资产、多币制等部分构成。

（1）总账模块。它的功能是处理记账凭证输入、登记，输出日记账、明细账及总分类账，编制主要会计报表。它是整个会计核算的核心，应收账、应付账、固定资产核算、现金管理、工资核算、多币制等各模块都以其为中心来互相信息传递。

（2）应收账款模块。应收账款模块是指企业应收的由于商品赊欠而产生的正常客户欠款账。它包括发票管理、客户管理、付款管理、账龄分析等功能。它和客户订单、发票处理业务相联系，同时将各项事件自动生成记账凭证，导入总账。

（3）应付账款模块。会计里的应付账是企业应付购货款等账，它包括了发票管理、供应商管理、支票管理、账龄分析等。它能够和采购模块、库存模块完全集成以替代过去烦琐的手工操作。

（4）现金管理模块。它主要是对现金流入/流出的控制以及零用现金及银行存款的核算。它包括了对硬币、纸币、支票、汇票和银行存款的管理。在 ERP 中提供了票据维护、票据打印、付款维护、银行清单打印、付款查询、银行查询和支票查询等和现金有关的功能。此外，它还和应收账、应付账、总账等模块集成，自动产生凭证，过入总账。

（5）固定资产核算模块。固定资产核算模块即完成对固定资产的增减变动以及折旧和有关基金的计提和分配的核算工作。它能够帮助管理者对目前固定资产的现状有所了解，并能通过该模块提供的各种方法来管理资产，以及进行相应的会计处理。它的具体功能有：登录固定资产卡片和明细账，计算折旧，编制报表，以及自动编制转账凭证，并转入总账。它和应付账、成本、总账模块集成。

（6）多币制模块。这是为了适应当今企业的国际化经营要求，而对外币结算业务的要求增多而产生的。多币制将企业整个财务系统的各项功能用各种币制来表示和结算，且客户订单、库存管理及采购管理等也能使用多币制进行交易管理。多币制和应收账、应付账、总账、客户订单、采购等各模块都有接口，可自动生成所需数据。

（7）工资核算模块。自动进行企业员工的工资结算、分配以及各项相关经费的计提。它能够登录工资、打印工资清单及各类汇总报表，计算计提各项与工资有关的费用，自动做出凭证，导入总账。这一模块是和总账，成本模块集成的。

（8）成本模块。它将依据产品结构、工作中心、工序、采购等信息进行产品的各种成本的计算，以便进行成本分析和规划。并能用标准成本或平均成本法按地点维护成本。

2. 财务管理

财务管理主要是对会计核算提供的信息进行分析，并对企业的经济业务活动进行预测、决策、管理和控制活动。它侧重于财务计划、控制、分析和预测。

（四）人力资源管理模块

以往的 ERP 系统基本上都是以生产制造及销售过程（供应链）为中心的。因此，长期以来一直把与制造资源有关的资源作为企业的核心资源来进行管理。但近年来，企业内部的人力资源，开始越来越受到企业的关注，被视为企业的资源之本。在这种情况下，人力资源管理，作为一个独立的模块，被加入到了 ERP 的系统中来，和 ERP 中的财务、生产系统组成了一个高效的、具有高度集成性的企业资源系统。它与传统方式下的人事管理有着根本的不同。

五、ERP 软件与会计软件的关系

会计软件一般指的是专门用于会计业务的软件，是指财务部门可以借助计算机的帮助处理经济业务；而 ERP 是企业资源计划，是指整个企业借助网络等技术实现资源共享、信息管理等管理模式。会计软件可以集成在 ERP 系统里，例如，可以做成企业产、供、销一体的 ERP 软件。ERP 系统是个较完整的集成化管理信息系统，与财务软件相比它更注重的是企业管理的各个方面（当然也包括企业财务的管理）。

传统的会计信息系统属于会计等式"资产＝负债+所有者权益"的模式。ERP 系统则以业务为中心来组织，根据物流、资金流、信息流的连续运动和反馈来设计，能跨越职能领域的边界，实现整个企业信息的集成。会计系统只是企业管理信息系统的一个有机组成部分，不是作为一个专门的系统开发的，它与企业的分销、制造等子系统之间有着非常紧密的联系，从而突破了"资产＝负债+所有者权益"的模式。ERP 系统的会计子系统与 ERP 系统的其他子系统融合在一起，会计子系统又集财务会计、管理会计、成本会计三者于一体，体现了先进的计划、控制和决策思想，会计子系统的功能目标是生成与企业有关的所有信息使用者需要的信息。

实际上，独立的会计软件和 ERP 软件在设计思想、功能、技术、实施、应用、维护等方面存在很大不同，对管理的提升也有不同的作用。下面就主要方面加以说明。

1. 从范围上来看

财务软件是 ERP 的一部分。ERP 软件一般按照模块可以分成：财务管理、销售管理、后勤管理（采购管理、售后服务管理和库存管理）、生产管理和人力资源管理等。因此 ERP 涵盖的范围比财务软件的范围广，它对企业的整个资源进行有效的整合，使企业的资源能够得到最大化地利用。财务管理是 ERP 中的一个组成部分，可以单独使用或与其他模块集成使用。随着国家财务制度与国际接轨，越来越多的 ERP 厂商都对财务部分进行了符合中国财务制度的修改。因此在企业选择信息化建设时如果因为资金或想分阶段进行时，建议可以直接选择成熟 ERP 软件中财务管理部分或进销存部分。这样可以为后续的信息化建设节省资金和时间。

2. 从工作的机制上来看

财务软件因为只是单纯地针对公司业务进行财务核算和管理，因此财务核算的前提是对各项业务单据编制凭证手工输入系统，系统再进行汇总和分析。财务人员大部分的时间仍然要面对烦琐的会计凭证录入工作而无法将时间用在财务管理上。而 ERP 系统中企业的业务是以流程为导向，会计模块通过 ERP 中的自动分录系统将这些流程紧密集成在一起，针对不同的业务类型自动触发会计业务事件，而这些会计业务事件对应的凭证已经预先定义会计科目和相关参数，所以当业务类型发生时，系统自动产生会计凭证，并自动登记有关的总账和明细账。会计人员的工作内容就是对这些凭证进行审核或由系统自动审核，这样就大量地减轻了会计人员的工作量，将更多的时间集中在财务管理的工作内容中。

3. 从功能上来看

目前会计软件经过多个发展阶段已经非常成熟，从表面上已经能够满足企业的财务核算要求。但是从深层次和管理角度上来看，管理人员或最高决策层希望拿到的财务报表不是简单数据的累加，而是希望通过这些报表来对各项业务进行分析，如通过财务提供的销售收入和销售毛利希望能从多角度（如客户类型，不同产品线，产品销售流向，各销售部门，业务员业绩等）来分析销售情况，而这时如果单纯依据会计信息就无法满足要求。而 ERP 软件由于其工作原理是以业务流程为导向，因此各种发生的财务数据能够与各项业务行为紧密联系在一起，从财务角度或从业务角度都能够快速进行相互跟踪。

4. 从实施角度看

会计软件实施相对简单，一般由开发商的分支机构或代理实施，也可由用户直接实施。另外，会计软件的实施时间比较短，1~2 个月就可完成。而 ERP 系统的实施就比较复杂，一般由咨询服务机构等第三方实施，实施时间少则几个月，多则一年甚至几年，实施费用也很高，甚至超过 ERP 软件的购置费用。从实施的风险角度看，会计软件由于规范性强，变化不大，实施的成功率很高，最多就是会计软件的深度应用问题。而 ERP 软件就不同，由于涉及企业的各个部门和多个业务，而且关联性强，某个部门的业务变化往往引起整个应用模式的变化，因此实施的风险很大，即使现在应用成功，由于涉及企业内部的诸多部门利益，甚至涉及一些部门的存在，在实施过程中也可能中途夭折。

5. 从应用角度看

会计软件一般是期间性要求，如一天、一月或一年。而 ERP 软件则是实时性要求，如生产是 24 小时连续生产，则各环节也要求同步。在实际应用过程中对人员的要求也不一样，会计软件涉及的人员较少，主要是财务人员对自己的业务熟悉和能熟练操作计算机就可以了。而 ERP 则涉及企业的所有部门和人员，软件操作者对企业的整体情况有所了解，才能实现内部的协同工作。

由此我们可以看出，财务软件不等于 ERP，只能说是 ERP 的一部分。企业要想进行信息化建设，必须充分了解会计软件和 ERP 软件的区别，在具体工作中还要对自己的应用深度、规模大小、软件的使用情况进行深入的分析，明确信息化的目标，以适应从会计软件到 ERP 软件的转换。

复习思考题

1. 会计软件按功能不同可分为哪几种？它们之间有什么关系？
2. 账务处理系统的操作过程分为哪几步？各步骤的主要内容是什么？
3. 报表处理系统分为哪几个功能模块？各模块的主要内容是什么？
4. 什么是商品化会计软件？选购商品化会计软件应考虑哪些因素？

5. ERP 是软件产品还是管理思想？你是如何理解的？

6. 简述 ERP 的管理思想。

7. 简述 ERP 的主要模块。

8. 简述 ERP 软件与会计软件的关系。

9. 简述一个基层单位配置会计软件的方式。

第三章

账务处理

知识目标 ///

了解账务处理系统的功能与特点，熟悉电算化账务处理的流程，掌握账务系统的初始设置、日常业务处理、期末业务处理等。

能力目标 ///

能熟练运用用友 ERP-U8 财务软件进行会计核算，具备胜任电算出纳、会计等岗位的业务素质。

第一节　账务处理系统的基本功能及处理流程

一、账务处理系统的基本功能

用友 ERP-U8 软件中的总账系统即为账务处理系统，该系统汇集了工资管理系统、固定资产管理系统、应收系统、应付系统、项目管理系统、成本管理系统等全部经济业务的信息，从而获得以上系统所提供的凭证，对这些凭证进行处理。该系统可提供凭证管理、账簿查询、期末结账等功能，并向部门、客户、供应商等提供专项核算。这样方便了管理人员在日常业务处理过程中查询账表，也对现金和银行存款加强了管理。账务处理系统的基本功能示意如图 3-1 所示。

二、账务处理系统的处理流程

账务处理系统的具体处理流程如图 3-2 所示。首先进入总账系统，对总账系统进行初始设置，可根据企业特点进行相应的设置；完成初始设置后开始进行填制凭证、记账等日常业务；到月末进行结账工作；到年末需要建立新年度账、接转上年数据，就可以进行下一会计年度的账务处理了。

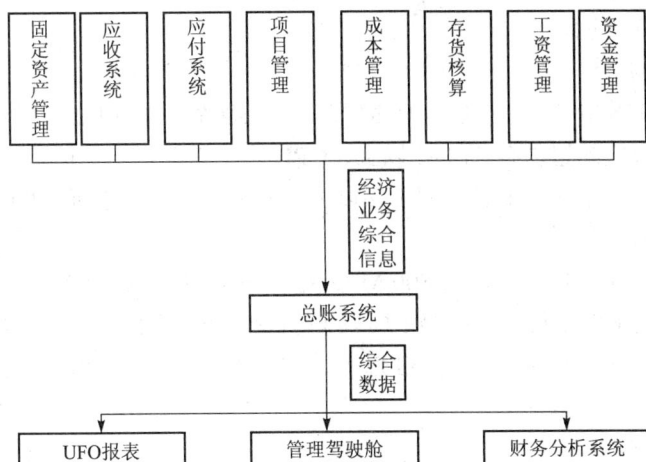

图 3-1 账务处理系统的基本功能示意

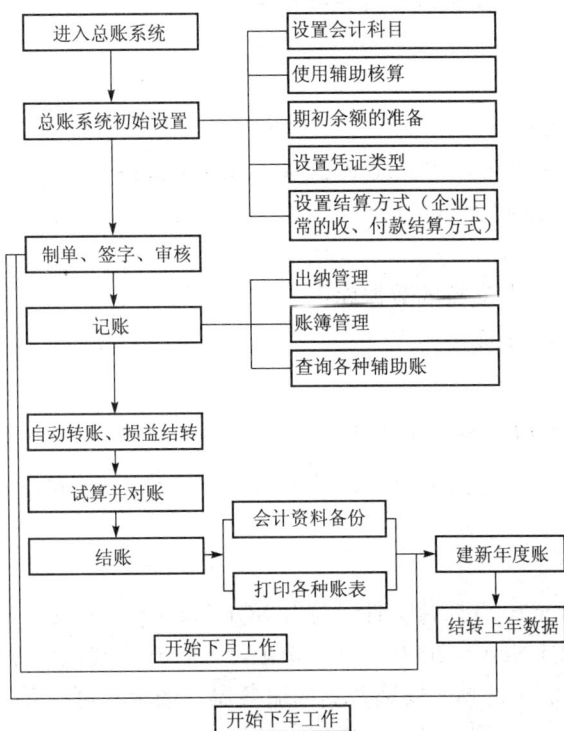

图 3-2 账务处理系统的具体处理流程图

第二节 系统安装与管理

一、系统安装

运行环境是数据的载体，所以运行环境的配置优劣对系统运行效率来讲，无疑是至关重要的。下面我们分别说明系统运行的硬件环境和软件环境。

系统运行的硬件环境

硬件最低配置为：

客户端：内存 128 M 以上、CPU 350 M 以上、磁盘空间 1 G 以上；

数据服务器：最低配置内存 512 M 以上、CPU 频率 1 G 以上、磁盘空间 2 G 以上；

发布服务器：内存 1 G 以上、CPU 1 G 以上、双 CPU、磁盘空间 10 G 以上；

硬件标准配置为：

客户端：内存 256 M 以上、CPU 800 M 以上、磁盘空间 1 G 以上；

数据库服务器的配置最好为：内存 1 G 以上、CPU 1 G 以上双 CPU、磁盘空间 20 G 以上

发布服务器的配置最好为：内存 1 G 以上、CPU 1 G 以上双 CPU、磁盘空间 10 G 以上

网络带宽：

广域网最低为 56 kb/s

局域网最低为 10 Mb/s

用友 ERP-U8［V8.50］支持的软件系统环境

简体中文版环境：

Windows 98，及 98 第二版，

Windows NT 4.0 + sp6a

Windows 2000 Server + sp3，Windows 2000 Professional + sp3，

Windows XP Professional + sp1

IE 6.0

用友 ERP-U8［V8.50］支持的数据库：

MS SQL Server 2000 + sp2

MSDE 2000

（一）安装 Microsoft SQL Server 2000

在安装用友 ERP-U8［V8.50］财务软件之前，需先安装 Microsoft SQL Server 2000 数据库软件。

操作步骤如下：

（1）双击 SQL Server 2000 安装文件，打开 SQL Server 2000 安装界面。

（2）选择"安装 SQL Server 2000 组件"选项，可打开安装组件界面。

（3）在安装组件界面中选择"安装数据库服务器"选项，可打开"欢迎"对话框，单击"下一步"按钮，可打开"计算机名"对话框。

（4）在"计算机名"对话框中选择安装的计算机之后，单击"下一步"按钮，可打开"安装选择"对话框。

（5）选择"创建新的 SQL Server 实例，或安装客户端工具"按钮之后，单击"下一步"按钮，可打开"用户信息"对话框。

（6）在"用户信息"对话框的"姓名"和"公司"文本框中输入相应信息之后，单击"下一步"按钮，可打开"软件许可证协议"对话框。

（7）在仔细阅读相关协议之后，单击"是"，可打开"安装定义"对话框。

（8）根据实际情况选择相应选项之后，单击"下一步"按钮，可打开"实例名"对话框。

（9）在"实例名"文本框中输入相应的名称，如是第一次安装 SQL Server 2000 程序，可选中"默认"复选框，单击"下一步"按钮，可打开"安装类型"对话框。

（10）设置安装类型和安装的程序文件、数据文件，设置好后单击"下一步"按钮，可打开"服务账户"对话框。

（11）输入相应的内容后，单击"下一步"按钮，可打开"身份验证模式"对话框。

（12）选择混合模式，然后单击"下一步"按钮，可打开"开始复制文件"对话框。

（13）单击"下一步"按钮，可打开"安装完毕"对话框，单击"完成"按钮，完成 Microsoft SQL Server 2000 的安装。

（二）IIS 的安装

如果需要部署网络版 B/S 结构的财务系统，还需要安装 IIS 组件。其具体操作步骤如下：

（1）选择"开始"|"控制面板"|"添加或删除程序"，可打开"添加或删除程序"窗口。

（2）单击"添加/删除 Windows 组件"按钮，可打开"Windows 组件向导"对话框。

（3）选中其中的"Internet 信息服务（IIS）"复选框，单击"下一步"按钮，可开始配置 IIS 组件。

（4）配置组件完毕后，会弹出一个"完成'Windows 组件向导'"对话框，单击"完成"按钮，IIS 组件的安装操作结束。

（三）安装用友 ERP-U8

在配置好用友 ERP-U8 所需的硬软件环境后，方可安装用友 ERP-U8。具体安装步骤如下：

（1）将用友 ERP-U8［V8.50］的安装光盘放入光驱，双击其中的 Setup.exe 程序，将提示安装所需要的补丁程序。

（2）如用户已安装补丁程序，则可单击"确定"按钮，启动安装向导，如图 3-3 所示。如没有安装补丁程序，则需退出用友 ERP-U8 的安装程序，安装所需要的补丁程序。

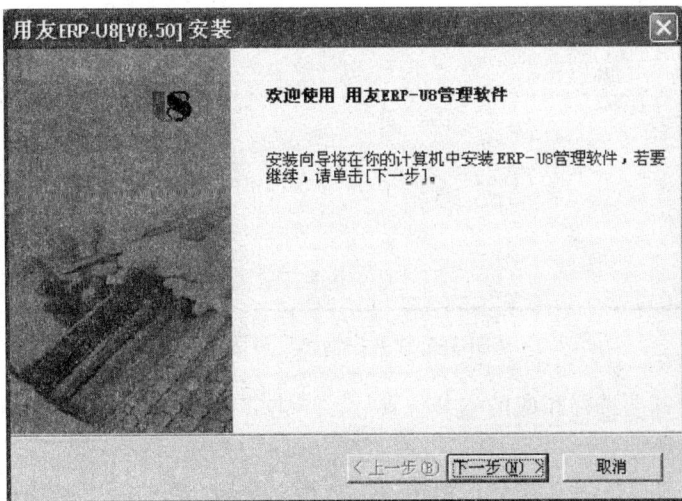

图 3-3 "欢迎使用"对话框

（3）单击"下一步"按钮，可打开"许可证协议"对话框，如图3-4所示。

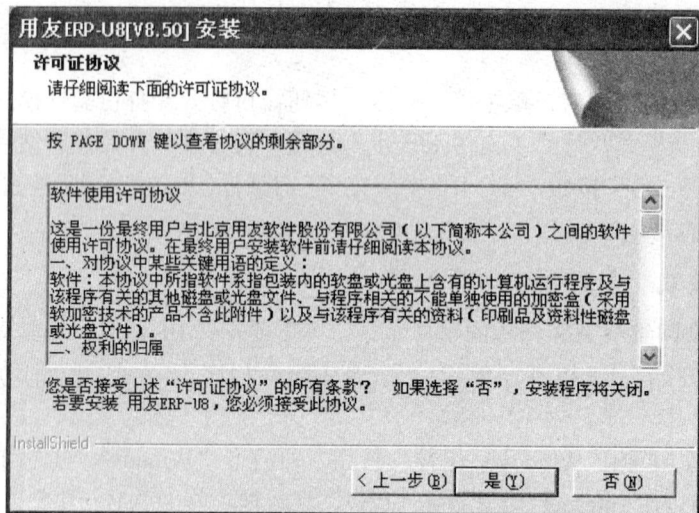

图3-4 "许可证协议"对话框

（4）阅读完许可证协议后，单击"是"按钮，可打开"客户信息"对话框，如图3-5所示。输入相应信息后，单击"下一步"按钮，可打开"选择目的地位置"对话框，如图 3-6所示。

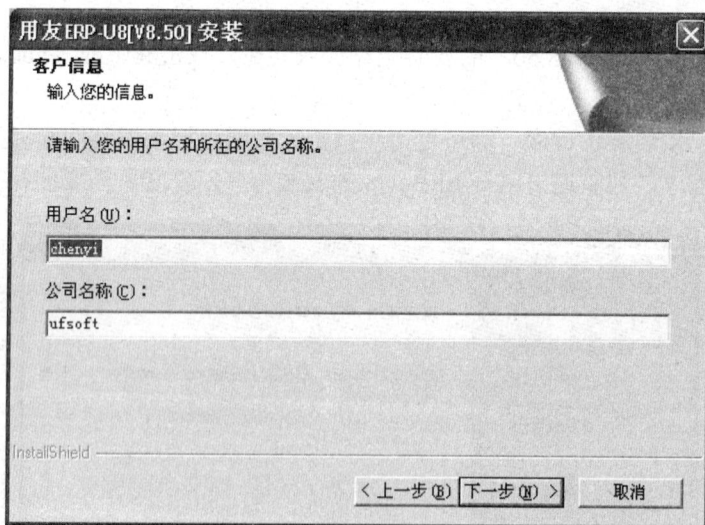

图3-5 "客户信息"对话框

（5）根据用户需要选择相应的安装位置后，单击"下一步"按钮，可打开"安装类型"对话框，如图3-7所示。

（6）选择系统默认安装类型后，单击"下一步"按钮，可打开"选择程序文件夹"对话框，如图3-8所示。

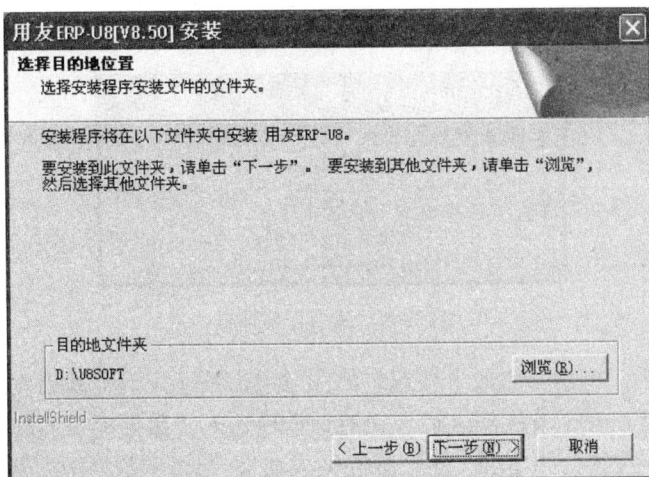

图 3-6　"选择目的地位置"对话框

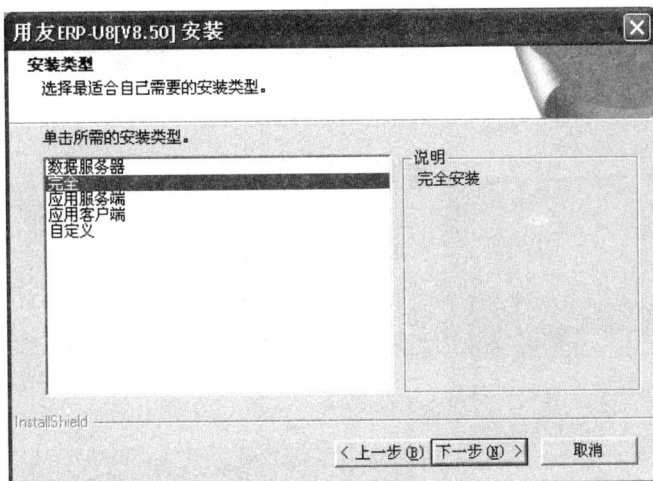

图 3-7　"安装类型"对话框

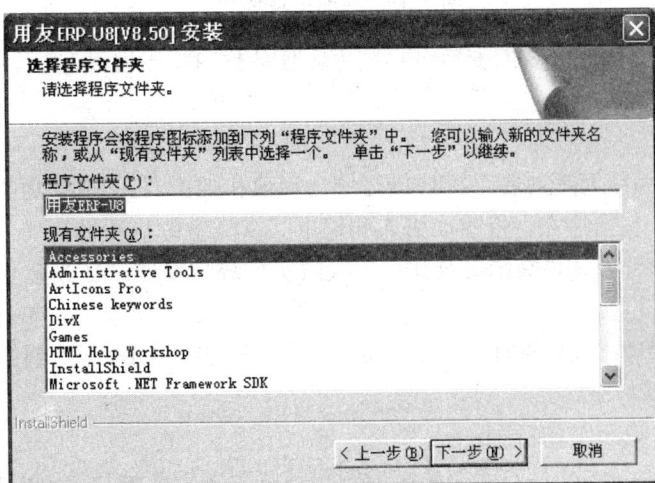

图 3-8　"选择程序文件夹"对话框

（7）选择系统默认的选项，单击"下一步"按钮，系统自动开始进行安装，如图3-9所示。

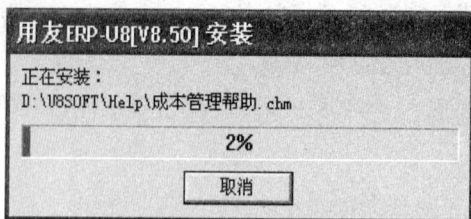

图3-9 "安装"对话框

（8）安装完毕后，单击"完成"按钮，如图 3-10 所示，计算机自动重启。计算机重启后，完成最后的配置，在配置完毕之后，在对话框内输入"数据库"名称和"SA 口令"，然后单击"测试连接"按钮，如出现"连接串测试成功"，则表示数据源配置成功。如连接串测试不成功，则可在"系统服务"里的"应用服务器配置"里修改数据库服务器名称，使它与计算机名称一致。

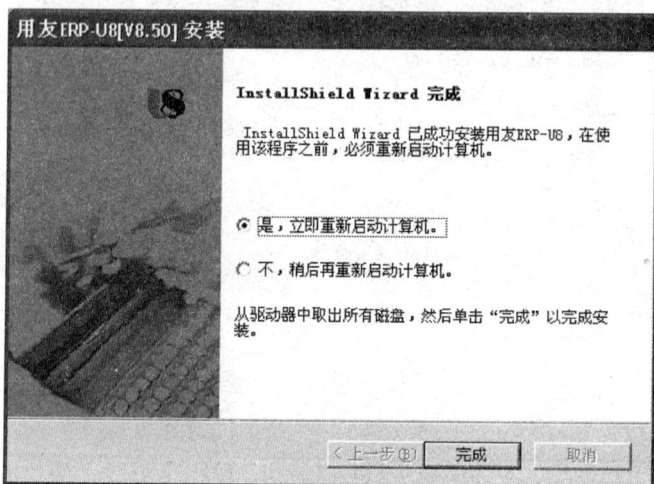

图3-10 完成安装对话框

（9）至此，用友 ERP-U8 的安装过程结束，任务栏内将出现该 U8 管理服务的图标。

二、系统管理

用友 ERP-U8 系统管理对各个模块进行统一管理和维护。它的主要功能包括以下四方面：

① 账套管理：包括建立、修改、引入和输出（恢复备份和备份）。

② 角色与用户管理：对操作员及其功能权限实行统一管理，设立统一的安全机制，包括用户、角色和权限设置。

③ 年度账套管理：包括管理，包括建立、引入、输出年度账，和结转上年数据，清空年度数据。

④ 日志管理：记录工作日志。

用友 ERP-U8 系统中，用户可以系统管理员或账套主管两种身份进入系统管理。初次使用此系统，只能先以系统管理员身份注册进入，建立新账套，设置账套主管、操作员和用户，再对账套主管、操作员和用户的权限进行设置，然后才能以账套主管身份进入系统管理。

系统管理员对整个用友 ERP-U8 系统进行总控制和维护。管理系统中所有的账套，可以设置管理员、操作员、账套主管以及修改管理员密码，还可创建账套、引入和输出账套数据、设置用户权限。但系统管理员无权进行账套的具体操作使用。

（一）启动系统管理

具体操作步骤如下：

（1）选择"开始"|"所有程序"|"用友 ERP-U8"|"系统服务"|"系统管理"，可打开"用友 ERP-U8【系统管理】"窗口。

（2）选择"系统"|"注册"，打开"登录"对话框，选择所登录的服务器，输入操作员名称登录密码，单击"确定"，即可登录系统（如是第一次进入系统管理，操作员设为 admin，admin 是用友系统默认并固定的，密码为空，可修改），如图 3-11 所示。

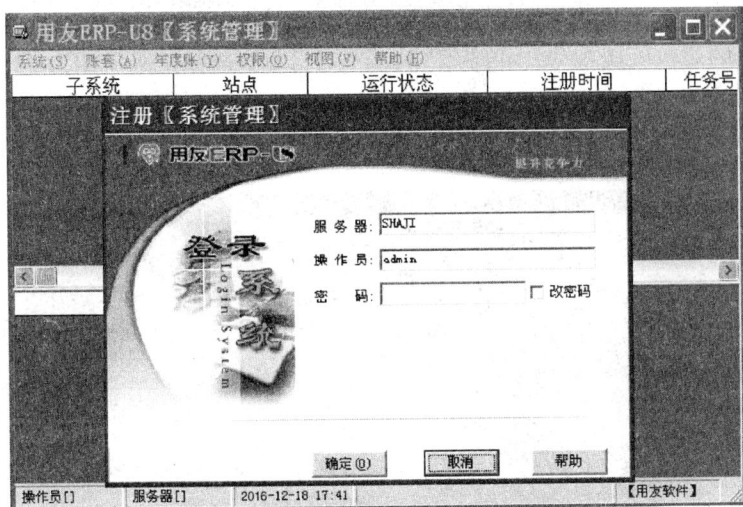

图 3-11　"系统管理注册登录"对话框

（3）如用户要修改密码，选中"改密码"复选框，单击"确定"按钮，可打开"设置操作员口令"对话框。输入新密码后，单击"确定"按钮，可用新密码登录到"用友 ERP-U8【系统管理】"窗口。

（二）建立账套

具体操作步骤如下：

（1）选择"开始"|"程序"|"用友 ERP-U8"|"系统服务"|"系统管理"，则可进入"用友 ERP-U8【系统管理】"窗口。

（2）选择"账套"|"建立"，则可进入"创建账套—账套信息"对话框，如图 3-12 所示。

（3）在"账套号"文本框中输入新建账套的编号，在"账套名称"文本框中输入账套名，"账套路径"指定了新建账套数据保存的文件夹。启用会计期系统自动默认为当月，企业也可根据实际情况修改启用会计期，如：修改启用会计期为 2016 年 1 月。然后单击"会计期间设置"按钮，可打开"会计月历"对话框，系统自动将启用会计期以前的日期设为不可修改部分，而启用会计期以后的日期，用户可以对其进行修改。若企业每月 25 日结账，则可双击"会

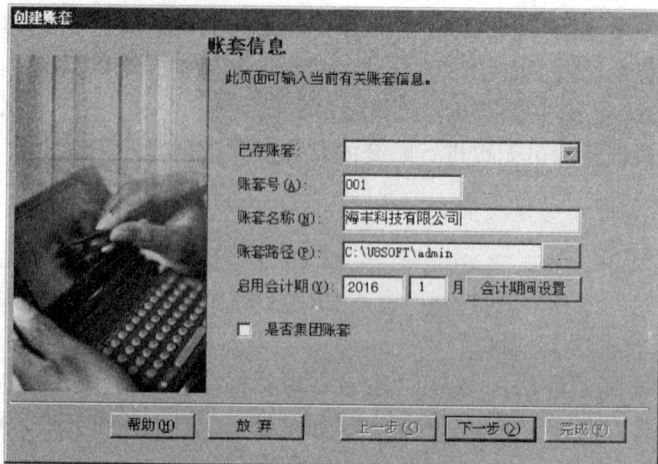

图3-12 "创建账套—账套信息"对话框

计月历"对话框的灰色区域部分，可打开"日历"对话框，选择结账日期为25，单击"确定"，下月开始日期为上月截止日期+1（即26日）。单击"确定"，回到"创建账套—账套信息"对话框，单击"下一步"，可进入"创建账套—单位信息"对话框，如图3-13所示。

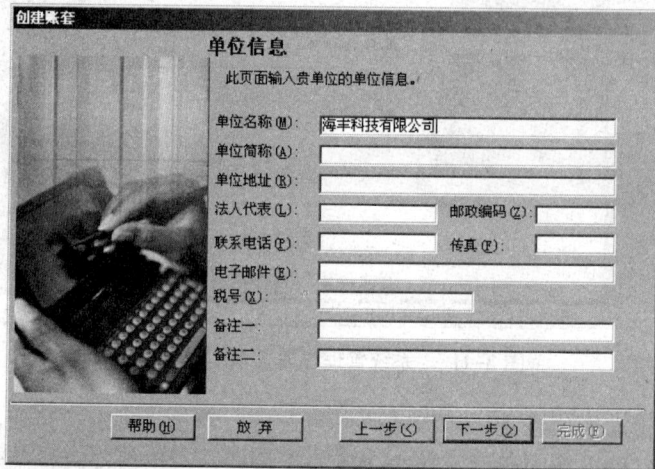

图3-13 "创建账套—单位信息"对话框

（4）在"单位名称"的文本框内输入相关的信息，单击"下一步"，可进入"创建账套—核算类型"对话框，如图3-14所示。

（5）设置企业使用的本位币代码和名称，从下拉列表框中选择企业的类型以及行业的性质，这里选择账套主管，设置是否"按行业性质预置科目"预置会计科目。单击"下一步"，则可打开"创建账套—基础信息"对话框，如图3-15所示。

（6）根据企业实际情况设置完毕后（如果企业客户供应商不多、无外币核算，则可不选相关复选框），单击"完成"，会出现一个信息提示框，单击"是"，系统可开始创建账套。创建账套完毕后，可打开"分类编码方案"对话框，如图3-16所示。

（7）单击"退出"，可进入"数据精度定义"对话框，如图3-17所示。系统默认为精确到小数点后两位。

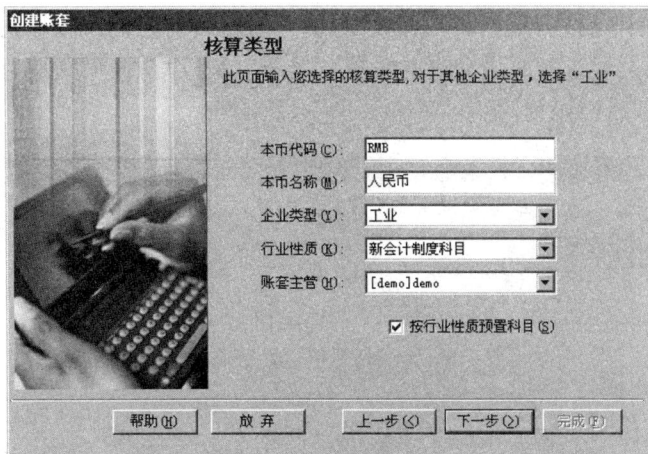

图 3-14 "创建账套—核算类型"对话框

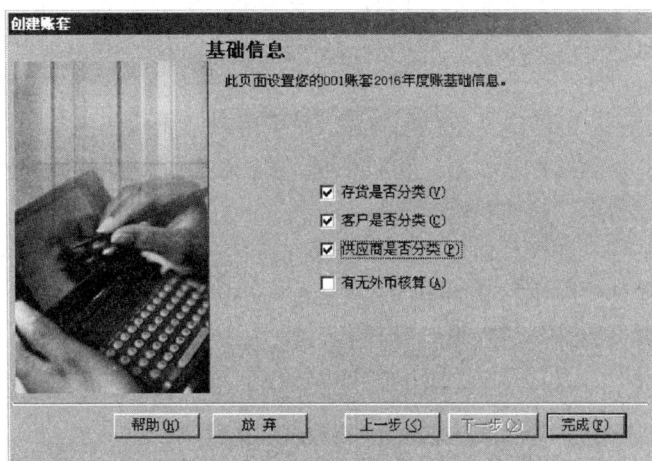

图 3-15 "创建账套—基础信息"对话框

图 3-16 "分类编码方案"对话框

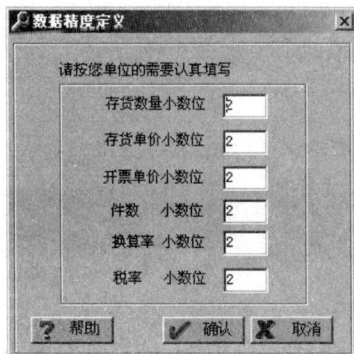

图 3-17 "数据精度定义"对话框

（8）单击"确认"后，可出现一个信息提示对话框，询问是否进行系统启用的设置，如图 3-18 所示。如果需要进行系统启用的设置，单击"是"，在这里只是为建立账套和指定账套主管，以后再进行启用设置，所以单击"否"。

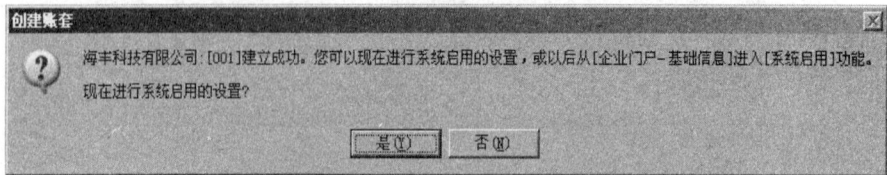

图 3-18　询问是否进行系统启用设置

（三）角色和用户

为了加强企业内部控制中权限的管理，增加了按角色分工管理的理念，加大控制的广度、深度和灵活性。角色是指在企业管理中拥有某一类职能的组织，这个角色组织可以是实际的部门，可以是由拥有同一类职能的人构成的虚拟组织。例如：实际工作中最常见的会计和出纳两个角色（他们可以是一个部门的人员，也可以不是一个部门但工作职能是一样的角色统称）。我们在设置角色后，可以定义角色的权限，如果用户归属此角色其相应具有角色的权限。此功能的好处是方便控制操作员权限，可以依据职能统一进行权限的划分。本功能可以进行账套中角色的增加、删除、修改等维护工作。

用户则是登录系统，进行具体使用操作的操作员如：出纳刘强，会计吴新等。

设置角色和用户具体操作步骤如下：

（1）以系统管理员的身份进入系统管理。

（2）选择"权限"|"角色"，可打开"角色管理"对话框，如图 3-19 所示。

图 3-19　"角色管理"对话框

（3）单击"增加"，可打开"增加角色"对话框，可根据企业的实际需要增加角色，如图 3-20 所示。

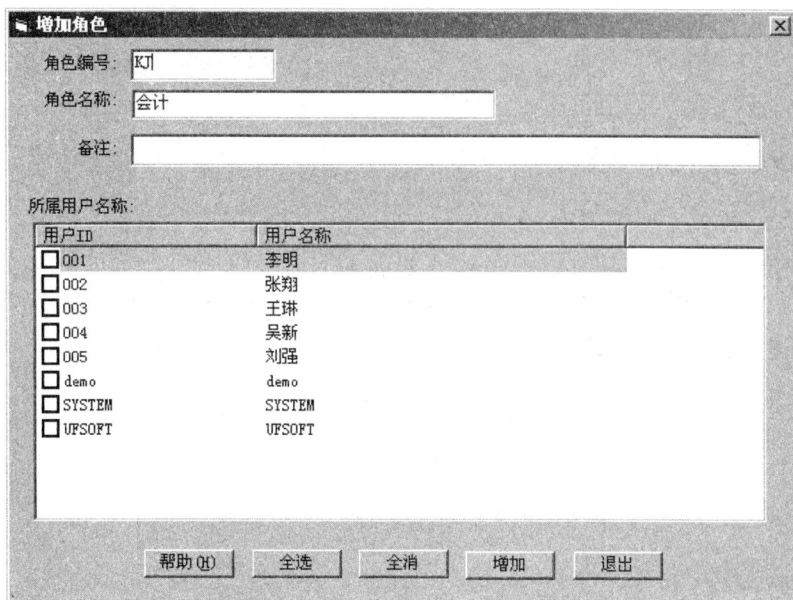

图 3-20　"增加角色"对话框

（4）角色增加完毕后，单击"退出"，回到"角色管理"对话框，可看到"角色名称"列表框中所增加的角色，如图 3-21 所示。

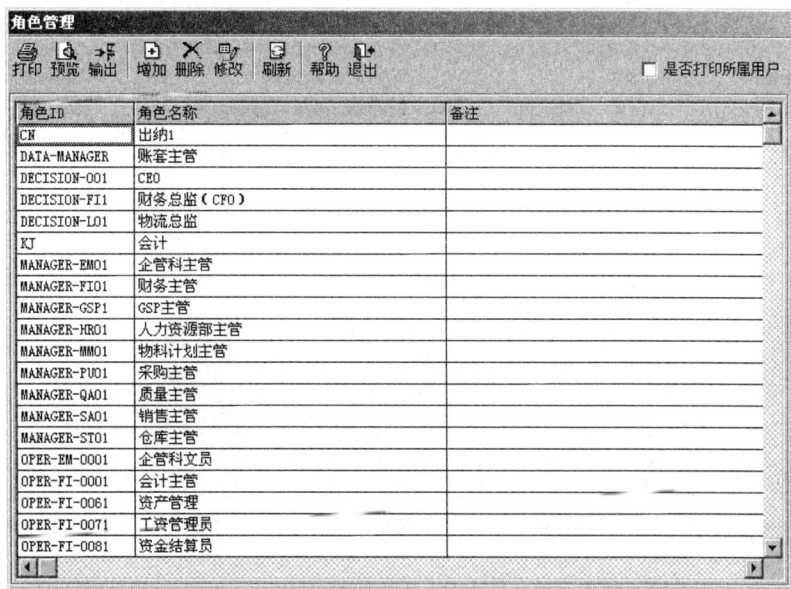

图 3-21　增加角色后的"角色管理"对话框

（5）单击"退出"，回到系统管理，选择"权限"|"用户"，可打开"用户管理"对话框，如图 3-22 所示。

（6）单击"增加"，可打开"增加用户"对话框，根据企业的需要设置用户的"编号"、"姓名"、"所属角色"等，如图 3-23 所示。

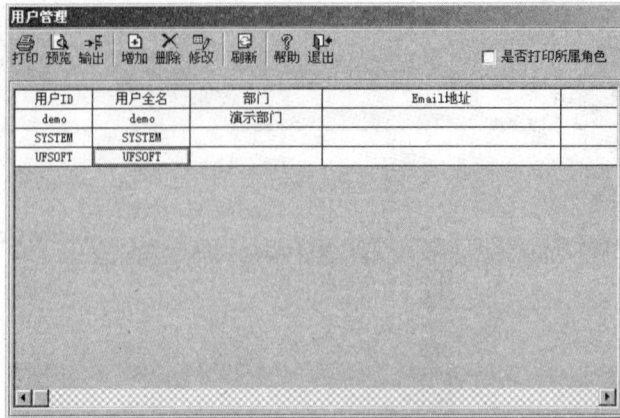

图 3-22 "用户管理"对话框

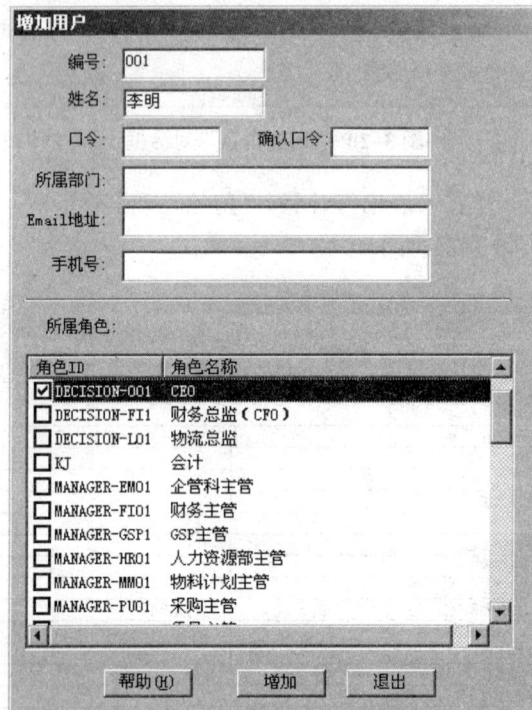

图 3-23 "增加用户"对话框

（7）同上操作，增加以下用户，如表 3-1 所示。

表 3-1 用户设置表

编号/用户 ID	姓名	角色 ID	角色名称
002	张翔	DECISION-FI1	财务总监
003	王琳	OPER-FI-0001	会计主管
004	吴新	KJ	会　计
005	刘强	CN	出　纳

（8）增加完用户后，单击"退出"，回到增加用户后的"用户管理"对话框，如图 3-24 所示。

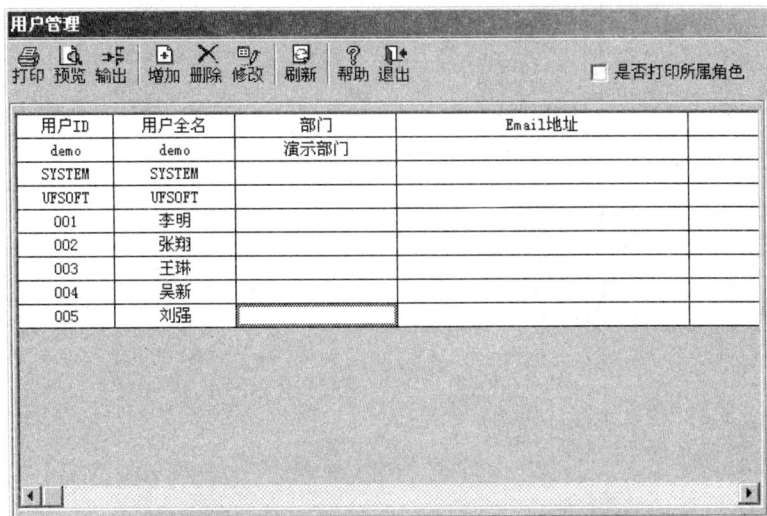

图 3-24 增加用户后的"用户管理"对话框

（9）设置好用户后，单击"退出"，回到系统管理，选择"权限"|"权限"，可打开"操作员权限"对话框，如图 3-25 所示。

图 3-25 "操作员权限"对话框

（10）如需修改某个操作员权限，则在左窗格中选择该操作员后，单击"修改"，可打开"增加和调整权限"对话框，如图 3-26 所示。

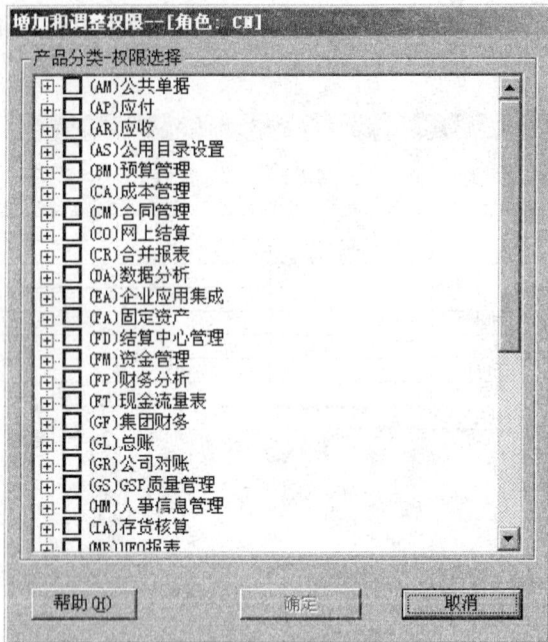

图3-26 "增加和调整权限"对话框

（11）权限设置完毕后，单击"退出"，再次回到"系统管理"窗口。

（四）系统管理员和账套主管权限比较（表3-2）

表3-2 系统管理员admin和账套主管的权限明细表

主要功能	详细功能1	详细功能2	系统管理员	账套主管
账套操作	账套建立	新账套建立	Y	N
		年度账建立	N	Y
	账套修改		N	Y
	数据删除	账套数据删除	Y	N
		年度账数据删除	N	Y
	账套备份	账套数据输出	Y	N
		年度账数据输出	N	Y
	设置备份计划	设置账套数据输出计划	Y	N
		设置年度账数据输出计划	Y	Y
	账套数据恢复	账套数据恢复	Y	N
		年度账数据恢复	N	Y
	升级Access数据		Y	Y
	升级SQL Server数据		Y	Y
	清空年度数据		N	Y
	结转上年数据		N	Y

主要功能	详细功能 1	详细功能 2	系统管理员	账套主管
人员、权限	角色	角色操作	Y	N
	用户	用户操作	Y	N
	权限	权限操作	Y	Y
其他操作	清除异常任务		Y	N
	清除单据锁定		Y	N
	上机日志		Y	N
	视图	刷新	Y	Y
注：Y 表示具有权限；N 表示不具备权限				

第三节　系统初始化

一、基础信息初始设置

（一）进入企业门户

选择"开始"|"所有程序"|"用友 ERP-U8"|"企业门户"，以账套主管身份进入企业门户。

（二）启用系统

具体操作步骤如下：

（1）在企业门户中，选择"基础信息"|"基本信息"|"系统启用"，可打开"系统启用"对话框，如图 3-27 所示。

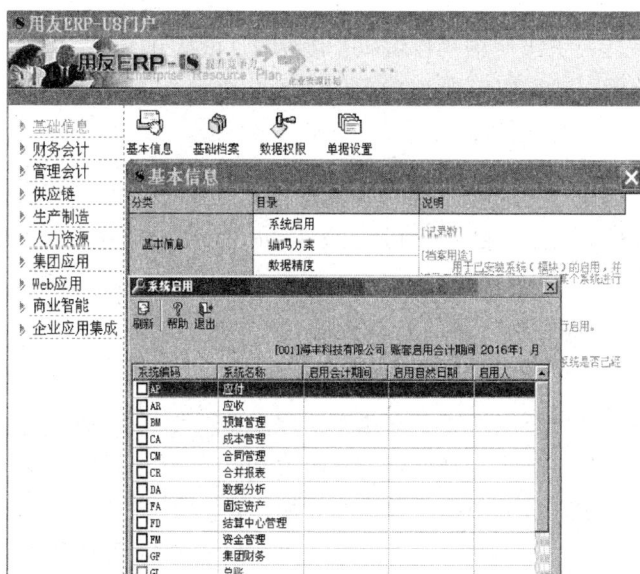

图 3-27　系统启用

（2）选择要启用的系统后，可自动弹出"日历"对话框，用户可在其中对系统的启用日期进行选择。

（3）单击"确定"，可弹出"提示信息"对话框，如图 3-28 所示，单击"是"，完成系统的启用，在"系统启用"对话框中会自动记录启用会计期间、启用自然日期和启用人。

图 3-28 "系统启用"对话框

（三）编码方案

在企业门户中，选择"基础信息"|"基本信息"|"编码方案"，可打开"分类编码方案"对话框。可以在这里设置科目编码，每一级所对应的数字代表该级编码的长度。如科目编码级次为 4-2-2，则表示一级科目编码长度为 4，以会计科目编号为准；二级明细科目编码长度为 2，可从 01 起编码；三级明细科目编码长度为 2，可从 01 起编码；以"应交税费－应交增值税－进项税"为例，其编码应为 21710101。

（四）数据精度

在企业门户中，选择"基础信息"|"基本信息"|"数据精度"，可打开"数据精度定义"对话框。在这里可对存货数量、存货单价、开票单价、件数、换算率、税率小数位进行设置，系统默认小数位值为 2。

（五）设立数量资金辅助账

1. 存货分类

存货分类用于设置存货分类编码、名称及所属经济分类，存货分类最多可分八级，编码总长度不得超过三十位，每级级长可由用户自由定义。

以库存商品为例说明存货分类的设置。具体操作步骤如下：

在企业门户中，选择"基础档案"|"存货"|"存货分类"，可打开"存货分类"窗口，单击"增加"，输入"类别编码"、"类别名称"，如图 3-29 所示。单击"保存"，再单击"退出"。

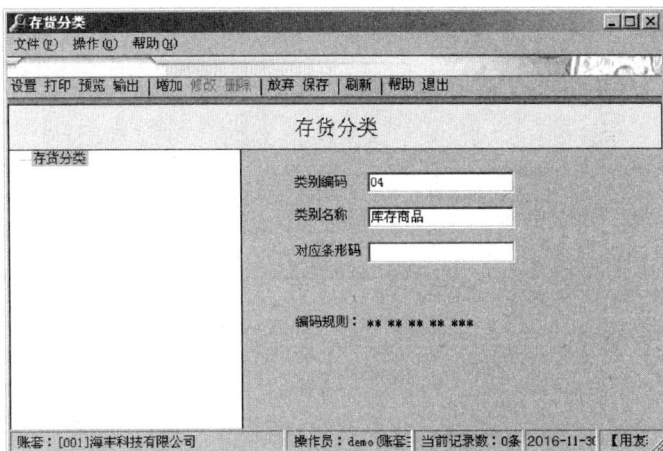

图 3-29 "存货分类"对话框

2. 计量单位

库存商品的计量单位可以设置一个也可以设置多个,其设置应根据企业的需要而定。设置计量单位时应首先设置计量单位组,然后再进行计量单位的设置。计量单位组的设置有三种应用方案,一是设置为固定换算率,二是设置为浮动换算率,三是设置为无换算。第一种方案可以设置两个以上计量单位,且每一个辅助计量单位对主计量单位的换算率不能为空,需要将主计量单位显示在存货卡片界面上;第二种方案可以将计量单位设置为一个或两个,此时需要将该主要计量单位组中的主计量单位、辅助计量单位显示在存货卡片界面上;第三种方案只能设置一个计量单位,并显示在存货卡片界面上。

设置库存商品计量单位操作步骤如下:

(1)在企业门户中,选择"基础档案"|"存货"|"计量单位",可打开"计量单位"窗口,如图 3-30 所示。

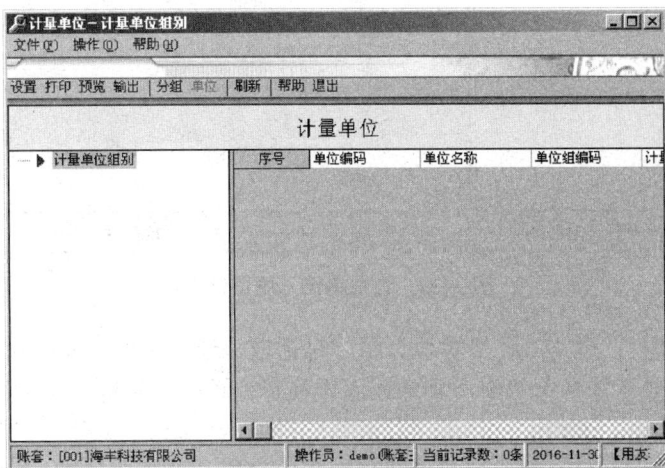

图 3-30 计量单位

(2)单击"分组",可打开"计量单位分组"对话框,单击"增加",在计量单位组编码栏中输入 001,在计量单位组名称栏中输入质量计量,选择相应的计量单位组类别,如无换算，如图 3-31 所示。

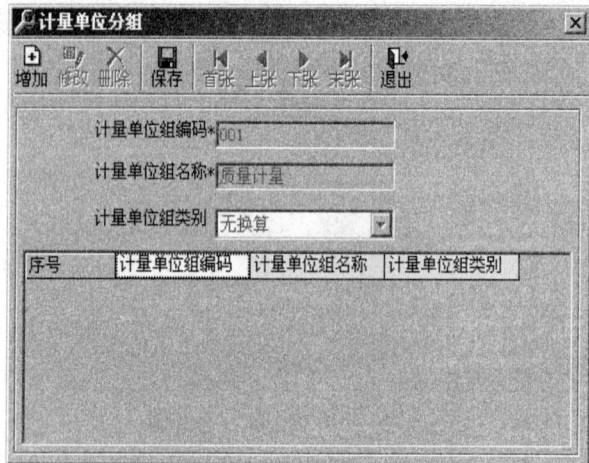

图 3-31 "计量单位分组"对话框

（3）单击"保存"，再单击"退出"，该计量单位分组保存入系统，如图 3-32 所示。

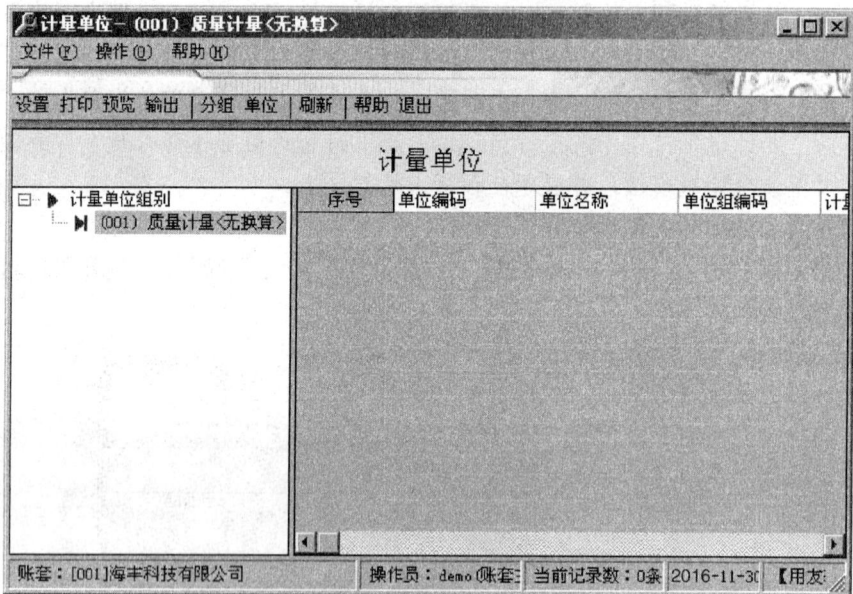

图 3-32 计量单位—质量计量

（4）单击"分组"，设置"计量单位分组"对话框，计量单位组编码输入 002、计量单位组名称输入实物计量、计量单位组类别输入固定换算，单击"保存"，再单击"退出"，返回"计量单位"窗口。

（5）单击"单位"，可打开"计量单位设置"对话框，单击"增加"，在计量单位编码栏输入 0001，在计量单位名称栏输入台，如图 3-33 所示，单击"保存"，然后单击"退出"。

（6）单击"单位"，可打开"计量单位设置"对话框，单击"增加"，在计量单位编码栏输入 0002，在计量单位名称栏输入件，单击"保存"，然后单击"退出"，如图 3-34 所示。

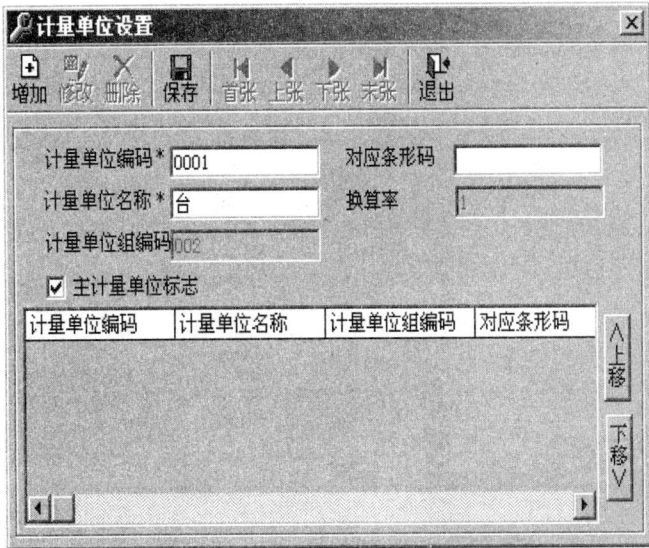

图3-33　"计量单位设置"对话框

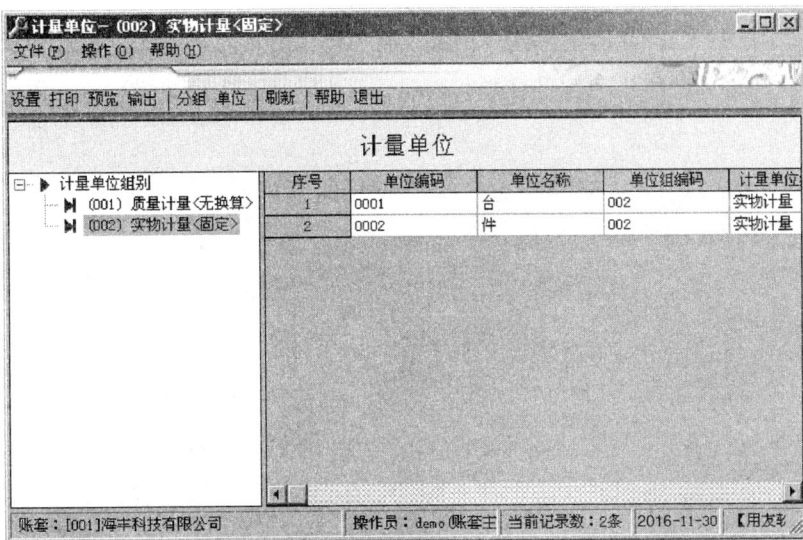

图3-34　设置完毕的"计量单位"对话框

（7）单击"刷新"，然后单击"退出"。

注意：必须先增加计量单位组，然后再在该组下增加具体的计量单位内容。

3. 存货档案

设置存货资料主要是为了便于购、销、存管理，加强存货成本核算。存货资料应按照已经定义好的存货编码原则定义。存货资料建立以后，可以进行增加、修改和删除，但是已经使用过的存货资料不能删除。本节以库存商品为例说明存货档案的设置。

具体操作步骤如下：

（1）在企业门户中，选择"基础档案"|"存货"|"存货档案"，可打开"存货档案"对话框，如图3-35所示。

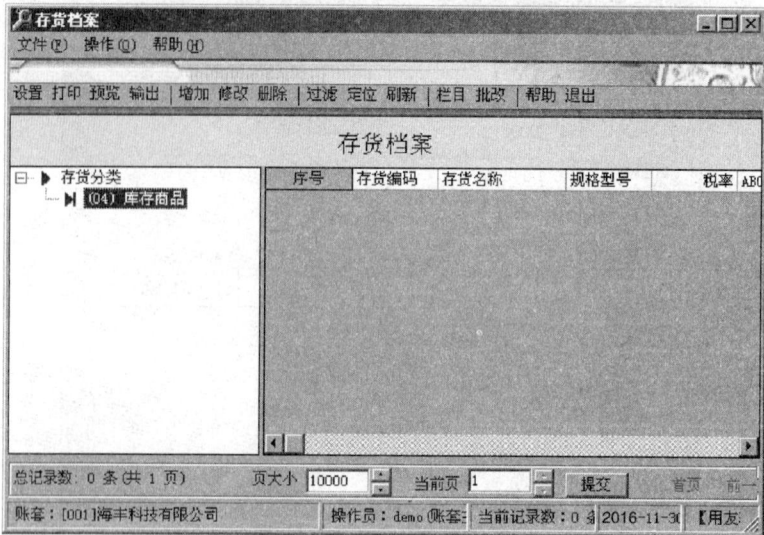

图3-35 "存货档案"对话框

（2）单击"增加"，打开"增加存货档案"对话框，根据企业实际情况输入"存货编码"、"存货名称"、"计量单位组"、"主计量单位"，选择"存货属性"，如图3-36所示。

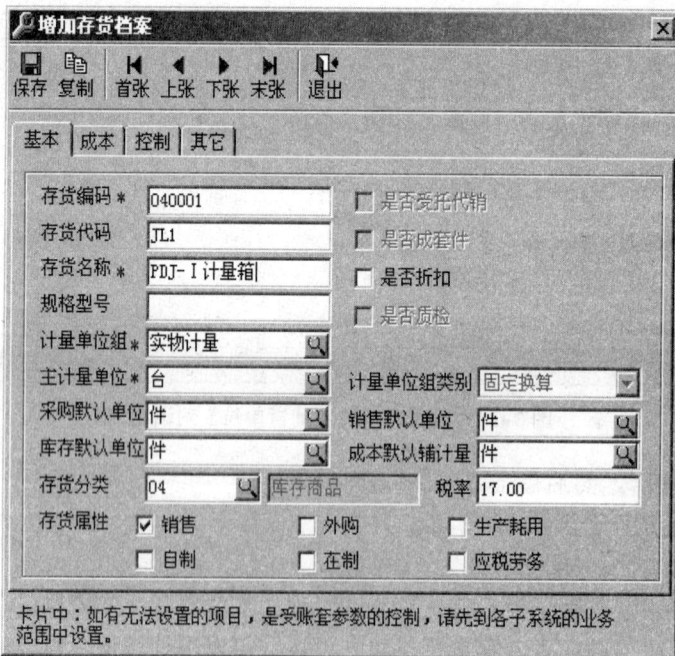

图3-36 "增加存货档案"对话框

（3）单击"保存"，重复第"（2）"步，可设置其他存货档案。设置好存货档案后，单击"退出"，可返回"存货档案"窗口，如图3-37所示。

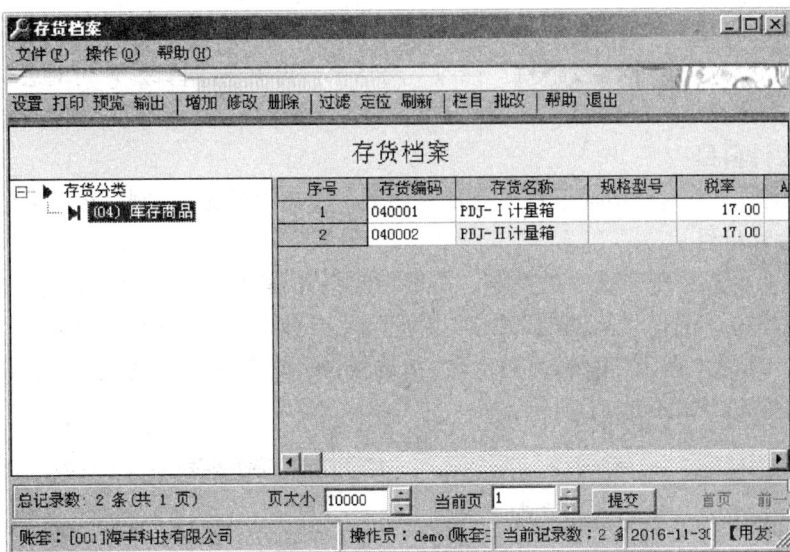

图3-37　设置完毕的"存货档案"对话框

（六）设置会计科目

在企业门户中，选择"基础档案"|"财务"|"会计科目"，可打开"会计科目"窗口，如图3-38所示。

图3-38　"会计科目"对话框

1. 增加会计科目

单击"增加"，可打开"会计科目_新增"对话框，输入新增科目的编码、名称，其他有些项目为系统默认设置，有些项目则根据企业的实际情况来进行选择，如图3-39所示。

2. 修改会计科目

单击"修改"，可打开"会计科目_修改"对话框，再单击"修改"，可对会计科目进行修改，如图3-40所示。

3. 删除会计科目

单击"删除"，弹出"删除记录"提示对话框，单击"确定"，删除选定会计科目。

4. 指定会计科目

为使出纳能完成总账系统中的操作，需要指定会计科目，具体操作步骤如下：

在企业门户中，选择"基础档案"|"财务"|"会计科目"，可打开"会计科目"窗口。单击"编辑"，选择"指定科目"，可打开"指定科目"对话框，可进行现金、银行存款、现金流量科目的指定，如图3-41所示。

图3-39 "会计科目_新增"对话框

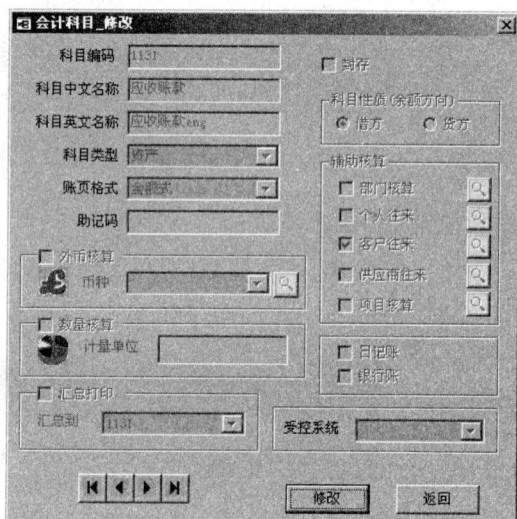

图3-40 "会计科目_修改"对话框

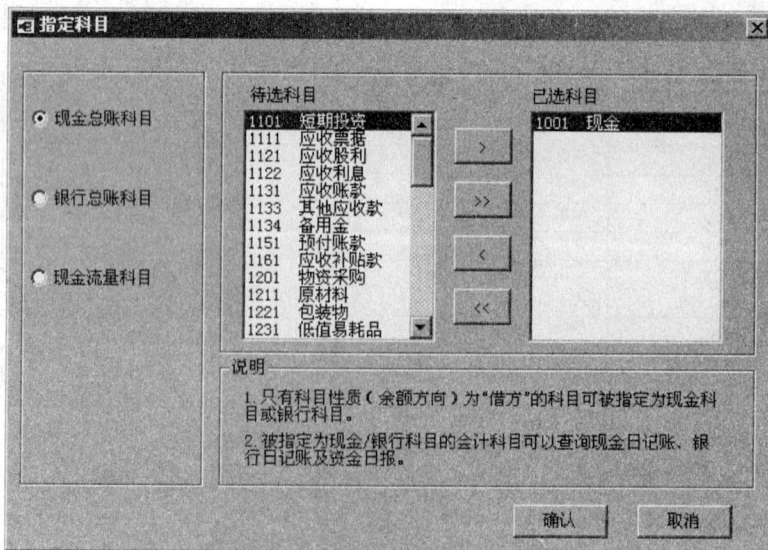

图3-41 "指定科目"对话框

5. 辅助核算设置

具体操作步骤如下：

（1）在企业门户中，选择"基础档案"|"财务"|"会计科目"，可打开"会计科目"窗口。双击需要进行辅助核算的科目所在行，打开"会计科目_修改"对话框。

（2）根据实际需要，选择"辅助核算"项下的复选框，单击"确定"，再单击"确定"，回到"会计科目"窗口，如图3-42所示。

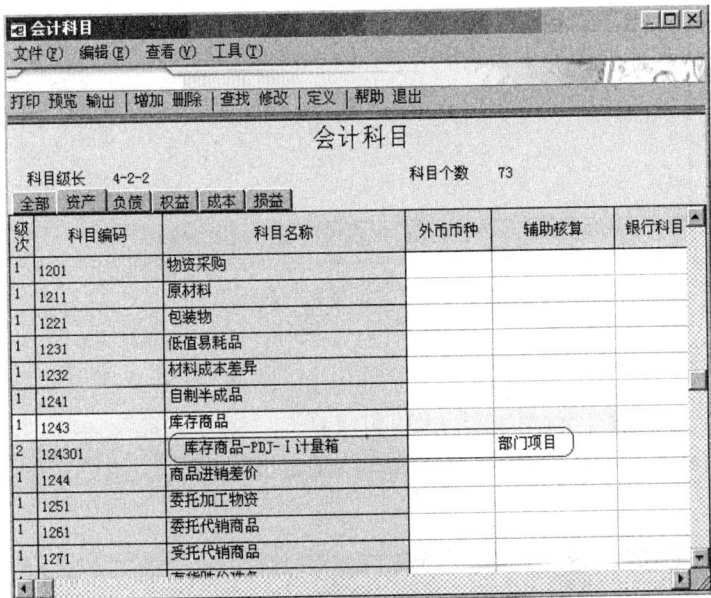

图3-42 "会计科目"窗口

（七）设置凭证类别

在企业门户中，选择"基础档案"|"财务"|"凭证类别"，可打开"凭证类别预置"对话框，如图3-43所示。应根据需要进行选择，本例选择"记账凭证"，单击"确定"，可打开"凭证类别"对话框，如图3-44所示。

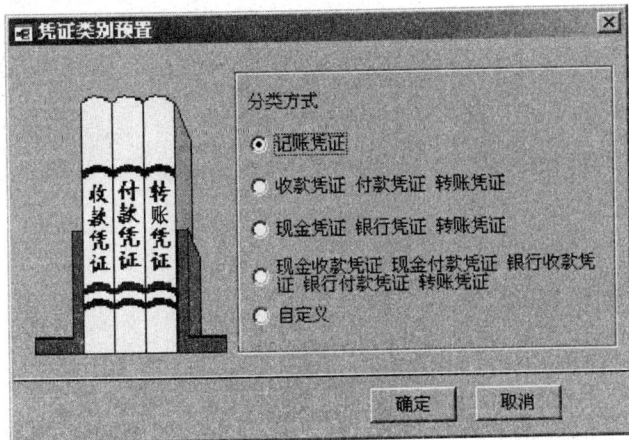

图3-43 "凭证类别预置"对话框

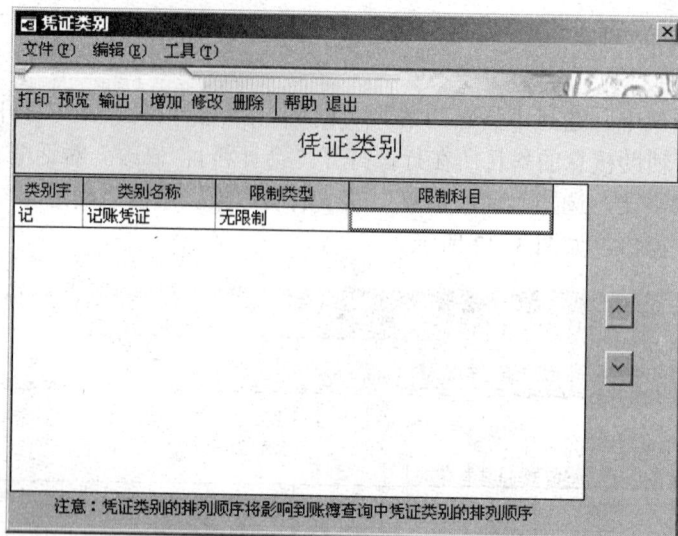

图3-44 "凭证类别"对话框

（八）设置结算方式

在企业门户中，选择"基础档案"|"收付结算"|"结算方式"，单击"增加"，输入"结算方式编码""结算方式名称"，根据需要选择"是否票据管理"。设置完后，单击"保存"，如图3-45所示。

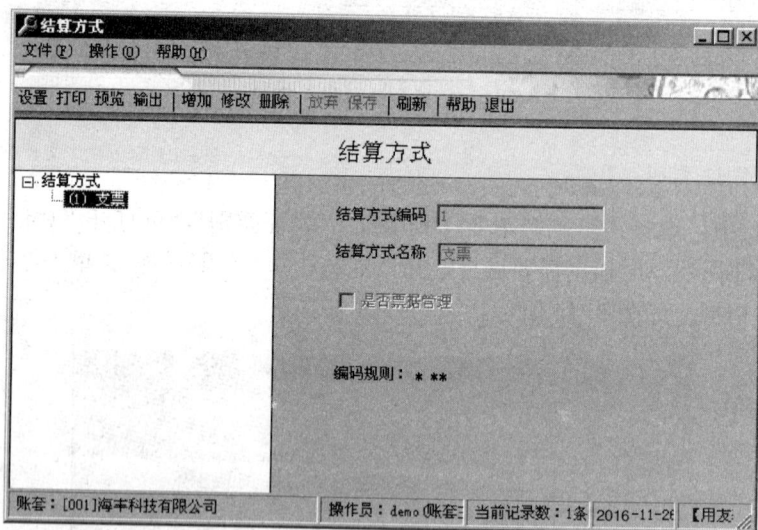

图3-45 "结算方式"对话框

二、总账系统初始设置

（一）进入总账系统

（1）选择"开始"|"所有程序"|"用友 ERP-U8"|"企业门户"，进入"企业门户"。

（2）选择"财务会计"|"总账"|"设置"，则可进行总账的初始设置。

（二）选项的设置

选择"设置"|"选项"，可打开"选项"对话框。

进行选项设置具体操作步骤如下：

（1）选择"凭证"选项卡，在制单控制中选择"制单序时控制"、"支票控制"、"赤字控制"中的"资金及往来科目"、"允许修改、作废他人填制的凭证"、"超出预算允许保存"；在凭证编号方式中选择"系统编号"；选择凭证控制中的所有选项；在合并凭证显示、打印中选择"按科目、摘要相同方式合并"，如图3-46所示。

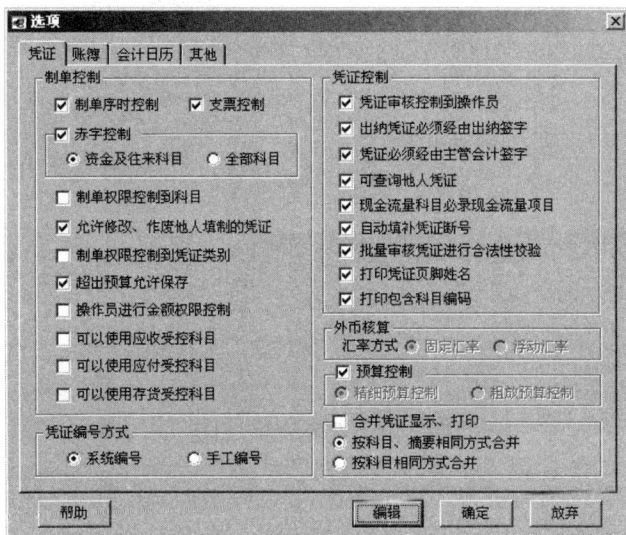

图3-46　选项—凭证

（2）选择"账簿"选项卡，在明细账（日记账，多栏账）打印方式中选择"按年排页"，其他设置为系统默认，如图3-47所示。

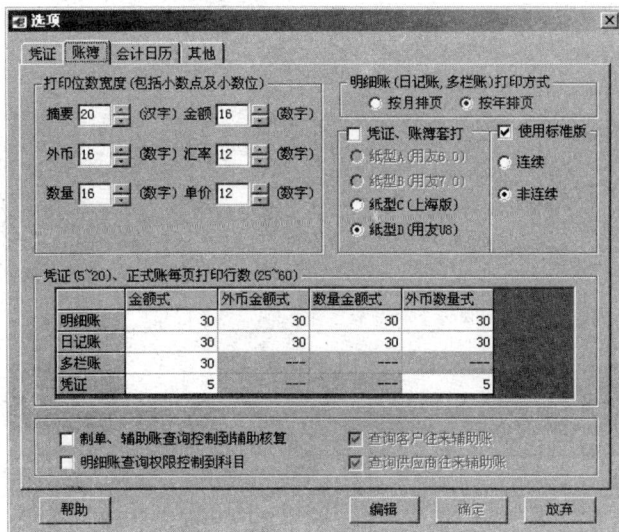

图3-47　选项—账簿

（3）选择"会计日历"选项卡，选择开始日期为 2016 年 1 月 1 日，结束日期为 2016 年 12 月 31 日，如图 3–48 所示。

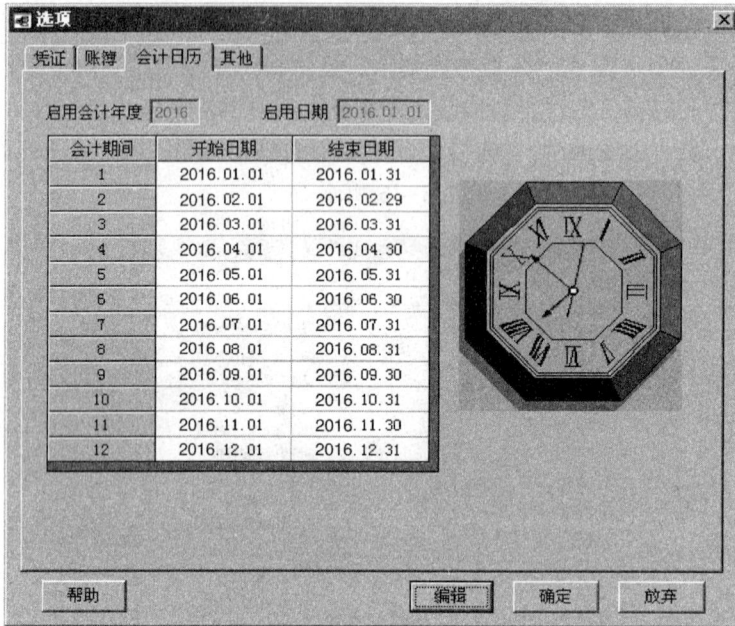

图 3–48　选项—会计日历

（4）选择"其他"选项卡，将数量小数位、单价小数位设置为 2 位，将部门、个人、项目的排序方式设置为按编码排序，如图 3–49 所示。

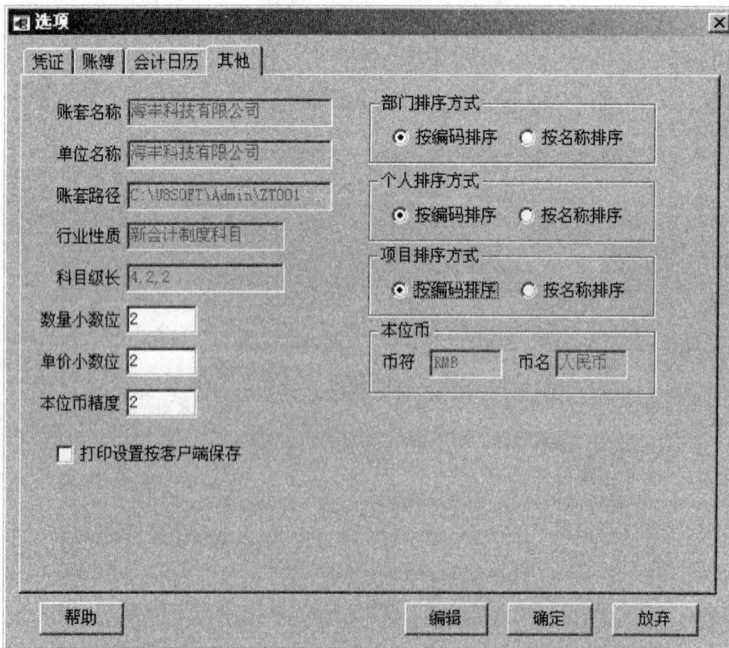

图 3–49　选项—其他

（三）期初余额的录入

选择"设置"|"期初余额"，可打开"期初余额录入"窗口，如图 3-50 所示。第一次使用用友 ERP-U8，需要将各期初数据输入系统即将各明细科目的年初余额输入系统。期初余额输入完毕后，单击"试算"，可弹出"期初试算平衡表"对话框，如试算结果不平衡，则须返回"期初余额录入"窗口，对其不平衡的期初余额进行修改。

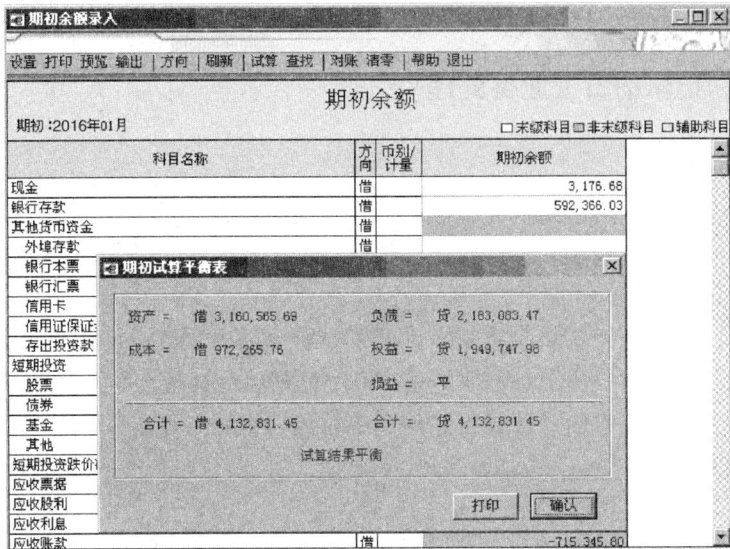

图 3-50　"期初余额录入"窗口

1. 录入期初余额

如果您是年中建账，比如您是 9 月开始使用账务系统，建账月份为 9 月，您可以录入 9 月初的期初余额以及 1～9 月的借、贷方累计发生额，系统将自动计算年初余额；若您是年初建账，可以直接录入年初余额。

2. 调整科目的余额方向

每个科目的余额方向由科目性质确定，占用类科目余额方向为借，来源类科目余额方向为贷。单击"方向"按钮可修改科目的余额方向（即科目性质）。

只能调整一级科目的余额方向，且该科目及其下级科目尚未录入期初余额。当一级科目方向调整后，其下级科目也随一级科目相应调整方向。

3. 录入辅助核算科目的期初余额

（1）用鼠标单击"增加"按钮，屏幕增加一条新的期初明细，您可顺序输入各项内容。如果输入过程中发现某项输入错误，可按"Esc"键取消当前项输入，将光标移到需要修改的编辑项上，直接输入正确的数据即可。如果想放弃整行增加数据，在取消当前输入后，再按"Esc"键即可。

（2）如果需要修改某个数据，将光标移到要进行修改的数据上，直接输入正确的数据即可，如果想放弃修改，按"Esc"键即可。

（3）要删除某一期初明细时，将光标移到要删除的期初明细上，用鼠标单击"删除"按钮，经确认后即可。

（4）屏幕下端的状态栏显示期初的合计数。

（5）用鼠标单击科目下拉选择框可选择相同辅助账类的其他科目录入期初余额。若为项目核算科目则可选择相同项目大类的其他科目录入期初余额。

（6）在输入客户、供应商、部门、个人、项目信息时，按"参照"按钮或"F2"可参照输入。

第四节　日常业务处理

一、凭证和记账的日常业务处理

（一）填制凭证

记账凭证是总账系统日常业务处理的起点，也是数据查询的最主要来源。填制凭证是日常业务处理的开始，也是最频繁、最基础和最繁杂的工作。电子账簿、报表等的准确性与完整性完全依赖于记账凭证。

实际工作中，记账凭证的填制方式有两种：一种是前台处理，即由制单人员直接在计算机上根据审核无误的原始凭证填制记账凭证；另一种是后台处理，是先由会计人员手工制单，然后再由电算录入人员集中输入计算机。使用单位可以根据本单位的具体情况自行灵活选择一种合适的处理方式。

填制凭证的具体操作步骤如下：

（1）以会计"吴新"的身份进入总账模块，选择"凭证"|"填制凭证"，可打开"填制凭证"对话框，如图3-51所示。

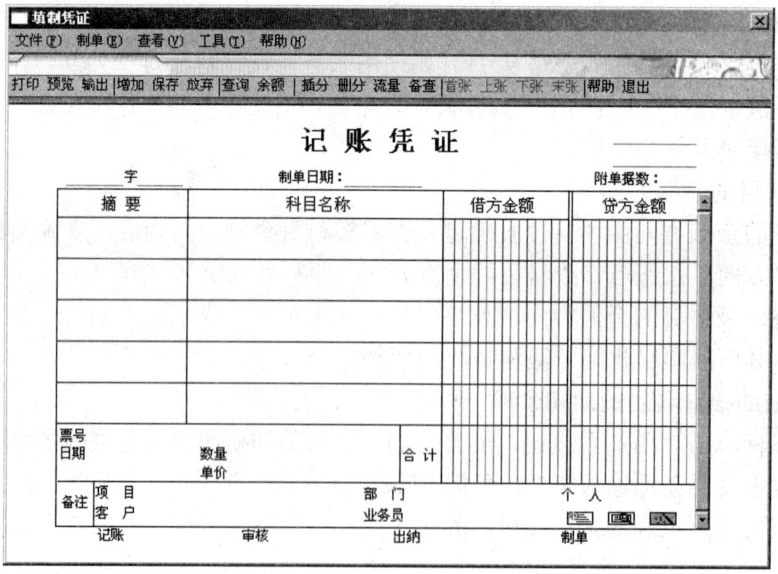

图3-51　"填制凭证"对话框

（2）单击"增加"，激活增加凭证窗口，在凭证类别框中选择"记账凭证"，在制单日期处输入"2016.01.01"，附单据数输入"3"，摘要输入"购高新开发区兴工磨具经营部材料"，若以"账套主管（demo）"身份进入企业门户，在输入摘要时，可单击"搜索"按钮，则可打开"常用摘要"窗口，可根据企业实际需要，设置常用摘要内容，设置好后，在输入摘要时可直接输入"摘要编码"，以提高填制凭证的速度，如图3-52所示。

（3）输入科目名称"原材料"，也可直接输入科目编码"1211"，输入借方金额"416"，回车，下一行摘要自动生成，输入贷方科目"银行存款"即输入科目编码"1002"后，输入贷方金额"416"，单击"保存"，一张完整的凭证填制完毕，如图3-53所示。

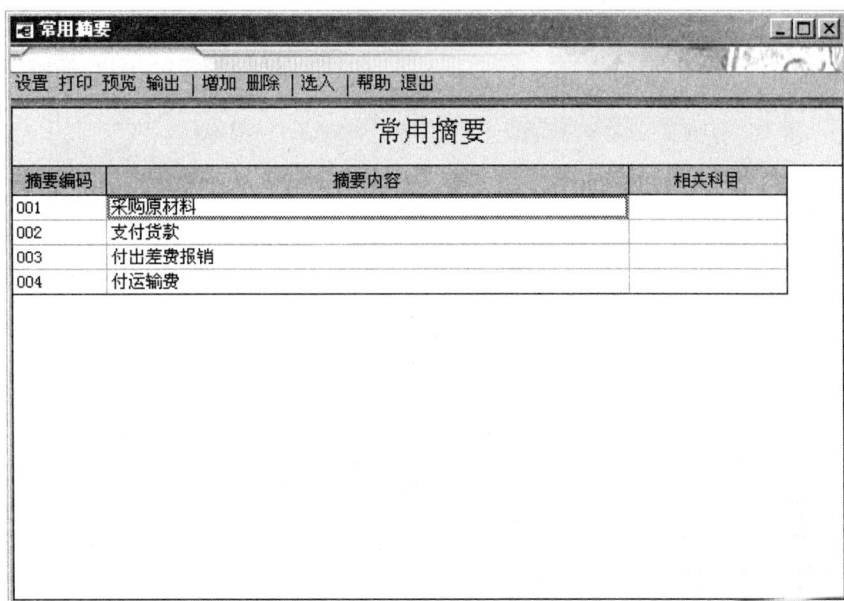

图3-52　"常用摘要"窗口

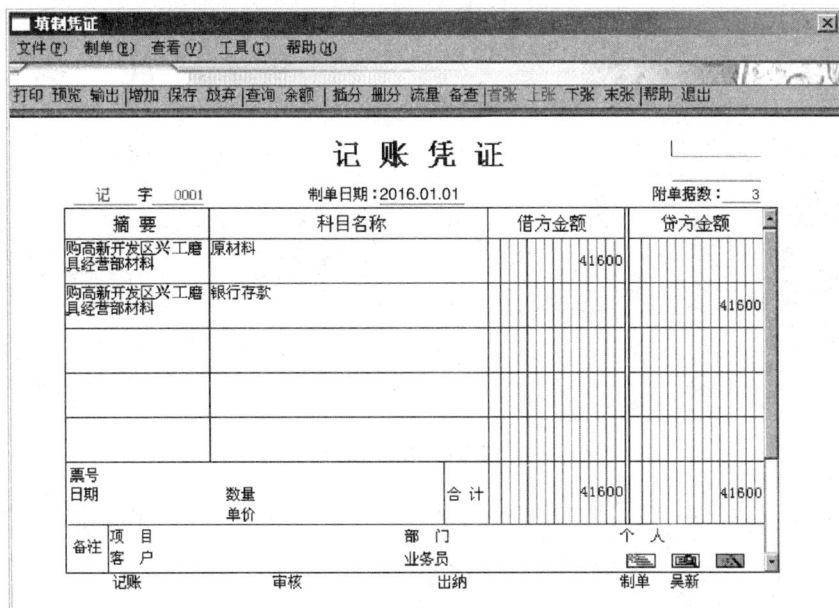

图3-53　填制完成的"记账凭证"窗口

（4）单击"增加"，可进行下一张凭证的填制。

（二）修改凭证

尽管系统本身内嵌了多种错误控制的功能，但错误还是有可能发生。如果在填制或审核凭证时发现凭证有误则可对错误凭证按要求进行修改。

具体操作步骤如下：

（1）选择"凭证"|"查询凭证"，可打开"凭证查询"对话框，如图3-54所示。

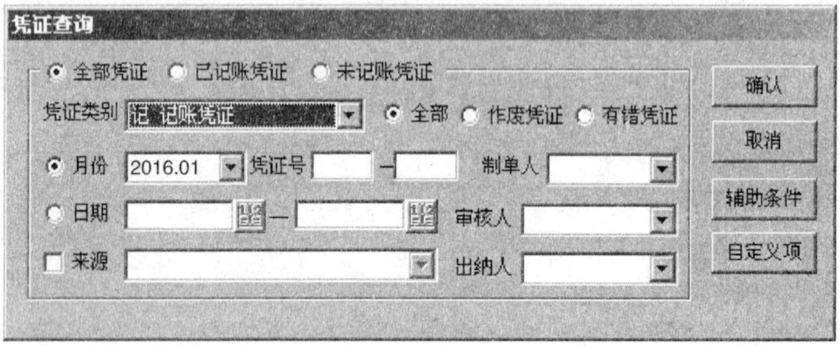

图3-54 "凭证查询"对话框

（2）输入查询条件，单击"确认"，查找需要修改的凭证，如图3-55所示。

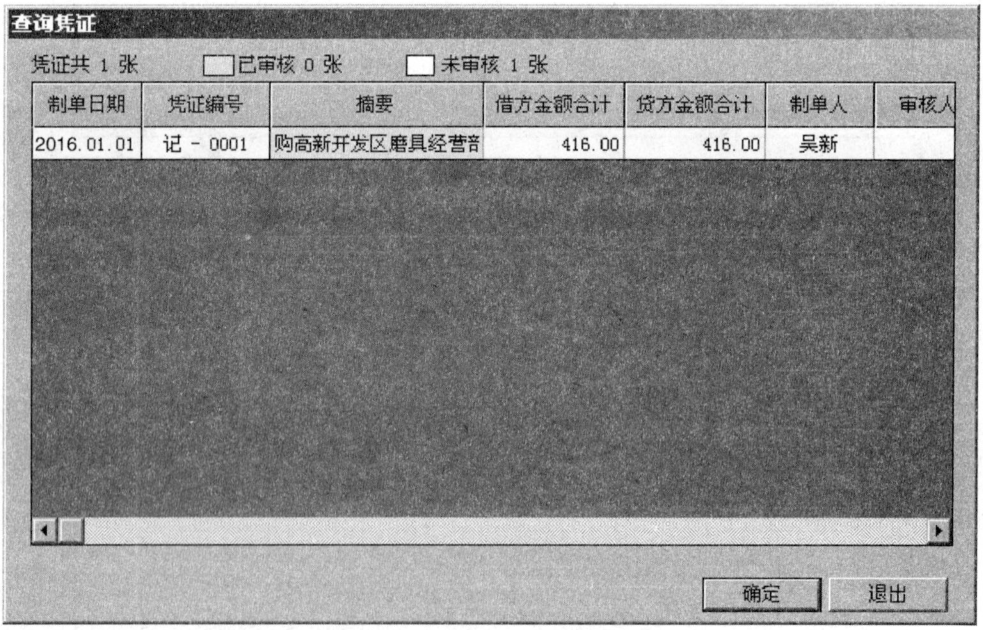

图3-55 查询到需要修改的凭证

（3）双击需要修改的凭证，对需要修改的凭证进行修改并保存，完成凭证修改。

（三）作废凭证

（1）打开"填制凭证"对话框，找到不合规范需要作废的凭证后，选择"制单"|"作废/恢复"，可作废这张凭证，如图3-56所示。在凭证的左上角有"作废"字样，则表示该凭证已经作废。

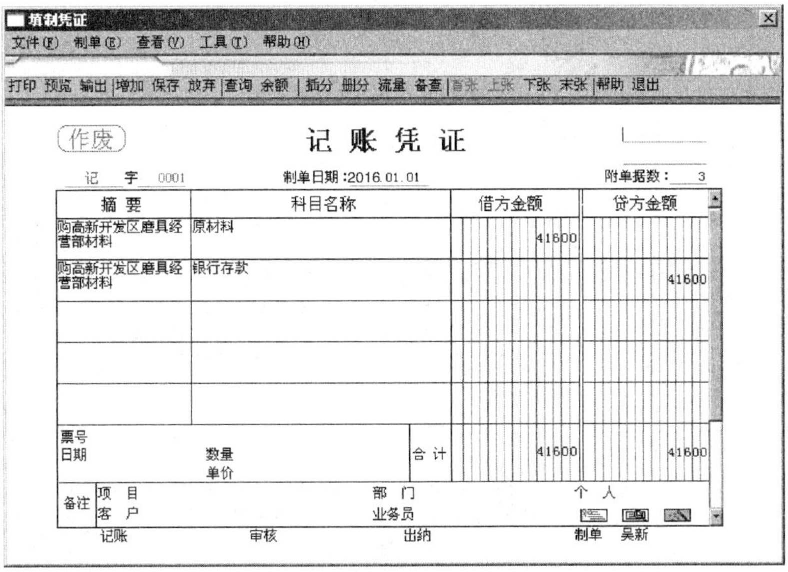

图 3-56 作废凭证

（2）如果用户想恢复已经作废的凭证，选择"制单"|"作废/恢复"，可将作废凭证恢复为可使用的凭证。

（四）整理凭证

如果需要将作废凭证彻底删除，则可通过凭证整理功能来完成。

具体操作步骤如下：

（1）打开"填制凭证"对话框，选择"制单"|"整理凭证"，可打开"请选择凭证期间"对话框。

（2）选择作废凭证的期间，单击"确定"，可打开"作废凭证表"对话框，如图 3-57 所示。

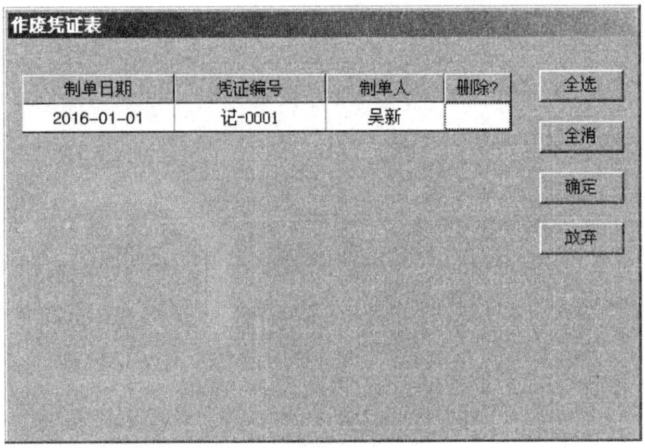

图 3-57 "作废凭证表"对话框

（3）选择需要作废的凭证，单击"确定"，可将这些凭证彻底删除，并出现"是否还需整理凭证断号"信息提示框，单击"是"，则可整理断号凭证。

（五）出纳签字

（1）以"出纳"身份进入"总账模块"，选择"凭证"|"出纳签字"，可打开选择凭证进行出纳签字的"出纳签字"对话框。

（2）选择需要出纳签字的凭证类别、月份以及凭证号等，单击"确认"，可打开罗列出凭证信息的"出纳签字"对话框，如图 3–58 所示。

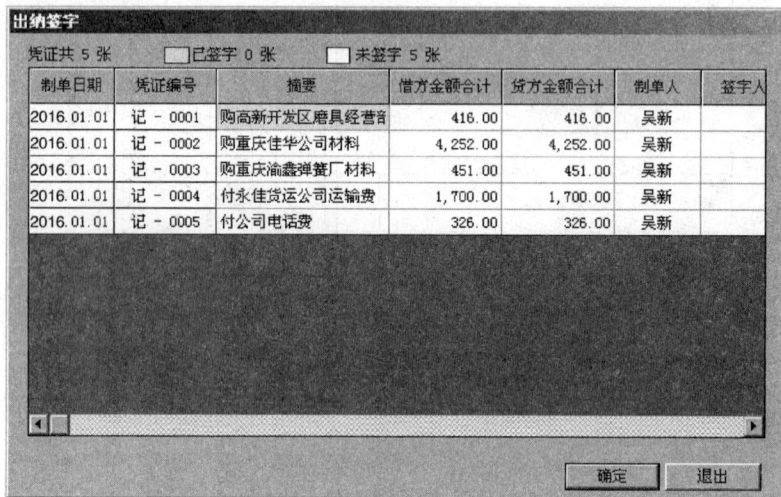

图 3–58　符合"出纳签字"条件的凭证列表

（3）双击需要出纳签字的凭证，可打开"出纳签字—记账凭证"对话框，单击"签字"，则凭证下方出纳处显示出纳人员名称，如图 3–59 所示。

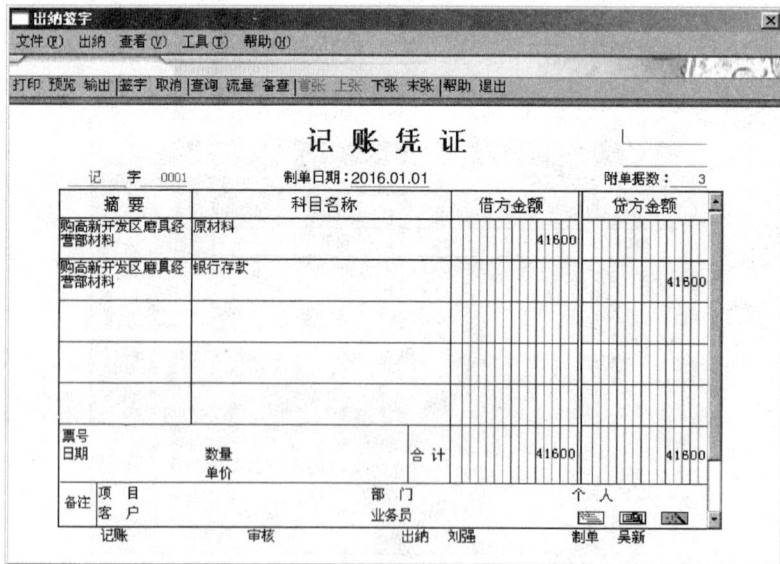

图 3–59　"出纳签字—记账凭证"对话框

（4）对于大批的凭证需要出纳签字的情况，可在"出纳签字"窗口中打开"出纳"菜单，选择其下面的"成批出纳签字"。也可以选择"成批取消签字"功能即成批取消已完成出纳签字的凭证。

（六）主管签字

（1）以"会计主管"身份进入"总账模块"，选择"凭证"|"主管签字"，可打开选择凭证进行主管签字的"主管签字"对话框。

（2）选择凭证的类别、月份及凭证号等，单击"确认"，可打开罗列出凭证信息的"主管签字"对话框，如图3-60所示。

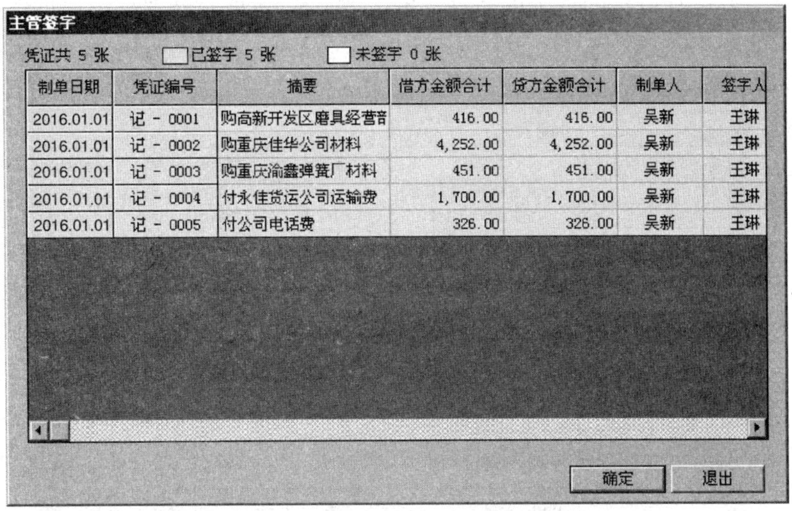

图3-60　符合"主管签字"条件的凭证列表

（3）双击需要主管签字的凭证，可打开"主管签字—记账凭证"对话框，单击"签字"，则在记账凭证右上方显示出红色的会计主管名称，如图3-61所示，主管签字也可选择成批签字的方式。

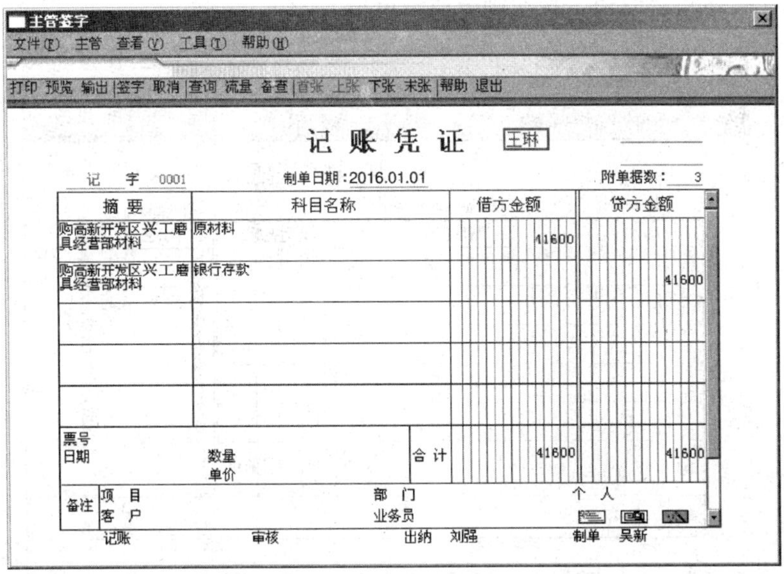

图3-61　"主管签字—记账凭证"对话框

（七）审核凭证

为了防止凭证填制过程中的错误和舞弊行为，需要对凭证的正确性和合法性等进行检查核对，以保证记账凭证的正确无误，进而保障账务处理的正确合法。

具体操作步骤如下：

（1）选择"财务会计"|"总账"|"凭证"|"审核凭证"，可打开选择凭证进行审核的"凭证审核"对话框。

（2）选择需要进行审核的凭证的条件，单击"确认"，可打开罗列出凭证信息的"凭证审核"对话框，如图 3–62 所示。

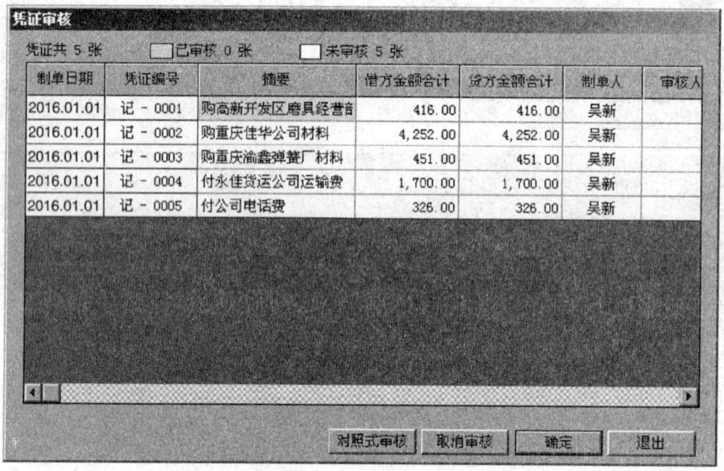

图 3–62　符合"凭证审核"条件的凭证列表

（3）双击需要审核的凭证，可打开"审核凭证"对话框。

（4）单击"审核"，可自动对凭证进行审核，并在凭证下方的审核处显示出审核人员名称，如图 3–63 所示。单击"取消"按钮则会取消审核。

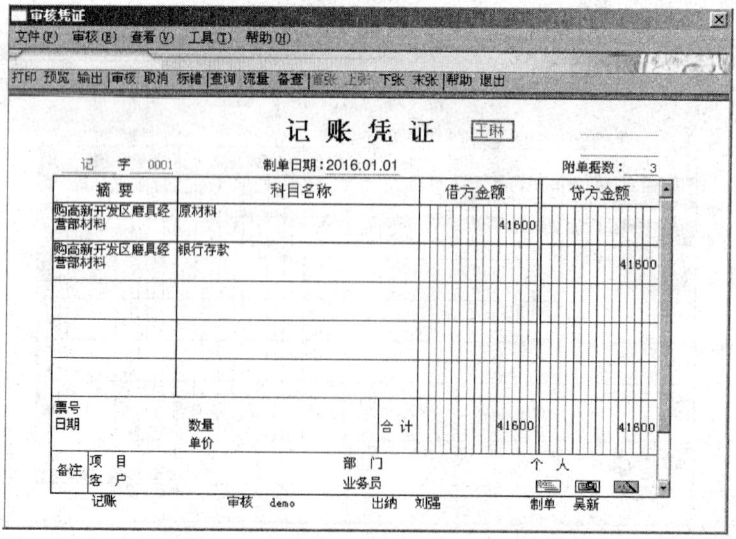

图 3–63　已审核的凭证

（5）制单人与审核人不能同为一人。

（6）在"审核凭证"窗口中，也可以选择"审核"菜单中的"成批审核凭证"功能，进行成批审核。

（7）如果审核时发现凭证有错，可单击"标错"按钮，先进行标错，然后再修改；再次单击"标错"按钮则取消该张凭证的标错。

注意：凭证审核后不能再进行修改和删除，如要修改和删除凭证只有在取消审核后进行。

（八）科目汇总

科目汇总是对记账凭证所有科目进行汇总，并生成一张科目汇总表。

具体操作步骤如下：

（1）选择"财务会计"|"总账"|"凭证"|"科目汇总"，可打开"科目汇总"对话框，如图 3-64 所示。

图 3-64 "科目汇总"对话框

（2）选择科目汇总的月份、凭证类别、制单人以及选择是否已记账凭证或全部凭证，单击"汇总"，可生成所选凭证的汇总表，如图 3-65 所示。

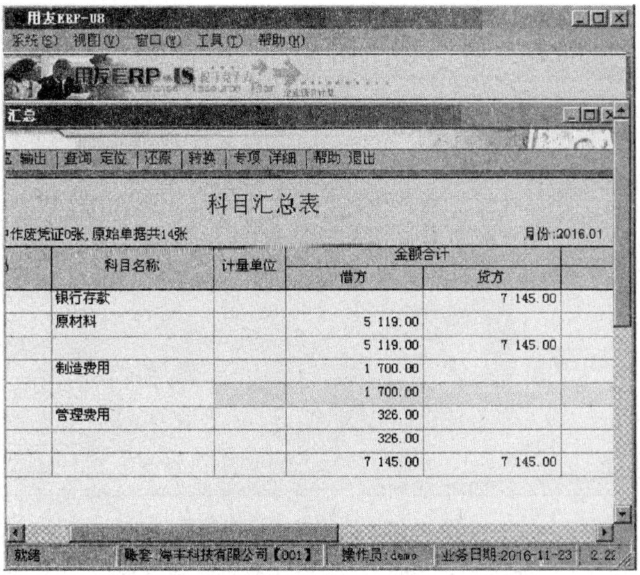

图 3-65 科目汇总表

（3）单击汇总表的某一科目行，再单击"详细"，可打开"科目汇总表（详细信息）"窗口，如图 3-66 所示。

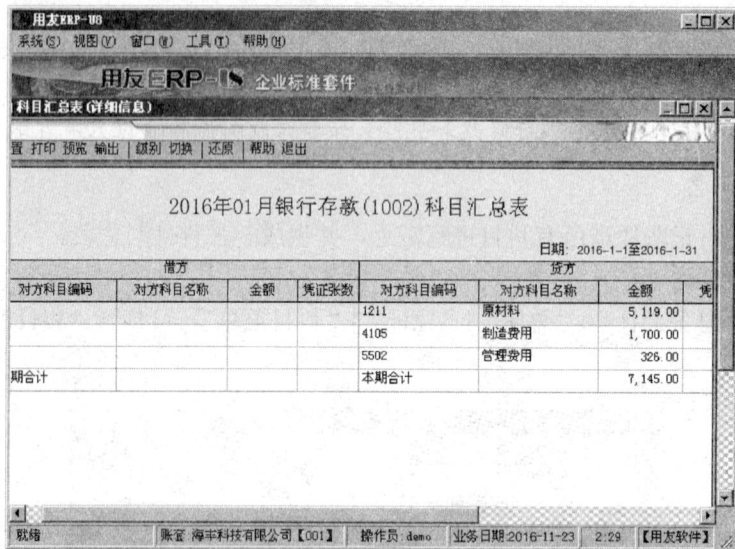

图 3-66 "科目汇总表（详细信息）"窗口

（九）记账

记账凭证经填制、出纳签字、主管签字、审核签字后，可进行记账处理，即可用来登记总账、明细账、日记账、部门账、往来账、项目账以及备查账等。

具体操作步骤如下：

（1）以会计"吴新"身份进入总账系统，选择"凭证"|"记账"，可打开"选择本次记账范围"对话框，如图 3-67 所示。

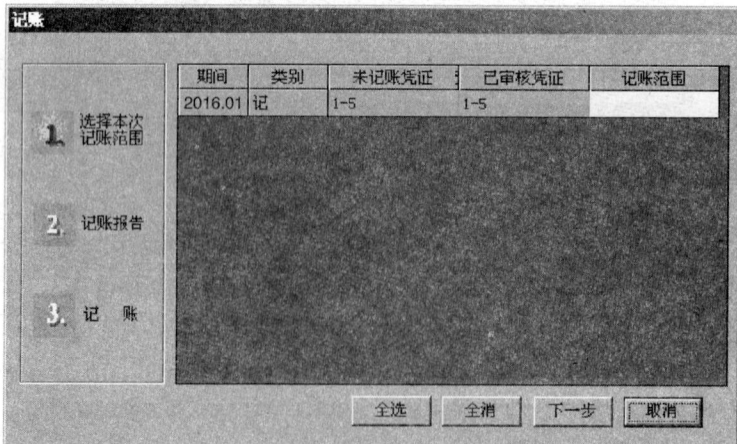

图 3-67 选择本次记账范围

（2）单击"下一步"，可打开"记账报告"对话框，如图 3-68 所示。

图 3-68 "记账报告"对话框

（3）单击"下一步"，可打开"记账"对话框，如图 3-69 所示。

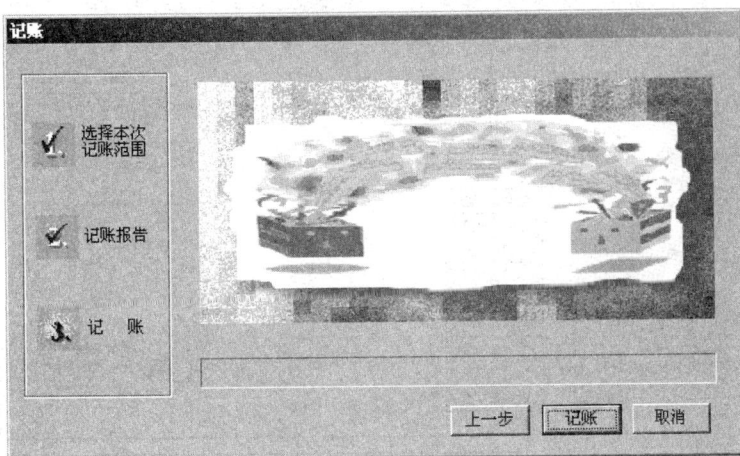

图 3-69 "记账"对话框

（4）单击"记账"可打开"期初试算平衡表"对话框，如图 3-70 所示。

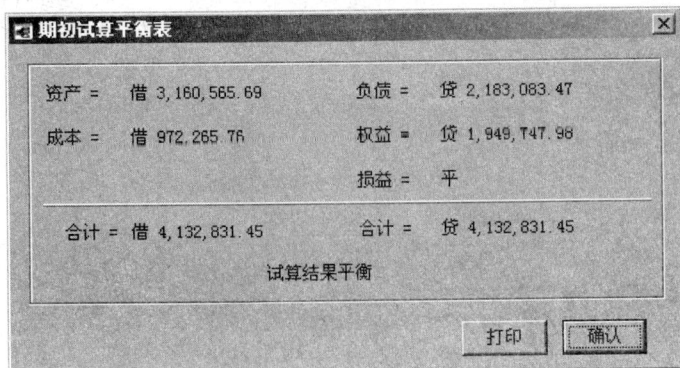

图 3-70 "期初试算平衡表"对话框

（5）确定试算结果平衡后，单击"确认"，系统开始进行记账处理，记账完毕后弹出"提示信息—记账完毕"对话框，单击"确定"，记账工作完成。

（十）取消记账

在实际记账过程中可能会出现以下特殊情况，需要取消记账操作即"恢复记账前状态"：

● 记账过程由于断电或其他特殊原因造成中断后，系统将自动调用"恢复记账前状态"恢复数据，然后再重新记账。

● 在记账过程中中断退出。

● 在第一次记账时，若期初余额试算不平衡，系统将不允许记账。

● 所选范围内的凭证如有不平衡凭证，系统将列出错误凭证，并重选记账范围。

恢复记账前状态具体操作步骤如下：

（1）以账套主管"demo"的身份进入总账系统，选择"期末"|"对账"，可打开"对账"对话框，如图3-71所示。

图3-71 "对账"对话框

（2）单击需要恢复记账前状态的月份所在行，按"Ctrl+H"键，系统自动弹出"提示信息——恢复记账前状态功能已被激活"对话框，单击"确定"，如图3-72所示。

图3-72 "提示信息"对话框

（3）退出对账，返回总账系统，选择"凭证"|"恢复记账前状态"，可打开"恢复记账前状态"对话框，如图3-73所示。

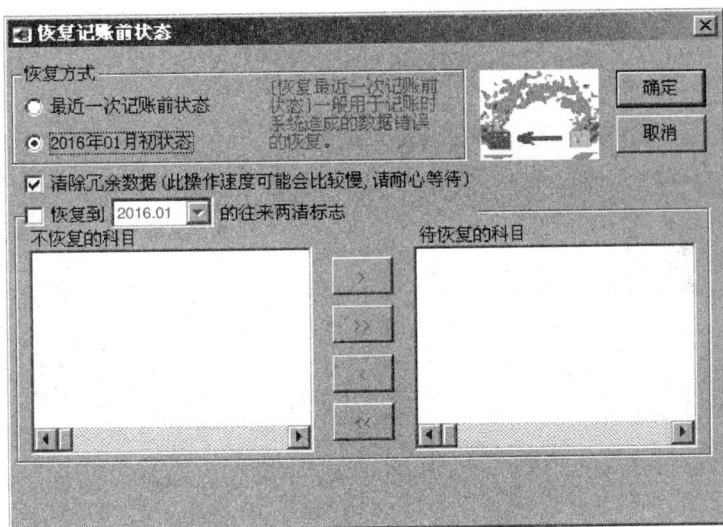

图 3-73 "恢复记账前状态"对话框

（4）选择"2016 年 01 月初状态"，单击"确定"，进行恢复记账前状态处理，处理完毕后，弹出"提示信息——恢复记账完毕"对话框，单击"确定"，完成取消记账操作。

二、账表的查询

账表是由专门的格式及相互联系的账页组成，依据审核无误的凭证登记，能全面、系统地汇总、整理会计资料。在用友 ERP-U8 总账系统中，有多种账表，包括总账、明细账、多栏账、余额表、日报表、辅助账等。在总账系统中提供了强大的查询功能，能有效地实现总账、明细账和凭证的联查功能。

（一）总账与明细账查询

1. 总账查询

总账又称总分类账，它是以一级账户设置，为编制资产负债表、损益表、现金流量表等会计报表提供资料。

具体操作步骤如下：

（1）在总账系统中，选择"账表"|"科目账"|"总账"，可打开"总账查询条件"对话框，如图 3-74 所示。

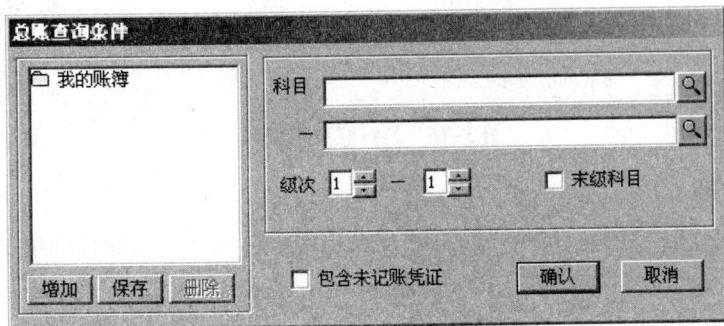

图 3-74 总账查询条件

（2）选择科目及设置科目级数，根据需要选择"末级科目"和"包含未记账凭证"复选框，单击"确认"，可显示查询结果，如图3-75所示。

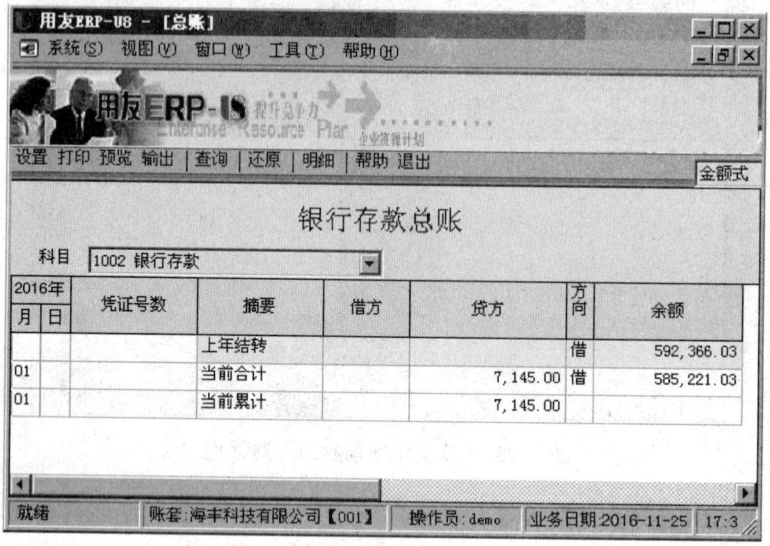

图3-75 查询结果

（3）可在"科目"下拉列表框中选择需要查询的科目，在窗口右上角下拉列表框中选择账页的格式，单击"明细"，可打开该科目本月份的明细账，如图3-76所示。查询完后，单击"退出"，返回总账系统。

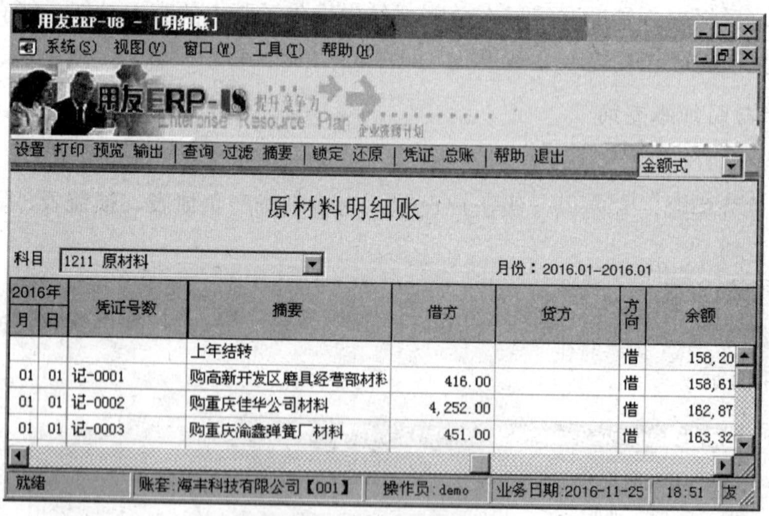

图3-76 总账联查明细账

2. 明细账查询

明细账又称明细分类账，它是以明细账户设置的，可反映总账的详细情况，为编制会计报表提供资料，为进行会计分析提供信息。

具体操作步骤如下：

（1）在总账系统中，选择"账表"|"科目账"|"明细账"，可打开"明细账查询条件"

对话框，如图 3-77 所示。

图 3-77　"明细账查询条件"对话框

（2）选择"按科目范围查询"，选择需要查询的科目（如管理费用），单击"确认"，可打开"管理费用明细账"对话框，如图 3-78 所示。

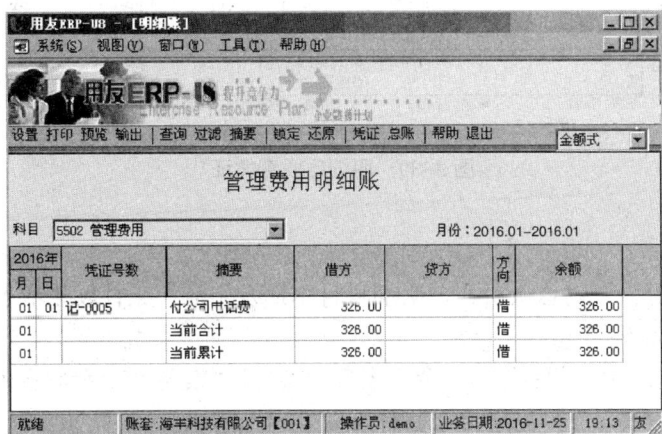

图 3-78　"管理费用明细账"对话框

（3）如需查询所选科目的总账，则可单击"总账"，可打开"管理费用总账"对话框，如图 3-79 所示。

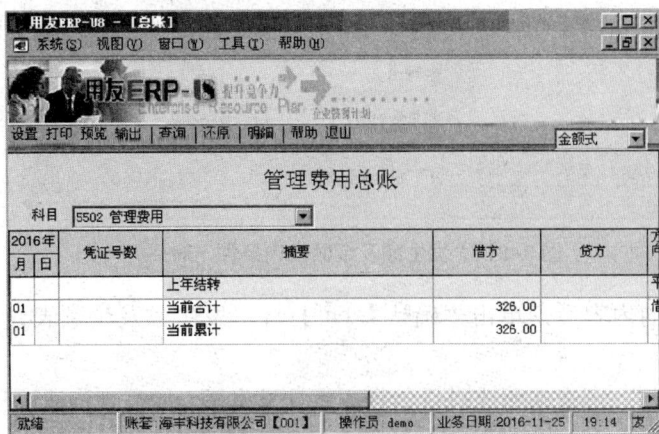

图 3-79　明细账联查总账

（4）如需查询某条记录的凭证，可在"管理费用明细账"先选定该条记录，然后单击"凭证"，打开"联查凭证"对话框，如图 3-80 所示。

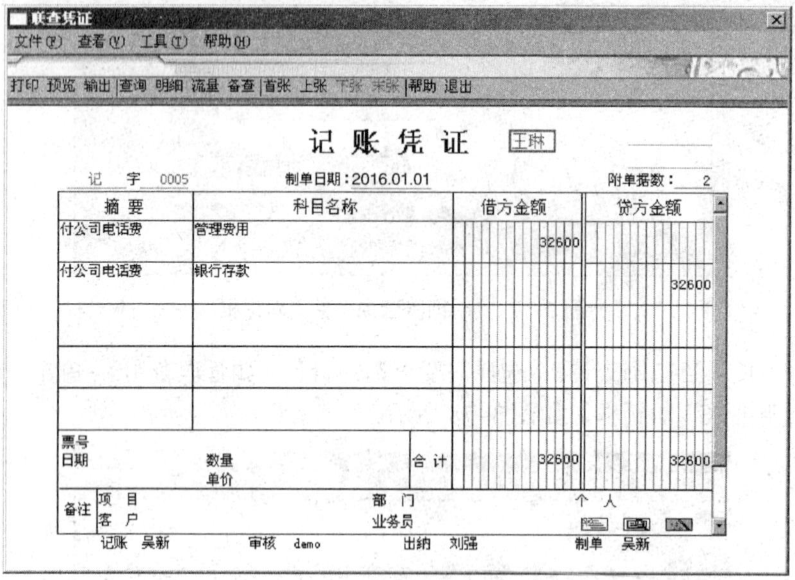

图 3-80　明细账联查凭证

（二）余额表查询

在余额表中，可以查询总账科目、明细科目本期发生额、累计发生额及余额。

具体操作步骤如下：

（1）选择"账表"｜"科目账"｜"余额表"，可打开"发生额及余额查询条件"对话框，如图 3-81 所示。

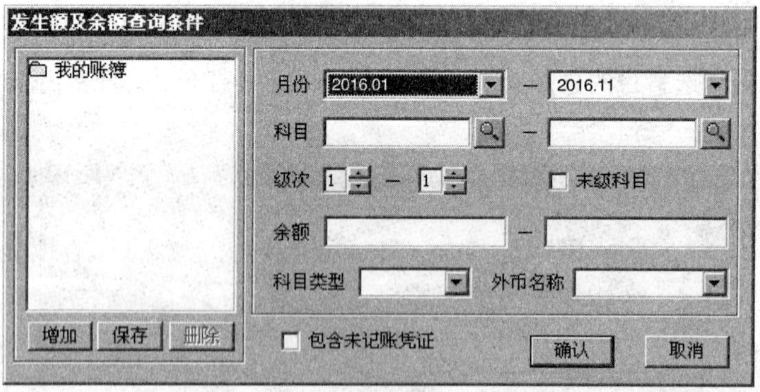

图 3-81　"发生额及余额查询条件"对话框

（2）选择相应的内容后，单击"确认"，可打开"发生额及余额表"窗口，如图 3-82 所示。

（3）单击"累计"，可查询所选科目借贷方累计发生额。如需查询所选科目的明细账，可单击"专项"，则可打开"明细账"窗口，如需查询所选科目的总账，则可在明细账中单击"总账"，打开"总账"窗口。

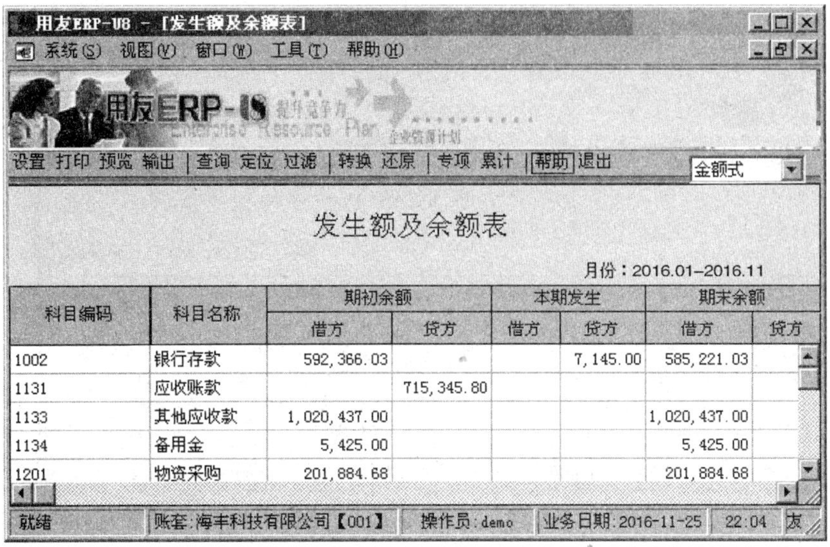

图 3-82　"发生额及余额表"窗口

（三）序时账与多栏账查询

1. 序时账管理

企业如需查询按时间的先后顺序排列每笔经济业务的明细数据，可查询序时账。

具体操作步骤如下：

（1）选择"账表"|"科目账"|"序时账"，可打开"序时账查询条件"对话框，如图 3-83 所示。

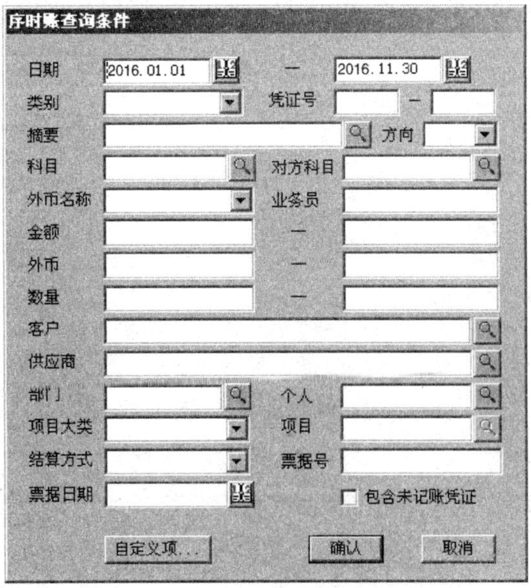

图 3-83　"序时账查询条件"对话框

（2）条件输入完毕后，单击"确认"，可打开"序时账"窗口，即序时账的查询结果，如图 3-84 所示。

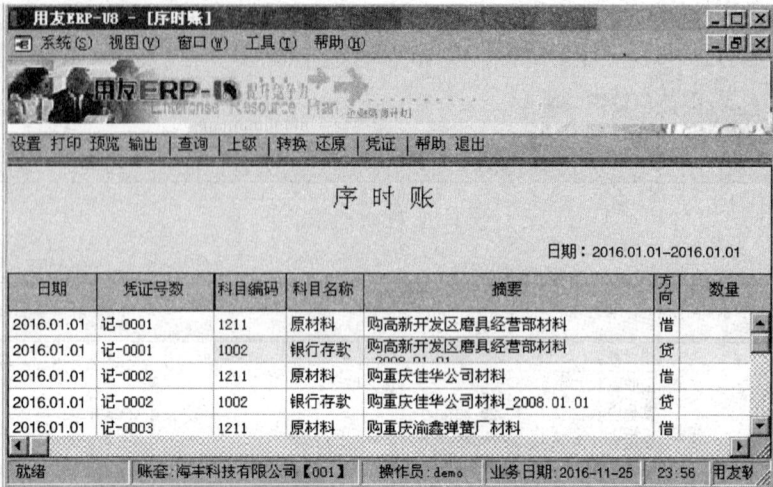

图 3–84 "序时账"窗口

（3）双击某行或单击"凭证"，可查询相应的凭证。由于在序时账中每笔经济业务只显示末级科目的名称，如想查看上级科目的名称，可单击"上级"，联查上级科目的序时账。

2. 多栏账管理

在多栏账中，企业可以根据需要来设置多栏明细账，可按明细科目自由设置不同样式的多栏账。

具体操作步骤如下：

（1）选择"账表" | "科目账" | "多栏账"，可打开"多栏账"窗口，如图 3–85 所示。

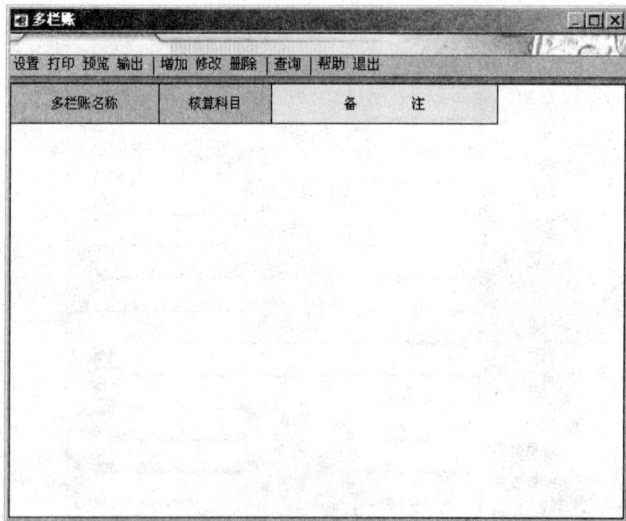

图 3–85 "多栏账"窗口

（2）单击"增加"，可打开"多栏账定义"对话框，如图 3–86 所示。

（3）在"核算科目"下拉列表框中选择相应的科目，单击"自动编制"，可自动编制多栏账栏目名称、分析方式。

（4）单击"选项"，可展开"格式预览"对话框。

图 3-86 "多栏账定义"对话框

（5）设置完之后，单击"确定"，可返回"多栏账"窗口。修改多栏账的具体操作与增加多栏账相同。在多栏账上用鼠标选择要删除的多栏账，单击"删除"按钮，则可删除此多栏账的定义。

（6）单击"查询"，可打开"多栏账查询"对话框，如图 3-87 所示。

（7）在"多栏账查询"对话框中选择所要查询的多栏账及查询月份，单击"确认"，即可显示多栏账查询结果，如图 3-88 所示。

图 3-87 "多栏账查询"对话框

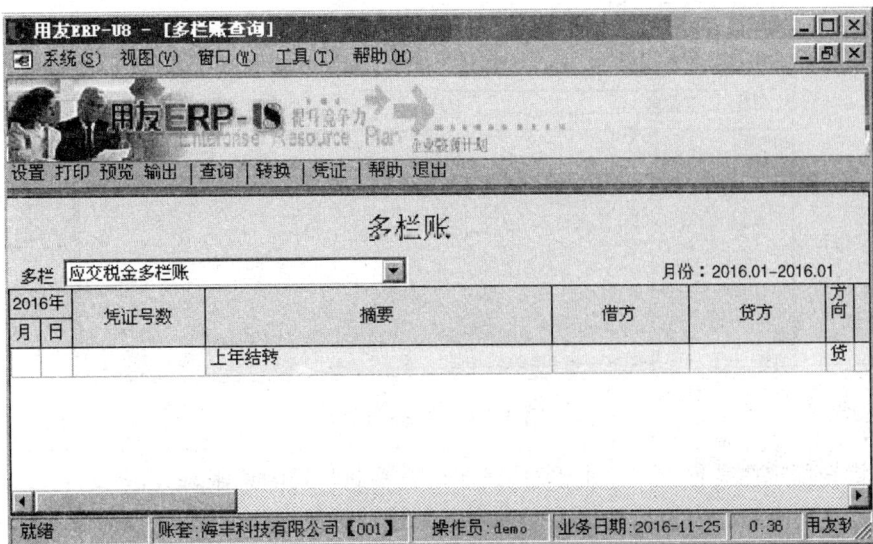

图 3-88 多栏账查询

三、出纳的日常业务处理

以出纳员的身份进入总账系统的出纳模块，可进行出纳的日常业务处理。出纳日常主要包括日记账管理、资金日报管理、出纳账簿打印以及支票登记簿管理等。

（一）日记账

日记账包括现金日记账和银行日记账，现金日记账的查询步骤如下：

（1）选择"出纳"|"现金日记账"，可打开"现金日记账查询条件"对话框，如图3-89所示。

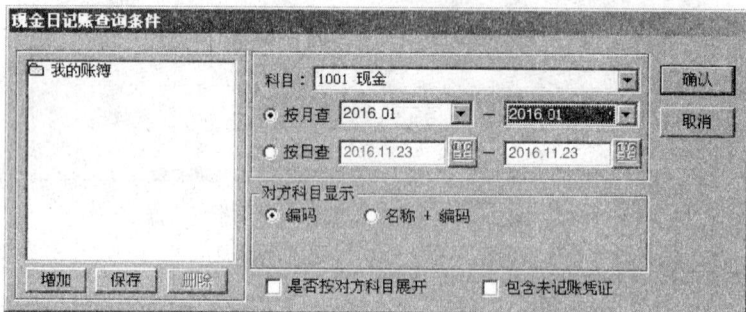

图3-89 "现金日记账查询条件"对话框

（2）输入查询现金日记账相应的信息，单击"确认"，可打开"现金日记账"窗口，如图3-90所示。

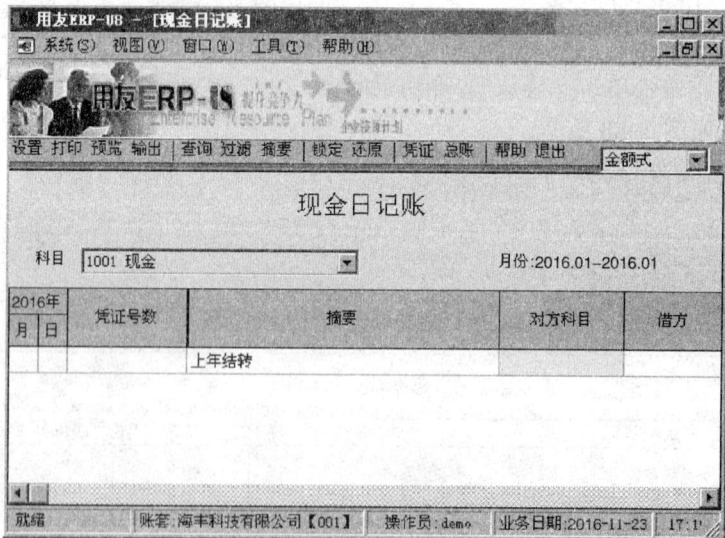

图3-90 现金日记账

（3）将光标定在某行上，单击"总账"，可查看此科目的总账。

（4）在"现金总账"窗口中，可以在右上角选择进行查询时账页的格式，如：金额式、外币金额式、数量金额式、数量外币式。退出"现金总账"窗口，返回"现金日记账"窗口，将光标定在某行上，单击"凭证"，可查看到相应的凭证。

（5）如想迅速查找所需要的凭证，可在"现金日记账"窗口中单击"过滤"，可打开"日记账过滤条件"对话框，如图 3-91 所示，输入凭证相应的信息，可缩小凭证查询的范围。

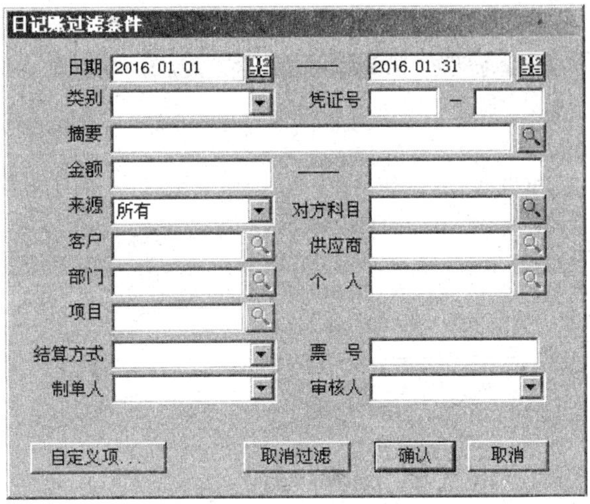

图 3-91　日记账过滤条件

注意：银行日记账的查询与现金日记账的查询相同。

（二）资金日报

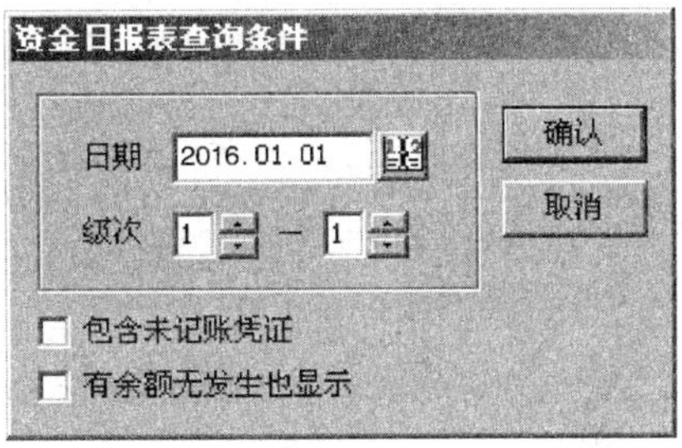

图 3-92　"资金日报表查询条件"对话框

企业如需查询现金、银行存款每日的发生额和余额，则可通过查询"资金日报表"来得知。

（1）选择"出纳"|"资金日报"，可打开"资金日报表查询条件"对话框，如图 3-92 所示。

（2）输入资金日报表的查询条件，单击"确认"，可打开"资金日报表"窗口，如图 3-93 所示。

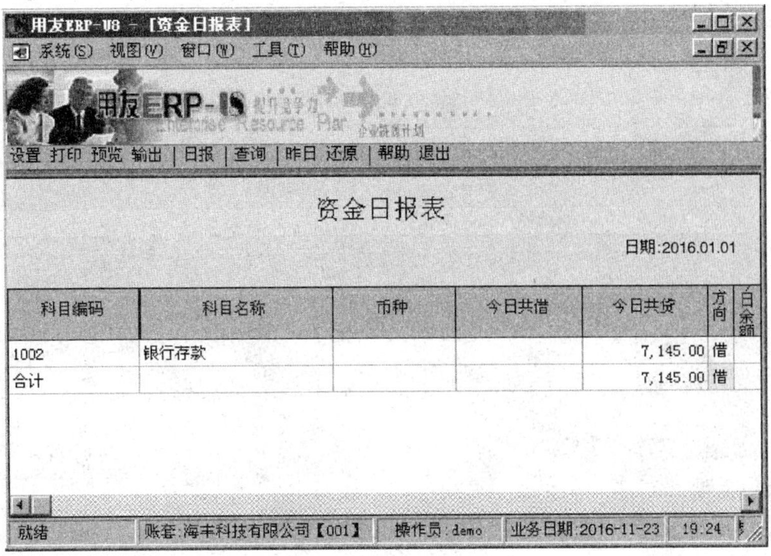

图 3-93　资金日报表

（3）选择资金日报表中的某科目行，单击"日报"，可打开"日报单"对话框，如图3-94所示，可将"日报单"打印输出。如需查询所选科目昨日的发生额和余额，可在资金日报表中单击"昨日"。

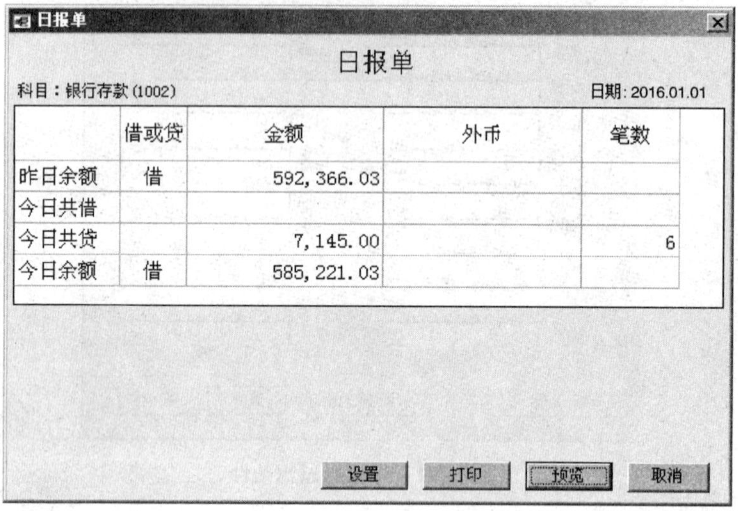

图3-94 日报单

（三）支票登记簿

通过支票登记簿，可以记录领用部门、领用人、支票号等内容。

具体操作步骤如下：

（1）选择"出纳"|"支票登记簿"，可打开"银行科目选择"对话框。

（2）选择相应的科目后，单击"确定"，可打开"支票登记"窗口，如图3-95所示。

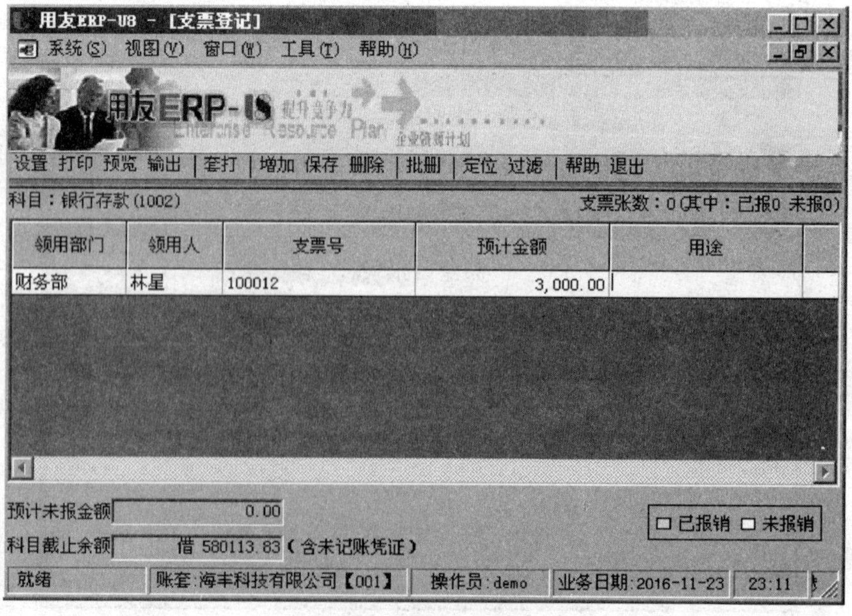

图3-95 "支票登记"窗口

（3）单击"增加"，可在窗口中输入领用部门、领用人、支票号等内容，单击"保存"，保存输入内容。

（4）如需对支票进行定位查找，则可单击"定位"，打开"支票查找"对话框，按输入的查找条件显示。

（5）若想将支票进行分类，则可单击"过滤"，打开"支票登记簿过滤"对话框，按设置的分类条件进行过滤显示。

（6）如需批量删除已报销支票，则可单击"批删"，打开"删除已报销支票"对话框，按设定的时间删除已报销支票。

第五节 期末处理

期末处理归纳为出纳业务期末处理和总账期末处理两大类。

一、出纳的期末处理

在用友 ERP-U8 中，出纳业务的期末处理实际在会计实务中就是将银行对账单与企业的银行存款账进行核对，最后编制银行存款余额调节表，这样更方便查阅及使用。银行对账工作包括输入银行对账期初数据、输入银行对账单、银行对账、余额调节表查询、查询对账勾对情况、核销银行对账、长期未达账审计。

（一）输入银行对账期初数据

为能顺利进行银行对账工作，在对账前，必须先将日记账、银行对账单期初未达项录入到出纳系统中。

具体操作步骤如下：

（1）在总账系统中，选择"出纳"|"银行对账"|"银行对账期初录入"，可打开"银行科目选择"对话框，如图 3-96 所示。

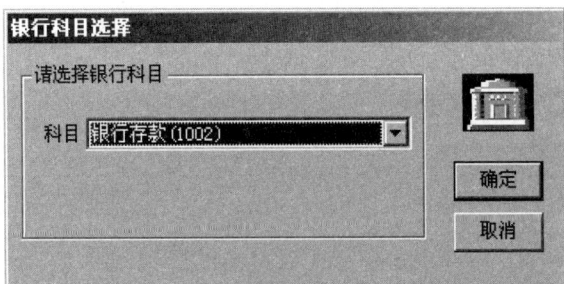

图 3-96 "银行科目选择"对话框

（2）选择银行科目后，单击"确定"，可打开"银行对账期初"对话框，如图 3-97 所示。

（3）在启用日期处录入该银行账户的启用日期。录入单位日记账及银行对账单的调整前余额。单击"对账单期初未达项"，可打开"银行方期初"对话框。

（4）单击"增加"，输入"日期"、"结算方式"、"票号"、"借方/贷方金额"，单击"保存"，如图 3-98 所示（这里增加的内容是启用日期之前即期初的对账单和日记账的未达账项）。

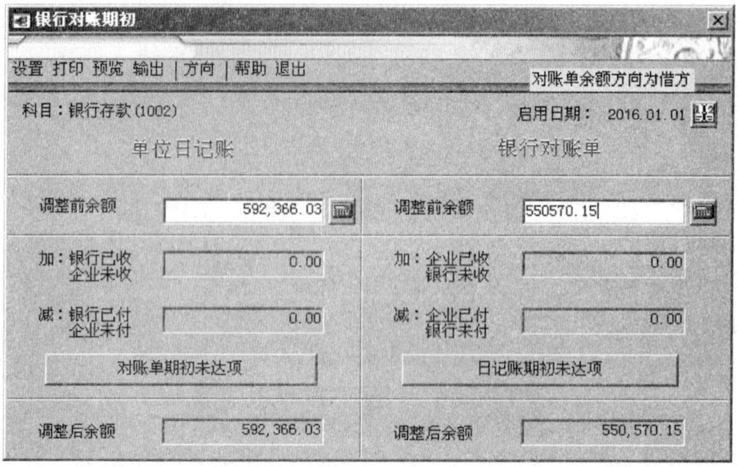

图 3-97 "银行对账期初"对话框

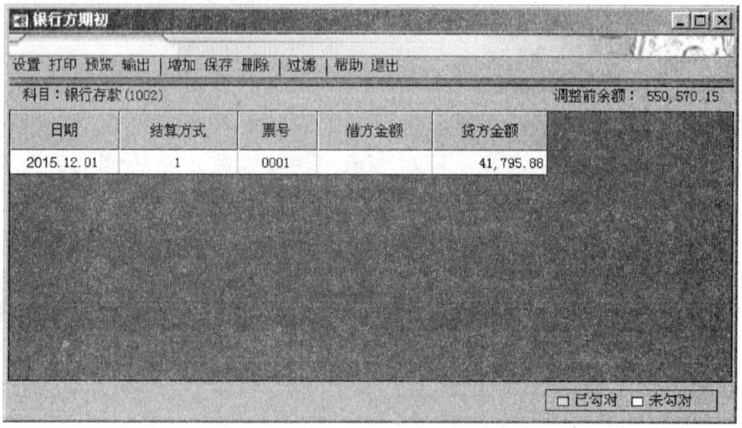

图 3-98 "银行方期初"对话框

（5）单击"退出"，返回"银行对账期初"对话框，系统将根据调整前余额及期初未达项自动计算出银行对账单与单位日记账的调整后余额，如图 3-99 所示。

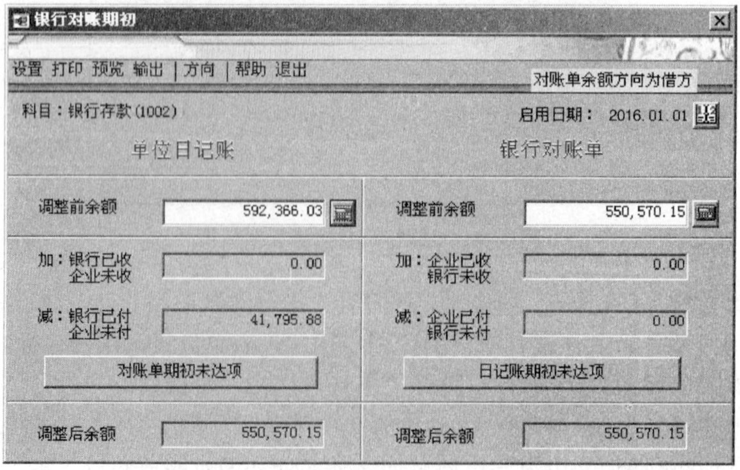

图 3-99 输入期初未达账项后的"银行对账期初"对话框

（二）输入银行对账单

在总账系统中，"银行对账单"模块主要用于录入、查询和引入银行对账单（在此功能中显示的银行对账单为启用日期之后即报告期的对账单）。

具体操作步骤如下：

（1）选择"出纳"|"银行对账"|"银行对账单"，可打开"银行科目选择"对话框。

（2）选择"银行科目"、"月份范围"，注意所输入的终止月份必须大于或等于起始月份，单击"确定"，可打开"银行对账单"窗口。

（3）单击"增加"，可增加一笔银行对账单，输入银行对账单日期，选择结算方式，输入支票号及金额，增加完银行对账单后，单击"保存"，如图3-100所示。

图3-100 银行对账单

（4）如保存银行对账单后，发现多输了一笔银行对账单，可单击"删除"，删除这一笔银行对账单。完成银行对账单输入后，单击"退出"，返回总账系统。

（三）银行对账

在总账系统中，银行对账模块采用自动对账与手工对账相结合的方式。自动对账是计算机自动进行核对、勾销，已核对上的银行业务，系统将自动在银行存款日记账和银行对账单双方写上"两清"，并视为已达账项，未写上两清的记录，系统则视其为未达账项。自动对账后，为了保证对账的准确性，还可用手工对账进行调整。

1. 自动对账

具体操作步骤如下：

（1）选择"财务会计"|"总账"|"出纳"|"银行对账"|"银行对账"，可打开"银行科目选择"对话框。

（2）选择需要对账的银行科目及月份范围，如选择"显示已达账"复选框，则可显示已两清勾对的单位日记账和银行对账单。单击"确定"，可打开"银行对账"窗口，如图3-101所示。

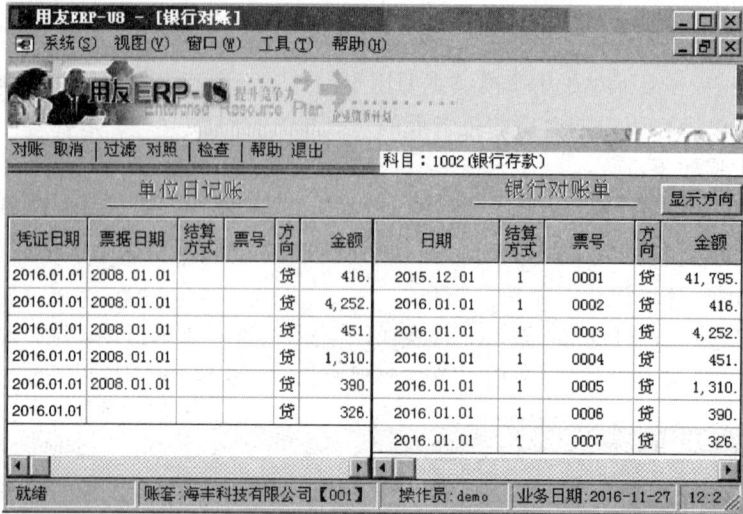

图 3-101　"银行对账"窗口

（3）单击"对账"，可打开"自动对账"对话框，如图 3-102 所示。

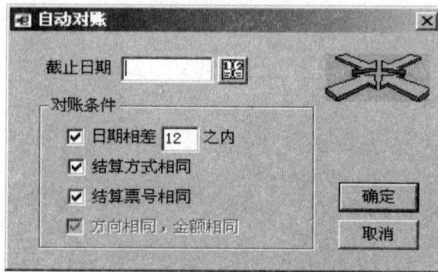

图 3-102　"自动对账"对话框

（4）输入对账截止日期，选择对账条件，单击"确定"，系统开始自动对账，自动对完账后，已两清的单位日记账和银行对账单，会被标记"○"符号，如图 3-103 所示。

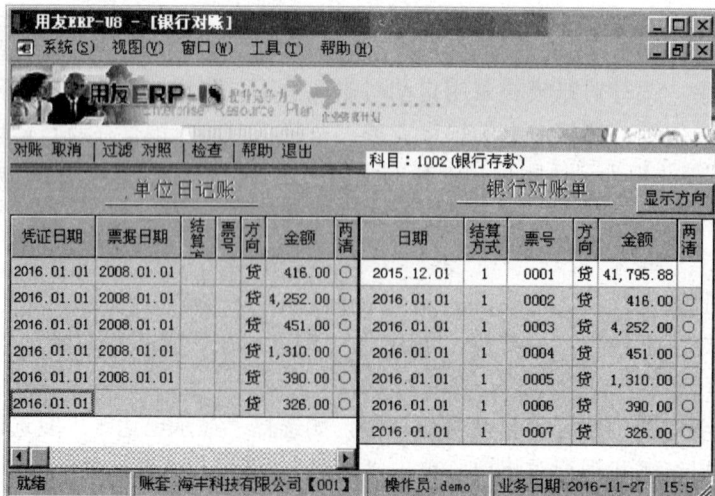

图 3-103　银行对账结果

（5）单击"检查"，可打开"对账平衡检查"对话框，检查对账是否有误，如图 3-104 所示。

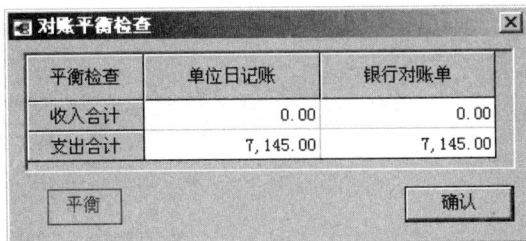

图 3-104　"对账平衡检查"对话框

（6）单击"对照"，可以根据选中的单位账或银行对账单，在对应的银行对账单或单位账中查找金额相同的记录，如图 3-105 所示。单击"退出"，返回总账系统。

2. 手动对账

账务处理时将多张支票汇总编制成一张凭证的情况下，会造成银行日记账业务记录与对账单业务记录不能一一勾对，需要手动对账。

具体操作步骤如下：

在自动对账后的银行对账窗口，直接进行手工调账即双击左右两侧的对应记录，系统显示手工对账两清的标记"√"，则表示手动对账完成。

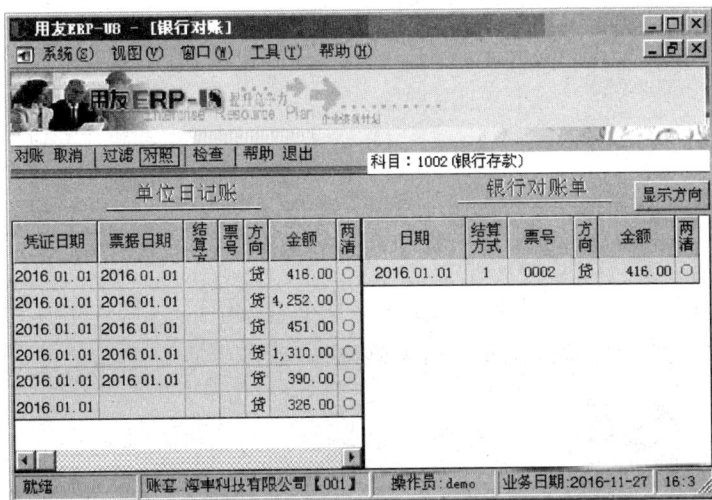

图 3-105　银行对账—对照

（四）余额调节表查询

在完成对账后，即可查询银行存款余额调节表，以检查对账是否正确。

具体操作步骤如下：

（1）选择"出纳"|"银行对账"|"余额调节表查询"，可打开"银行存款余额调节表"窗口，如图 3-106 所示。

图 3-106 银行存款余额调节表（一）

（2）如需查看余额调节表，则可单击"银行存款余额调节表"窗口中的某科目，然后单击"查看"，便可查看该科目的银行存款余额调节表，如图 3-107 所示。

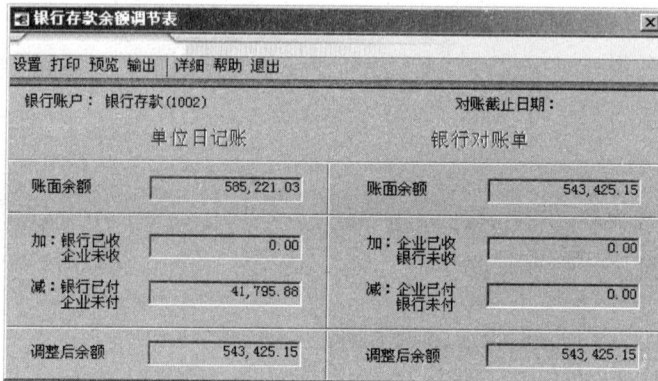

图 3-107　银行存款余额调节表（二）

（3）单击"详细"，可打开"余额调节表（详细）"窗口，如图 3-108 所示。

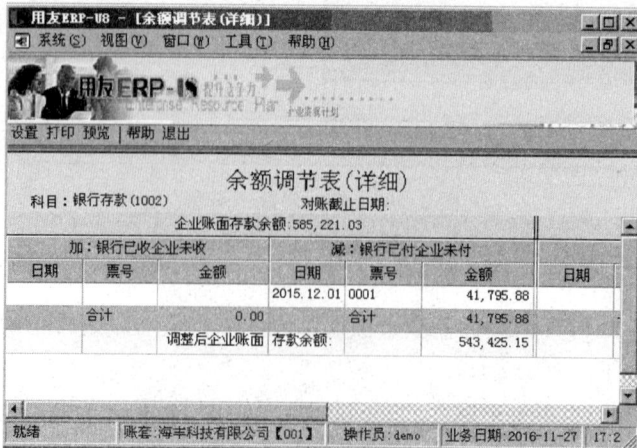

图 3-108 "余额调节表（详细）"窗口

（4）如果余额调节表显示账面余额不平，则可按顺序检查"调整前余额"、"日记账期初未达项"及"银行对账单期初未达项"是否录入正确；银行对账单录入是否正确；"银行对账"中勾对是否正确、对账是否平衡。余额调节表平衡后，单击"退出"。

（五）查询对账勾对情况

"查询对账勾对情况"模块主要用来查询单位日记账和银行对账单的对账结果。

具体操作步骤如下：

（1）选择"出纳"|"银行对账"|"查询对账勾对情况"可打开"银行科目选择"对话框。

（2）选择银行科目、查询条件，单击"确定"，可打开"查询银行勾对情况"窗口，如图 3-109 所示。可单击银行对账单、单位日记账页签来查看对账情况。

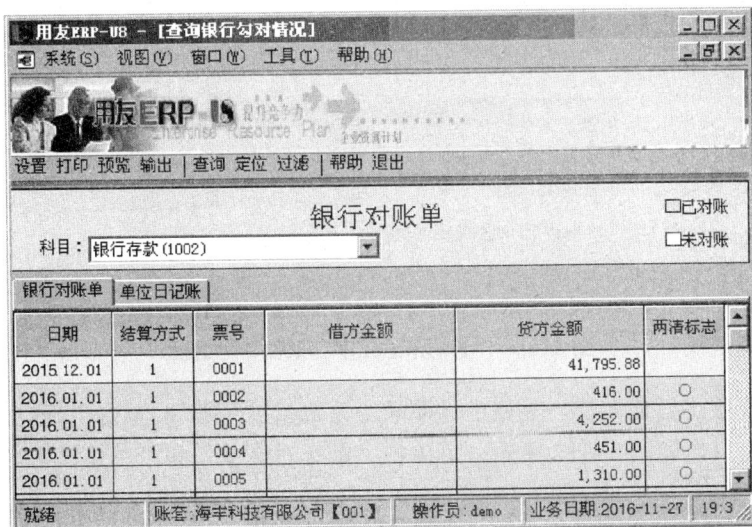

图 3-109　查询银行勾对情况

（六）核销银行账

核销银行账模块主要功能是将核对无误的已达账删除并只保留未达账。

具体操作步骤如下：

（1）选择"出纳"|"银行对账"|"核销银行账"，可打开"核销银行账"对话框，如图 3-110 所示。

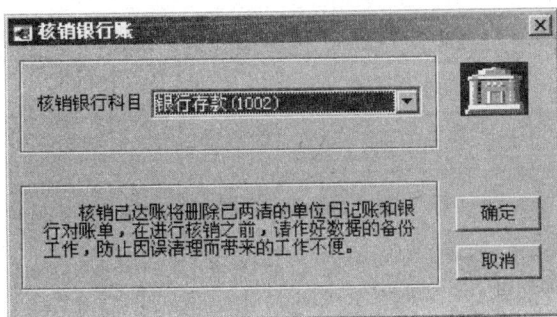

图 3-110　"核销银行账"对话框

（2）核对无误要将已达账删除，单击"确定"，可弹出"提示信息—您是否确实要进行银行账核销"对话框。

（3）单击"是"，可弹出"提示信息—银行账核销完毕"对话框。单击"确定"，完成银行账核销。

注意：如银行对账不平衡，不能核销银行账，否则以后会造成对账错误。

（七）长期未达账审计

长期未达账审计模块用于查询至截止日期为止超过一定天数的银行未达账项，以便企业分析长期未达原因，避免资金损失。

具体操作步骤如下：

（1）选择"出纳"|"银行对账"|"长期未达账审计"，可打开"长期未达账审计条件"对话框，如图3-111所示。

图3-111 "长期未达账审计条件"对话框

（2）输入"截止日期"及"至截止日期未达天数超过天数"，单击"确定"，可打开"长期未达审计"窗口，如图3-112所示。可单击"银行对账单"和"单位日记账"页签，切换查询内容。

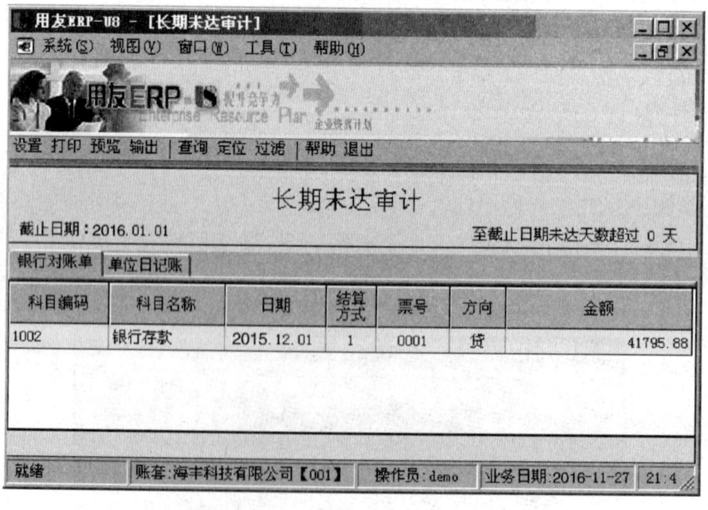

图3-112 "长期未达审计"窗口

二、总账的期末处理

总账的期末处理包括转账定义、转账生成、对账、结账几部分。

（一）转账定义

1. 自定义转账

具体操作步骤如下：

（1）在总账系统中，选择"期末"|"转账定义"|"自定义转账"，可打开"自定义转账设置"对话框，如图 3–113 所示。

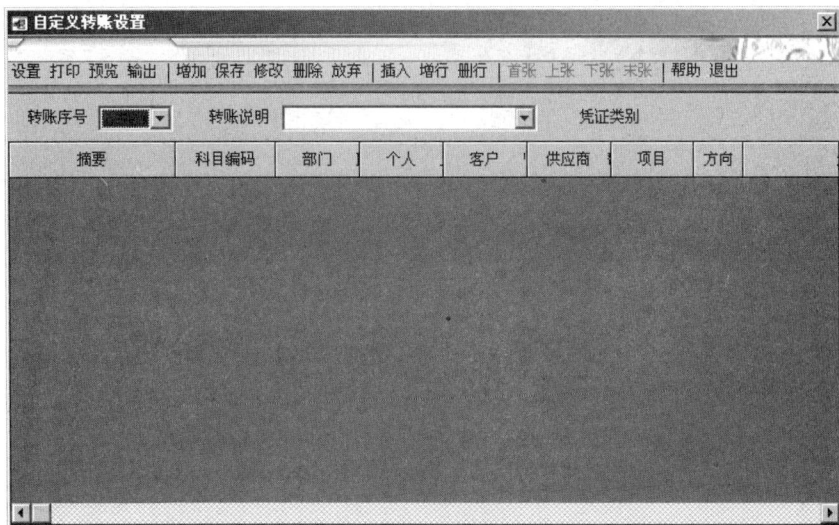

图 3–113 "自定义转账设置"对话框

（2）单击"增加"，可打开"转账目录"对话框，如图 3–114 所示。

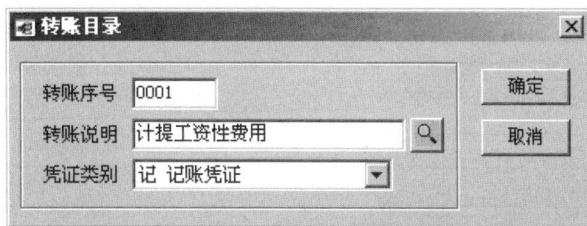

图 3–114 "转账目录"对话框

（3）输入"转账序号"、"转账说明"、"凭证类别"，单击"确定"，可打开显示摘要的"自定义转账设置"对话框。

（4）设置借方科目编码及金额公式，在设置金额公式时，在"自定义转账设置"对话框中双击"金额公式"栏，出现"参照"按钮，单击"参照"按钮，可打开"公式向导"对话框，按公式向导的提示完成取数公式设置。

（5）单击"增行"，设置贷方科目编码及金额公式。完成自定义转账设置，如图 3–115 所示。

2. 对应结转

有两个或两个以上的上级科目的下级科目及辅助项有一一对应关系，将其余额一对一结转或一对多结转，在"对应结转"模块中只结转期末余额。

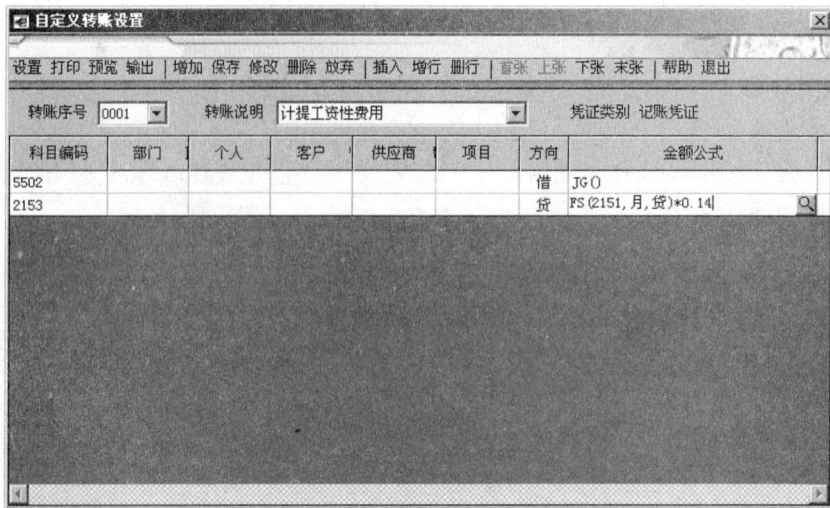

图 3-115 完成"自定义转账设置"

具体操作步骤如下：

（1）选择"期末"|"转账定义"|"对应结转"，可打开"对应结转设置"对话框，输入转账凭证的编号、凭证类别、摘要、转出科目编码、转出科目名称和转出辅助项。单击"增行"，增加一空行，输入转入科目编码、转入科目名称、转入辅助项和结转系数，如图 3-116 所示。

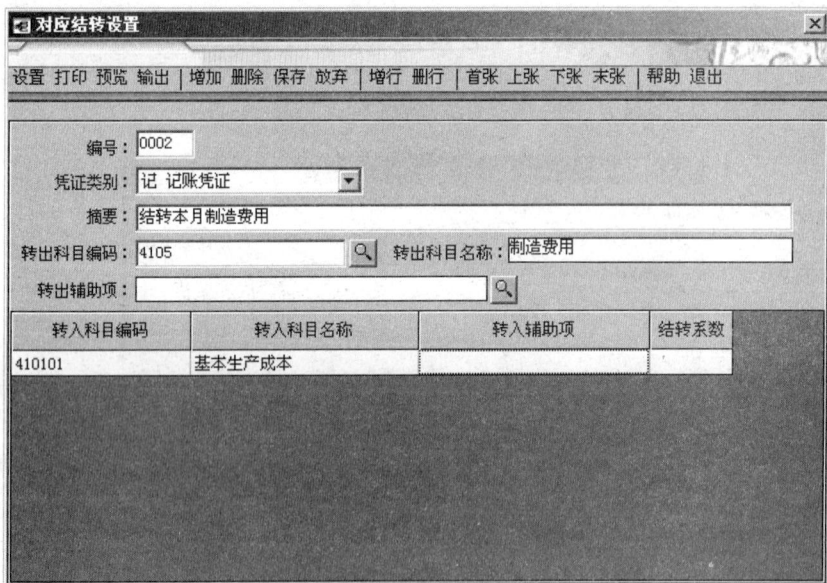

图 3-116 "对应结转设置"对话框

（2）输入完成后，可单击"保存"，保存这张转账凭证的设置。

3. 销售成本结转设置

具体操作步骤如下：

选择"期末"|"转账定义"|"销售成本结转"，可打开"销售成本结转设置"对话框，输入"库存商品科目"、"商品销售收入科目"、"商品销售成本科目"，如图 3-117 所示，单击

"确定"，返回总账系统。

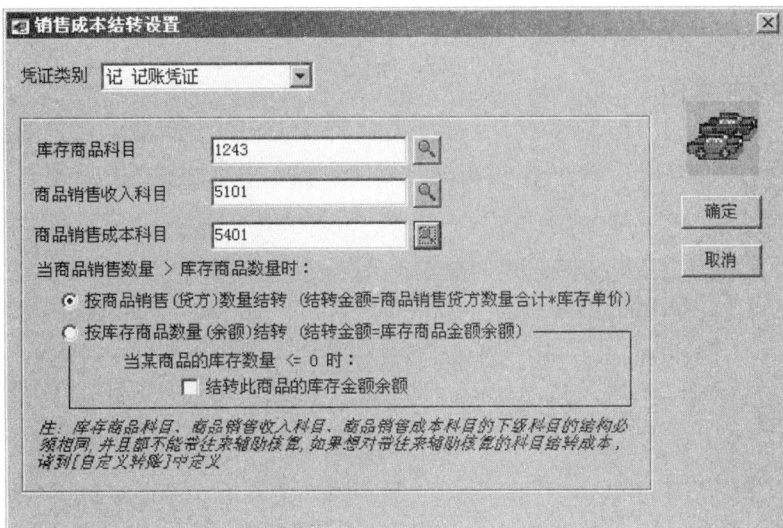

图3-117　销售成本结转设置

注意：当库存商品科目的期末数量余额小于商品销售收入科目的贷方数量发生额时，若不希望结转后造成库存商品科目余额为负数，可选择按库存商品科目的期末数量余额结转。

4. 汇兑损益

汇兑损益模块主要用于期末自动计算外币账户的汇总损益，并在转账生成中自动牛成汇总损益转账凭证。

具体操作步骤如下：

（1）选择"期末"|"转账定义"|"汇兑损益"，可打开"汇兑损益结转设置"对话框，如图3-118所示。

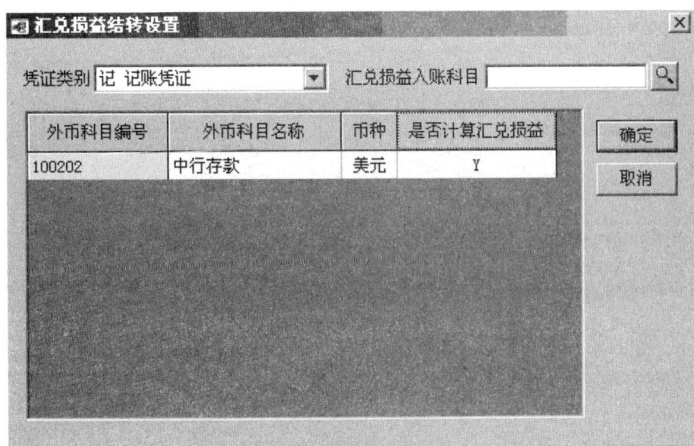

图3-118　"汇兑损益结转设置"对话框

（2）在"汇兑损益入账科目"处输入科目编码，选中要计算汇兑损益的外币科目，用鼠标双击要计算汇兑损益的科目，设置完毕后，单击"确定"。

5. 期间损益

期间损益模块主要用于在一个会计期间终了将损益类科目的余额结转到本年利润科目中，及时反映企业利润的盈亏情况。

具体操作步骤如下：

（1）选择"期末"|"转账定义"|"期间损益"，可打开"期间损益结转设置"对话框。

（2）选择"凭证类别"，在"本年利润科目"中输入本年利润的入账科目，如图 3–119 所示。

图 3–119 "期间损益结转设置"对话框

（3）设置完后，单击"确定"，完成期间损益结转设置。

（二）转账生成

每月月末执行"转账生成"即可按已经定义好的自动转账凭证生成新的凭证，在此生成的凭证将自动追加到凭证模块的未记账凭证中去。

在总账系统中，选择"期末"|"转账生成"，可打开"转账生成"对话框，如图 3–120 所示。即可分别进行各种转账凭证生成操作。

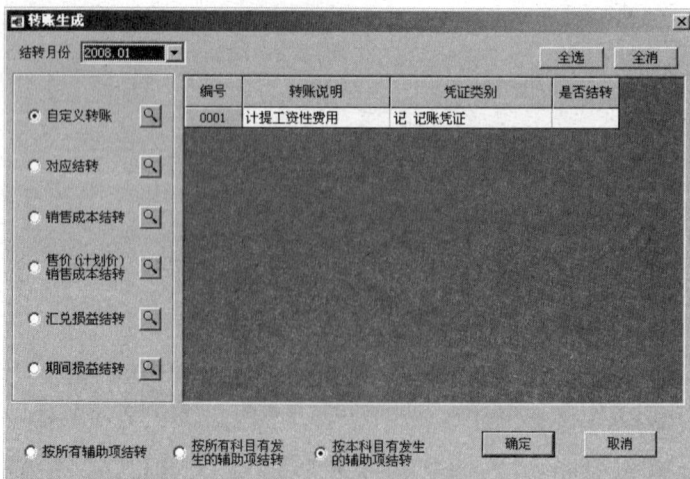

图 3–120 "转账生成"对话框

1. 自定义转账生成

具体操作步骤如下：

（1）选择要进行结转的月份，选择"自定义转账"单选框。双击"是否结转"栏，如图 3-121 所示。

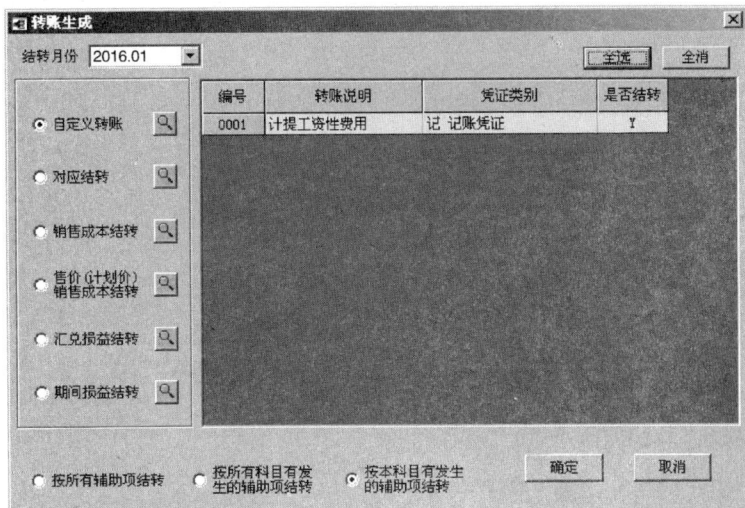

图3-121 "转账生成—自定义转账"窗口

（2）选择完毕后，单击"确定"，可打开自定义转账所生成的凭证。

（3）确定新生成的凭证正确，可单击"保存"，凭证左上角出现"已生成字样"，如图 3-122 所示，将当前凭证增加到未记账凭证中。

图3-122 自定义转账生成的凭证

2. 销售成本结转生成

具体操作步骤如下：

（1）在"转账生成"对话框中，选择"销售成本结转"单选框，如图 3-123 所示。

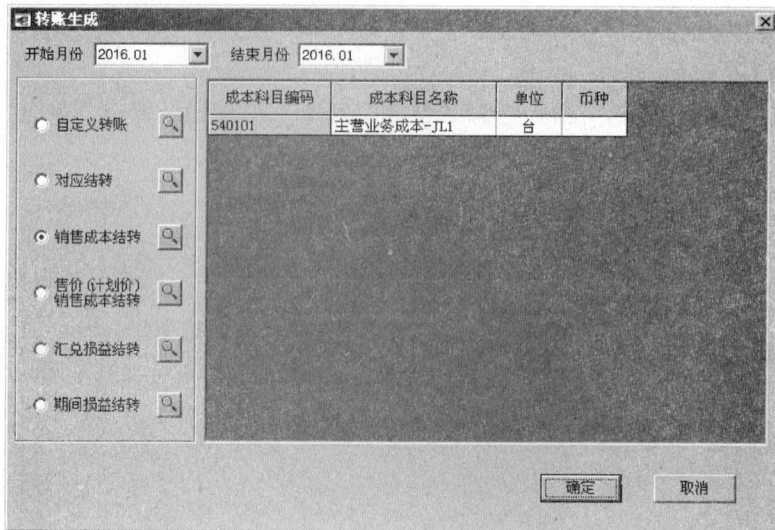

图3-123　转账生成—销售成本结转

（2）正确选择"开始月份"和"结束月份"，单击"确定"，可打开"销售成本结转一览表"对话框，单击"确定"，自动生成销售成本结转凭证。

生成对应结转凭证、期间损益结转凭证与自定义凭证操作基本相同，不再赘述。

（三）对账

只有记账凭证输入正确，计算机自动记账后各种账簿才会是正确的、平衡的，但由于一些特殊原因，可能会引起账账不符。为了保证账账相符，确保会计电算化核算的正确性和完整性，期末结账前应首先完成对账工作。

具体操作步骤如下：

（1）选择"期末"|"对账"，可打开"对账"对话框，如图3-124所示。

图3-124　对账

（2）根据实际情况选择要对账的会计期间和对账内容。

（3）选择完毕后，单击"对账"，系统开始自动对账，对账完毕后，会在对账日期、对账结果处显示对账结果。

（4）单击"试算"，可打开"试算平衡表"对话框，如图 3-125 所示，可以对各科目余额进行试算。

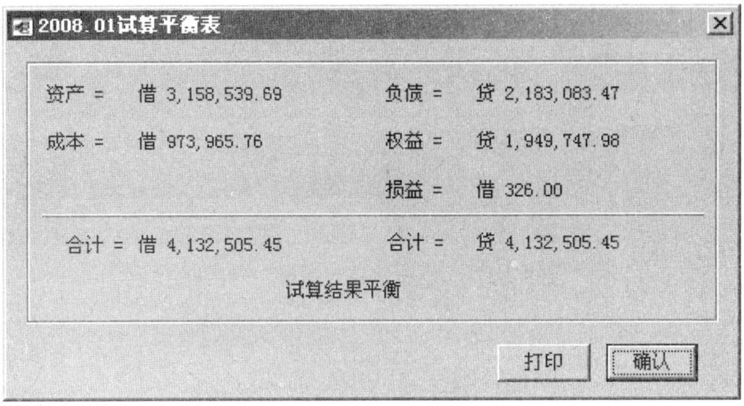

图 3-125 试算平衡表

（5）单击"确认"返回，再单击"退出"，完成对账工作。

（四）结账

为符合会计制度的要求，在总账系统中设置了"结账"模块，结账只能每月进行一次。具体操作步骤如下：

（1）选择"期末"|"结账"，可打开"结账—开始结账"对话框，如图 3-126 所示。

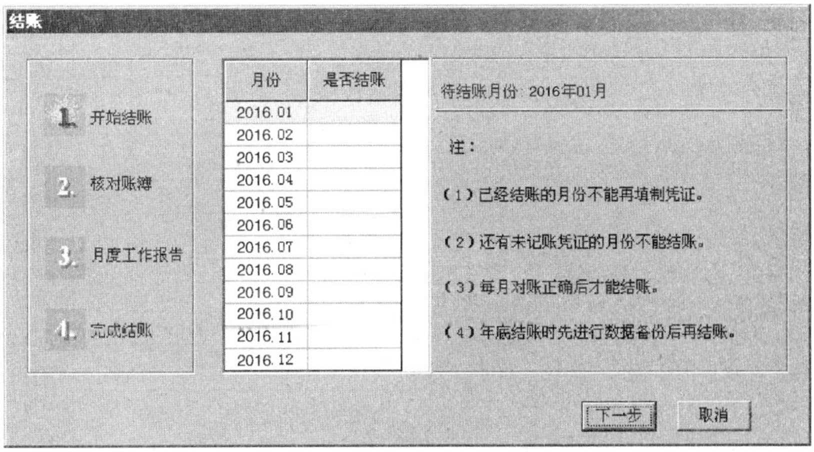

图 3-126 "结账—开始结账"对话框

（2）选择结账月份即单击要结账月份后，单击"下一步"，可打开"结账—核对账簿"对话框，如图 3-127 所示。

（3）单击"对账"，系统对要结账的月份进行账账核对，可打开"结账—对账完毕"对话框，如图 3-128 所示。

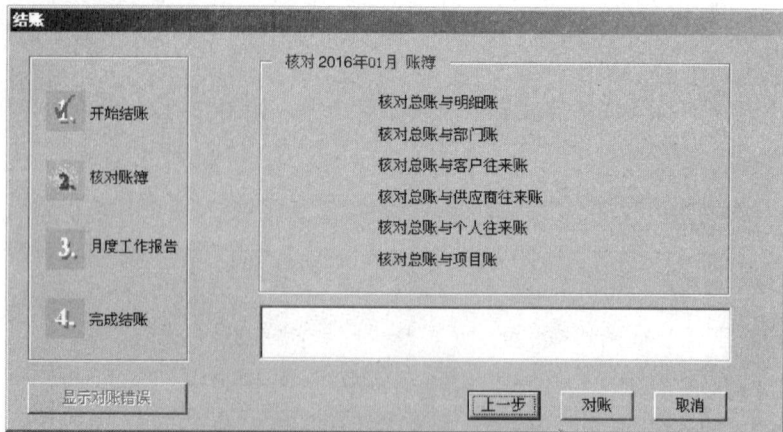

图3-127 "结账—核对账簿"对话框

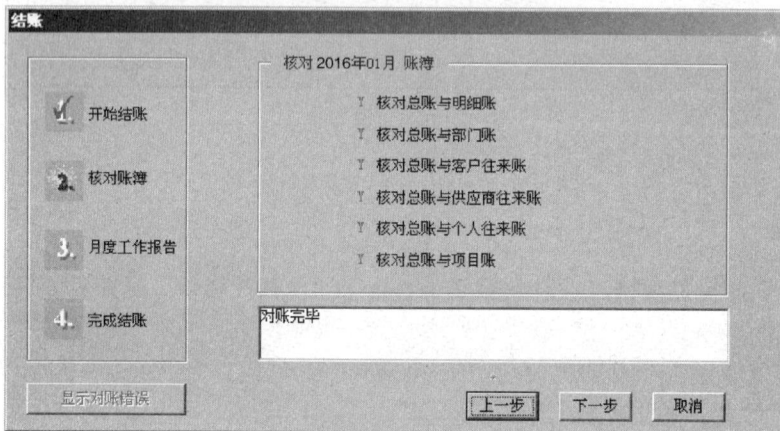

图3-128 "结账—对账完毕"对话框

（4）单击"下一步"，可打开"结账—月度工作报告"对话框，如图3-129所示。

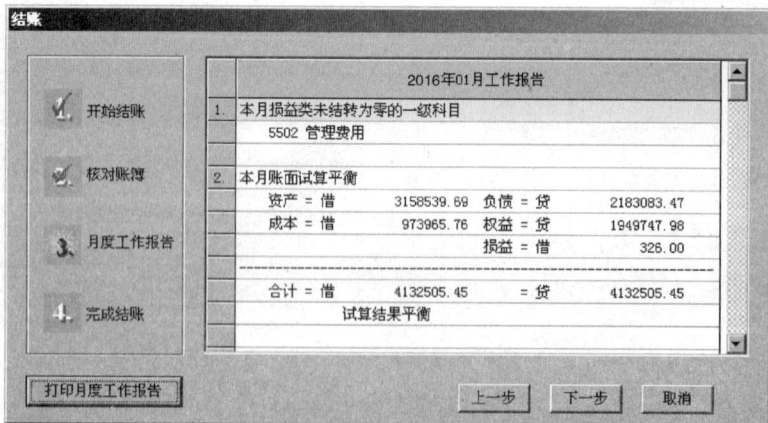

图3-129 "结账—月度工作报告"对话框

（5）查看工作报告后，单击"下一步"，可打开"结账—完成结账"对话框，如图3-130所示，单击"结账"，系统自动进行结账。

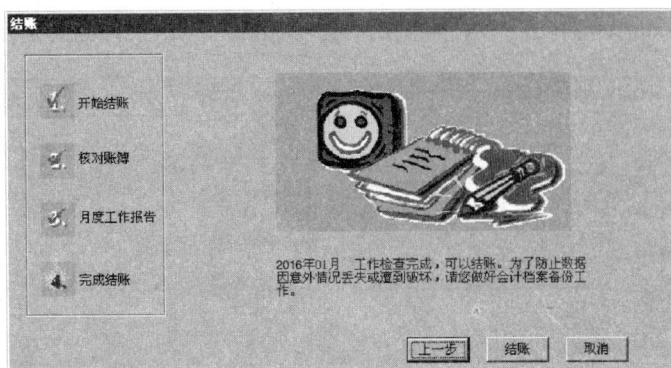

图 3-130　"结账—完成结账"对话框

注意：（1）结账应在月末进行，每月必须结一次，按月连续进行，启用系统月份前的空账也要完成各月结账的操作。

（2）凭证须全部审核、记账后才能结账。

（3）结账应由具有结账操作权限的操作人员进行。

（4）取消结账必须由账套主管执行（具体操作：选择取消结账的月份，按"Ctrl+Shift+F6"键）。

第六节　系 统 维 护

一、设置备份计划

设置备份计划可自动定时对设置好的账套进行输出备份，即输出账套。

具体操作步骤如下：

（1）以系统管理员身份进入系统管理，选择"系统"|"设置备份计划"，可打开"备份计划设置"对话框，如图 3-131 所示。

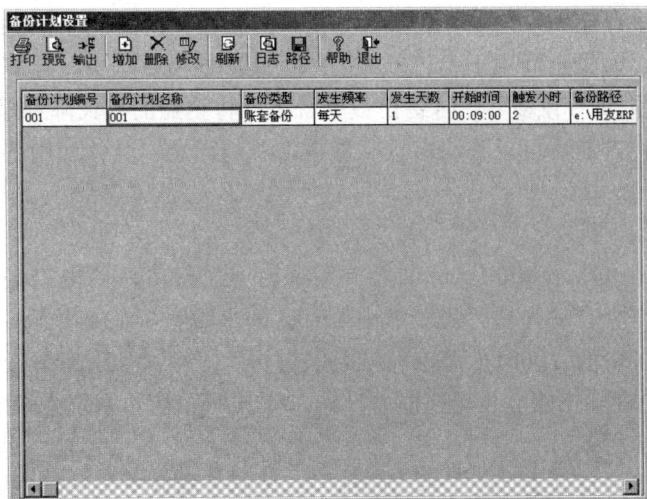

图 3-131　"备份计划设置"对话框

（2）单击"增加"，可打开"增加备份计划"对话框，如图3-132所示。

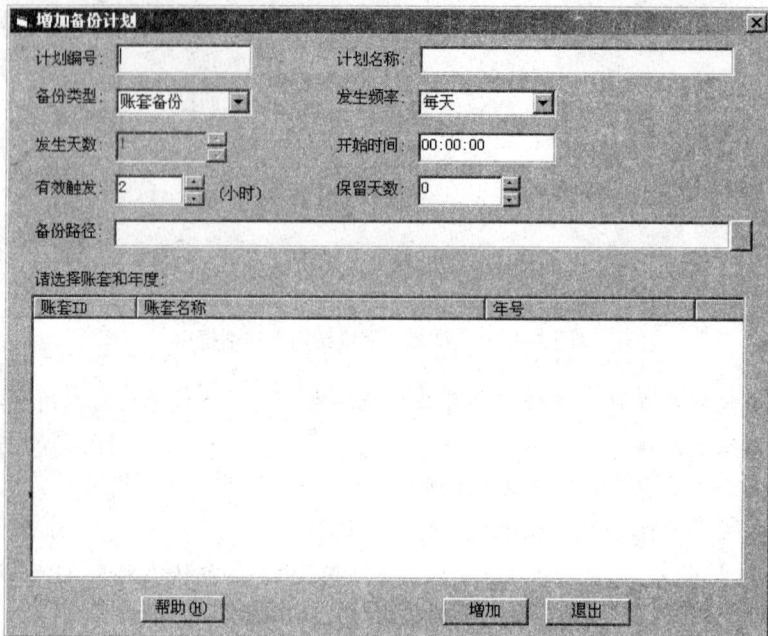

图3-132 增加备份计划

（3）设置好后，单击"增加"，然后单击"退出"，可返回"备份计划设置"对话框。

（4）单击"退出"，完成备份计划的设置。

二、手工备份与恢复

（一）账套输出

1. 账套备份

输出账套功能是指将所选的账套数据进行备份输出。对于企业系统管理员来讲，定时地将企业数据备份出来存储到不同的介质上（如常见的软盘、光盘、网络磁盘等），对数据的安全性是非常重要的。如果企业由于不可预知的原因（如地震、火灾、计算机病毒、人为的误操作等），需要对数据进行恢复，此时备份数据就可以将企业的损失降到最小。当然，对于异地管理的公司，此种方法还可以解决审计和数据汇总的问题。具体应用各个企业应根据各企业实际情况加以应用。

具体操作步骤如下：

（1）以系统管理员admin的身份进入"系统管理"窗口，单击"账套"|"输出"，如图3-133所示，系统会自动弹出"账套输出"对话框，如图3-134所示。

（2）选择需要备份的"［001］海丰科技有限公司"账套，如需在备份完成后删除账套数据，则可在"删除当前输出账套"复选框内打钩。单击"确认"，系统会弹出"选择备份目标"对话框，如图3-135所示。

（3）选择账套备份目标为"e：［学习园地］"，单击"确认"，系统将"［001］海丰科技有限公司"账套备份在指定备份目标中。

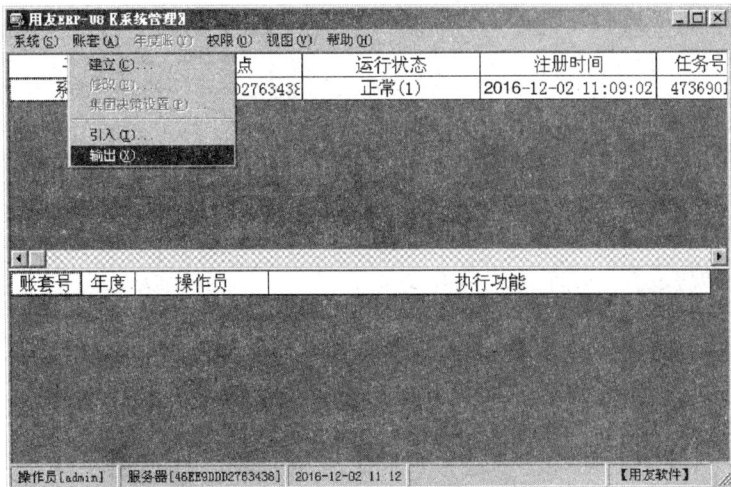

图 3-133 系统管理—输出

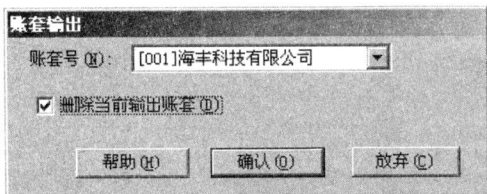

图 3-134 "账套输出"对话框

图 3-135 "选择备份目标"对话框

2. 年度账备份

年度账的输出作用和账套输出的作用相同。年度账的输出方式对于有多个异地单位的客户的及时集中管理是有好处的。例如：某单位总部在重庆，其成都分公司每月需要将最新的数据传输到重庆。此时第一次只需成都将账套输出（备份），然后传输到重庆进行引入（恢复备份），以后再需要传输数据时只需要将年度账进行输出（备份）然后引入（恢复备份）即可。这样方式使得以后传输只传输年度账即可，其好处是传输的数据量小，便于传输提高效率和降低费用。

具体操作步骤如下：

（1）以账套主管身份注册，进入系统管理模块。然后单击"年度账"菜单下级的"输出"功能进入。

（2）此时系统弹出输出年度数据界面，在"选择年度"处列示出需要输出的当前注册账套年度账的年份（为不可修改项），单击"确认"进行输出。此时系统会进行输出的工作，在系统进行输出过程中系统有一个进度条，任务完成后，系统会提示输出的路径（此处系统只允许选择本地的磁盘路径，例如：D:\backup 下等）。

（二）账套恢复

1. 账套引入

账套引入功能是指将系统外某账套数据引入本系统中。该功能的增加将有利于集团公司的操作，子公司的账套数据可以定期被引入母公司系统中，以便进行有关账套数据的分析和合并工作。

具体操作步骤如下：

（1）系统管理员用户在系统管理界面单击"账套"的下级菜单"引入"，则进入引入账套的功能。

（2）系统管理员在界面上选择所要引入的账套数据备份文件和引入路径，单击"打开"按钮表示确认；如想放弃，则单击"放弃"按钮。

2. 年度账引入

年度账操作中的引入与账套操作中的引入含义基本一致，所不同的是年度账操作中的引入不是针对某个账套，而是针对账套中的某一年度的年度账进行的。年度账的引入操作与账套的引入操作基本一致，不同之处在于引入的是年度数据备份文件（由系统卸出的年度账的备份文件，前缀名统一为 uferpyer）。

具体操作步骤如下：

（1）系统管理员用户在系统管理界面单击"年度账"的下级菜单"引入"，则进入引入年度账套的功能。

（2）系统管理员在界面上选择所要引入的年度账套数据备份文件和引入路径，单击"打开"按钮表示确认；如想放弃，则单击"放弃"按钮。

三、系统数据升级

系统数据升级模块可一次将数据升级。

具体操作步骤如下：

（1）以系统管理员的身份进入系统管理，选择"系统"|"升级 SQL Server 数据"，可打开"升级 SQL Server 数据库"对话框，如图 3-136 所示。

（2）选择需要升级的账套和该账套的年度账，单击"确认"，系统开始进行升级。

注意：在升级之前，一定要将原有的 SQL 数据备份。

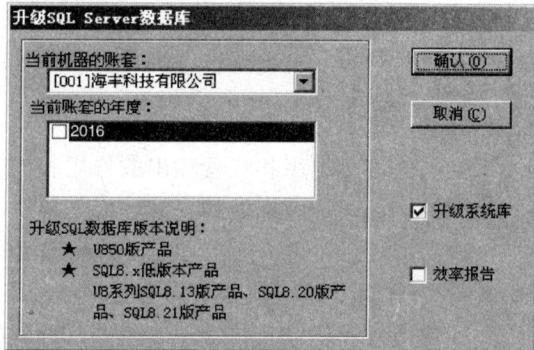

图 3-136　升级 SQL Server 数据库

四、SQL Server 数据库服务器维护

SQL Server 数据库服务器维护包括：备份数据库、定时备份数据库、恢复数据库、分离数据库、附加数据库。

（一）备份数据库

具体操作步骤如下：

（1）首先需要运行企业管理器即 SQL Server 2000 自带的数据库管理工具，通过如下路径可以运行企业管理器即选择"开始菜单"|"所有程序"|"Microsoft SQL Server"|"企业管理器"。运行企业管理器如图 3-137 所示。

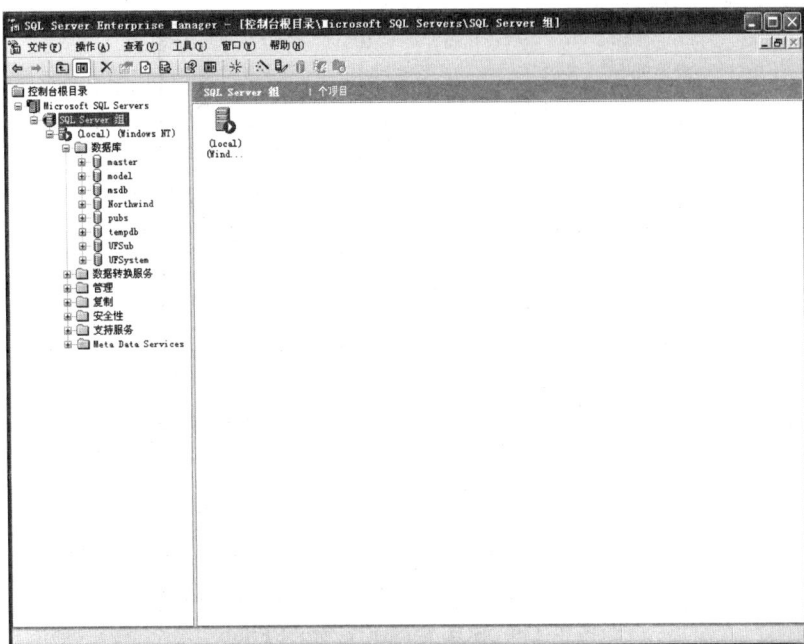

图 3-137 运行企业管理器

（2）在"运行企业管理器"窗口左侧树形列表中列出了系统中已有的数据库即 master、model、msdb、Northwind、pubs、tempdb，这些数据库是安装 SQL Server 数据库后自带的，而 UFSub 和 UFSystem 两个数据库则是用友 ERP-U8 财务软件所用到的数据库。

（3）如图 3-138 所示，选中要备份的数据库，按鼠标右键，选择"所有任务"项下的"备份数据库"菜单项，则打开"SQL Server 备份"对话框，如图 3-139 所示。

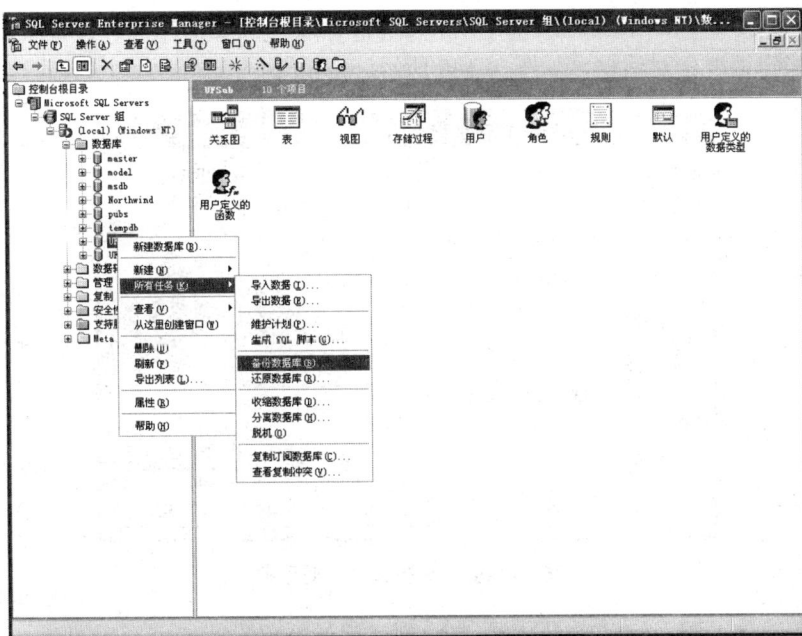

图 3-138 右键选择对应数据库

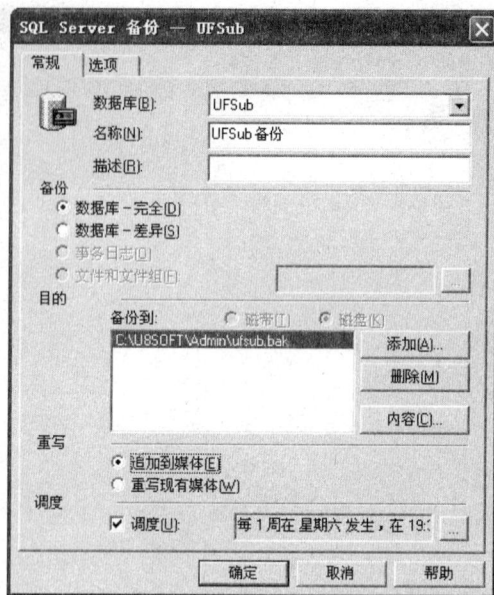

图 3-139　SQL Server 备份—UFSub

（4）选择要备份的数据库，选择备份类型即选择完全备份、差异备份等，设定备份的路径，添加多个路径进行备份。设定备份的调度策略，定时进行备份。

注：如果没有选择调度方式进行备份，单击"确定"按钮后就会立刻进行备份。设定好备份数据库的各项参数后，单击"确定"按钮完成数据库备份操作。

（二）定时备份数据库

具体操作步骤如下：

（1）在"SQL Server 备份"对话框中，选中"调度"复选框，单击复选框右边的按钮，将会出现"编辑调度"对话框，如图 3-140 所示。

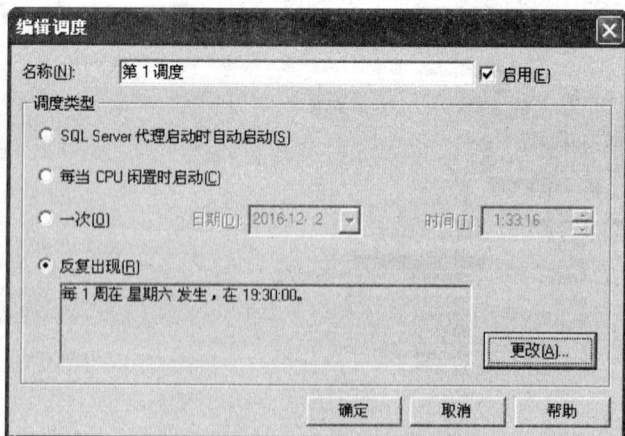

图 3-140　"编辑调度"对话框

（2）单击"更改"，可打开"编辑反复出现的作业调度"对话框，如图 3-141 所示，可设定调度的启动时间为每周六的 19:30 分，则每周六的 19:30 分进行调度作业。

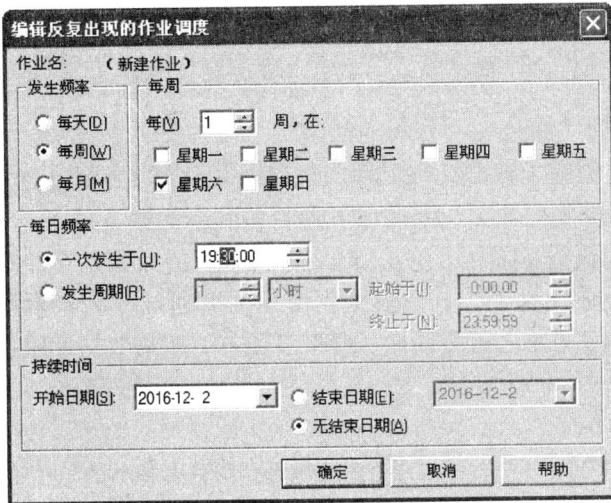

图 3-141　"编辑反复出现的作业调度"对话框

（3）设置完毕后，单击"确定"，返回"编辑调度"对话框。

（4）单击"编辑调度"对话框中的"确定"，返回"SQL Server 备份"对话框，单击"确定"，完成定时备份设置。

（三）恢复数据库

当系统遇到灾难性故障，如系统崩溃，磁盘损坏，断电导致大量数据丢失等情况，可以通过从备份的数据文件中恢复数据来解决。

具体操作步骤如下：

（1）选择"开始菜单"｜"所有程序"｜"Microsoft SQL Server"｜"企业管理器"，可打开"运行企业管理器"窗口。

（2）选中要恢复的数据库，按鼠标右键，选择"所有任务"项下的"还原数据库"菜单项，可打开"还原数据库"对话框，如图 3-142 所示。

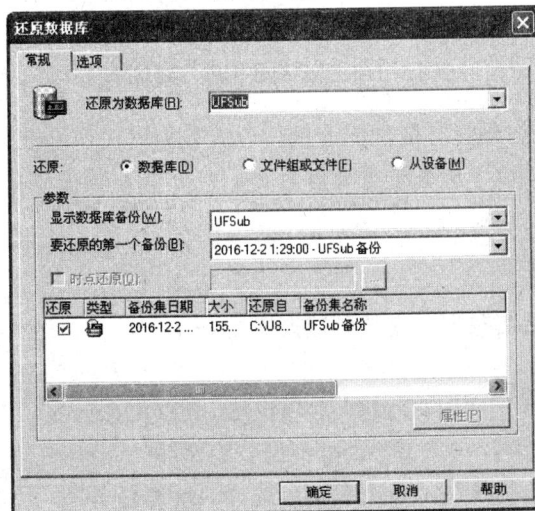

图 3-142　还原数据库

（3）在"还原为数据库"下拉列表框中，选择需要还原的数据库，在参数框中选择一个数据库进行数据还原操作，设置完成后，单击"确定"，开始数据还原操作。

（四）分离数据库

分离数据库的目的在于数据迁移，举例来说：由于老服务器性能差，不堪负荷，公司购买了新的服务器，需要把数据从老的服务器转移到新的服务器上，这种情况下就需要用到分离数据库和附加数据库操作。SQL Server 数据库的数据是存储在数据库文件中，但是并不能通过直接复制文件的方式迁移数据库而需要通过分离和附加数据库文件来迁移数据库。在复制数据库文件之前必须做一些准备工作，即从数据库服务器上将数据库文件分离。

具体操作步骤如下：

（1）选择"开始菜单"|"所有程序"|"Microsoft SQL Server"|"企业管理器"，可打开"运行企业管理器"窗口。

（2）选中要分离的数据库，按鼠标右键，选择"所有任务"项下的"分离数据库"菜单项，可打开"分离数据库"对话框，如图3–143所示。

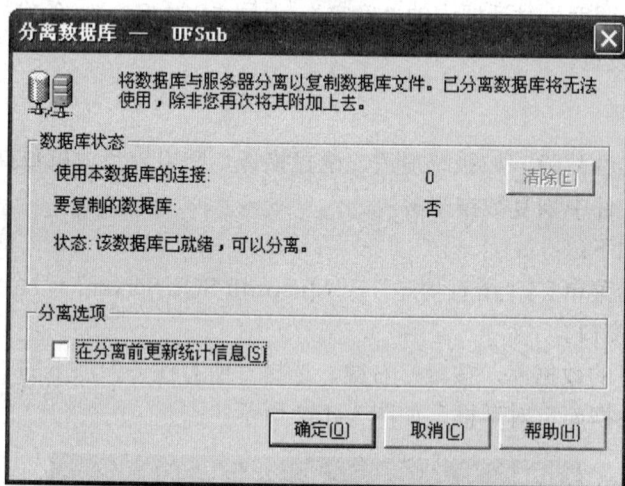

图3–143　"分离数据库"对话框

（3）单击"确定"，如果没有数据库连接，分离数据库操作会立刻完成。

注：分离数据库完成后，如果需要迁移数据，就可以在数据库文件的安装路径上复制数据文件了。

（五）附加数据库

附加数据库即附加新的数据库文件到数据库服务器上。

具体操作步骤如下：

（1）选择"开始菜单"|"所有程序"|"Microsoft SQL Server"|"企业管理器"，可打开"运行企业管理器"窗口。

（2）选中"数据库"文件夹，单击右键，选择"所有任务"项下的附加数据库菜单项，可打开"附加数据库"对话框，如图3–144所示。

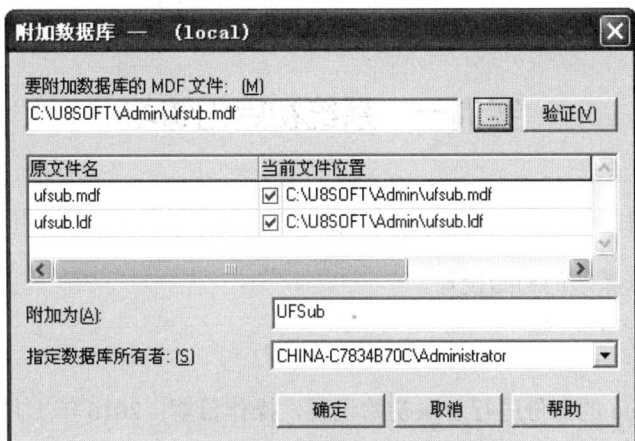

图 3-144 "附加数据库"对话框

（3）单击"验证"按钮左边的按钮，可打开"浏览现有的文件"对话框，如图 3-145 所示。

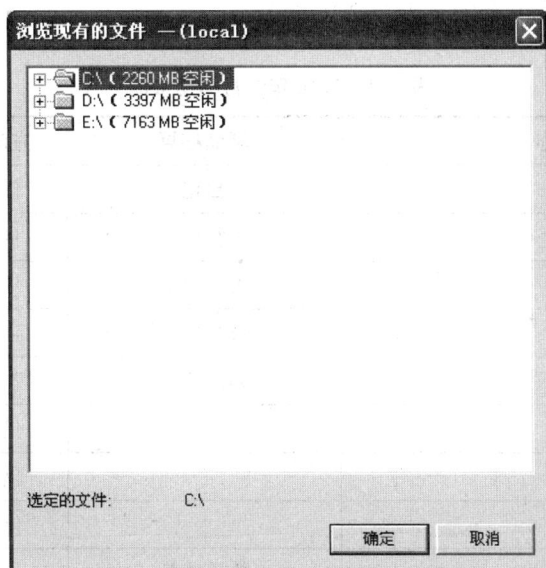

图 3-145 "浏览现有的文件"对话框

（4）在"浏览现有的文件"对话框中找到需要附加的数据库文件后，单击"确定"。返回"附加数据库"对话框，单击"确定"，即完成数据库文件附加操作。

复习思考题 \\\

1. 简述账务处理的主要流程。
2. 记账凭证有哪些主要内容，应如何填制？
3. 简述系统管理员与账套主管的区别。
4. 简述对已记账的凭证的错误的修改方法有哪些？

5. 试述做好数据备份的重要意义和作用。

实训一 系统初始化练习

一、实训目的

能熟练操作总账系统的初始设置。

二、实训要求

以账套主管 demo 的身份进行总账初始设置，操作日期：2016 年 1 月 1 日。

三、实训案例

根据重庆海丰电气有限公司相关资料，进行总账系统初始化设置。

重庆海丰电气有限公司资料如下：

（一）2016 年 1 月期初余额（表 3–3）

表 3–3 2016 年 1 月期初余额

科目名称	辅助核算	方向	期初余额
库存现金（1001）	日记	借	2 500
银行存款（1002）	银行日记	借	150 000
工行存款（100201）	银行日记	借	100 000
建行存款（100202）	银行日记	借	50 000
应收账款（1122）	客户往来	借	60 000
其他应收款（1221）	个人往来	借	3 000
在途物资（1402）		借	10 100
原材料（1403）		借	18 000
不锈钢板（140301）	数量核算	借	10 000
其他原材料（140302）		借	8 000
库存商品（1405）		借	90 600
固定资产（1601）		借	375 000
累计折旧（1602）		贷	62 500
无形资产（1701）		借	125 000
短期借款（2001）			50 000
应付账款（2202）	供应商往来	贷	84 000
应交税费（2221）			
应交增值税（222101）			

续表

科目名称	辅助核算	方向	期初余额
进项税额（22210101）			
销项税额（22210102）			
其他应付款（2241）		贷	5 300
实收资本（4001）		贷	500 000
利润分配（4104）		贷	
未分配利润（410401）		贷	154 900
生产成本（5001）		借	22 500
直接材料（500101）	项目核算	借	6 000
直接人工（500102）	项目核算	借	12 500
制造费用（500103）	项目核算	借	4 000
管理费用（6602）		借	
工资（660201）	部门核算	借	
福利费（660202）	部门核算	借	
办公费（660203）	部门核算	借	
差旅费（660204）	部门核算	借	
招待费（660205）	部门核算	借	
折旧费（660206）	部门核算	借	
其他（660207）	部门核算	借	

（二）明细账期初余额表

1. 其他应收款期初余额（表3-4）

表3-4　其他应收款期初余额

会计科目：　　　1221　　　其他应收款　　　　余额：　　　借3 000元

日期	凭证号	部门	个人	摘要	方向	期初余额
2016-1-25	付-109	生产部	张一	出差借款	借	2 000
2016-1-28	付-112	市场一部	赵亮	出差借款	借	1 000

2. 应收账款期初余额（表3-5）

表3-5　应收账款期初余额

会计科目：　　　1122　　　应收账款　　　　金额：　　　借60 000元

日期	凭证号	客户	摘要	方向	金额	业务员	票号	票据日期
2016-1-12	转-78	能创公司	销售商品	借	36 600	赵亮	4001	2016-1-6
2016-1-26	转-114	海硕公司	销售商品	借	23 400	赵亮	4002	2016-1-20

3. 应付账款期初余额（表3-6）

表3-6 应付账款期初余额

会计科目：　　　2202　　应付账款　　　余额：　　　贷84 000元

日期	凭证号	供应商	摘要	方向	金额	业务员	票号	票据日期
2016-1-20	转-89	重庆丹得	购买商品	贷	84 000	张一	4004	2016-1-3

4. 生产成本期初余额（表3-7）

表3-7 生产成本期初余额

会计科目：　　　5001　　生产成本　　　余额：　　　借22 500元

科目名称	PDJ-Ⅰ计量箱	PDJ-Ⅱ计量箱	合计
直接材料（500101）	3 250	2 750	6 000
直接人工（500102）	7 500	5 000	12 500
制造费用（500103）	2 500	1 500	4 000
合计	13 250	9 250	22 500

实训二 日常业务练习

一、实训目的

（一）掌握用友ERP-U8财务软件中总账系统日常业务处理的相关内容。

（二）能熟练操作总账系统日常业务处理。

二、实训要求

（一）以会计操作员身份进行填制凭证、凭证查询操作。

（二）以出纳操作员身份进行出纳签字，对现金、银行存款日记账和资金日报表进行查询以及进行支票登记。

（三）以审核操作员身份进行审核、记账及账簿查询的操作。

三、实训案例

日常发生经济业务如下：

（一）5日，销售部赵亮购买1 000元奖品，以现金支付，附件一张。

借：销售费用　　　　　　　　　　　　　　　　　　1 000

　　贷：库存现金　　　　　　　　　　　　　　　　　　　1 000

（二）7日，财务部王双从建行提取现金10 000元，作为备用金。现金支票号为5310。

借：库存现金　　　　　　　　　　　　　　　　　　10 000

　　贷：银行存款——建行存款　　　　　　　　　　　　　10 000

（三）8日，收到海吉公司投资资金200 000元，转账支票号为4403。

借：银行存款——建行存款　　　　　　　　　　　　　200 000
　　贷：实收资本　　　　　　　　　　　　　　　　　　　200 000

（四）9 日，采购部邵伟采购不锈钢板 100 张，每张 100 元，材料直接入库，货款以银行存款支付，转账支票号为 8584。

借：原材料——不锈钢板　　　　　　　　　　　　　　8 547
　　应交税费——应交增值税——进项税额　　　　　　1 453
　　贷：银行存款——建行存款　　　　　　　　　　　　10 000

（五）12 日，销售部赵亮收到能创公司转来一张转账支票，金额为 36 600 元，用以偿还前欠货款，转账支票号为 3533。

借：银行存款——建行存款　　　　　　　　　　　　　36 600
　　贷：应收账款——能创公司　　　　　　　　　　　　36 600

（六）13 日，采购部邵伟从北京海立电气公司购入电气件 100 件，单价 60 元，货税款暂欠，商品已验收入库。

借：库存商品　　　　　　　　　　　　　　　　　　　6 000
　　应交税费——应交增值税——进项税额　　　　　　1 020
　　贷：应付账款——海立公司　　　　　　　　　　　　7 020

（七）15 日，总经理办公室支付业务招待费 1 000 元，转账支票号为 2003。

借：管理费用——招待费　　　　　　　　　　　　　　1 000
　　贷：银行存款——建行存款　　　　　　　　　　　　1 000

（八）16 日，总经理办公室于方出差归来，报销差旅费 3 000 元。

借：管理费用——差旅费　　　　　　　　　　　　　　3 000
　　贷：其他应收款——于方　　　　　　　　　　　　　3 000

（九）18 日，生产部领用不锈钢板 50 张，单价 85.47 元，用于生产 PDJ-I 计量箱。

借：生产成本——直接材料　　　　　　　　　　　　　4 273.5
　　贷：原材料——不锈钢板　　　　　　　　　　　　　4 273.5

（十）20 日，研发中心王兰报销医药费 100 元

借：管理费用——福利费　　　　　　　　　　　　　　100
　　贷：库存现金　　　　　　　　　　　　　　　　　　100

（十一）23 日，销售部赵亮售给重庆嘉鸿公司 PDJ-I 计量箱 50 台，每台 200 元，货款未收，适用税率为 17%。

借：应收账款——重庆嘉鸿公司　　　　　　　　　　　11 700
　　贷：主营业务收入　　　　　　　　　　　　　　　　10 000
　　　　应交税费——应交增值税——销项税额　　　　　1 700

（十二）25 日，PDJ-I 计量箱完工入库。

借：库存商品　　　　　　　　　　　　　　　　　　　12 000
　　贷：生产成本——直接材料　　　　　　　　　　　　1 000
　　　　生产成本——直接人工　　　　　　　　　　　　8 000
　　　　生产成本——制造费用　　　　　　　　　　　　3 000

（十三）27 日，市场部王兴借转账支票一张，支票号为 3110，限额 8 000 元。

（十四）31日，结转PDJ-I计量箱销售成本，数量：100套，单价：100元。

借：主营业务成本   10 000

  贷：库存商品   10 000

实训三　自动转账及期末业务练习

一、实训目的

能熟练掌握总账系统期末处理业务的各项操作。

二、实训要求

（一）以账套主管身份进行银行对账操作。

（二）以账套主管身份进行自动转账操作。

（三）以账套主管身份进行审核、对账、结账操作，以会计操作员身份进行记账操作。

三、实训案例

（一）银行对账

1. 银行对账期初

海丰公司银行账的启用日期为2016年1月1日，工行人民币单位日记账调整前余额为100 000元；银行对账单调整前余额为130 000元，未达账项一笔，即银行已收企业未收款30 000元。

2. 银行对账单（表3-8）

表3-8　银行对账单

日期	结算方式	票号	借方金额	贷方金额
2016-1-6	001	5 301		10 000
2016-1-7	002	6 754		60 000
2016-1-9	003	5 848		10 000
2016-1-12	004	3 533	36 600	

（二）自动转账定义并生成凭证

1. 自定义结转

2. 期间损益结转

第四章

报表处理

了解报表管理系统的主要功能，理解报表管理系统中的基本术语，掌握编制报表的工作流程。

掌握设置财务报表格式、单元公式、审核公式和舍位平衡公式的要求和方法；

掌握关键字的作用与定义方法；

掌握报表生成、报表审核等数据处理操作方法。

第一节　报表系统概述

会计报表是综合反映企业某一特定日期的财务状况和某一会计期间的经营成果、现金流量等会计信息的文件。本章将以用友公司开发的软件——UFO 电子报表系统为例，介绍报表系统的工作原理及操作过程。

会计报表系统是会计信息系统中一个独立子系统，它的主要功能有：设置和生成各种财务报表、进行报表维护、数据加工处理。

一、报表结构

就报表结构的复杂性而言，报表可分为简单表和复合表两类。简单表是二维表，由若干行和列组成；复合表是简单表的组合，若干张基本格式相同的简单表组合在一起，就是复合表。

无论简单表还是复合表，其格式一般由四个基本要素组成：标题、表头、表体、表尾。不同的报表，其四个基本要素是不同的。

1. 标题

它是用来描述表的名称，如"资产负债表"、"利润表"等。报表的标题可能不只一行，有时会有副标题、修饰线等内容。

2. 表头

它是用来描述报表的编制单位名称、编制日期、编制计量单位、报表栏目名称等内容。特别是报表的栏目名称，是表头的最重要内容，它决定报表的纵向结构、报表的列数。有的报表表头栏目比较简单，只有一层，而有的报表表头却比较复杂，需分若干层次。

3. 表体

它是一张报表的核心、主体，是报表数据的主要表现区域，它决定报表的横向组成。表体在纵向上由若干行组成，这些行称为表行；在横向上，每个表行又由若干表栏目所构成，这些栏目称为表列。

4. 表尾

表体以下进行辅助说明的部分以及编制人、审核人等内容都是表尾所包含的内容。

二、报表基本术语

在 UFO 报表使用过程中，会涉及以下一些基本概念。

（一）格式状态和数据状态

UFO 将报表分为两大部分来处理，即报表格式设计工作与报表数据处理工作。报表格式设计工作在"格式"状态下进行，报表数据处理工作则在"数据"状态下进行。

1. 格式状态

在格式状态下，可设计报表的格式，如表尺寸、行高列宽、单元属性、单元风格、组合单元、关键字、可变区等；定义报表的公式，如单元公式、审核公式、舍位平衡公式等。

在格式状态下所做的操作对本报表所有的表页都发生作用。在格式状态下不能进行数据的录入、计算等操作。

在格式状态下，只能看到报表的格式与公式，而其数据全部隐藏了，如图 4-1 所示。

图 4-1 "格式"状态下的资产负债表

2. 数据状态

在数据状态下，可管理报表的数据，如输入数据、增删表页，进行舍位平衡、报表数据审核、做图形、汇总等。在数据状态下，不能修改报表格式。

在数据状态下，能看到报表的格式和数据等全部内容，如图 4-2 所示。

图4-2 "数据"状态下的资产负债表

用于切换"格式"、"数据"状态的是位于报表系统窗口左下角的"格式/数据"转换按钮，单击这个按钮可以在格式状态和数据状态之间切换。

（二）报表单元

任何一张表均有行和列。在 UFO 报表系统中，行号用阿拉伯数字 1～9999 表示，列标用英文字母 A–IU 表示，由行和列确定的方格即为单元，也称为"单元格"。

单元是组成报表的最小单位，单元名称由表示其列的英文字母和表示其行的数字组成，如第 5 列第 3 行的单元用"E3"表示。而"A4"则表示第 1 列第 4 行对应的单元。

在报表系统中，每个单元内可以填制公式、数字、文字等内容。

单元具有单元属性，单元属性包括：

1. 数值单元

它是报表的数据，在数据状态下输入。

数值单元必须是数字，可直接录入，也可由定义公式运算生成。建立一个新表时，所有单元类型均默认为数值型。

2. 字符单元

它是报表的数据，在数据状态下输入。

字符单元的内容可以是汉字、字母、数字及各种键盘可输入的符号组成的一串字符，一个单元中最多可输入 63 个字符或 31 个汉字。字符单元的内容可以直接输入，也可由单元公式生成。

3. 表样单元

它是报表的格式，是在格式状态下输入的所有文字、符号或数字。

表样单元只能在格式状态下输入和修改，在数据状态下只能显示而无法修改。

（三）区域与组合单元

（1）区域，也叫块，是一张表页上的一组单元组成的矩形块。在描述一个区域时，开始单元（左上角单元）名称与结束单元（右下角单元）名称之间用"："连接，如 A2：D7。

（2）组合单元，是由相邻的两个或更多单元组成。这些单元必须是同一种单元类型（数值、表样、字符），UFO 在处理报表时将组合单元视为一个单元。

组合单元的名称可以用区域的名称或区域中的单元名称来表示，如将 A2：D7 组合，则可用区域中任意单元格名称或"A2：D7"表示这个组合单元。

（四）表页

一个 UFO 报表最多可容纳 99999 张表页，每一张表页由许多单元组成。

同一个报表中的所有表页具有相同的格式，但其中的数据可以不同。表页在报表中的序号以表页下方表标签的形式表达，称为"页标"；页标用"第1页"至"第99999页"表示。在公式中，表达为"@3"，表示取当前表第3页。

（五）关键字

关键字是游离于单元之外的特殊数据单元，可以唯一识别一个表页，是用于区分不同数字报表的标志。

关键字的内容及显示位置在"格式"状态下设置，其值则在数据状态下录入。每个报表可以定义多个关键字。

（1）单位名称：字符（最大28个字符），为该报表表页编制单位的名称。

（2）单位编号：字符型（最大10个字符），为该报表表页编制单位的编号。

（3）年：数字型（1980～2099），该报表表页反映的年度。

（4）季：数字型（1～4），该报表表页反映的季度。

（5）月：数字型（1～12），该报表表页反映的月份。

（6）日：数字型（1～31），该报表表页反映的日期。

第二节　报表编制

在 UFO 报表系统中，编制报表通常有以下三大步骤：

一、设计报表结构

本步骤主要进行报表基本格式设计，需在"格式"状态下进行，主要包括以下操作内容：

（1）设置表尺寸。即定义报表的行数和列数。

（2）定义行高列宽。按需要调整系统默认值。

（3）画表格线。UFO 提供的表线样式有空线、细实线、虚线、粗实线等8种，提供的画线类型有网线、框线、横线、竖线、正斜线、反斜线6种。

（4）定义组合单元。即将几个单元组合为一个单元来使用，在定义报表标题时经常使用。

（5）设置单元属性。单元属性包括数字格式、单元类型等。

（6）设置关键字，包括关键字的内容及其在报表的位置。

（7）输入表间项目内容。即输入报表各项目文字内容。

二、设计数据来源及运算关系

报表基本格式确定后，单元中的数值会随着编制单位和会计期间的不同而不同，但其中获取数据的来源和计算方法是相对稳定的：对于一小部分最基本的、最原始的报表数据，必须通过手工输入的方法获取；对于表内小计、合计等数据，通过建立单元公式自动计算的方法获取；对于需要从其他报表中提取的数据，通过建立表与表之间数据连接公式的方法获取；对于需要从账簿中提取的数据，通过建立账务函数公式的方法获取。

通过以上关系可以看出，大部分报表单元的数据不是直接输入，而是通过设置报表表内运算公式并执行公式运算得到的。

UFO 系统提供了"编辑公式"功能，可用于设置报表公式。

报表公式包括单元公式、审核公式和舍位平衡公式。

（一）单元公式

1. 单元公式概述

单元公式是指为报表数据单元设置的公式，其作用是从凭证、账簿、本报表或其他报表中调用、计算所需数据，并将运算结果填入相应报表单元中。

单元公式应在"格式"状态下定义，一般由目标单元、等号、运算符、函数、括号、函数参数等组成。

例如，资产负债表中，"货币资金"期末余额的单元公式为：

B6＝QM（"1001"，月,,，年,,）＋QM（"1002"，月,,，年,,）＋QM（"1012"，月,,，年,,）

其中，B6 为目标单元，"＝"表示单元公式开始，QM（）为系统提供的账务函数之一，其余为 QM（）函数参数。

公式含义：将当前账套 "1001"科目（库存现金）、"1002"科目（银行存款）、"1012"科目（其他货币资金）本月期末余额相加。

例如，"资产负债表"中，"资产总计"的计算公式为：

B37＝B17＋B36

公式含义：将报表 B17 单元与 B36 单元数据相加（即流动资产与非流动资产之和），计算结果显示在 B37 单元内。

2. 账务函数

账务函数是报表系统和账务处理系统之间数据传递的桥梁，其作用是实现 UFO 报表系统从账簿、凭证中采集数据的功能。

账务函数的基本格式为：

函数名（"科目编码"，会计期间，["方向"]，[账套号]，[会计年度]，[编码 1]，[编码 2]）

参数说明：

（1）"科目编码"：即科目的代码，也可用科目名称表示，但双引号不能省略。

（2）会计期间：一般是"月"或"年"，也可以是某个具体的数字，表示一个固定的月。

（3）[ ]：加 [ ] 的部分可以省略，表示使用默认值，但逗号不能省略。例如 ["方向"]，空缺时即表示取该账户默认余额方向。

（4）[编码 1] 和 [编码 2]：与科目的辅助核算有关，比如项目编码、职员编码等，没有辅助核算的科目可省略这两项，但逗号不能省略。

不同账务函数的具体参数略有不同，但基本内容同上。

UFO 提供了多种函数，主要账务函数如表 4-1 所示。

表 4-1　主要账务函数

项　　目	期初余额	期末余额	发生额	发生净额	计划数
总账	QC	QM	FS	JE	JH
数量账	SQC	SQM	SFS	SJE	

项　目	期初余额	期末余额	发生额	发生净额	计划数
外币账	WQC	WQM	WFS	WJE	
个人往来账	AQC	AQM	AFS		
外币账	AWQC	AWQM	AWFS		
单位往来账	BQC	BQM	BFS		
外币账	BWQC	BWQM	BWFS		
部门往来账	CQC	CQM	CFS		CJH
数量账	CSQC	CSQM	CSFS		
外币账	CWQC	CWQM	CWFS		
项目核算账	DQC	DQM	DFS		DJH
数量账	DSQC	DSQM	DSFS		
外币账	DWQC	DWQM	DWFS		

（二）报表审核公式

在报表中，每个数据都有明确的经济含义，并且数据间大多有一定的钩稽关系：如资产负债表中，流动资产各项目之和等于流动资产合计，非流动资产各项目之和等于非流动资产合计，资产总计又等于流动资产合计与非流动资产合计数之和等。为确保报表数据的准确性，我们需要对报表这种钩稽关系进行检查，这就是数据的审核。

UFO 报表系统提供了数据审核公式，它将报表数据之间的钩稽关系用公式表达出来，这就是审核公式。

审核公式由验证关系公式和提示信息两部分组成，其格式为：

＜算术或单元表达式＞＜逻辑运算符＞＜算术或单元表达式＞MESS "＜提示信息＞"

例如，在"资产负债表"中，定义审核公式：

B37＝E37MESS "资产总计期末余额与负债和股东权益总计不等！"

公式含义：若 B37 与 E37 单元数据不相等，则返回提示信息"资产总计期末余额与负债和股东权益总计不等！"。

（三）舍位平衡公式

在报表生成或进行汇总时，常会遇到这样的问题：报表数据非常大，阅读起来十分不便。这时，往往希望能将报表数据的货币单位由"元"转换为"百元"、"千元"等为单位，同时，还要保持数据原来的平衡关系不变，这种用于对报表数据计量单位进行调整及调整后保持平衡关系的公式称之为舍位平衡公式。

以上单元公式、审核公式、舍位平衡公式均在报表"格式"状态下定义。

三、报表数据处理

报表数据处理主要包括表页管理、录入关键字、生成报表、审核报表、舍位平衡操作等内容，其操作应在"数据"状态下进行。

第三节 报表处理系统的日常应用

在 UFO 报表管理系统中,制作报表主要采用两种方法:自定义报表和利用报表模板生成报表。

一、自定义报表

(一)自定义资产负债表格式设计

现行新会计准则中,"资产负债表"格式项目与以往报表相比较,有较大变化。新"资产负债表"格式如表 4–2 所示。

表 4–2 资产负债表

企会 01 表

编制单位: 年 月 日   单位:元

资　　产	期末余额	年初余额	负债和股东权益	期末余额	年初余额
流动资产:			流动负债:		
货币资金			短期借款		
交易性金融资产			交易性金融负债		
应收票据			应付票据		
应收账款			应付账款		
预付款项			预收款项		
应收利息			应付职工薪酬		
应收股利			应交税费		
其他应收款			应付利息		
存货			应付股利		
一年内到期的非流动资产			其他应付款		
其他流动资产			一年内到期的非流动负债		
流动资产合计			其他流动负债		
非流动资产:			流动负债合计		
可供出售金融资产			非流动负债:		
持有至到期投资			长期借款		
长期应收款			应付债券		
长期股权投资			长期应付款		
投资性房地产			专项应付款		
固定资产			预计负债		

续表

资　产	期末余额	年初余额	负债和股东权益	期末余额	年初余额
在建工程			递延所得税负债		
工程物资			其他非流动负债		
固定资产清理			非流动负债合计		
生产性生物资产			负债合计		
油气资产			股东权益：		
无形资产			股本		
开发支出			资本公积		
商誉			减：库存股		
长期待摊费用			盈余公积		
递延所得税资产			未分配利润		
其他非流动资产			股东权益合计		
非流动资产合计					
资产总计			负债和股东权益总计		

下面，我们以资产负债表为例讲述如何自定义报表。

1. 启动报表系统，建立新报表

具体操作步骤如下：

（1）选择桌面左下角"开始"|"程序"|"U8 管理软件"|"财务会计"|"UFO 报表"命令，打开 UFO 系统注册对话框。

（2）在"操作员"栏输入操作员代码（本例操作员代码为 001，同学们实际操作时按自己在第三章"账务处理"中所设置操作员编号录入），输入操作员密码。

（3）单击"账套"栏下拉列表框的下拉按钮，选择准备编制报表的账套号（本例账套号 666，实际操作时要求录入自己在第三章实训操作中所设置账套号）；选择会计年度，设置好报表操作日期（本例为 2015 年 12 月 31 日），如图 4-3 所示。

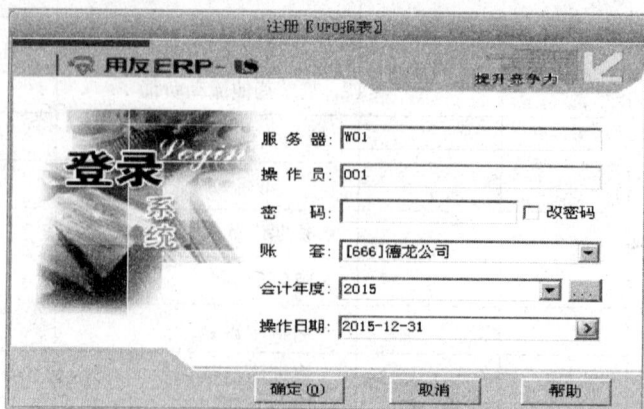

图 4-3　注册 UFO 报表系统

（4）单击"确定"按钮，进入 UFO 报表系统窗口。

（5）选择"文件"|"新建"命令，建立一个空白报表。

此时，报表窗口左下角"格式/数据"按钮自动处于"格式"状态。

2. 设置报表行、列数

新建报表默认值为 50 行 7 列，根据新准则所规定"资产负债表"格式，我们应将报表设置为 37 行 6 列（含标题表头）。

具体操作步骤如下：

（1）在"格式"状态单击"格式"下拉菜单，选择"表尺寸"命令，出现如图 4-4 所示对话框。

（2）在对话框中输入需要的行、列数，如图 4-4 所示。

（3）单击"确认"按钮，新建报表尺寸变为 37 行 6 列，报表窗口其余部分呈灰色不可编辑状态。

3. 定义行高列宽

新建报表默认值为行高 5 mm，列宽 25 mm，我们在定义列宽时，一定要能容下本行最宽数据，否则在生成报表时会因数据溢出单元而产生错误。

具体操作步骤如下：

（1）在"格式"状态下，选取需调整行高的第 1 行，单击"格式"下拉菜单，执行"行高"命令，出现如图 4-5 所示对话框。

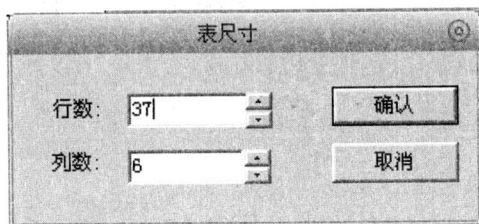

图 4-4　设置报表行、列数　　　　　　图 4-5　设置"行高"对话框

（2）输入报表第 1 行的高度"10"，单击"确认"按钮。

（3）选取需调整列宽的 B、C 列，单击"格式"下拉菜单，执行"列宽"命令，出现如图 4-6 所示对话框。

（4）输入需要列宽"40"，单击"确认"按钮。

（5）选取报表 E、F 列，重复以上步骤（3）～步骤（4）步，设置 E、F 列宽。

4. 画表格线

行高列宽设置后，虽然报表在"格式"状态下看得到表格线，但在"数据"状态下则是没有任何表格线的，因此，为了在适当位置显示表格，需要画表格线。

具体操作步骤如下：

（1）选取报表需要画的区域 A4:F37，单击"格式"菜单中"区域画线"命令，出现如图 4-7 所示的对话框。

（2）在"画线类型"中选择"网线"，"样式"中选择需要线型。

（3）单击"确认"按钮，网格线设置完毕。

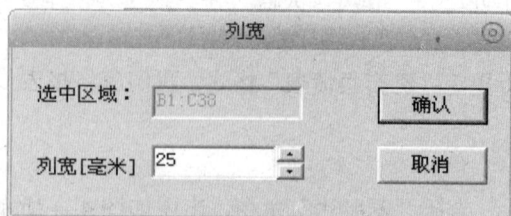

图4-6 设置"列宽"对话框

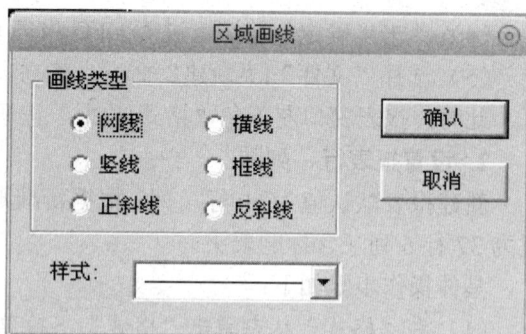

图4-7 区域画线

5. 定义组合单元

报表都有标题，标题一般至少占用一整行，还有些内容如编制单位、日期等信息可能一个单元容纳不了，因此，多数报表需要定义组合单元。

具体操作步骤如下：

（1）选取 A1:F1 单元区域，单击"格式"下拉菜单中"组合单元"命令，弹出"组合单元"对话框，如图 4-8 所示。

（2）单击"整体组合"或"按行组合"按钮。

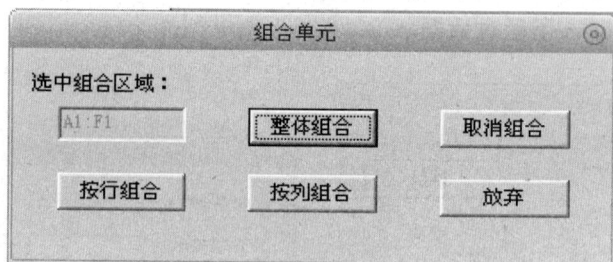

图4-8 "组合单元"对话框

6. 输入表间项目

报表表间项目指报表的文字内容，主要有标题、表头内容、表体内容、表尾项目等。"资产负债表"表间项目输入方法如下：

具体操作步骤如下：

（1）在"格式"状态下，将光标移至 A1 单元，输入表标题"资产负债表"。

（2）将光标移至 F2 单元，输入"企会01表"。

（3）将光标移至 A3 单元，输入"编制单位："。

（4）依照上述操作，按表 4-1 内容输入所有表间项目文字，输入完成后报表如图 4-12 所示。

7. 设置单元属性

根据要定义的报表，设置各单元格属性，单元格属性包括单元类型、数据格式、对齐方式、字型字号、边框底纹等。

1）单元背景设置

通过表 4-12 可以看出，报表中某些项目底纹呈灰色状，表示强调汇总项目。

具体操作步骤如下：

（1）选取 A5 单元，单击"格式"下拉菜单，执行"单元属性"命令，弹出"单元格属性"对话框。如图 4-9 所示。

（2）打开"字体图案"选项卡，在"背景色"栏打开下拉按钮，选择所需浅灰色，单击"确定"按钮。

图 4-9 设置单元格属性

（3）重复以上步骤，将报表 A18、A37、D5、D19、D28、D37 单元格设置为浅灰背景色。

2）单元类型设置

具体操作步骤如下：

（1）选取 B6:C37 单元区域，单击"格式"下拉菜单，执行"单元属性"命令，弹出"单元格属性"对话框。

（2）打开"单元类型"选项卡，如图 4-10 所示。

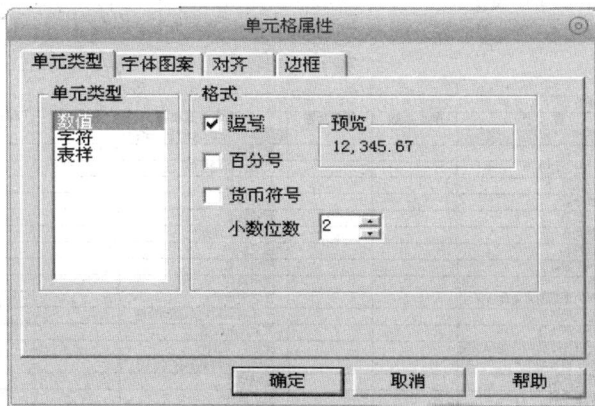

图 4-10 设置单元类型

（3）在"单元类型"选项栏中选择"数值"；"格式"选项栏选择"逗号"；"小数位数"设为"2"。

（4）单击"确定"按钮，完成设置。

（5）选取 E6:F37 单元区域，重复以上步骤（1）～步骤（4），将该区域设置为"数值"类型。

3）对齐方式设置

具体操作步骤如下：

（1）选取组合单元 A1，单击"格式"下拉菜单，执行"单元属性"命令，弹出"单元格属性"对话框。

（2）打开"对齐"选项卡，如图4-11所示。

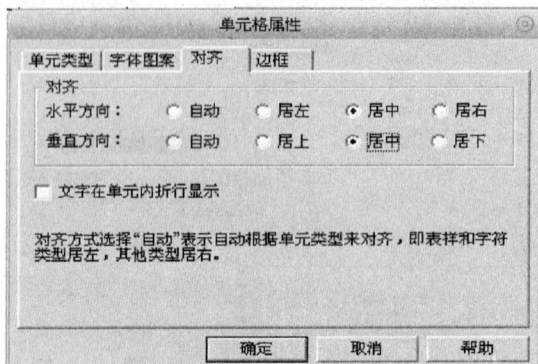

图4-11 设置单元对齐方式

（3）在"对齐"选项中，"水平方向"选择"居中"，"垂直方向"选择"居中"。

（4）单击"确定"按钮，完成 A1 单元对齐方式设置。

（5）依照上述步骤（1）～步骤（4），将"资产负债表"各单元对齐方式按报表格式要求进行设置。

完成以上所有设置后的"资产负债表"如图4-12所示。

图4-12 已完成基本格式设置的"资产负债表"

8. 设置关键字

关键字主要有单位名称、单位编号、年、季、月、日，此外，还可自定义关键字。

具体操作步骤如下：

（1）将光标移至 B3 单元格，单击"数据"下拉菜单，执行"关键字"|"设置"命令（如图 4–13 所示），弹出"设置关键字"对话框，如图 4–14 所示。

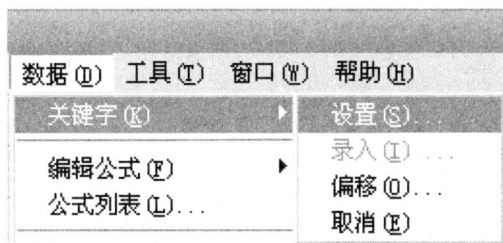

图 4–13 "关键字"|"设置"命令　　　　图 4–14 "设置关键字"对话框

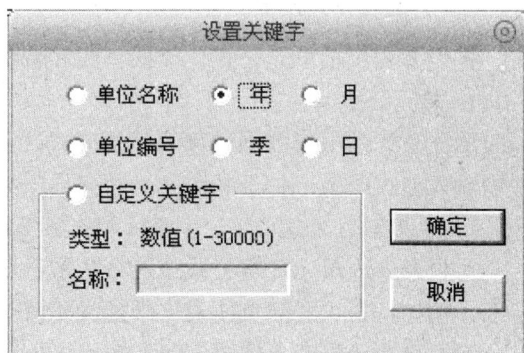

（2）选择"年"，单击"确定"按钮，将"年"设为关键字。

（3）选择 C3 单元格，单击"数据"下拉菜单，执行"关键字—设置"命令，弹出"设置关键字"对话框，选择"月"，单击"确定"按钮，将"月"设为关键字。

（4）选择 D3 单元格，重复以上操作，设置"日"为关键字。

（5）若感觉关键字所设置位置需要向左或向右调整，可打开"数据"下拉菜单，执行"关键字"|"偏移"命令，如图 4–15 所示。

（6）在弹出的"定义关键字偏移"对话框中输入各关键字的偏移值（偏移量的范围是–300～300，正数为向右偏移量，负数为向左偏移量），如图 4–16 所示。

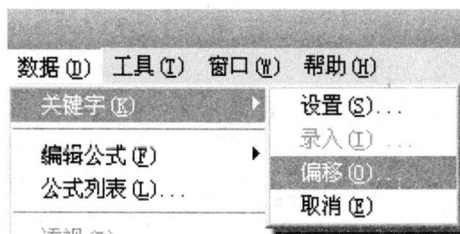

图 4–15 "关键字"|"偏移"命令　　　　图 4–16 调整关键字偏移值

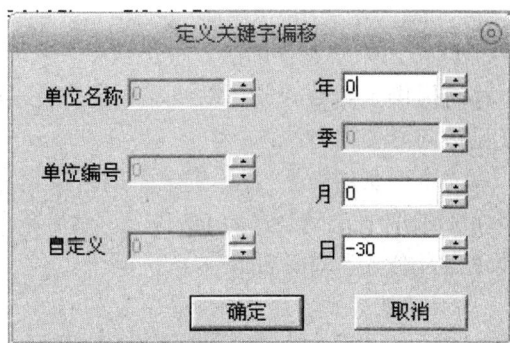

注意：设置关键字时，选择一次命令只能设置一个；调整关键字偏移量时，可在"定义关键字偏移"对话框中设置全部关键字偏移量。

9. 保存报表

报表的设置过程中，可随时保存在指定路径，便于今后调出使用。

具体操作步骤如下：

（1）首次保存时，在"格式"状态下，单击"文件"下拉菜单，选择"保存"命令。

（2）在"文件名"栏输入"资产负债表"。

（3）选择保存路径后，单击"保存"按钮。

（4）以后保存时只需单击"保存"命令即可。

（二）报表公式设置

报表公式包括单元公式、审核公式和舍位平衡公式。

1. 单元公式

单元公式是报表数据运算的基本公式，其输入方法有两种，一种是直接在"定义公式"栏内输入公式；另一种是利用"函数向导"编辑公式。

1）直接输入公式

对报表表内单元计算公式或对账务取数函数相当熟悉的操作者，可采用直接输入公式的方法。例如，在"资产负债表"中定义"流动资产合计"表内计算公式：

（1）选择"资产负债表"B17单元，单击窗口下拉菜单栏下的 fx 按钮，出现"定义公式"对话框。

（2）在对话框"＝"后输入公式"PTOTAL（B5:B16）"，如图4-17所示。

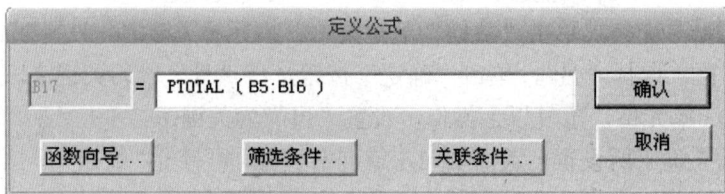

图4-17　直接输入单元公式

（3）单击"确认"按钮，完成公式输入。

2）函数向导使用

UFO报表系统提供的函数种类较多，我们在学习过程中不一定能全部记住这些函数，因此，系统提供了函数向导，以便于准确、快速进行函数公式设置。

函数向导使用方法：

以"资产负债表""货币资金"期末余额公式定义为例：

（1）选取要定义公式的B6单元，然后单击下拉菜单栏下方的 fx 按钮，出现如图4-18所示的"定义公式"对话框。

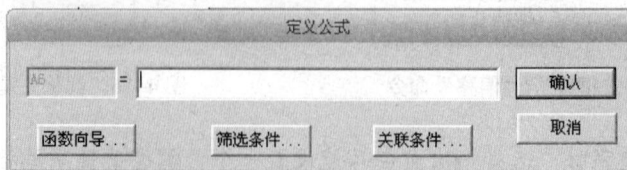

图4-18　"定义公式"对话框

（2）单击其中的"函数向导"按钮，出现"函数向导"对话框，如图4-19所示。

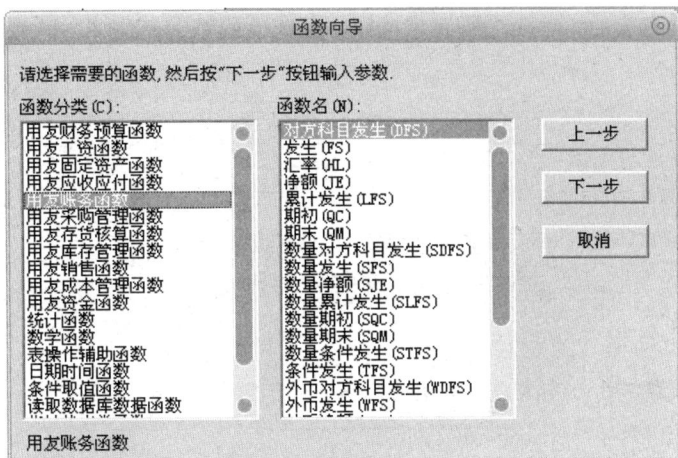

图 4-19 "函数向导"对话框

（3）在"函数分类"列表框选取相应的分类 "用友账务函数"，再在"函数名"列表框中选取相应函数，此处应选择"期末（QM）"函数。

（4）单击"下一步"按钮，出现选中的函数格式对话框，如图 4-20 所示。如果对函数使用很熟悉，可在"函数录入"栏内直接输入函数参数，但建议使用"参照"录入的方式。

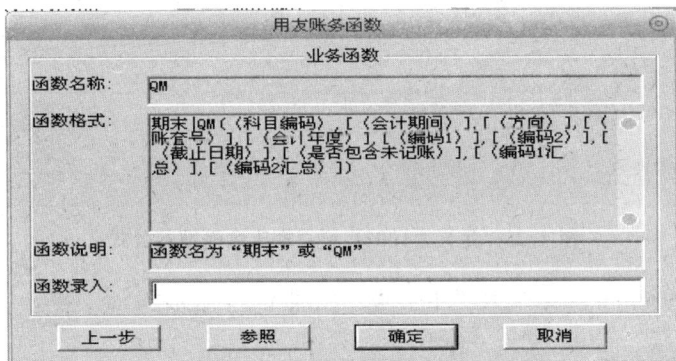

图 4-20 "函数格式"对话框

（5）单击"参照"按钮，出现函数参数参照对话框，如图 4-21 所示。对话框中，"账套号"默认为我们登录报表系统时输入账套号；"会计年度"默认为登录时该账套业务年度；"科目"可通过单击旁边 ... 符号选取需要科目，此处应选择"1001"科目。

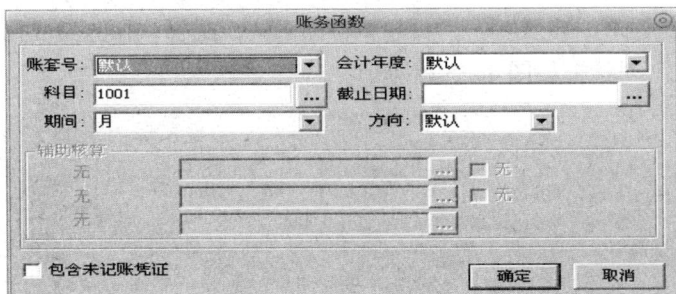

图 4-21 函数格式参照

（6）参数设置完成后，单击"确定"按钮，完成该函数公式输入，返回函数格式对话框，如图4-22所示。

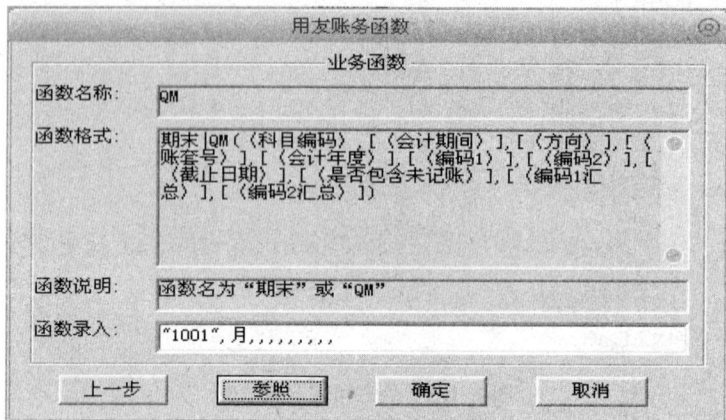

图4-22 设置函数公式

注意：如果对函数设置中某些项目不了解，可随时按"帮助"按钮或F1键，调用函数常见问题解答帮助。

（7）再单击"确定"按钮，返回"定义公式"对话框，对话框如图4-23所示。

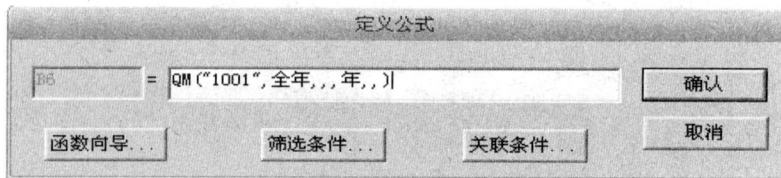

图4-23 定义"1001"科目期末余额取数公式

（8）在输入法半角状态下输入"＋"号，如图4-24所示。

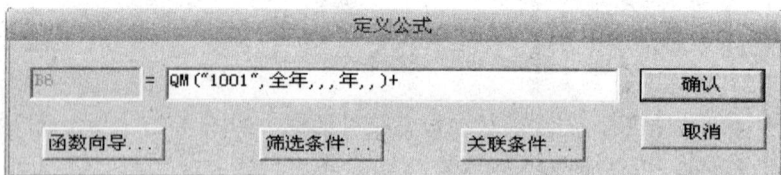

图4-24 输入运算符"＋"号

（9）重复步骤（2）～步骤（7），只是科目编码依次选择"1002"、"1012"，完成公式编辑后的"定义公式"对话框如图4-25所示。

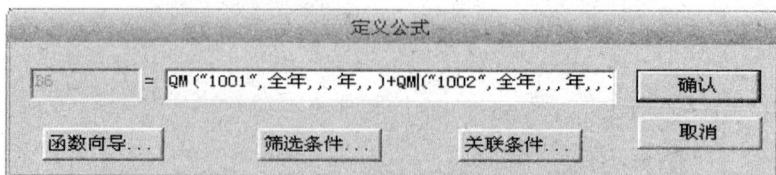

图4-25 完成"货币资金"项目公式编辑

（10）单击"确认"按钮，完成整个"货币资金"项目公式定义。运用上述公式编辑方法，根据"资产负债表"编制原理（编制原理及填列方法在《基础会计》与《会计实务》中阐述），将表内各单元公式一一输入。

2. 审核公式

为了保证资产负债表钩稽关系的正确性，我们在"资产负债表"中定义如下审核公式：

B37＝E37mess"期末资产合计不等于期末权益合计！"

c37＝f37mess"期初资产合计不等于期初权益合计！"

公式含义：

资产合计期末余额＝权益期末余额合计，否则返回"期末资产合计不等于期末权益合计！"

资产合计期初余额＝权益期初余额合计，否则返回"期初资产合计不等于期初权益合计！"

具体操作步骤如下：

（1）在"格式"状态下，单击"数据"下拉菜单，选择"编辑公式"|"审核公式"命令，出现"审核公式"编辑窗口（刚打开时，"审核关系"窗口内容为空白），如图4-26所示。

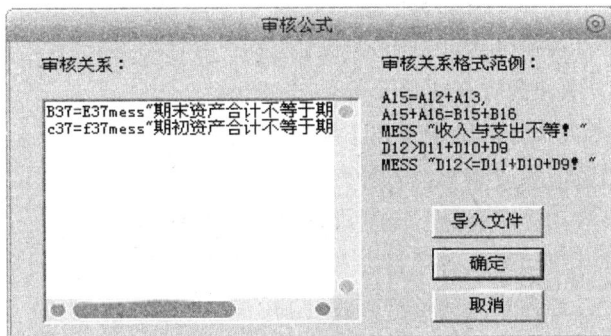

图4-26 "审核公式"编辑窗口

（2）在"审核关系"窗口空白处输入审核公式，即：

B37＝E37mess"期末资产合计不等于期末权益合计！"

C37＝F37mess"期初资产合计不等于期初权益合计！"

（3）单击"确定"按钮，审核公式定义完成。

在一个报表中，可编辑多条审核公式。

3. 舍位平衡公式

在我们编制的资产负债表中，将编制单位"元"转换为"百元"，定义如下舍位平衡公式。

具体操作步骤如下：

（1）单击"数据"下拉菜单，选择"编辑公式"|"舍位公式"命令，出现如图4-27所示对话框（刚打开时，各栏均为空白）。

（2）各栏目说明：

第一，舍位表名：舍位报表的保存名，与当前报表不能相同（若当前报表为"资产负债表"，则舍位表可定义为"舍位资产负债表"）。

第二，舍位范围：舍位数据的区域，应将所有要舍位的数据包括在内。

第三，舍位位数：舍位位数为1～8。舍位位数设为"1"，则舍位范围中的所有数据除以"10"；舍位位数设为"2"，则舍位范围中的所有数据除以"100"，依此类推。

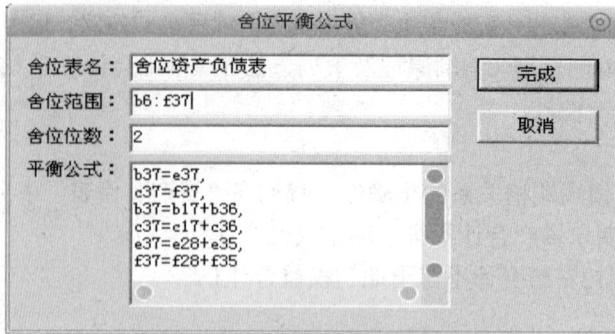

图4-27 已定义好的舍位平衡公式

第四，平衡公式：报表舍位后应保持的平衡关系。

平衡关系在输入时应按照统计过程的逆方向输入。如在计算报表数据时：

"流动资产合计"＝流动资产各项目之和

"非流动资产合计"＝各非流动资产项目之和

"资产总计"＝"流动资产合计"＋"非流动资产合计"

"资产总计"＝"负债和股东权益总计"

而在设置舍位平衡公式时，则应按以下顺序定义：

"资产总计"＝"负债和股东权益总计"

"资产总计"＝"流动资产合计"＋"非流动资产合计"

"流动资产合计"＝流动资产各项目之和

"非流动资产合计"＝各非流动资产项目之和

注意：输入平衡公式时，每个公式一行，各公式之间以逗号隔开，最后一条公式后不用输入逗号；公式中只能使用"＋""－"运算符；等号左边只能有一个单元（不能带页号和表名）。

（3）理解舍位平衡公式窗口各栏目填列内容后，输入需要参数及平衡公式。在我们的"资产负债表"中，输入舍位公式后如图4-27所示。

通过以上基本格式设计与公式编辑操作，一张"资产负债表"就全部定义好了。

（三）自定义资产负债表的数据处理

报表格式定义完成后，要进行报表数据处理。报表数据包括报表单元数据、字符及关键字。其中，单元数据可由公式运算生成，而关键字的值则必须由人工录入。

报表数据的处理工作主要包括：生成报表、审核报表、舍位平衡操作等，数据处理工作应在"数据"状态下进行。

1. 追加表页

追加表页是在最后一张表页后追加空表，一个报表最多可以有99999张表页，在定义好的报表中追加的表页，其格式与我们设置好的报表格式完全相同。

具体操作步骤如下：

（1）在报表系统"数据"状态下，单击"编辑"菜单，执行"追加"|"表页"命令，出现"追加表页"对话框，如图4-28所示。

（2）在对话框中输入要追加的表页，单击"确认"按钮。

图 4-28 "追加表页"对话框

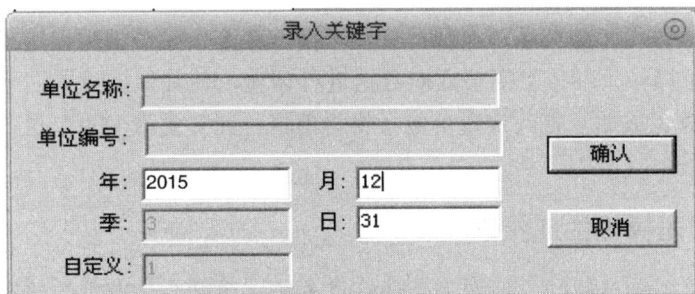

2. 录入关键字

每张表页均应有不同的关键字，这是区别于每张报表的唯一标志，在数据状态下，关键字也会显示出来。

具体操作步骤如下：

（1）在系统"数据"状态下，单击"数据"下拉菜单，选择"关键字"|"录入"命令，出现"录入关键字"对话框。如图 4-29 所示。

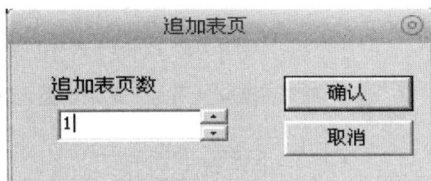

图 4-29 "录入关键字"对话框

（2）在对话框中录入报表关键字，单击"确认"按钮。

（3）系统出现"是否重算第 1 页"提示框，单击"是"按钮，系统根据录入的关键字计算指定时间的报表数据，并将数据显示出来，如图 4-30 所示。

图 4-30 已生成数据的"资产负债表"

3. 审核报表

前面我们已经定义好资产负债表的审核公式，只要报表中的数据发生变化，就应该进行审核。

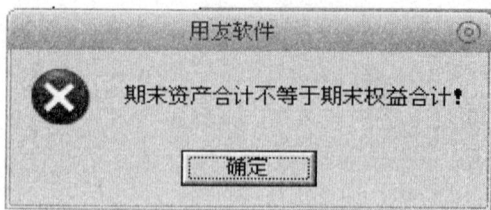

图4-31 审核错误提示

具体操作步骤如下：

在"数据"状态下，单击"数据"下拉菜单，选择"审核"命令，系统自动对报表进行审核，若发现错误，则显示已设置好的提示信息并伴有提示音，如图4-31所示。

4. 舍位平衡操作

报表的舍位平衡并非必须进行，只有在报表数据过于庞大，或报表汇总合并时，不同报表数据单位不同而无法汇总合并，才进行舍位平衡操作。

具体操作步骤如下：

（1）单击"数据"下拉菜单，选择"舍位平衡"命令，系统根据已定义好的公式自动对指定区域进行舍位操作，并按平衡公式对数据进行调整，使其保持设置的平衡关系。

（2）舍位计算完成后，更改计量单位（将"单位：元"更改为"单位：百元"），将舍位报表存入指定位置。

二、利用报表模板生成报表

报表的形式是多种多样的，但作为会计信息系统，遵循会计准则的要求，也就存在一些格式统一的报表，特别是对外报表。因此，UFO报表系统提供了多个行业标准财务报表的模板，我们可根据所在行业选择相应的报表模板直接套用格式，还可以在模板的基础上进行修改，得到需要的报表。

下面，我们以"利润表"为例，说明如何使用报表模板编制一张报表。

1. 新建报表

具体操作步骤如下：

（1）选择桌面左下角"开始"|"程序"|"U8管理软件"|"财务会计"|"UFO报表"命令，打开UFO系统注册对话框。

（2）在"操作员"栏输入操作员代码（本例操作员代码为001，同学们实际操作时按自己所设置操作员编号录入），输入操作员密码。

（3）单击"账套"栏下拉列表框按钮，选择准备编制报表的账套号（本例账套号666，实际操作时要求录入自己所设置账套号）；选择会计年度，设置好操作日期（本例为2007年），如图4-3所示。

（4）单击"确定"按钮，进入UFO报表系统窗口。

（5）选择"文件"|"新建"命令，建立一个空白报表。

此时，报表窗口左下角"格式"|"数据"按钮处于"格式"状态。

以上步骤（1）～步骤（5）与"自定义报表"操作相同，区别在于以下操作步骤。

（6）选择"格式"|"报表模板"命令，弹出"报表模板"对话框，如图4-32所示。

（7）在"您所在的行业"下拉列表中选择"新会计制度科目"；在"财务报表"下拉列表中选择准备编制的报表名称"利润表"，如图4-32所示。

（8）单击"确定"按钮，系统出现提示对话框"模板格式将覆盖本表格式！是否继续？"（如图4-33所示），单击"确定"按钮，当前格式被利润表模板格式覆盖，"利润表"模板如

图 4-34 所示。

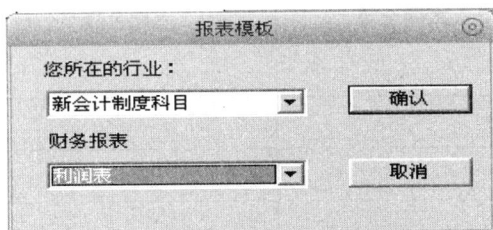

图 4-32 "报表模板"对话框

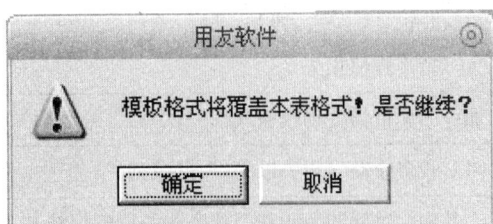

图 4-33 提示对话框

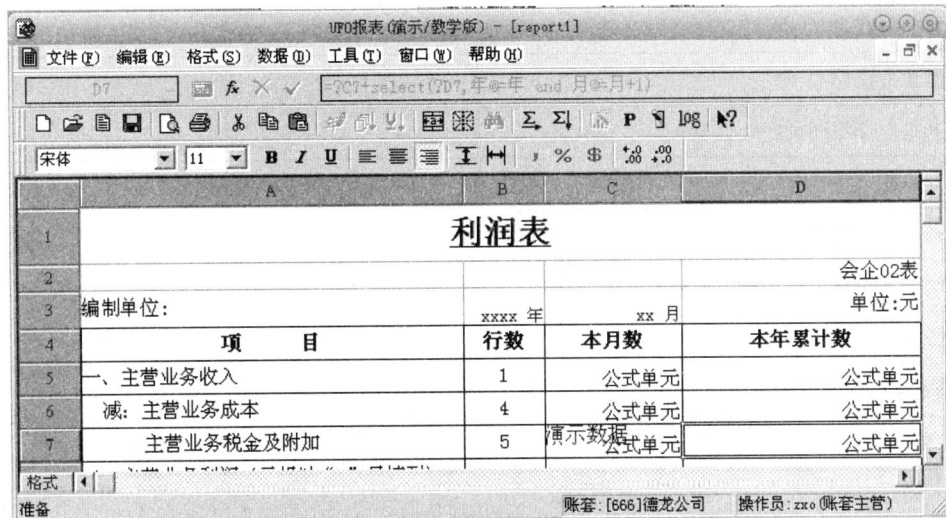

图 4-34 "利润表"模板

2. 修改报表格式

对于根据系统模板中的报表格式建立的报表，若不能完全符合工作需要，可在此基础上进行修改，使之成为我们需要的报表。

新会计准则中，对利润表项目进行了一定的调整，现行利润表格式如表 4-3 所示。

表 4-3 利润表

企会 02 表

编制单位： 年 月 单位：元

项 目	本期金额	上期金额
一、营业收入		
减：营业成本		
营业税金及附加		
销售费用		
管理费用		
财务费用		

续表

项　　目	本期金额	上期金额
资产减值损失		
加：公允价值变动收益（损失以"－"号填列）		
投资收益（损失以"－"号填列）		
其中：对联营企业和合营企业的投资收益		
二、营业利润（亏损以"－"号填列）		
加：营业外收入		
减：营业外支出		
其中：非流动资产处置损失		
三、利润总额（亏损总额以"－"号填列）		
减：所得税费用		
四、净利润（净亏损以"－"号填列）		
五、每股收益：		
（一）基本每股收益		
（二）稀释每股收益		

　　将报表模板中表体项目与表 4–3 相比较，不难看出区别，因此，我们应对报表模板生成的利润表格式进行修改。

　　（1）报表格式修改应在"格式"状态下进行，尽量利用原有表格内容。

　　（2）报表项目修改方法：选择要修改的内容，删去原有字符，输入新项目内容即可。如：单击 A5 单元，删除"主营业务收入"，输入"营业收入"，这个项目就修改好了。

　　依照上述方法，将模板中的"利润表"按表 4–3"利润表"格式进行修改。

　　3. 修改报表单元公式

　　表间项目修改后，表内原定义好的单元公式不再适用，需根据新内容修改。

　　公式修改时，首先选取需修改公式的单元，删除原单元内公式，再按"自定义报表"中报讲述的公式输入方法输入新公式即可。

　　注意："利润表"编制原理与《会计实务》相同，因此，表间项目填列内容及方法此处不再赘述。

　　4. 报表保存

　　报表修改完成后，可保存在指定路径。

　　5. 报表数据处理

　　报表格式与公式修改完成后，即可进行数据处理。采用报表模板生成的会计报表，其数据处理方法与自定义会计报表的数据处理方法完全相同。

　　编制完成的利润表如图 4–35 所示。

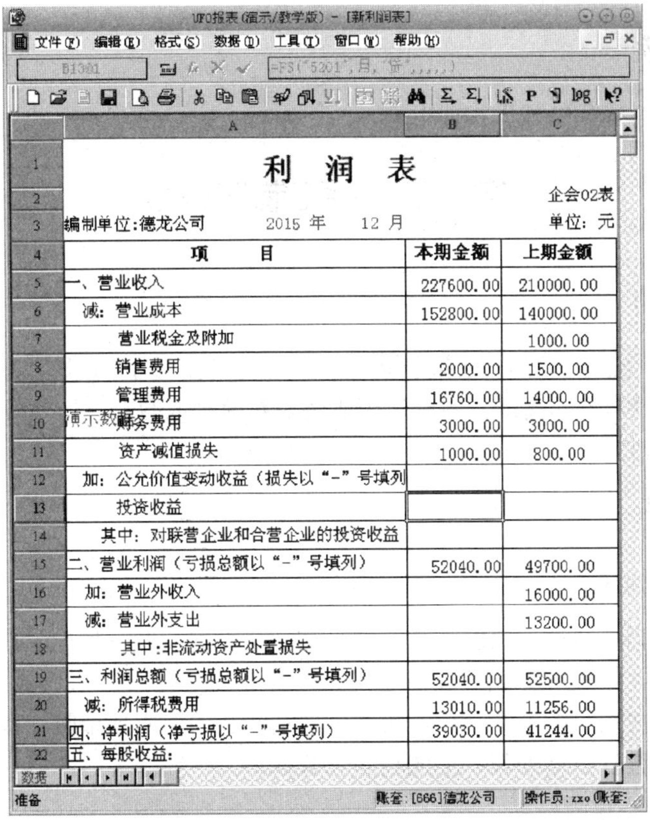

图 4-35 编制完成的"利润表"

复习思考题

1. 怎样理解报表的"格式"状态和"数据"状态？
2. 在 UFO 报表系统中，什么是区域？如何表示一个区域？
3. 什么是报表的审核公式？
4. 什么是报表的舍位平衡公式？
5. 自定义一张报表的操作步骤主要有哪些？
6. 怎样建立一张已定义好模板的报表？

实训一　自动制表练习

一、实训目的

通过实训，掌握 UFO 报表系统中报表模板的作用及调用方法；掌握对报表模板的修改操作及报表数据处理方法。

二、实训要求

调用报表模板自动制作生成"资产负债表"和"利润表"。

三、实训案例

参见"第三章 账务处理"实训案例。

实训二 手工制表练习

一、实训目的

要求通过实训，充分理解 UFO 报表系统中"格式状态"与"数据状态"的不同功能；掌握自定义报表的步骤与操作技能；熟练运用账务函数编制取数公式；掌握审核公式与舍位平衡公式的作用与编制方法。

二、实训要求

（一）编制"利润表"

1. 根据上述实训资料建立核算账套，进行初始化设置及业务处理。
2. 根据本章表 4-3 设计"利润表"格式。
3. 根据核算形成的财务数据，设计德龙公司利润表的"本期金额"取数公式。
4. 对该利润表进行数据处理，生成利润表数据。

（二）编制期间费用明细表

1. 根据实训资料核算形成的德龙公司财务数据，自行设计一张"期间费用明细表"格式。
2. 完成"期间费用明细表"的公式编辑与数据处理，生成数据报表。

三、实训案例

资料 1：基本信息：

企业名称：四川德龙公司　　　　　法人名称：刘林祥

单位地址：四川成都高新区科技园　　开户银行：工商银行成都分行高新支行

公司系一般纳税人企业，增值税税率 17%；固定资产月折旧率 0.4%；所得税税率 25%。

编码方案：会计科目编码方案 4-2-2-2；其他默认。

公司发出原材料采用先进先出法，发出库存商品采用全月一次加权平均法。

资料 2：2016 年 12 月月初公司科目余额如表 4-4 所示。

表 4-4　2016 年 12 月初公司科目余额

科目编码	科目名称	方向	金额	备注
1001	库存现金	借	21 960.00	
1002	银行存款	借	1 308 640.00	
1121	应收票据	借	15 000.00	
112101	胜利厂	借	15 000.00	
1122	应收账款	借	42 000.00	

续表

科目编码	科目名称	方　向	金　额	备　注
112201	红光厂	借	30 000.00	
112202	蓝天公司	借	12 000.00	
1123	预付账款	借	6 000.00	
1131	应收股利	借		
1221	其他应收款	借	5 000.00	
1231	坏账准备	贷		
1403	原材料	借	976 000.00	
140301	甲		608 000.00	380 吨，单价 1 600 元
140302	乙		300 000.00	150 吨，单价 2 000 元
140303	丙		68 000.00	40 吨，单价 1 700 元
1405	库存商品	借	260 000.00	
140501	A 产品		128 000.00	数量：20 台
140502	B 产品		132 000.00	数量：22 台
1511	长期股权投资	借	600 000.00	
1601	固定资产	借	4 500 000.00	
1602	累计折旧	贷	1 020 000.00	
1604	在建工程	借		
1701	无形资产	借	500 000.00	
2001	短期借款	贷	400 000.00	
2201	应付票据	贷	65 000.00	
2202	应付账款	贷	17 000.00	
220201	新飞公司	贷	17 000.00	
2203	预收账款	贷	8 000.00	
220301	万方公司	贷	8 000.00	
2211	应付职工薪酬	贷	12 800.00	
220101	应付工资			
220102	职工福利费		12 800.00	
220103	职工养老保险			
220104	住房公积金			
2221	应交税费	贷	9 800.00	
222101	应交增值税	贷		
22210101	进项税额	贷		

续表

科目编码	科目名称	方　向	金　额	备　注
22210102	销项税额	贷		
22210103	转出未交增值税			
222102	应交城建税		700.00	
222103	未交增值税		8 800.00	
222104	应交教育费附加		300.00	
222105	应交所得税			
2232	应付股利	贷		
2241	其他应付款	贷	2 000.00	
2501	长期借款	贷		
4001	实收资本	贷	5 000 000.00	
4002	资本公积	贷	200 000.00	
4101	盈余公积	贷	1 460 000.00	
4103	本年利润			
4104	利润分配	贷	40 000.00	
410401	未分配利润		40 000.00	
5001	生产成本			
500101	A 产品			
500102	B 产品			
5101	制造费用			
6001	主营业务收入			
600101	A 产品			数量：台
600102	B 产品			数量：台
6111	投资收益			
6301	营业外收入			
6401	主营业务成本			
640101	A 产品			
640102	B 产品			
6601	销售费用			
660101	工资			
660102	差旅费			
660103	折旧费			
660104	其他			

续表

科目编码	科目名称	方　向	金　额	备　注
6602	管理费用			
660201	工资			
660202	差旅费			
660203	折旧费			
660204	其他			
6603	财务费用			
660301	利息支出			
660302	其他			
6701	资产减值损失			
6711	营业外支出			
6801	所得税费用			

资料3：公司12月份发生的经济业务如下：

（1）12月1日，以现金购买办公用品400.00元，交管理部门使用。

（2）12月2日，接被投资单位通知，分派本年度现金股利，本公司应得30 000.00元，尚未收到（该项投资按成本法核算）。

（3）12月3日，车间领用甲材料10吨，单价1 600.00元，用于A产品生产。

（4）12月3日，购入甲材料10吨，单价1 600.00元，增值税2 720.00元，款已付，材料验收入库（支票号4451）。

（5）12月5日，以存款缴纳上月未交增值税、城建税、教育费附加，同时缴纳税收滞纳金300.00（支票号4452）。

（6）12月7日，销售B产品10台，单价9 100元，税款15 470.00元，款已收妥存行。

（7）12月9日，车间领用乙材料1吨，单价2 000.00元，用于一般消耗。

（8）12月11日，签发现金支票，提取现金46 900.00元（支票号5588）。

（9）12月11日，发放本月职工工资46 900.00元。

（10）12月12日，招待客户午餐支付现金960.00元。

（11）12月14日，从新飞公司购入乙材料3吨，单价2 000.00元，税款1 020.00元，货款及税款未付，材料验收入库。

（12）12月15日，车间领用乙材料15吨，单价2 000.00元，其中10吨用于A产品生产，5吨用于B产品生产。

（13）12月15日，以存款支付专设销售机构房租1 600.00元（支票号4453）。

（14）12月16日，销售给蓝天公司A产品12台，单价9 800.00元，货款共117 600.00元，税款19 992.00元，款项尚未收到。

（15）12月17日，以存款支付本月广告费2 000.00元（支票号4454）。

（16）12月19日，以银行存款支付本月电费2 700.00元，其中管理部门1 800.00元，专设销售机构 900.00 元（支票号 4455）。

（17）12 月 21 日，销售员张三出差归回，报销差旅费 1 200.00 元，以现金支付。

（18）12 月 22 日，分配本月工资，其中生产车间工人工资 20 000.00 元（其中 A 产品应分配 13 000.00 元，B 产品应分配 7 000.00 元），销售机构人员工资 16 600.00 元，管理部门人员工资 10 300.00 元。

（19）12 月 26 日，接银行通知，已从银行账户中扣除短期借款利息 3 000.00 元。

（20）12 月 27 日，盘盈电脑一台，市场价为 9 000.00 元，经批准，作营业外收入。

（21）12 月 28 日，计提本月折旧，其中车间 8 000.00 元，管理部门 6 000.00 元，专设销售机构 4 000.00 元。

（22）12 月 30 日，管理部门职工王林出差归回，报销差旅费 360.00 元，以现金支付。

（23）12 月 30 日，结转本月制造费用，其中 60%分配给 A 产品，40%分配给 B 产品。

（24）12 月 30 日，结转完工产品成本，本月 A 产品全部完工入库（8 台），B 产品全部未完工。

（25）12 月 31 日，根据实际情况，提取坏账准备 1 000.00 元。

（26）12 月 31 日，结转本月销售产品成本。

（27）12 月 31 日，转出本月未交增值税。

（28）12 月 31 日，结转本月各项损益。

（29）12 月 31 日，计算结转所得税。

（30）12 月 31 日，将本年净利润转入未分配利润账户。

往来账管理

了解往来账管理系统的管理目标、基本内容和功能。

理解应收款管理系统、应付款管理系统与销售、采购系统的关系。

掌握应收、应付管理系统初始化的内容、方法和步骤。

能熟练地运用用友 ERP-U8 财务软件对应收款、应付款进行日常的业务管理。

往来账管理是指通过往来账功能模块对债权债务科目如应收账款、应付账款、其他应收款、其他应付款等进行的辅助核算，又称为往来核算。

用户既可以在往来账核算功能中对往来账进行管理，也可以在账务处理子系统（总账系统）中将往来客户设为明细科目直接进行核算管理。与直接将往来客户设置为明细科目进行核算相比，通过往来功能进行核算，功能更多更强，提供的资料更全面，更有利于对往来账进行管理。部分软件将往来账核算功能集中在账务处理子系统中，也有的将往来账核算功能独立出来作为一个子系统。但是不论是怎样的设计，其基本的原理和功能都是一样的。

本章是基于用友 ERP-U8 软件进行讲解，在此软件中，往来账管理系统是单独的子系统，它包括应收账款管理系统和应付账款管理系统，应付系统是核算采购业务，应收是核算销售业务。

第一节　应收款管理系统概述

应收款管理系统主要用于核算和管理企业与客户之间的往来业务。一方面，对销售业务、其他应收业务产生的应收款项以及对这些应收款项的收回进行处理，及时、准确地提供客户往来账款余额资料；另一方面，应收账款系统还提供各种分析报表、欠款分析、周转分析、回款情况分析等，通过各种分析数据，为企业制定销售政策提供依据，从而提高企业财务管理能力。

一、应收款管理子系统主要功能模块分析

应收管理子系统由不同的功能模块组成，包括初始化模块、单据处理模块、账表输出模块、自动转账、系统维护。

（1）初始化设置。设置的内容包括：客户档案、部门档案、仓库档案、人员档案、结算方式、付款条件、销售方式等。

（2）单据处理。包括销售订单、销售发票、收款单等。这些单据虽然是单独输入，但是存在一定的关联。系统对销售订单、销售发票、收款单的基本数据可以相互复制。

（3）账表输出。包括销售日报表、销售费用表、应收款明细表、销售人员业绩表、账龄分析表等。

（4）自动转账。包括转账凭证设置、编制转账凭证、自动转账。

（5）系统服务。包括系统维护、数据备份、数据恢复、修改密码等。

在此模块中，软件还提供了"简单核算"和"详细核算"两种不同的方案，可以根据不同的业务规模进行选择。

二、应收款管理子系统的目标

（1）规范销售流程，实时收集销售信息。销售是一项流程性工作，规范业务的流程就显得尤为重要；有利于工作效率的提高，有利于销售信息的准确、全面和一致；有利于及时校正错误。

（2）完成日常销售核算和管理，反映和监督有关销售的所有情况。

（3）实行价格管理和信用管理，防范经营方面的风险。销售价格与信用政策是促进企业销售增长，减少相关成本的有效途径。

（4）对客户档案和销售合同进行管理，以反映客户的信用情况。实施有效的管理可以降低企业的经营风险。

（5）与其他子系统集成使用。该子系统为其他子系统提供信息，比如销售业务所产生的会计信息必须自动生成并传递给财务处理系统，同时需要获取其他子系统的相关信息，比如获取销售产品的成本费用的信息。因此该系统应与其他系统集成使用，促进监督与衔接。

第二节　应收款管理系统应用

一、设置账套参数

（一）系统启用

系统启用就是激活应收管理模块。操作的步骤是：在"企业门户"窗口中选择"基础信息—基本信息"按钮，进入"基本信息"窗口，单击"系统启用"按钮，打开启用窗口，如图 5-1 所示。

图 5-1　系统启用

选中"应收账款"复选框后，选择启用日期，并在弹出的提示对话框中单击"确定"按钮，启用应收款管理。

（二）设置账套参数

初始化设置是建立应收管理的基础数据，用于确定使用哪些单据处理应收业务，确定需要进行账龄管理的区间以及凭证科目。用户可以选择使用自己定义的单据类型进行业务的处理、统计、分析、制单，使应收业务管理更符合用户的需要。

启动用友 ERP-U8 后进入"企业门户"，选择"财务会计"|"应收款管理"|"设置"|"选项"|"账套参数设置"，如图 5-2 所示。

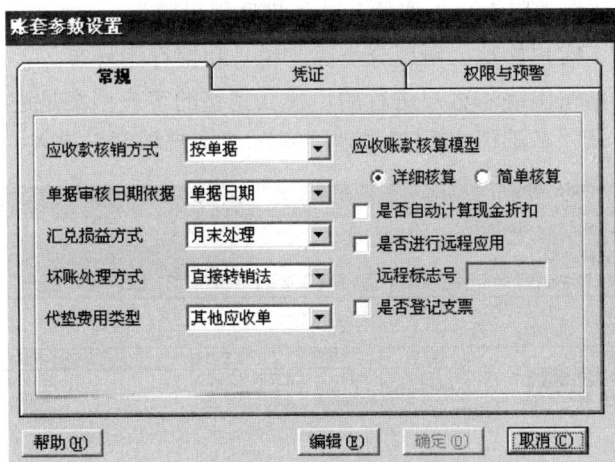

图 5-2　参数设置

单击"编辑"就可以进行参数设置。在"常规"选项中，用户可以设置的主要选项如下：

（1）应收款核销方式：该系统为用户提供了两种应收款的核销方式，"按单据"和"按产品"，一般的企业，按单据核销就可以。

（2）单据审核日期依据：系统为用户提供了两种确认单据审核日期的依据，即"单据日期"和"业务日期"，在账套使用过程中，用户可以随时将选项从按单据日期改成按业务日期。

（3）汇兑损益方式：有"外币结清"和"月末处理"两种方式。

（4）坏账处理方式：系统为用户提供了两种坏账处理的方式，"备抵法"和"直接转销法"，如果当年已经计提过坏账准备，则此参数可以不修改。

（5）代垫费用类型：代垫费用类型解决从销售管理系统传递的代垫费用单在应收系统用何种单据类型进行接收的功能。

（6）应收账款核算模型：系统提供两种应收款管理系统应用模型，用户可以选择"简单核算"和"详细核算"。用户必须选择其中一种方式。

是否自动计算现金折扣，用户可以选择自动计算现金折扣和不计算现金折扣两种方式，如果用户选择了不自动计算现金折扣，则系统不自动计算现金折扣，在账套使用过程中用户可以修改此参数，如果用户选择自动计算现金折扣，还需要通过单据核销窗口中的栏目设置。

是否进行远程应用，如果用户选择了进行远程运用，则系统在后续处理中提供远程传输付款单的功能。远程标志号必须是两位数字（01～99）。

二、基础设置

基础设置就是企业在使用销售与收款子系统时，根据企业的特点、规模和其他要求而设置的基本的信息。包括：客户档案设置、部门和职员档案的设置、客户的付款条件的设置、坏账准备的设置等。

1. 客户档案设置

客户档案是和企业有交易关系的客户的集合。客户档案设置是对销售客户档案的设置、维护和管理，并为系统中使用客户档案的各功能模块提供数据。客户初始化的主要内容包括：客户编码、客户名称、客户简称、所属分类码、税号和银行账号等。

应收管理系统是紧密围绕着客户进行的，建立完整的客户档案是进行管理的基础，建立客户档案的步骤是：从"基础档案"|"基础档案"|"客户档案"进入，如图5-3所示。

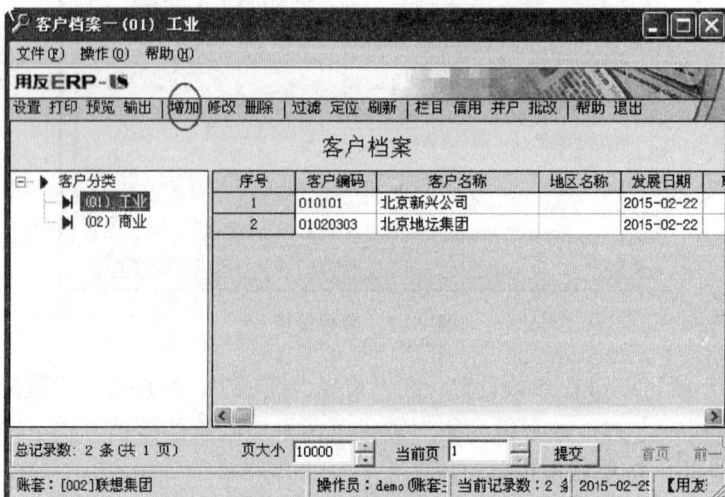

图5-3　客户档案

单击"增加"按钮，弹出"增加客户档案"对话框。输入完毕一个客户信息后，单击"保存"，保存信息。

注意：在添加客户档案时，客户编码、客户简称、所属分类和币种是必须填写项目。

2. 部门档案和职员档案设置

部门档案和职员档案设置是对涉及销售业务的企业各部门和负责销售业务的个人进行编码，以便在销售业务中明确责任单位和个人，并可以进行统计分析。前者指某个使用单位下辖的具有分别进行财务核算或业务管理要求的单元体，不一定是实际中的部门。后者指主要用于记录本单位使用系统的职员列表，包括职员编号、名称、所属部门以及职员的属性等。为了保持数据的一致性和明确相应的责任，编码一旦设定并且被使用后，不允许修改和删除。部门档案界面如图5-4所示。从"基础档案"|"基础信息"进入，单击"增加"按钮进行增加。

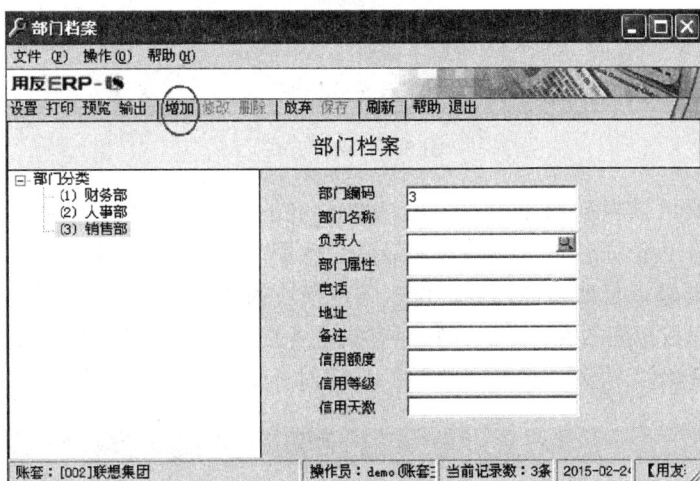

图5-4　部门档案设置

3. 结算方式的设置

企业销售货款的结算方式主要有现金、支票、汇兑、银行汇票、商业汇票等，结算方式用收款环节，不同的结算方式管理要求不同。另外，结算方式将用于转账处理中，结算方式不同，收款信息转化为会计凭证对应的会计科目也可能不相同。结算方式设置的内容一般有以下的内容：

（1）结算方式名称：根据企业的实际情况，必须录入所用结算方式的名称，录入数必须是唯一的。

（2）结算方式编码：是用来区别某个结算方式。用户必须按照结算方式编码级次的先后顺序进行录入，录入值必须是唯一的。结算方式界面如图5-5所示。从"基础信息"|"基础档案"进入，并对其进行增加。

4. 客户付款条件的设置

客户付款条件也叫作折扣优待，将决定客户在后段期间内付款所能获取的现金折扣，同时将决定每笔销售业务的最后付款日期。客户付款条件用于销售订单、销售发票等环节。企业可以根据本企业的情况设置多个条件，不同的客户使用不同的付款条件，同一个客户可以采用多个条件。

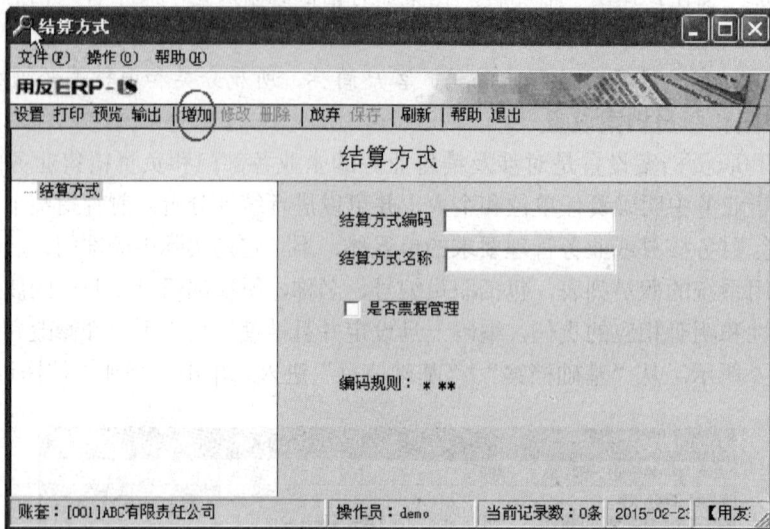

图5-5　结算方式

这种折扣通常可以表示为2/10、1/20、n/30，它的意思是在10天内偿还优待2%，在20天内优待1%，30天偿还就不优待并且为最后付款期，否则有可能还要支付违约金和利息。处理这种业务需要进行付款条件设置。付款条件模块的功能是为用户提供了定义付款条件的屏幕，将结果保存在相应的文件中，为其他有关业务提供信息。其界面如图5-6所示。从"基础信息"|"基础档案"进入，单击"增加"按钮对计量付款条件进行增加。

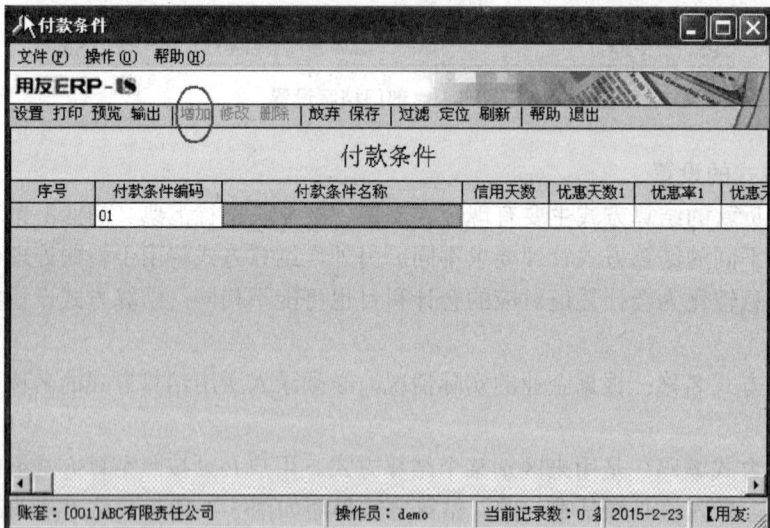

图5-6　付款条件

5. 应收账系统科目设置

初始设置与应收业务单据关联，可以选择自己定义的应收业务单据。基础设置和统计分析管理，可以实现对应收款和往来账龄分析及查询。进入"企业门户"，选择"财务会计"|"应收款管理"|"设置"|"初始设置"进入，如图5-7所示。

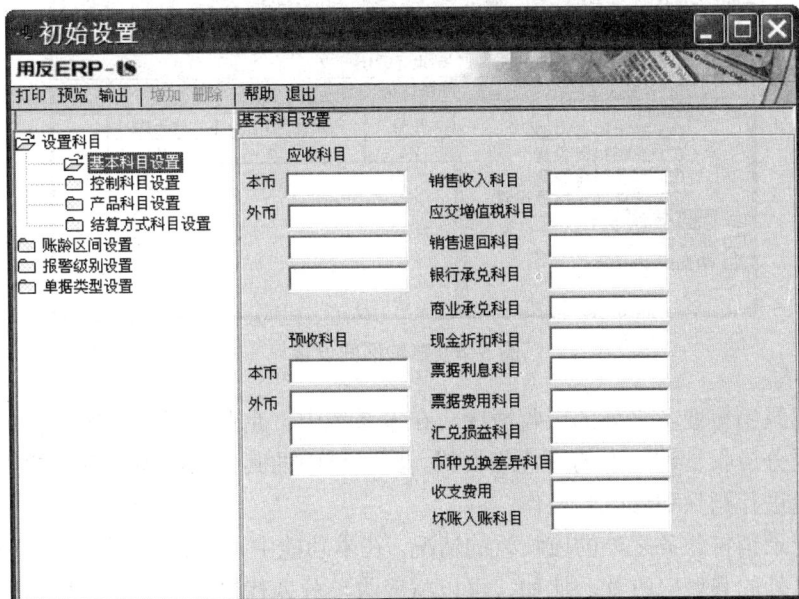

图 5-7　基本科目设置

　　这个界面设置的科目是在总账系统中设置了末级科目的科目,而应收、预收、银行承兑、商业承兑等科目必须是在总账系统中被设置"客户往来"辅助核算的会计科目。

　　科目设置完成以后还可以进行"控制科目设置"、"产品科目设置"、"结算方式科目设置"等项目的操作。

　　6. 坏账准备的设置

　　坏账初始设置是指用户定义本系统内计提坏账准备比率和设置坏账准备期初余额的功能,根据企业所选择的坏账准备方式,对坏账准备期初余额、提取比率、科目进行设置,在初次使用时坏账准备的期初数是手工输入的,以后就由系统自动生成。

　　企业应于期末针对不包含应收票据的应收款项计提坏账准备,基本方法是销售收入百分比法、应收余额百分比法和账龄分析法等。

　　7. 账期内账龄区间的设置和报警级别的设置

　　账期内账龄区间的设置指对账期内应收账款或收款时间间隔进行定义,它的作用是便于用户根据自己定义的账款时间间隔,进行账期内应收款或收款的账龄查询和账龄分析,目的是清楚了解企业在一定时间中所发生的应收款和收款的情况。进入"企业门户",选择"财务会计"|"应收款管理"|"设置"|"初始设置",界面如图 5-8 所示。选择"账龄区间设置",单击"增加"即可增加相应的账龄区间。

　　报警级别的设置与账期内账龄区间的设置类同。

　　8. 单据的类型设置

　　单据的类型设置是指企业将自己的应收账款业务与单据类型建立对应的关系,达到快速处理业务以及分类汇总、查询和分析的效果。系统在此提供了两个单据类型,"发票单据"和"应收单据",用户可以进行选择设置。在应收款系统中发票的类型包括增值税专用发票和普通发票。

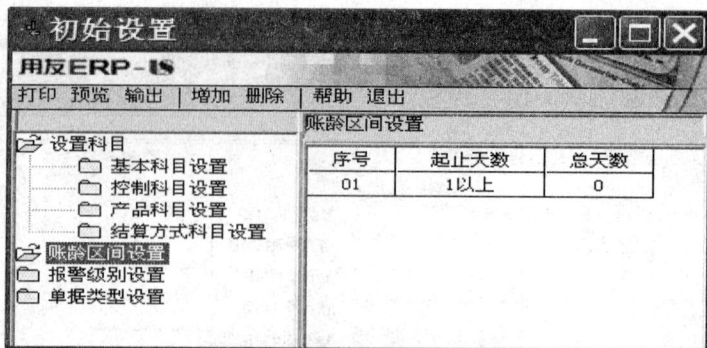

图 5-8　账龄区间设置

应收单记录销售业务之外的应收情况。在本系统中，企业可以将设置应收单划分为不同的类型，以区分应收货款之外的其他应收款。应收单中的其他应收单、发票的类型为系统默认类型，不能进行删除和修改的操作。

应收单记录销售业务之外的应收款的情况。在本功能中，由用户设置应收单的不同类型，区分应收款之外的其他应收款。比如，可以将应收单分为代垫费用款、应收利息款、应收罚款等。设置时进入"企业门户"，选择"财务会计"|"应收款管理"|"设置"|"初始设置"，界面如图 5-9 所示，单击"增加"按钮增加新的单据类型，单击"删除"按钮就对当前的单据类型进行删除。

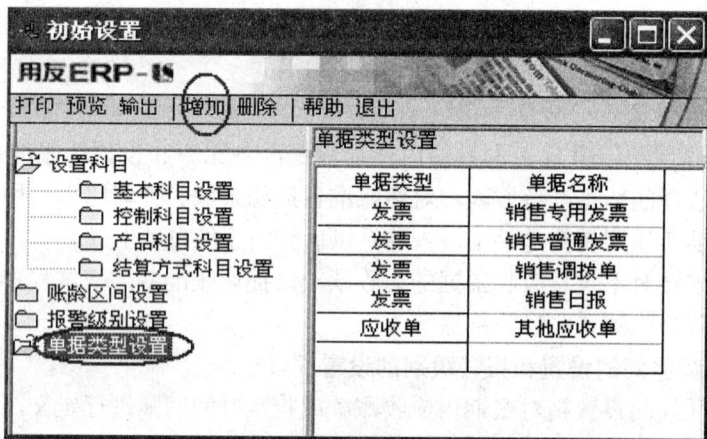

图 5-9　单据的类型设置

9. 期初数据的录入

企业第一次启用收款管理子系统时，在建账期初必须录入尚未完成销售管理流程业务单据，以便保持手工会计信息与计算机会计信息的延续性，保证计算机会计信息系统中每笔业务的完整性。通过"期初余额"功能，用户可以将正式启用账套前的所有应收业务数据录入到系统之中，作为期初建账的数据。初次使用应收款系统时，需要将上期还没有处理完毕的单据都录入到系统中，以便在以后进行处理。而当进入第二年度时，系统则自动结转上年的数据。设置时进入"企业门户"，选择"财务会计"|"应收款管理"|"设置"|"期初余额"选项，如图 5-10 所示。

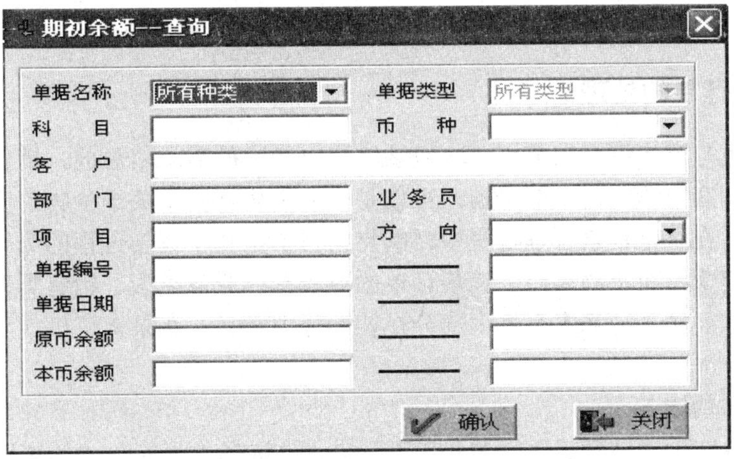

图 5-10　期初数据-查询

　　输入查询条件以后，单击"确定"按钮打开"期初余额明细表"，选择"增加"按钮，进入"单据类别"对话框，如图 5-11 所示。选择需要增加的期初余额单据类型，单击"确认"进入相应的票据窗口，如图 5-12 所示。以应收单据为例，在此窗口就可以输入编号、科目、部门等信息。

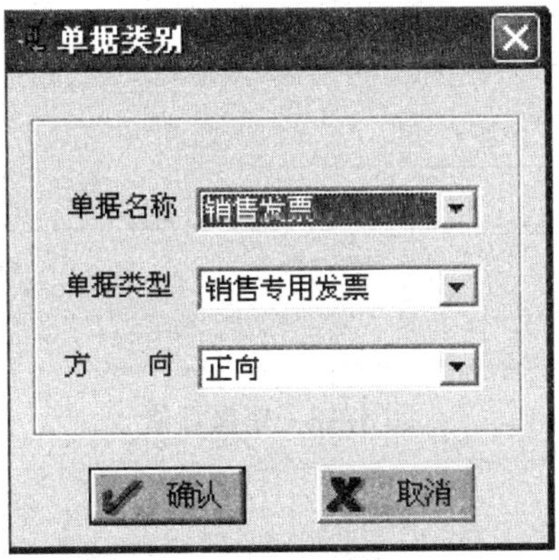

图 5-11　单据类别

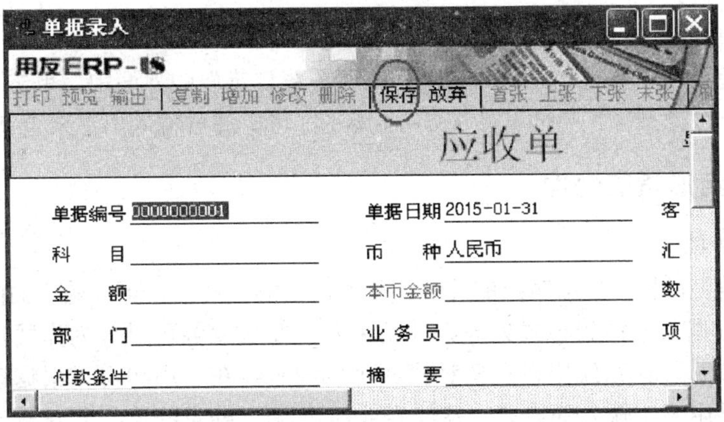

图 5-12　单据录入

输入完成后单击"期初余额明细账"中"对账"按钮，系统自动完成对账。

三、销售订单的处理

企业是通过与客户签订销售订单来确认客户对货物的需求信息的，销售订单是反映由购销双方确认的客户购货需求的单据，可以是企业销售合同中关于货物的明细内容，也可以是口头协议。在整个销售管理过程中，制定销售单是整个销售过程的第一步，企业通过销售订单的制定来组织货物来源。销售订单的内容有：业务类型、销售类型、订单日期、付款条件等。需要输入的基本数据大部分在初始化中定义，在录入可以使用系统提示参照输入信息。

1. 销售订单的输入

从"企业门户"|"供应链"|"销售管理"进入，选择"业务"|"销售订货"|"销售订单"，界面如图5-13所示，单击"增加"按钮，输入信息。

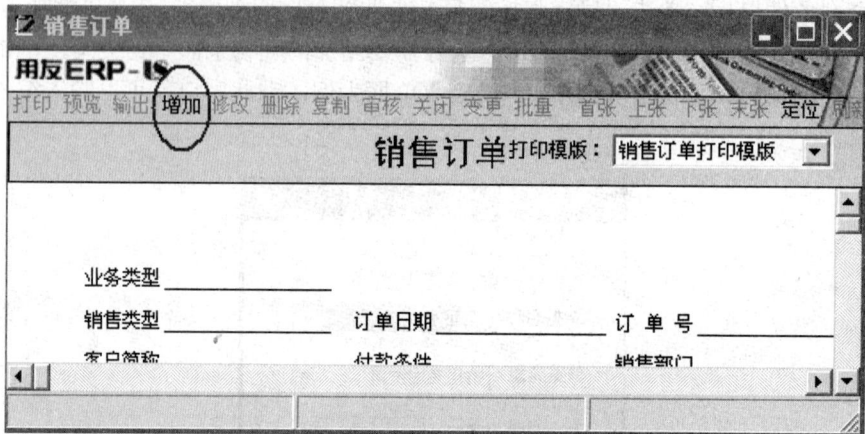

图5-13　销售订单

2. 销售订单的审核

在"销售订单"的界面中，单击"审核"按钮，如果经过审核后发现需要更改信息，可以单击"弃审"按钮。

3. 销售订单的查询

销售订单的查询主要是对订单的管理。在"销售订货"的界面中，单击"业务"按钮，进入"销售订单过滤条件"界面，如图5-14所示，可以通过输入信息来查询订单。

四、发货与退货的处理

1. 销售发货单

发货单是销售货物一方给客户的凭证，是发出货物的证明，可以是书面的，也可以是一种口头协议。根据一般销售模式处理方式的不同，发货业务可以分为先发货后开票和开票直接发货业务模式，在系统中，这两种模式可以同时存在，用户可以根据订单批量生成发货单，也可以采用手工输入的方式。从"企业门户"|"供应链"|"销售管理"进入，选择"发货"|"发货单"按钮，界面如图5-15所示。

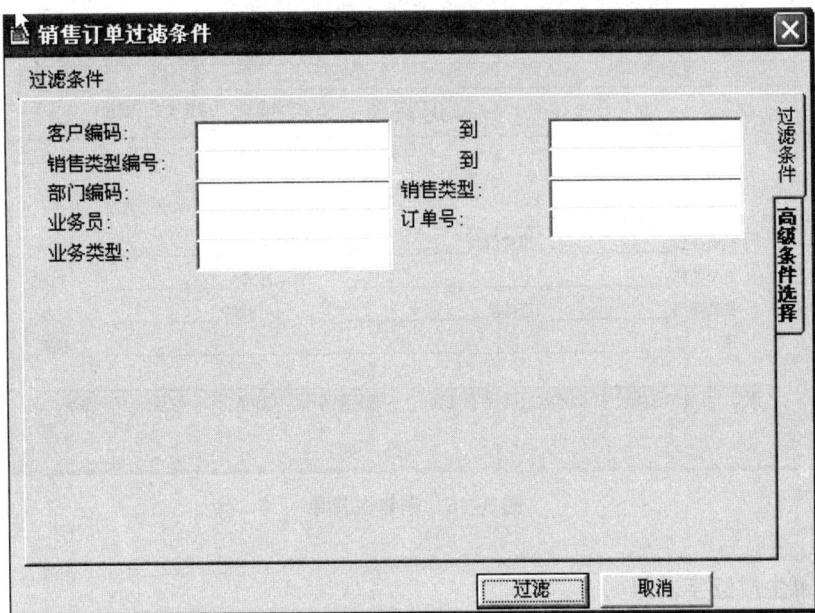

图 5-14　过滤条件

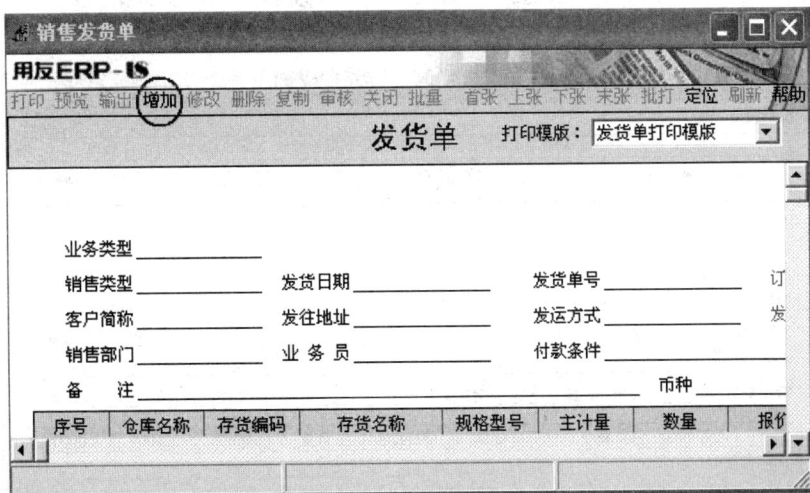

图 5-15　销售发货单

2. 销售退货单

退货业务是指客户因货物质量、品种、数量等不符合规定的要求而将已购买的货物退回给销售企业的业务。退货单是发货单的反方向处理业务，是发货单的红字单据。同时退货单可以处理换货业务。从"企业门户"|"供应链"|"销售管理"进入，选择"发货"|"退货单"按钮，界面如图 5-16 所示，单击"增加"系统就自动弹出"选择订单"窗口，输入条件后单击"显示"按钮，返回到"销售退货单"窗口，单击数据标的第一行，选择"仓库名称"，同时输入"数量"、"报价"等信息后，单击"保存"按钮。

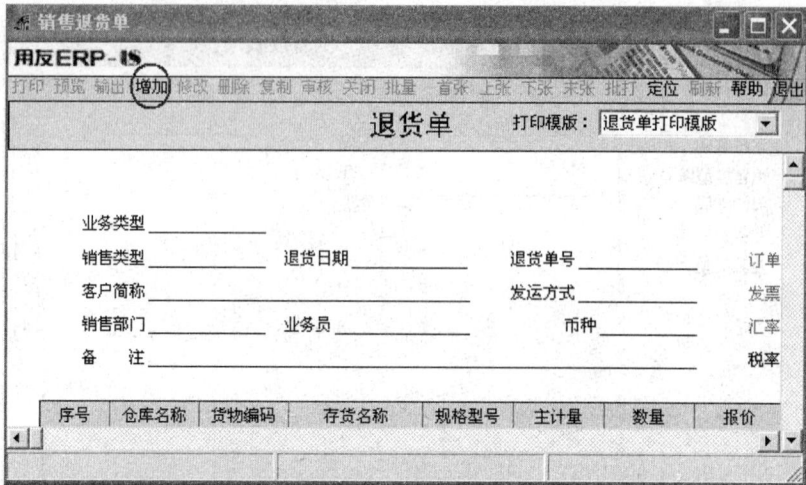

图 5-16 销售退货单

3. 退货单生成红字发票

从"企业门户"|"供应链"|"销售管理"进入，选择"业务"|"开票"|"红字专用销售发票"按钮，界面如图 5-17 所示，单击"增加"按钮，系统会自动弹出"选择订单"界面，输入过滤的条件单击"显示"按钮选择相关的记录，再确认、保存和复核。

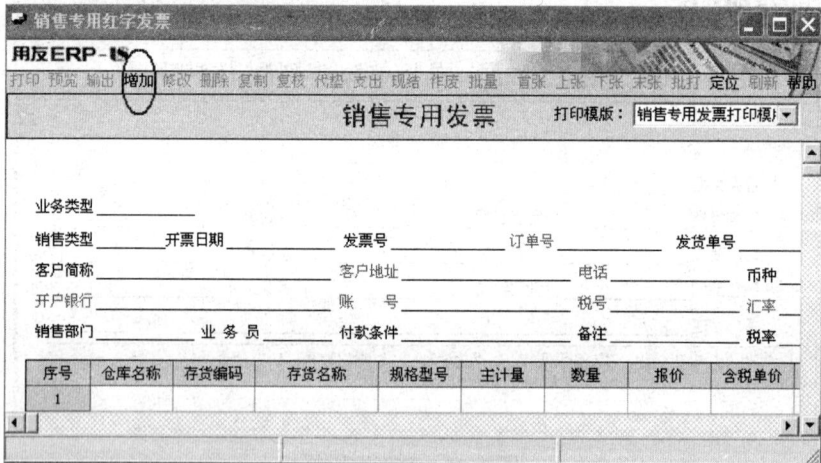

图 5-17 销售专用发票

五、销售发票的输入

销售发票是在销售开票过程中企业所开具的原始销售单据，包括增值税专用发票、普通发票。销售发票是很重要的会计核算和管理单据，输入的时候应谨慎，发票的基本数据有：开票日期、发票号、客户简称及税号等内容。从"企业门户"|"供应链"|"销售管理"进入，选择"业务"|"开票"|"销售专用发票"按钮，其界面如图 5-18 所示。

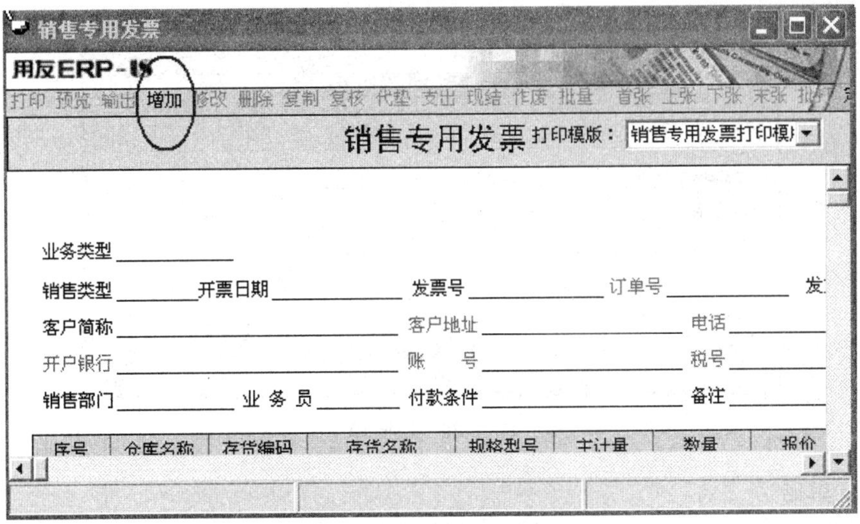

图 5-18　销售专用发票

在实际工作中，发货单与发票的客户有可能不是一致的，比如一张发货单开给一家单位，但是货款却是由另一家或多家单位来支付，这种情况下就需要开票给多家单位。

六、应收单据和收款单据的处理

单据的处理是应收系统的起点。企业同时使用应收和销售系统时，应收系统只对销售管理系统传递来的发票和费用单据进行处理，不能对其修改。应收系统所需要输入的单据仅仅是销售管理系统中没有输入的应收单。当企业单独使用应收系统时，则都在该系统中进行输入处理。

1. 增加应收款

应收单就是一张凭证，主要用于记录销售业务之外所发生的各种其他应收业务。从"企业门户"进入，选择"财务会计"|"应收款管理"|"应收单据处理"|"应收单据录入"，打开单据类别对话框，界面如图 5-19 所示，选择单据名称、单据类型、方向后确定，打开"应收单"窗口，如图 5-20 所示。输入信息以后单击"保存"按钮进行保存。

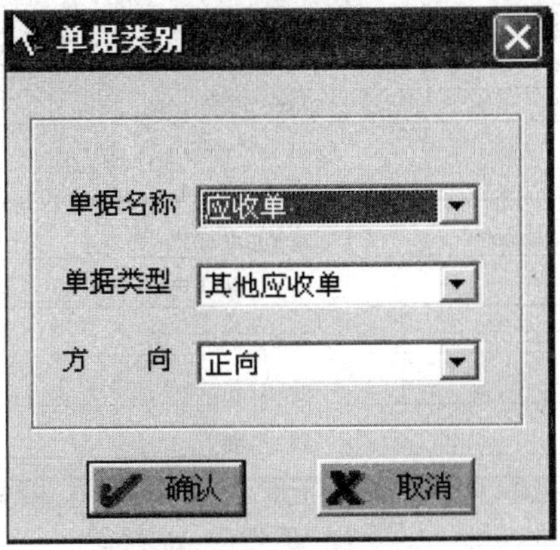

图 5-19　单据类别

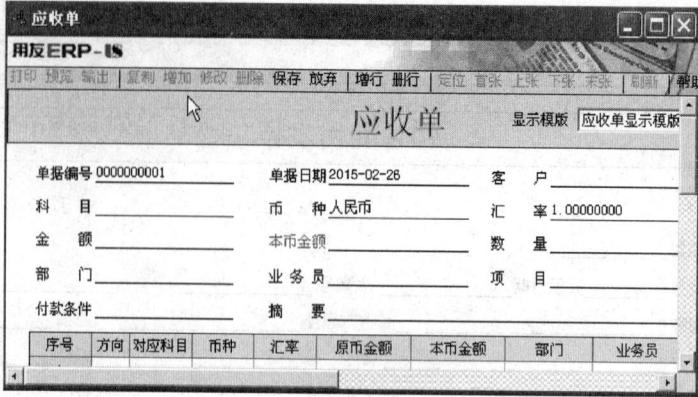

图 5-20　应收单

2. 修改单据

选择"财务会计"|"应收款管理"|"应收单据处理"|"应收单据审核"选项，打开过滤条件窗口，输入需要的信息以后确定，进入应收单据列表窗口，如图 5-21 所示。

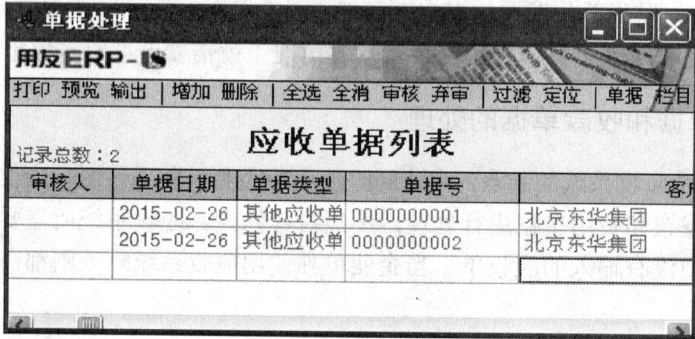

图 5-21　应收单据列表

双击需要修改的单据进入相应的应收单据窗口，如图 5-22 所示，单击"修改"按钮进行修改。单据的名称、类型不能修改，可以删除该单据，重新增加一张新单据，审核过的和生成了凭证的单据也不能修改。

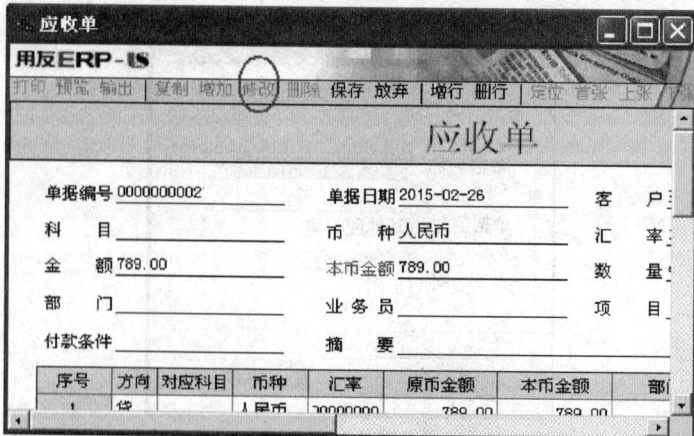

图 5-22　应收单

3. 审核单据

单据的审核可以单张审核，也可以成批审核。批审的步骤：打开"应收单据处理"|"应收单据审核"选项，打开过滤条件窗口，输入需要的信息以后单击"批审"，系统根据输入的条件自动进行全部单据的一次性审核。单张审核的步骤是：进入"应收单据列表窗口"，单击需要审核的单据，进入应收单据窗口后单击"审核"按钮。已经审核的单据，在没有生成凭证之前可以取消审核，直接单击"弃审"即可。

应收单据输入审核完成以后直接制单：当应收单据审核后，系统就会弹出"是否立即制单"窗口，单击"是"则审核后的单据就在总账系统中进行制单，完毕以后，单击"保存"按钮，凭证左上角就会显示"已生成"字样。

4. 收款单据的处理

收款单是企业接收到客户偿还的货款或劳务时填制的凭证，管理的内容包括收款单的录入与审核。具体的操作步骤是：从"财务会计"|"应收款管理"|"收款单据处理"|"收款单据录入"进入，打开"收款单"窗口，如图5-23所示，单击"增加"按钮，输入信息后保存。收款单的审核与应收单的审核类同。

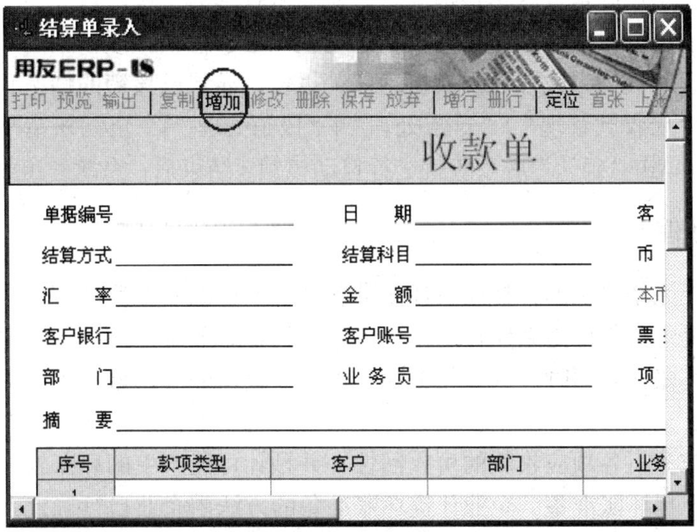

图 5-23　结算单录入

七、核销处理

应收系统的核销处理是用户进行的收款核销应收款工作，单据的核销作用是解决收回客户应收款的问题，核销该客户的应收款。建立收款与应收款的核销记录，监督应收款即时核销，加强往来款项的管理，从而进行准确的财务分析，为管理者提供决策的依据。核销的方式有手工核销和自动核销。

1. 手工核销

手工核销是指由用户手工进行收款单和与之对应的应收单的核销工作。手工核销加强了核销的灵活性。其步骤是：从"应收款管理"|"日常处理"|"核销处理"|"手工核销"进入，弹出"核销条件"对话框，如图5-24所示，输入相关的信息后确认，进入"单据核销"

界面，单击"分摊"按钮，核销完成后保存。

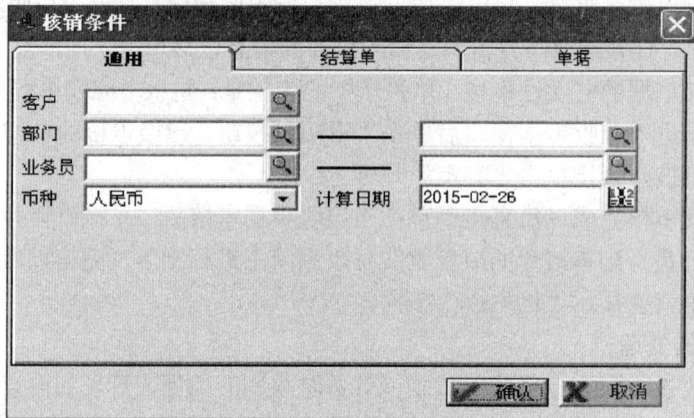

图5-24 核销条件

2. 自动核销

自动核销是指用户确定收款单核销与之对应的应收单的工作，自动核销可以根据查询条件选择需要核销的单据，然后系统自动核销，这就加强了往来款项核销的效率。可以对多个客户进行核销处理，核销完成以后提交自动核销报告，显示已核销的情况和未核销的原因。操作的步骤：从"应收款管理"|"日常处理"|"核销处理"|"自动核销"进入，弹出"核销条件"对话框，单击"确认"后系统就进行自动核销。结束后，系统弹出"自动核销报告"。

八、坏账处理

坏账处理是指系统提供的计提应收坏账准备处理、坏账发生后的处理、坏账收回后的处理等功能。坏账处理的作用是系统自动计提应收款的坏账准备，当坏账发生时，进行坏账核销工作，当核销坏账又收回时，进行相关的处理。其处理的结果自动生成凭证并接转到账务处理子系统中去。

企业应于期末分析各项应收款的可收回性，并预计可能产生的坏账损失。对预计可能发生的坏账损失，计提坏账准备。企业计提坏账准备的方法由企业自行确定。系统为用户提供的坏账处理方式有应收余额百分比法、销售余额百分比法、账龄分析法、直接转销法。

当被确定的坏账又被收回时，可以通过坏账收回功能进行处理，录入一张收款单，金额即为收回的坏账金额。

企业应当依据以前的经验和债务单位的实际情况制定计提坏账准备政策，明确计提坏账准备的范围和提取比例。

通过坏账查询功能可以查询一定时期的坏账处理结果。

1. 坏账的确定

系统为用户提供了确定某些应收款为坏账的操作模块，通过本模块用户可以选定发生坏账的应收业务单据，确定一定期间内应收款发生的坏账，及时用坏账准备进行冲销，以避免长期呆滞的现象。从"应收款管理"|"日常处理"|"坏账处理"|"坏账发生"进入，界面如图5-25所示，输入相关的信息后确认，进入"坏账发生单据明细"窗口，界面如图5-26所示。在"本次发生金额"中输入坏账发生的金额后单击"确认"按钮，就可以进行制单处理。

图 5-25　坏账发生

图 5-26　发生坏账损失

2. 坏账的收回

坏账的收回是指系统提供的对应收款已确定为坏账后又被收回的业务处理功能，可以对一定期间发生的应收账款收回业务进行处理，反映应收款的真实情况，便于对应收账款的管理。从"应收款管理"|"日常处理"|"坏账处理"|"坏账收回"进入，界面如图 5-27 所示，输入相关的信息后确认就可以制单。

3. 坏账的查询

系统提供的对系统内进行坏账处理过程和处理结果的查询功能。通过坏账查询功能可以查询一定期间内发生的应收账业务处理情况，以加强监督。从"应收款管理"|"日常处理"|"坏账处理"|"坏账查询"进入，界面如图 5-28 所示。

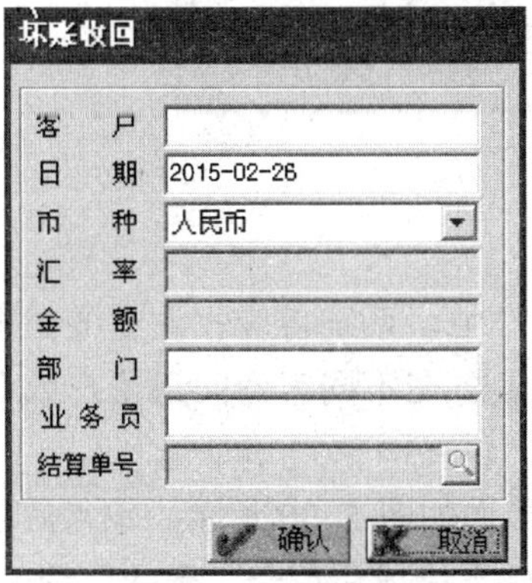

图 5-27　坏账回收

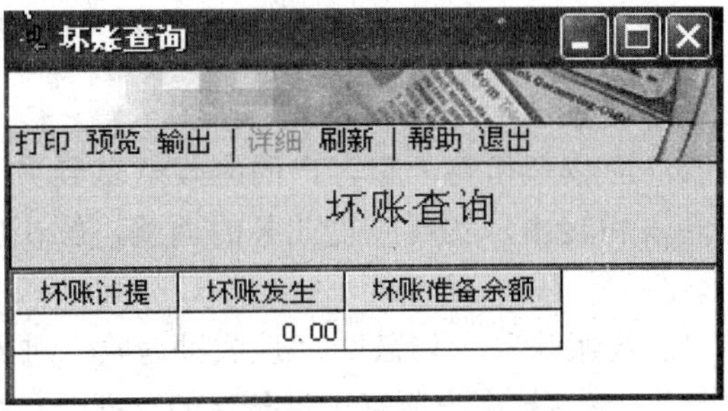

图 5-28　坏账查询

九、转账处理

企业在平常的往来业务中，由于频繁发生往来款项，对同一个往来单位既有可能是债权人，也有可能是债务人，如果不及时的处理，就有可能导致账务混乱，因此系统往往提供对冲处理功能，以便正确反映与这类企业的往来情况。

1. 应收冲应付

应收冲应付是指用客户的应收账款，冲抵某供应商的应付账款。系统通过应收冲应付功能将应收款业务在客户和供应商之间进行转账，实现应收业务的调整，解决应收债权与应付债务的冲销。从"应收账款"|"转账"|"应收冲应付"进入，其界面如图 5-29 所示。如果需要应收冲应付，就选中"应收冲应付"，然后单击"应收"选卡，输入信息单击"过滤"，系统将所有满足条件的单据全部列出，用户可以在"转账金额"一栏中输入每一笔应收账款的转账额，通过单击"分摊"按钮，系统自动将转账总金额按照列表上的单据顺序进行分摊处理。选择"应付"卡，输入或选择有关的项目后，单击"过滤"按钮，将该供应商所有满足条件的应付款的单据类型、编号、金额等项目列出，用户可以在"转账金额"一栏中输入每一笔应付款的转账金额，然后单击"确认"，系统自动进行对冲。

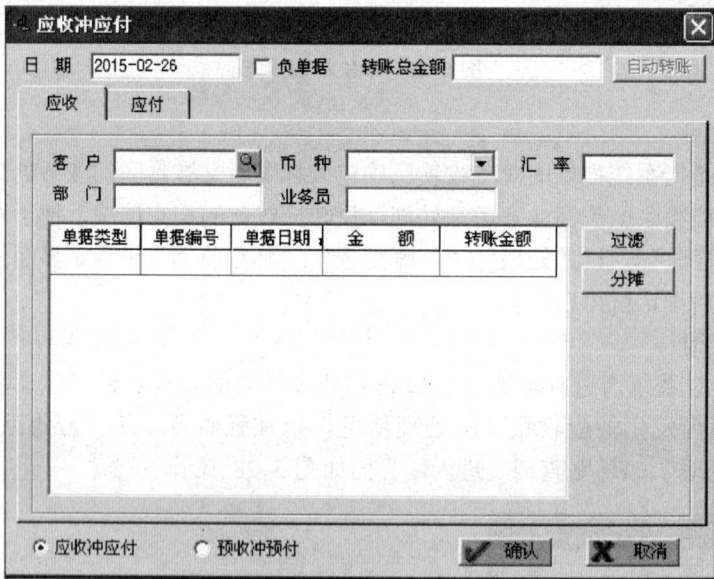

图 5-29 应收冲应付

2. 应收冲应收

应收冲应收是指将一家客户的应收款转到另一家客户中，系统将应收款业务在客商之间进行转入和转出，实现应收业务的调整，解决应收款业务在不同客商间记错户或合并户的问题。

从"应收账款"|"转账"|"应收冲应收"进入，其界面如图 5-30 所示。输入信息后单击"过滤"，将该转出户所有满足条件的单据全部列出。输入完成后单击"确认"，系统自动进行转出、转入处理。

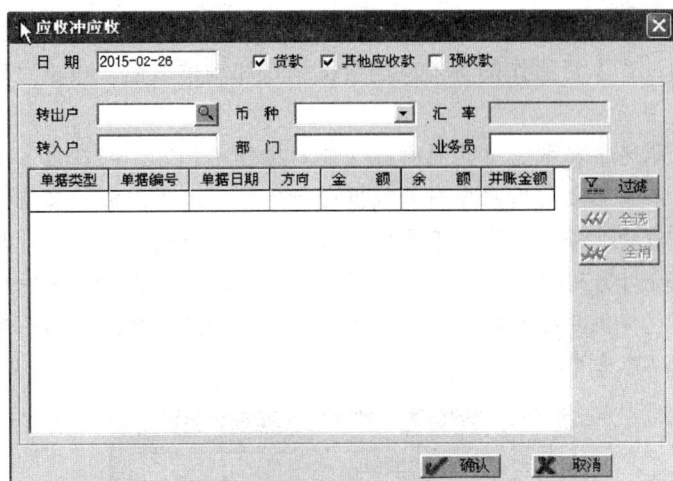

图 5-30　应收冲应收

3. 预收冲应收

预收冲应收指通过预收冲应收处理客户的预收款和该客户应收欠款的转账核销业务。

从"应收账款"|"转账"|"预收冲应收"进入，其界面如图 5-31 所示。单击"自动转账"按钮，系统进行成批的预收冲抵应收款工作。

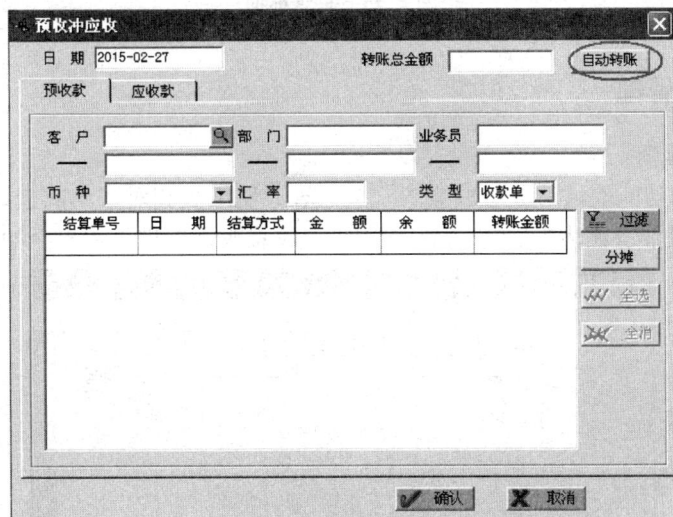

图 5-31　预收冲应收

4. 红票对冲

红票对冲可以实现某客户的红字应收单与其蓝字应收单、收款单与付款单之间进行冲抵的操作。系统提供手工和自动两种方式。操作的方式与步骤和上述操作大同小异。

十、月末结账

月末结账是将每月的单据进行封存，并将当月的销售数据记入有关的账表中。月末结账的操作步骤是：从"应收账款"|"期末处理"|"其他处理"|"月末处理"|"月末结账"

进入，其界面如图 5-32 所示。双击需要结账月份后的"结账标志"，使其变成"Y"，单击"下一步"按钮，当本月所作的各项单据全部记账和制单以后，单击"确认"按钮，月末结账完成。

注意：月末结账通常与系统中其他所有功能的操作不相容，即在月末结账前，应确定其模块已经退出。月末结账之前用户应当将数据进行备份，以免造成不必要的麻烦。结账后不能再做当前会计月份的业务，只能做下月的业务。结账前应当检查本会计月份工作是否已经完成，只有在当前会计月份所有工作已经完成的前提下，才能进行月末结账工作。除上述的月末结账外，系统也提供年度的结账功能。年度的结账功能是将上年的基础数据和各种单据的数据全部转入本年账套中。

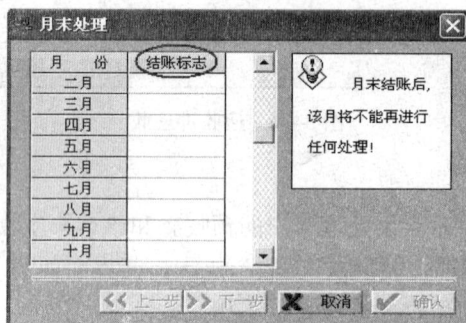

图 5-32 月末处理

十一、账表管理

1. 业务账表查询

业务账表查询功能提供对业务总账表、余额表、明细表和对账单的查询。操作步骤是：从"账表管理"|"业务账表"|"业务总账"|"应收总账表"进入，界面如图 5-33 所示，

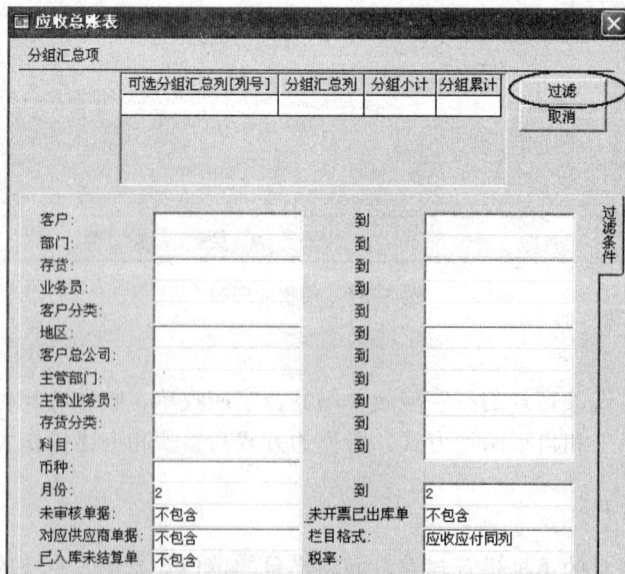

图 5-33 应收总账表

单击"过滤"按钮，进入如图 5-34 所示界面，列出了符合条件的记录。

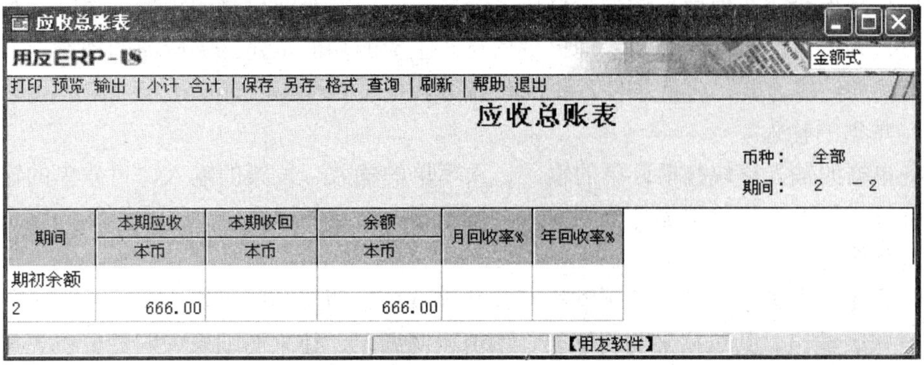

图 5-34　应收总账表

2. 账龄的分析和应付对账单查询

用户可以通过账龄分析功能来分析客户、存货、业务员和部门的应收款余额的账龄区间分布。

3. 账表的输出

应收子系统的账表输出模块主要是输出各种统计报、分析报表和明细账，输出的账表有四类。第一类是统计报表，比如销售统计表、发货统计表、发票使用明细表等；第二类是销售分析报表，比如销售结构表、销售毛利表等；第三类是各种明细账输出，比如销售收入明细账、销售费用明细账等。各种输出的账表既可以在屏幕上显示，也可以打印输出，还可以以文件的形式输出。

第三节　应付款管理系统概述

应付款是企业负债的一个重要组成部分。应付账款是因为企业赊购业务产生的，因此，入账时间的确认是与物资采购的时间一致的，而由于商业折扣、现金折扣等因素，应付账款入账价值的确定比较复杂。企业不仅要对应付账款进行核算，还要加强对自身偿债能力的管理。会计软件（比如用友 U8）提供的应付款管理系统，在应付款管理方面提供了强大的功能，可以详细地记录应付账款发生的原因，有效掌握应付账款付款冲销状况，提供适时的查询依据，提高对自身信用的管理，有效利用信用期内的浮动资金，提高财务管理能力。

一、应付款管理系统的主要功能模块的分析

应付账款系统主要用于核算和管理企业与供应商之间的往来款项，该系统主要对采购业务应付款项进行处理，记录采购及其他业务的往来交易，通过采购发票、其他应付单、付款单等单据的处理，对企业的供应商往来账款进行综合管理，并及时、准确地提供供应商往来账款余额资料。

在应付管理子系统功能模块中，主要的功能模块的业务处理顺序是：初始化、单据的输入、日常业务处理、账表输出、自动转账和系统维护等，每个功能模块又可以分为多个子模块。

（1）初始化

初始化是指企业在使用采购与应付子系统之前，依据企业自身的规模、属性进行个体的特征设置，为以后的日常核算和管理提供信息。主要的功能是建立供应商的档案，设置与采购业务有关的结算方式、付款条件、税率设置等。

（2）单据的输入

业务单据的输入模块包括订单的输入、入库单的输入、发票的输入、付款单的输入、单据的查询等，尽管这些单据都是分别输入，但是存在一定的联系，也正是这样的联系把采购与应付子系统连接起来。

（3）日常业务处理。其包括采购结算和往来款核销两个功能模块。

（4）账表输出。其包括采购明细表、增值税明细表、往来明细表、账龄分析表等。

（5）自动转账。其包括数据的备份与恢复、修改密码、系统的维护。

二、应付款管理系统的目标

应付账款管理子系统的目标应包括以下六个方面：

（1）灵活、正确地反映企业个性化特征。企业的属性、规模不同，其结算的方式、采购类型、付款条件都有所差异，采购系统应能灵活、正确地反映企业的这些个性特征，以满足企业在不同时期对管理信息的需求。

（2）提供各种管理方面的信息。系统应及时、准确地为各个部门和管理者提供各种与采购和应付款相关的信息，并将其传到其他子系统。

（3）充分利用网络技术实现电子采购与付款系统。利用网络技术，实现采购与应付的无纸化办公。

（4）加强对资金的管理。在采购与应付款管理子系统中，系统能自动监视从收到供货商发票到处理发票的全过程，加强了对应付账款的管理。

（5）采购核算与管理。进行采购的订单处理，反映和监督采购合同的指定与执行情况，为选择合理的供货商提供信息等。

（6）应付账款的核算与管理。系统需要完成对从收到发票到付款为止的数据处理，监督资金的流出情况等。

第四节　应付款管理系统应用

一、设置账套参数

1. 系统启用

系统启用就是激活应付管理子系统模块。在"企业门户"窗口中选择"基础信息"|"基本信息"按钮，进入"基本信息"窗口，单击"系统启用"按钮，打开启用窗口。具体操作在应收中已介绍。

2. 设置账套参数

具体的操作步骤如下：

（1）在用友 ERP-U8 的"企业门户"窗口中，选择"财务会计"|"应付款管理"按

钮，进入"应付款管理"窗口。选择"系统菜单"|"设置"|"选项"命令，打开"账套参数设置"。

（2）单击"编辑"按钮，开始进行账套的参数设置，在常规的选项卡中用户可以设置的选项有：应付款核销方式、单据审核日期依据、汇兑损益方式等。在应收中已作了详细讲解，这里不再赘述。

二、基础设置

（一）创建分类体系

要建立完整的购销与应收与应付管理系统，就必须建立客户、供应商或者存货等的分类档案。在建立分类档案之前，首先要建立分类体系，为分类档案建立一个分类的标准，多数的财务软件提供了四种分类：地区分类、供应商分类、存货分类和客户分类。以下介绍地区分类设置、供应商分类设置、存货分类设置。

1. 地区分类设置

在采购管理系统模块中，用户会使用到供应商档案。而供应商档案表中有所属地区栏目要填写。地区分类最多有五级，企业可以根据实际需要进行分类。操作的步骤是：从"企业门户"|"供应链"|"采购管理"|"设置"|"分类体系"|"地区分类"进入，界面如图 5-35 所示。单击"增加"按钮可以增加信息。

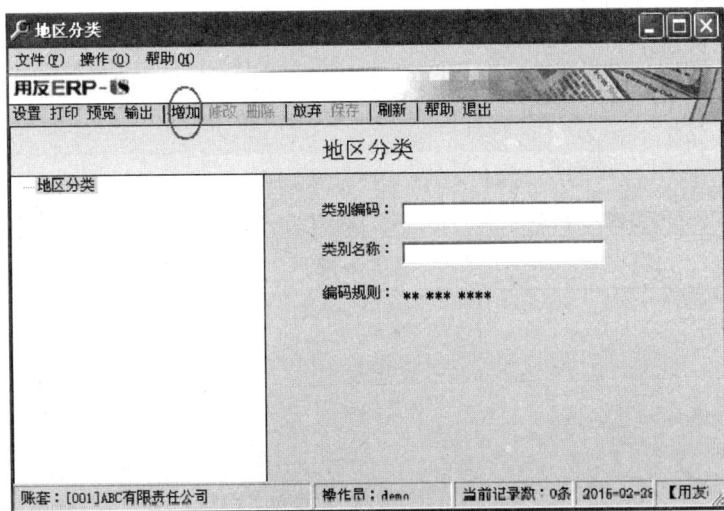

图 5-35　地区分类设置

2. 供应商分类设置

可将供应商按照行业、地区等进行划分。建立起供应商分类后，应将供应商设置在最末级的供应商分类之下。在供应商档案设置中需要设置的供应商，应先在本功能中设定。已经被引用的供应商分类不能被删除，没有对供应商进行分类管理需求的可以不使用本功能。操作的步骤是：从"企业门户"|"供应链"|"采购管理"|"设置"|"分类体系"|"供应商分类"进入，界面如图 5-36 所示。单击"增加"按钮可以增加信息。

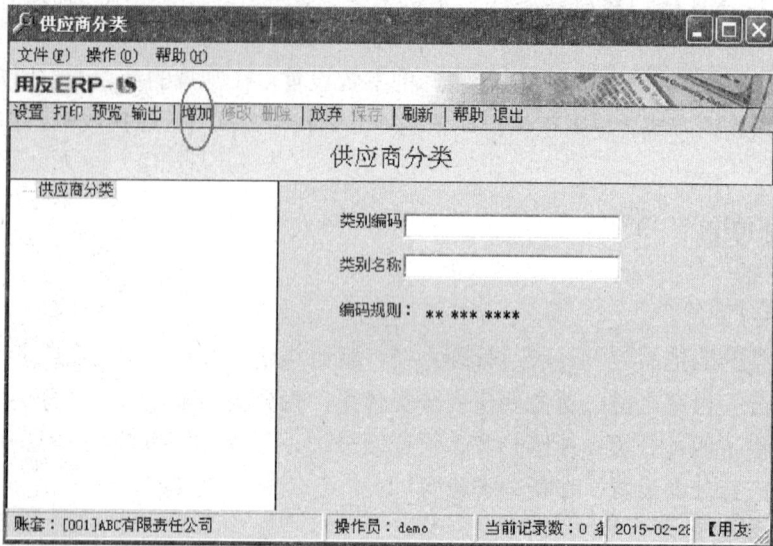

图 5-36　供应商分类设置

3. 存货分类设置

存货分类用于设置存货分类编码、名称、对应条形码。存货分类最多可以分为八级，编码总长不超过 30 位，级长可以自由定义。从"企业门户"|"供应链"|"采购管理"|"设置"|"分类体系"|"存货分类"进入，界面如图 5-37 所示。单击"增加"按钮可以增加信息。

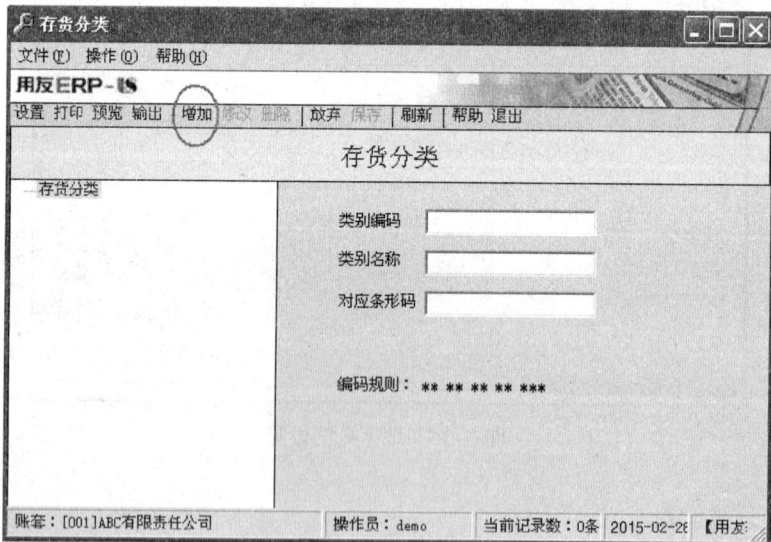

图 5-37　存货分类设置

注意：存货分类、客户分类和供应商分类必须建立，地区分类是针对在这三种分类中涉及地区需要分类的情况而设定的。

分类编码的设置必须与编码方案设置一致，在应付系统中设置的地区分类和存货分类在应收系统就不必再设置。在总账中设置的客户分类和供应商分类，在应收应付中也不必再进行设置。

（二）编码档案设置

编码档案设置包括供应商档案设置、部门档案设置、职员档案设置、存货档案设置、仓库档案设置等。

1. 供应商档案设置

供应商档案设置模块的功能是将用户输入的信息，比如代码、名称、地址、税号、联系人等信息，存入供应商文件，为日后提供数据。用户可以建立供应商档案用于日常业务管理，包括采购管理系统、库存管理系统、应付管理系统。建立供应商档案之前，必须先建立供应商的分类。其设置的界面如图 5-38 所示。从"基础档案"|"基础信息"进入，单击"增加"按钮对供应商进行增加。

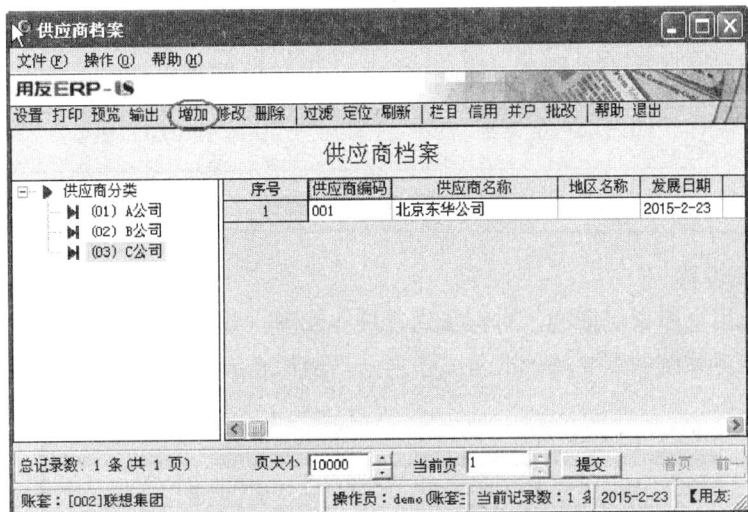

图 5-38　供应商档案

2. 部门档案设置和职员档案设置

此模块的设置是对涉及采购业务的企业各个部门和个人进行编码，以便明确责任和统计分析。前者指某个使用单位下辖的具有分别进行财务核算或业务管理要求的单元体，不一定是实际中的部门。后者指主要用于记录本单位使用系统的职员列表，包括职员编号、名称、所属部门以及职员的属性等。为了保持数据的一致性和明确相应的责任，采购部门和采购人员的编码一旦设定并且被使用后，不允许修改和删除。从"基础档案"|"基础信息"进入，单击"增加"按钮进行增加。此内容在应收中已作详细讲解，不再赘述。

3. 存货档案设置

在购销与应收应付管理子系统中，款项的往来是以存货为载体的，没有具体的存货的购进和销出，就不会有往来款项的发生，应收款和应付款的管理必然设计到存货，所以用户就必须建立详细的存货档案。用户可以新建存货档案、管理存货档案。建立存货档案之前，必须先建立存货的分类。存货档案有基本页、成本页、控制页、其他页和自定义项。从"基础信息"|"基础档案"进入，单击"下张"进行增加。其界面如图 5-39 所示。

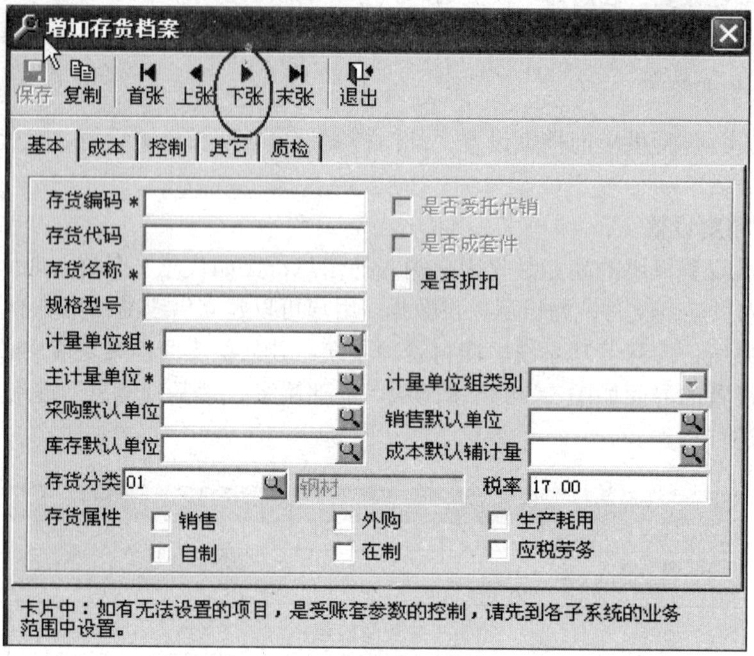

图 5-39 增加存货档案

4. 仓库档案设置

存货一般是用仓库来保管的，对存货进行核算管理，首先应该对仓库进行管理，因此进行仓库设置是业务系统的重要基础准备工作之一。增加仓库档案界面如图 5-40 所示。

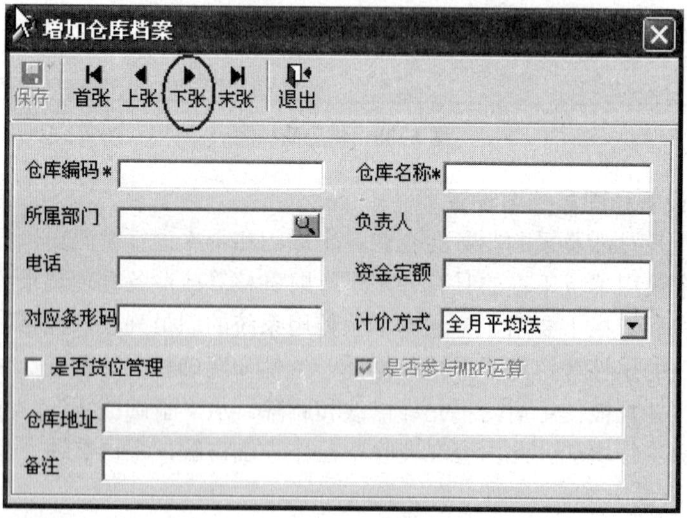

图 5-40 "增加仓库档案"界面

注意：由于仓库记录在使用后，所属部门不可修改，因此用户应该先输入部门档案，才可以输入仓库档案，以便所属部门的输入。如果仓库已经使用就不可删除，并且只可以修改以下几项：负责人、电话、资金定额、仓库地址、备注。

5. 计量单位设置

计量单位组分无换算、浮动换算、固定换算三种类别。计量单位分组如图 5-41 所示。从"基础信息"|"基础档案"进入，单击"增加"按钮对计量单位分组。

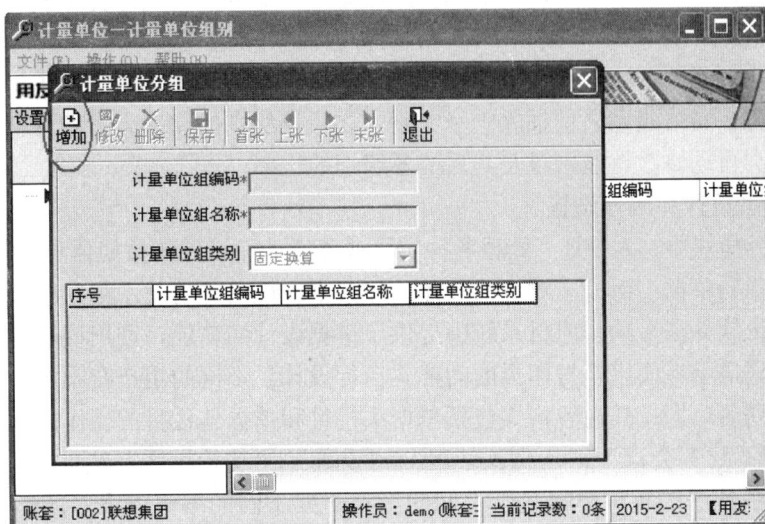

图 5-41 计量单位分组

注意：计量单位组保存以后就不能进行修改操作。存货档案中每一存货只能选择一个计量单位组。计量单位组保存后不可修改。固定的计量单位组包括多个计量单位，即一个主计量单位、多个辅计量单位。

6. 凭证科目设置

（1）基本科目设置。从"企业门户"|"财务会计"|"应付款管理"|"设置"|"初始设置"进入。可以输入相关的信息，如图 5-42 所示。

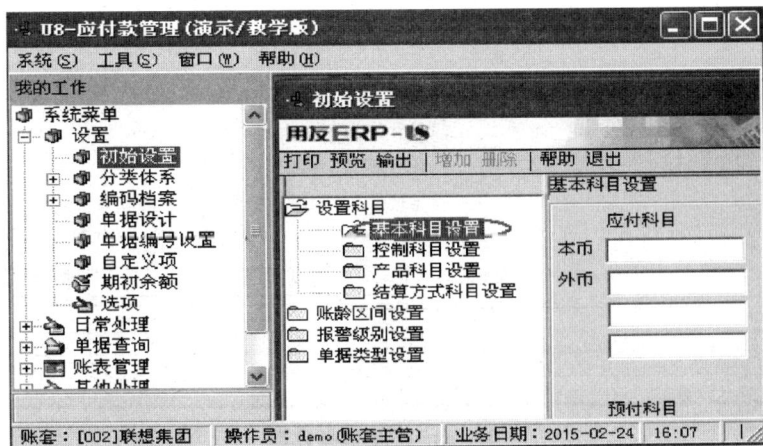

图 5-42 基本科目设置

（2）控制科目设置、产品科目设置、结算方式科目设置等的处理方式与基本科目设置类同。

（3）账龄区间设置。账龄区间设置是指对账期内应付账款或付款时间间隔进行定义，以便于用户根据自己定义的账款时间间隔，进行账期内应付账款的账龄查询和分析。操作步骤是：从"企业门户"|"财务会计"|"应付款管理"|"设置"|"初始设置"|"账龄区间设置"进入，单击"增加"按钮就可以增加信息。应收中已作讲解，这里不赘述。

（4）报警级别设置。从"企业门户"|"财务会计"|"应付款管理"|"设置"|"初始设置"|"报警级别设置"进入，设置的方式请参见账龄的区间设置。用户单击工具栏上的"增加"按钮，即可在当前级别之前插入一个级别，之后该级别的比率会自动调整。可修改输入的比率，系统会自动修改该级别以及其后的各级别的比率。

7. 单据类型设计和编号设置

在单据设计模块中，为描述、处理各种实际业务活动而设置的数据体和操作体，如订单、出入库单等，称为单据；而为了对这些实体设计其表现形式的功能，称为单据设计。

有些商品化软件在采购与应付系统中提供了单据设计的功能，利用该功能可以对系统各主要单据的屏幕显示界面以及打印页面的格式自行设计。不同的用户在不同的业务模块中需要使用各种不同的单据。其内容格式包括单据头栏目和单据体栏目的操作。设置时进入"企业门户"，选择"财务会计"|"应付款管理"|"设置"|"初始设置"界面。

业务模块中使用的各种单据对于不同的用户需要不同的编码方案，所以通过系统自动形成流水号的方式已经远远不能满足用户的需要，这就需要单据编码设置界面来解决，如图5-43所示。

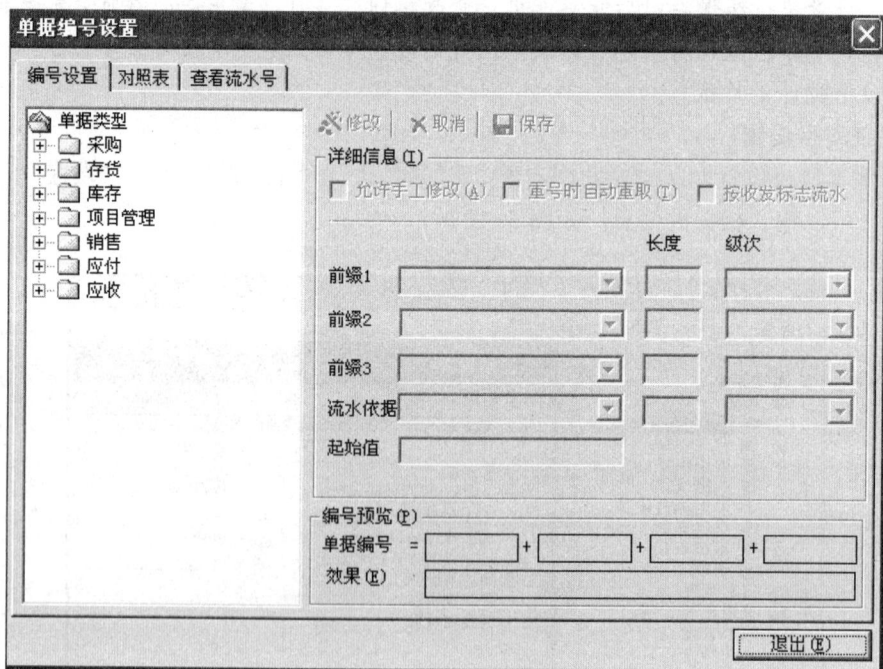

图5-43 单据编号设置

8. 采购类型的设置

采购类型设置模块的功能是根据用户管理的需要允许用户将采购信息输入计算机中并保存。采购类型是企业对其采购业务的不同的分类，主要是为了按照不同的采购类型进行统计的需要。采购类型不分级次，企业可以根据实际需要进行设立。比如某企业设置的采购类型：生产采购、产品开发采购、委托加工采购、定量采购及其他采购。

9. 付款的条件设置

付款条件也叫现金折扣，是指供应商为了鼓励用户偿还所欠的货款而许诺在一定期限内给予相应的优待。这种折扣通常可以表示为 2/10、1/20、N/30 几种方式。处理这种业务需要进行付款条件设置。付款条件模块的功能是为用户提供了定义付款条件的屏幕，将结果保存在相应的文件中，为其他有关业务提供信息。从"基础信息"|"基础档案"进入，单击"增加"按钮对计量付款条件进行增加。此内容在应收中已作详细讲解，不再赘述。

10. 发运方式

用户在处理采购业务或销售业务中的运输方式时，应先行在本功能中设定这些运输方式，如空运、海运、公路运输、铁路运输等。

11. 结算方式

结算方式设置模块的功能是用来建立和管理用户在经营活动中所涉及的结算方式，为付款业务提供信息。企业支付货款的结算方式有许多种，比如：现金、现金支票、商业汇票等。不同的结算方式就有不同的管理要求，并且有不同的计算方式。

用户可以建立和管理在经营活动中所涉及的结算方式，如现金结算、支票结算等。结算方式最多可以分为两级。结算方式一旦被引用，便不能进行修改和删除的操作。结算的典型方式有现金、现金支票、转账支票、电汇、商业汇票、银行汇票、内部转账等。结算方式界面如图 5-44 所示。从"基础信息"|"基础档案"进入，并对其进行增加。在设置结算方式时，应该与财务结算方式一致。

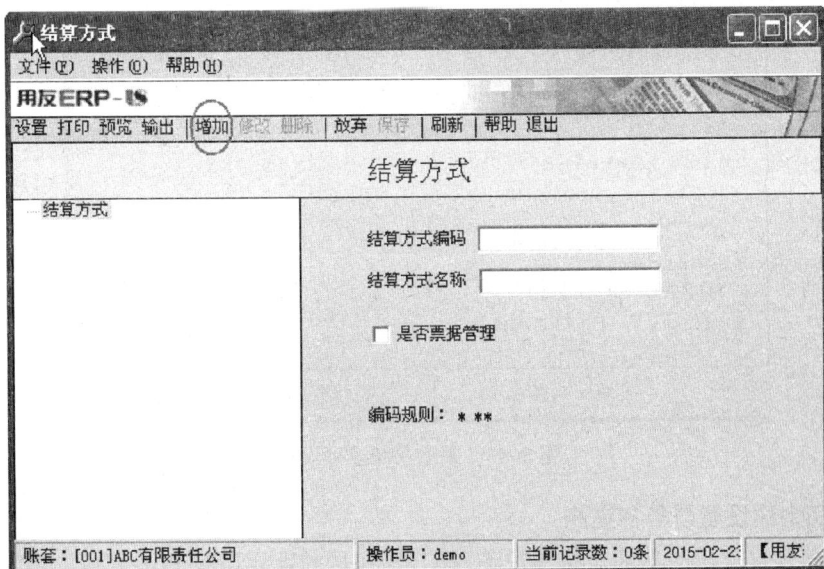

图 5-44　结算方式

12. 外币设置

用户可以对外币、汇率及其折算方式进行设置，如图 5-45 所示。从"基础信息"|"基础档案"进入，并对其进行增加。

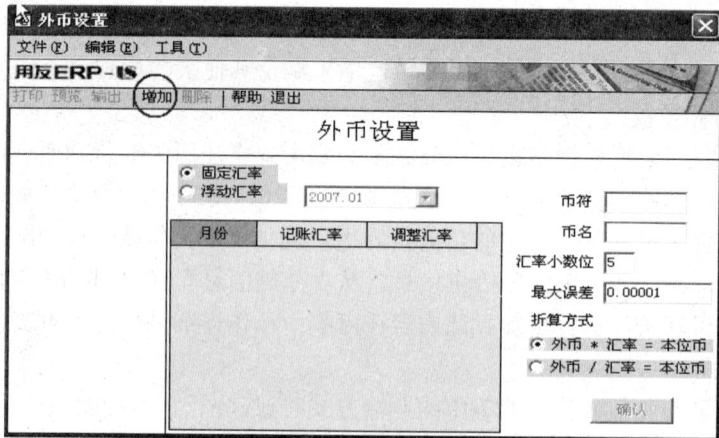

图 5–45　外币设置

13. 系统选项设置

系统选项设置又称之为系统参数、业务处理控制参数，是指企业业务处理过程中所使用的各种控制参数，系统参数的实质将决定用户使用系统的业务流程、业务模式、数据流向。采购系统选项设置如图 5–46 所示。从"企业门户"|"供应链"|"采购管理"进入，并对其进行设置。

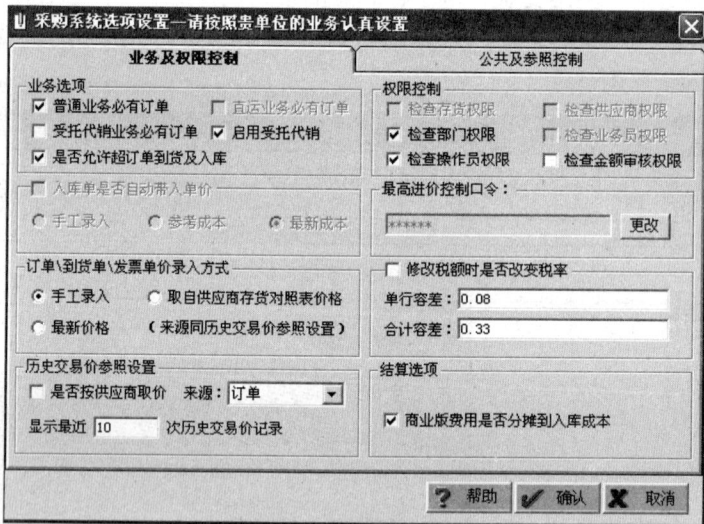

图 5–46　采购系统选项设置

14. 期初余额设置与年初建账

期初余额设置模块的功能是将用户输入的采购、应付账款等期初余额存入相应的文件中，为相应的业务提供数据信息，是会计业务连续的基本要求。

年初建账是将用户输入的采购与应付子系统的基础数据存入相应的文件中，为计算机系统核算和管理采购、应付账款等业务提供基础数据。年初建账是会计业务连续的要求，是手工采购与应付账款核算向计算机核算和管理转化的基础。可以在每年的其他月份中进行。包括采购初始化和应付初始化。

三、采购请购

采购请购是指企业内部向采购部门提出采购申请，或采购部门汇总企业内部采购需求提出采购清单，是企业正常的采购业务的开始，是采购与付款子系统中主要的功能模块，采购请购单如图 5-47 所示。为了做好采购管理又将其模块进一步进行划分,请购单只能手工增加，可以修改、删除、审核、放弃审核、关闭、打开。已经审核没有关闭的请购单可以生成采购订单，如图 5-48 所示。

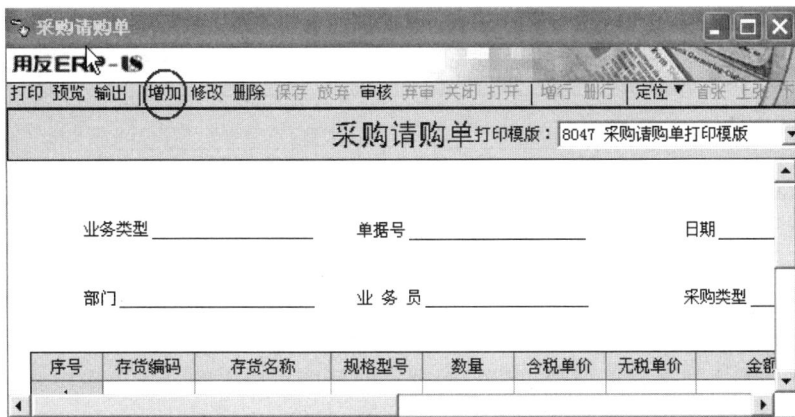

图 5-47 采购请购单

有些企业使用了采购计划子系统编制采购订单，则采购订单可以由该系统直接转入。采购订单中需要输入的基本数据大部分都在初始化中进行定义，可以使用系统提示功能选择录入。

四、采购到货单和采购入库单

采购到货是采购定购和采购入库的中间环节，一般由采购业务员根据供方通知或送货单填写，确认对方所送货物、数量、价格等信息，以入库通知单的形式传递到仓库作为保管员的依据。采购到货单是可选单据，用户可以根据业务需要选用。采购入库单如图 5-49 所示。从"企业门户"|"供应链"|"采购管理"进入。单击"增加"按钮进行增加。

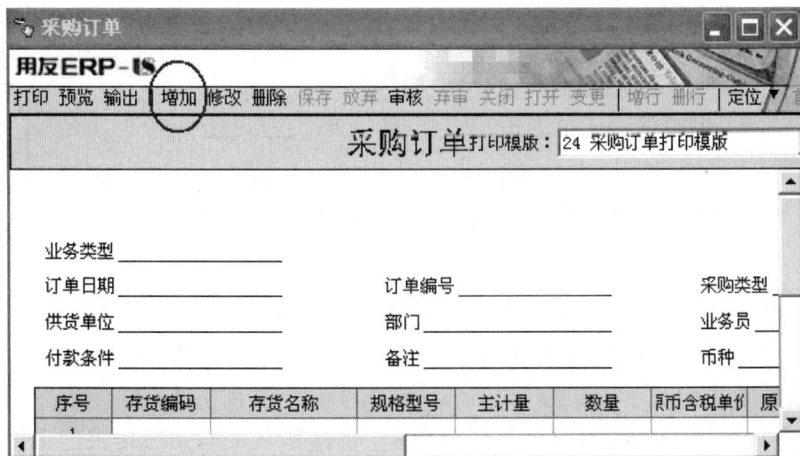

图 5-48 采购订单

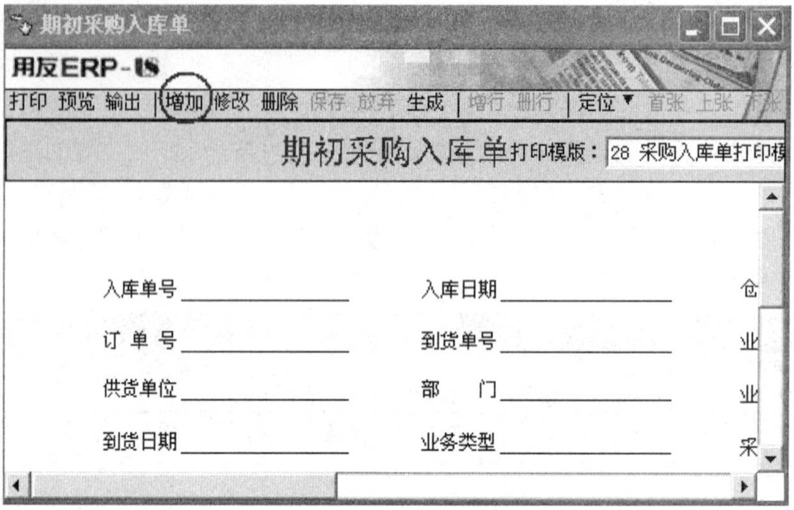

图 5-49　期初采购入库单

五、应付单据处理

应付单据处理主要是对应付单据进行管理，包括应付单据的录入、审核。根据业务模型的不同，可以处理的单据类型也不同。单据录入是采购与应付系统的起始环节。由"企业门户"|"财务会计"|"应付款管理"进入，如图 5-50 所示，可以对其进行数据的录入，审核结束以后就可以制单。

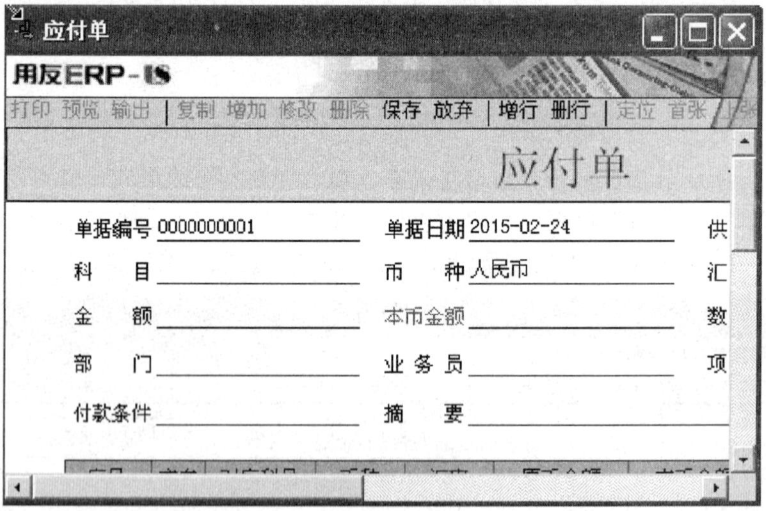

图 5-50　应付单

应付单的审核是在"单据过滤条件"中进行，在此对话框中输入查询条件后，单击"批审"按钮系统就根据当前的过滤条件进行一次性的审核。应付单据的审核主要提供用户的批量审核。系统提供用户手工审核、自动审核的功能。在"应付单据审核"的窗口中显示的单据可包括所有已经审核、未审核的应付单据，也包括从采购系统传来的单据，如图 5-51 所示。

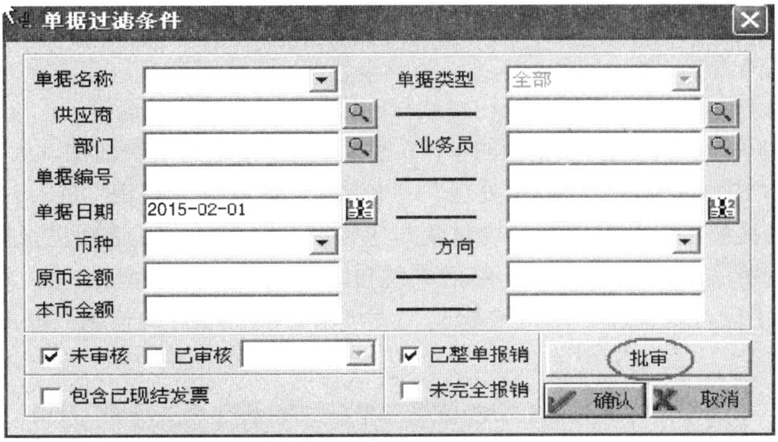

图 5-51　单据过滤条件

　　单据的名称和类型不能进行修改，如果一定要修改，就只有删除这张单据，增加一张新的单据。单据删除以后就不能恢复。

六、付款单据处理

　　付款单据处理主要是对结算单据进行的管理，包括付款单、收款单的录入和审核。付款单输入的基本项目有：供应编号、结算单号、结算方式、日期等，它的审核与应付单据大体相同。从"企业门户"|"财务会计"|"应付款管理"|"付款单据处理"按钮进入，如图 5-52所示。

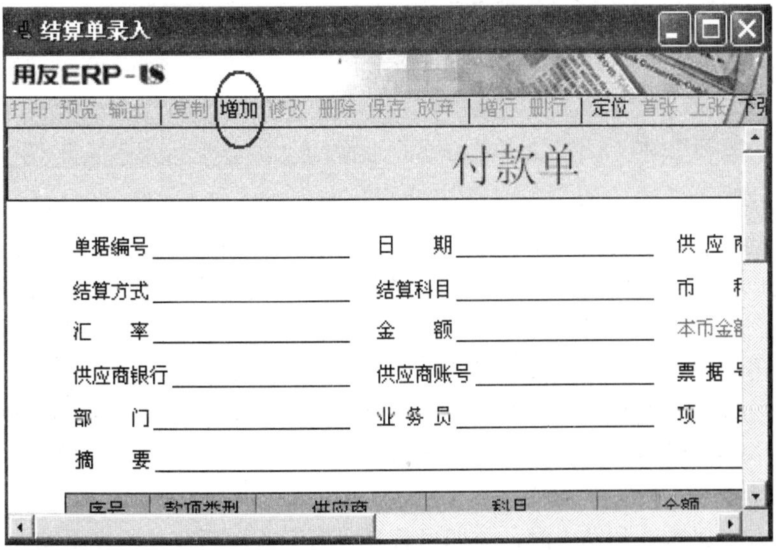

图 5-52　结算单录入

付款单据的审核也是通过"结算单过滤条件"对话框进行的。

七、核销处理

核销处理指用户日常进行的付款核销应付款的工作。单据核销的作用是处理付款核销应付款，建立付款与应付款的核销记录，监督应付款的实时核销。可以分为自动核销和手工核销。

手工核销是指用户手工确定系统内付款与应付款的对应关系，选择进行核销处理。通过本功能可以根据查询条件选择要核销的单据，然后手工核销，富有灵活性。从"企业门户"|"财务会计"|"应付款管理"|"日常处理"|"核销处理"|"手工核销"进入。

自动核销系统可自动确定系统内付款与应付款的对应关系，选择进行核销。可以根据查询条件选择需要核销的单据，然后系统自动核销，富有效率性。从"企业门户"|"财务会计"|"应付款管理"|"日常处理"|"核销处理"|"自动核销"进入，如图 5-53 所示。

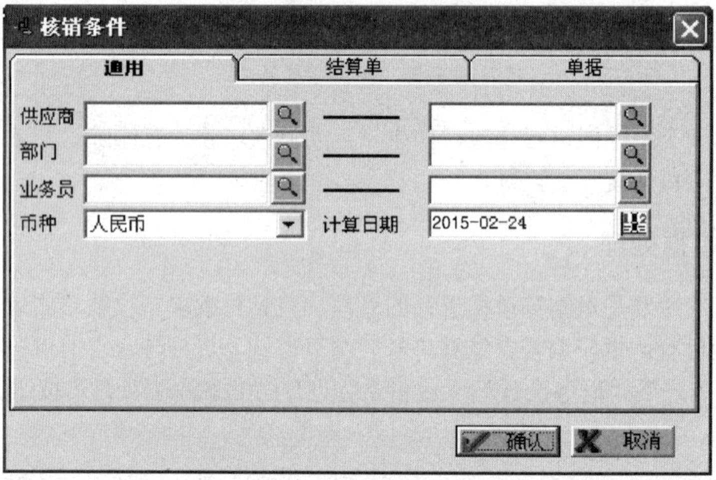

图 5-53　核销条件

八、采购发票的输入

1. 采购发票

采购存货的价格是由采购发票决定的，与供应商结算的金额也是由采购发票决定。采购发票的输入是以供应商提供的原始发票为依据来输入的。系统将根据采购发票确认采购成本，并据以登记应付账款。采购发票业务性质分为：蓝字发票和红字发票。采购发票按发票类型分为：增值税专用发票、普通发票和运费发票。在收到供应货物单位的发票后，如果未收到供货单位的货物，可以进行单据待处理，待货物到达后，再输入到系统中作报账处理；也可以先将发票输入到系统中，以便实时统计在途货物。

2. 处理现付

现付业务指在采购业务发生时，立即付款开发票。在实际业务中当采购人员在采购取得货物的同时将货款先行垫付，这时需将款项直接支付给本单位的采购人员。在采购发票保存后就可以进行现付款处理，已经审核的发票不能再做现付处理。

进入发票单据界面，系统显示所选的单据格式，以及最后依次操作的单据。单击"上张"、"下张"、"首张"、"末张"按钮，查找需要现结的单据；或单击"定位"按钮，利用定位功能查找需要现结的单据，如图 5-54、图 5-55 所示。单击"现付"按钮，系统弹出现付窗口录入内容后单击"确认"按钮，则对当前单据进行现付，发票左上角注明'"已现付"红色标记。

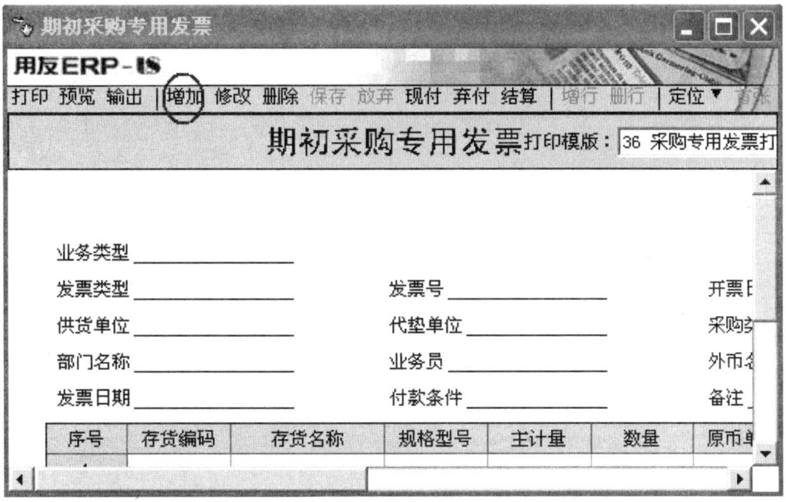

图 5-54　期初采购专用发票

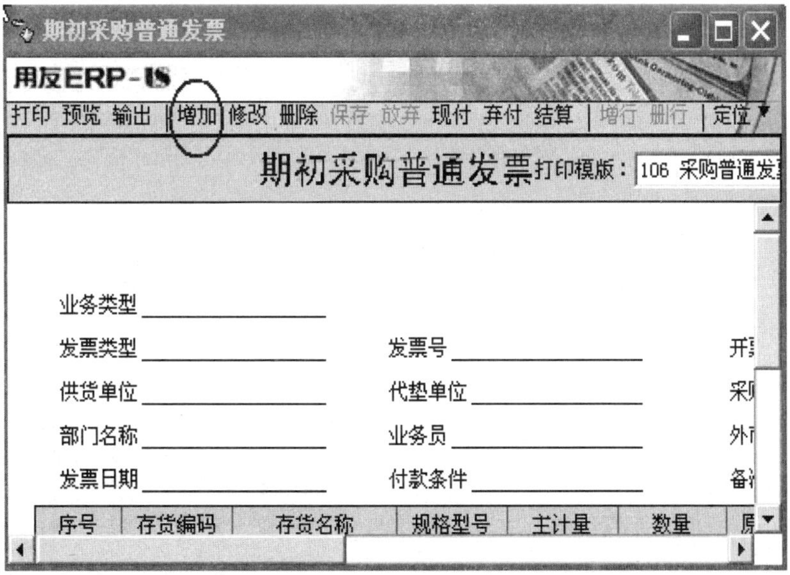

图 5-55　期初采购普通发票

九、票据管理

在应付款系统中可以对银行承兑汇票和商业承兑汇票进行有效的管理，包括记录票据详细信息、记录票据处理情况。如果要进行票据登录账簿管理，则必须将应付票据科目设置成为带有客户往来辅助核算的科目。而如果要进行票据科目的管理，则必须将应付票据科目设置为应付受控科目。从"企业门户"|"财务会计"|"应付款管理"|"票据管理"进入，如图 5-56 所示。

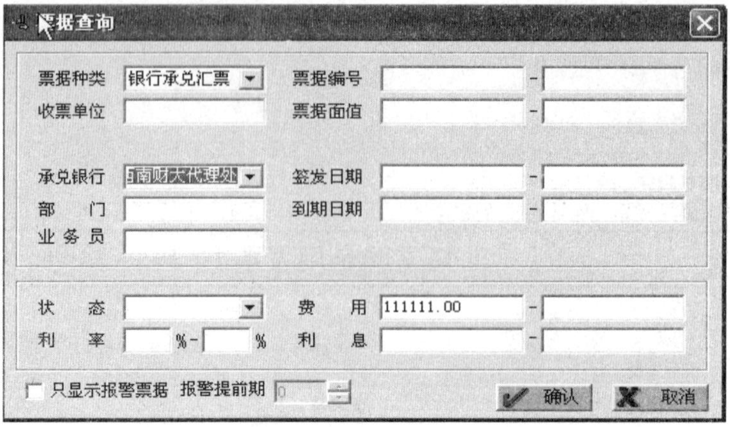

图 5-56　票据查询

十、转账处理

转账指的是应付冲应付、预付冲应付、应付冲应收、红票对冲等操作。

应付冲应付指的是将一个供货商的应付款转入另一个供货商账中，通过应付冲应付功能可以将应付款业务在供应商之间进行转入、转出，实现应付业务的调整，解决应付款业务在不同供应商之间入错户或合并的问题。预付冲应付可以将预付供应商款项和所欠款项进行转账核销处理。应付冲应收用来对某供应商的应付账款，冲抵对某客户的应收账款。红票对冲可以实现某客户的红字应收单与蓝字应收单、收款单与付款单中间进行冲销。

比如红票对冲的自动对冲操作界面如图 5-57 所示。从"企业门户"|"财务会计"|"应付款管理"|"日常处理"进入，可以进行相关的操作。

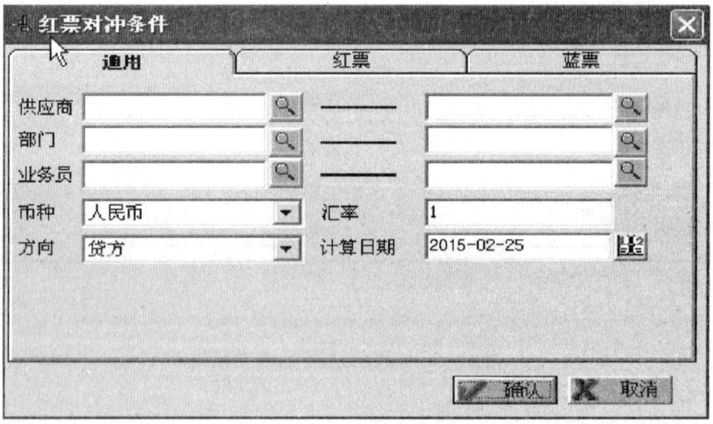

图 5-57　红票对冲条件

十一、制单处理

制单就是生成凭证，将凭证传递到总账系统记账。系统提供了一个统一的制单平台，可以成批地生成凭证和制造单处理。从"企业门户"|"财务会计"|"应付款管理"|"制单处理"进入，如图 5-58 所示。

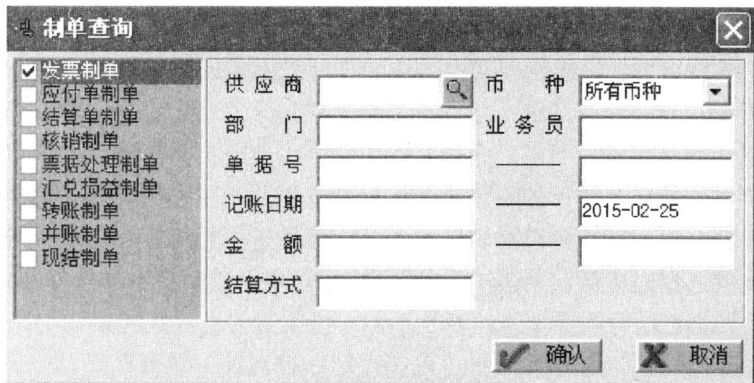

图 5-58 制单查询

输入查询条件以后，单击"确定"按钮，就会出现列示出了所有符合条件的记录的界面，对需要生成凭证的单据，在"选择标志"中输入序号，如果需要几张单据合并制单，则在这几张单据的"选择标志"栏目中输入相同的序号，单击"全选"按钮分别进行制单，单击"合并"按钮则合并生成一张凭证。选择要制单的单据后，单击"制单"按钮，生成一张新凭证。单击"保存"按钮，此凭证将会显示"已生成"字样，并直接传递到总账系统。

从"企业门户"|"财务会计"|"应付款管理"|"日常管理"|"单据查询"进入可以实现单据删除操作。在总账中已经审核或是出纳签字的凭证不能删除。

十二、采购结算

应付子系统的数据处理包括采购结算和往来账核销两个环节。采购结算也称采购报账，是指采购核算人员根据采购入库单、采购发票核算采购入库成本，采购结算的结果是采购结算单，它是记载采购入库单记录与采购发票记录对应关系的结算对照表。在手工业务处理中，采购业务员在完成一笔采购业务后就可以依据经过主管领导审批过的采购发票和确认后的入库单去财务部门确认采购成本。采购结算从操作处理上分为自动结算、手工结算两种方式；另外运费发票可以单独进行费用折扣结算。

1. 自动采购结算

自动结算是由系统自动将符合结算条件的采购入库单记录和采购发票记录进行结算。他的功能是将与核对结果完全相符的采购发票自动生成结算表，并在入库单文件、采购发票文件中做审核标记。系统按照三种结算模式进行自动结算：入库单和发票、红蓝入库单、红蓝发票。进入自动结算界面，显示条件过滤窗口。用户可以根据需要输入结算条件，系统根据输入的条件范围自动结算，并产生结算结果列表。如没有符合条件的单据则提示"没有符合条件的单据，不能继续"。单击"退出"结束结算。

2. 手工采购结算

用户可以使用手工结算功能进行采购结算。手工结算的功能有：对入库单价与发票单价不相符的暂估业务进行结算，对因采购发生的运杂费进行结算，对采购货物的"盈余短缺"进行结算等。

进入手工结算界面，单击"选单"按钮，显示计算选单界面。选完单据后返回结算选单界面，窗口上方载入发票记录、入库单记录，窗口下方载入费用折扣存货发票记录、运费发票记录。

用户可以把某些运费、挑选整理费用等按照会计制度摊入采购成本。单击"选单"按钮，手工选择费用折扣存货的发票记录，或选择运费发票记录，所选记录显示在窗口下方的费用结算列表。根据金额、数量，单击"分摊"按钮，则将费用折扣分摊到入库单。

手工结算可以弥补自动结算的不足，即可以结算入库单中部分货物，没有结算的货物可以在以后取得发票后再结算，可以对多张发票和入库单进行结算。

入库单、发票选择完毕后，单击 "结算"按钮，系统自动将本次选择的数据进行结算。结算完成后，系统把已结算的单据从屏幕上清除，可以继续进行其他采购结算。单击"关闭"按钮，退出手工结算界面。结算的结果可以在"结算单列表"中查看。

十三、期末处理

1. 月末结账

月末结账是逐月将每月的单据数据封存，并将当月的采购数据记入有关账表中。进入"其他处理"|"期末处理"|"月末结账"，屏幕显示月末结账对话框。选择结账的月份时，必须连续选择，否则不允许结账。按结账向导提示自动进行月末记账，当您执行了月末结账功能后，该月将不能再进行任何处理。选中已经结账的最后月份，单击"取消记账"按钮，即可以取消该月的月末结账。

2. 取消结账

月末结账后，如有需要可以逐月取消结账。操作步骤是：进入"其他处理"|"期末处理"|"取消结账"，选中已经结账的最后月份，单击"取消记账"按钮，即可以取消该月的月末结账。

3. 结转上年

结转上年是将上年的基础数据和各种单据的数据全部转入本年度账套中，起到承上启下的作用。如果系统中没有上年度的数据将不能进行结转。从"系统管理"|"年度账"|"结转上年数据"进入，进行相应的操作，如图 5-59 所示。

图 5-59　系统管理—年度账

十四、账表输出与系统服务

应付款管理子系统的账表输出模块主要是输出各种报表。应付款管理系统因企业的核算和管理需求不同，其所需的各种报表的内容和格式不尽相同，这些报表与财务上的账簿不同，没有统一的格式。应付款子系统的账表输出与统计分析模块的功能包括查询采购、入库、付款等业务的各种账表，并从打印机和显示屏输出。也支持用户对采购与付款等业务进行统计分析。

账表的输出方法有以下几种：

1. 设计报表格式

根据用户选定要输出的报表，计算机自动将与该报表有关的项目显示在屏幕上，用户可按需选择。

2. 输入查询条件

报表格式设计以后，每次使用报表时输入查询条件，比如日期、供应商、业务员等，假如对某项目不输入任何条件，计算机则默认为不将该项作为条件进行筛选。

3. 查看明细表

计算机根据用户输入的查询条件，把满足条件的数据筛选出来显示输出。

4. 输出和保存报表

当用户需要查看各种报表时，不仅可以在屏幕上看到所需要的报表，还可以通过执行打印命令，将各种报表从打印机上输出。

账表按其功能又可以分为两类：一是统计类报表，它是依据输入的数据直接按各种条件进行筛选的结果；二是分析类报表，是对两种以上输入数据进行比较后，再按各种条件进行筛选的结果。

系统服务模块主要包括应付子系统的数据备份、数据恢复、口令修改以及获取外部数据等功能，可以参照账务处理子系统中系统维护模块的功能。

复习思考题

1. 简述应收、应付管理子系统与其他系统之间的数据传递关系？
2. 销售发货业务有哪些？描述先发货后开票销售业务模式下处理业务的方法？
3. 应收系统中，核销的意义是什么？核销的方法是什么？
4. 采购管理系统初始化的程序是怎样的？
5. 应付管理系统初始化的程序是怎样的？

实训一 掌握订单录入、收单、核销的练习

一、实训目的

1. 掌握订单录入的操作方法。
2. 掌握应收单、收款单的录入、审核、制单等方法。
3. 掌握核销处理、账表查询和月末结账的操作方法。

二、实训要求

1. 进行订单录入

2. 进行应收单、收款单的录入、审核和制单。

3. 进行核销处理、账表查询和月末结账处理。

三、实训案例

2016 年 1 月销售业务如下：

1. 1 月 5 日，销售部销售给红星工厂床罩 100 件，单价 120 元，从成品库发货，同时开具销售发票一张，发票号为 10001，款项尚未收到。

2. 1 月 15 日，收到大北钢铁厂订单一张，订购床单 200 件，定价 80 元，预计月底发货。

3. 1 月 28 日，收到红星工厂购买的床罩款 14 040 元，存入银行。

实训二 掌握应付业务的练习

一、实训目的

掌握应付款业务处理的操作方法。

二、实训要求

进行应付款业务处理。

三、实训案例

1. 2016 年 1 月 15 日，向"北京大地公司"采购木材 10 吨，无税单价为 1 200 元，增值税税率为 17%（销售专用发票号码：886600）。

2. 2016 年 1 月 15 日，向"佳信"公司采购乳胶漆 20 桶，无税单价为 110 元，增值税税率为 17%（销售专用发票号码：8089），运费 810 元。

3. 2016 年 1 月 16 日，向"大卫公司"采购木材 50 吨，无税单价为 990 元，增值税税率为 17%（销售专用发票号码：3541）。

4. 2016 年 1 月 16 日，向"北京大地公司"采购木材 20 吨，无税单价为 980 元，增值税税率为 17%（销售专用发票号码：2023）。

5. 2016 年 1 月 18 日，发现 2016 年 1 月 15 日所填制的向"北京大地公司"采购"木材"10 吨，无税单价为 1 200 元，增值税税率为 17% 的 886600 号采购专用发票中的无税单价为 1 120 元。

6. 2016 年 1 月 18 日，向"北京大地公司"采购木材 12 吨，无税单价为 1 200 元，增值税税率为 17%（销售专用发票号码：99600）。

7. 2016 年 1 月 18 日，发现 2016 年 1 月 16 日向"北京大地公司"采购"木材"20 吨，无税单价 980 元，增值税税率为 17% 的 2023 号采购专用发票填制错误应删除。

工资管理

了解工资管理系统的主要功能，熟悉工资管理系统的操作流程，掌握工资管理系统的初始化设置、日常业务处理和期末业务处理的操作方法。

掌握工资管理系统的操作，能够根据需要建立工资管理账套，完成工资系统初始化，进行工资业务处理。

工资业务是所有单位都会发生的日常业务，由于工资发放涉及的人员多，工资项目复杂，工资核算的时效性强，因此，工资核算的最大特点就是计算的工作量比较大。但另一方面，由于工资分配带有很强的政策性，对大部分职工的工资计算方法基本相同，工资核算中也存在着大量的简单重复劳动。正因如此，电算化工资管理系统由于其具有明显的自动计算和汇总优势，能够使财会人员的工资核算工作由繁重变为轻松，并且避免了手工计算过程中可能出现的差错，使工资管理系统在实践中得到广泛的应用。

第一节　工资管理系统概述

工资管理系统是用友 ERP-U8 的重要组成部分。它具有功能强大、设计周到、操作方便的特点，适用于各类企业、行政、事业与科研单位，并提供了同一企业存在多种工资核算类型的解决方案。本系统可以根据不同企业的需要设计工资项目、计算公式，更加方便地输入、修改各种工资数据和资料；自动计算个人所得税，结合工资发放形式进行找零设置或者向代发工资的银行传输工资数据；自动计算、汇总工资数据，对应付工资、应付福利费等各项费用进行月末、年末账务处理，并通过转账方式向总账系统传输会计凭证，向成本管理系统传输工资费用数据。齐全的工资报表形式、简便的工资资料查询方式、健全的核算体系，为企业多层次、多角度的工资管理提供了方便。

一、系统功能

工资管理系统适用于各类企业、行政事业单位进行工资核算、工资发放、工资费用分摊、工资统计分析和个人所得税核算等。工资系统与总账系统在数据上建立有共享关系，工资管理系统的工资分摊结果会通过转账凭证传输给总账系统；如果用户建立有成本核算系统，工资管理系统还会将工资费用分摊的数据传输给成本核算系统。

工资管理系统具有以下功能：

1. 初始设置

（1）可设置代发工资的银行名称。

（2）可自定义工资项目及计算公式。

（3）提供计件工资标准设置和计件工资方案设置。

（4）可设置人员附加信息、人员类别、部门选择设置、人员档案等基础档案。

（5）提供多工资类别核算、工资核算币种、扣零处理、个人所得税扣税处理、是否核算计件工资等账套参数设置。

2. 业务处理

（1）工资数据变动。进行工资数据的变动、汇总处理，支持多套工资数据的汇总。

（2）工资分钱清单。提供部门分钱清单、人员分钱清单、工资发放取款单。

（3）工资分摊。月末自动完成工资分摊、计提、转账业务，并将生成的凭证传递到总账系统，实现各部门资源共享。

（4）银行代发。灵活的银行代发功能，预置银行代发模板，适用于由银行发放工资的企业。可实现在同一个工资账套中的人员由不同的银行代发工资，以及多种文件格式的输出。

（5）扣缴所得税。提供个人所得税自动计算与申报功能。

（6）计件工资统计。支持"计件工资"核算模式，输入计件工资计件数量和计件单价，自动计算人员计件工资，并完成计件工资统计汇总。

3. 统计分析报表业务处理

（1）提供自定义报表查询功能。

（2）提供按月查询凭证的功能。

（3）提供工资表。包括：工资发放签名表、工资发放条、工资卡、部门工资汇总表、人员类别汇总表、条件汇总表、条件明细表、条件统计表等。

（4）提供工资分析表。包括：工资项目分析表、工资增长分析、员工工资汇总表、按月分类统计表、部门分类统计表、按项目分类统计表、员工工资项目统计表、分部门各月工资构成分析表、部门工资项目构成分析表等。

二、工资管理系统操作流程

电算化下的工资核算，是依据手工工资核算流程，按照工资核算的要求进行的。进入系统后，必须按正确的顺序调用系统的各项功能，只有这样才能保证少走弯路，并保证数据的正确性。特别是第一次使用的用户，更应遵守使用次序，如图 6-1 所示。

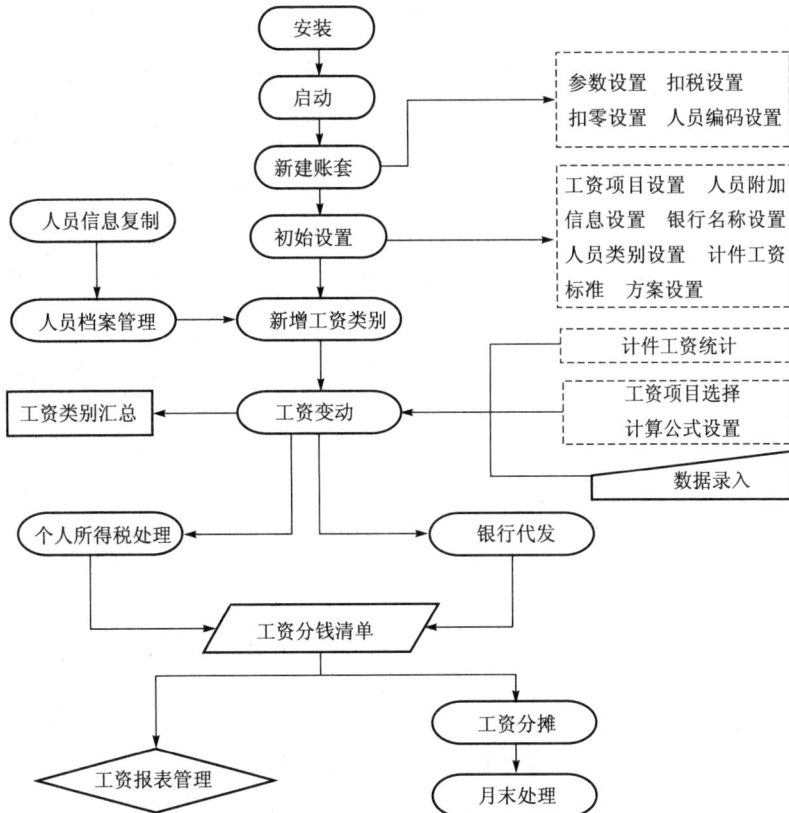

图 6-1 工资管理系统操作流程图

第二节 工资管理系统应用

一、工资管理系统初始化设置

在正式使用工资核算系统以前，您需要结合企业的实际情况，将通用的工资管理系统改造为适合本企业核算要求的专用系统，这一工作是通过工资管理系统的初始化来完成的。

工资管理系统的初始化是指企业在使用工资管理系统时，首先需要进行与工资核算及发放业务相关的公司基本信息的录入和基础数据的设置工作。工资管理系统的初始化处理主要流程如图 6-2 所示。

（一）建立工资账套

运行工资管理系统必须先建立工资账套。工资账套与系统管理中建立的单位核算账套是不同的概念，系统管理中建立的单位核算账套是针对整个系统，而工资账套只针对工资管理系统。要建立工资账套首先应该在系统管理中建立本单位的核算账套，一个核算

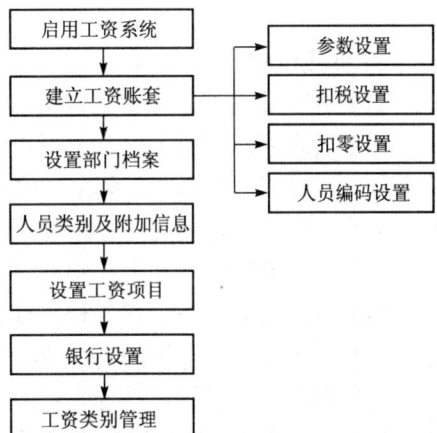

图 6-2 工资管理系统初始化流程图

账套下只能建立一个工资账套。

建立工资账套是整个工资管理正确运行的基础，将影响工资项目的设置和工资业务的具体处理方式。工资管理系统启用后，具有相应权限的操作员就可以登录本系统了。如果所选择的账套为初次使用，系统将自动进入建账向导。系统提供的建账向导分为四个步骤：参数设置、扣税设置、扣零设置、人员编码。

【例 1】 以 001 号操作员陈勇（口令 001）的身份登录系统，建立重庆市望江股份有限公司的工资账套，账套信息有：工资类别分为正式职工和临时工两个，核算币别为人民币；单位代扣个人所得税，费用扣除基数为 3 500 元；进行扣零处理（扣零至元）；人员编码长度为 3 位。

具体操作步骤如下：

1. 启动工资管理系统

在桌面单击"开始"按钮，执行"程序"|"用友 ERP–U8"|"财务会计"|"工资"命令，在"注册【工资管理】"窗口注册。由于是首次启动工资管理系统，自动进入建账向导，如图 6–3 所示。

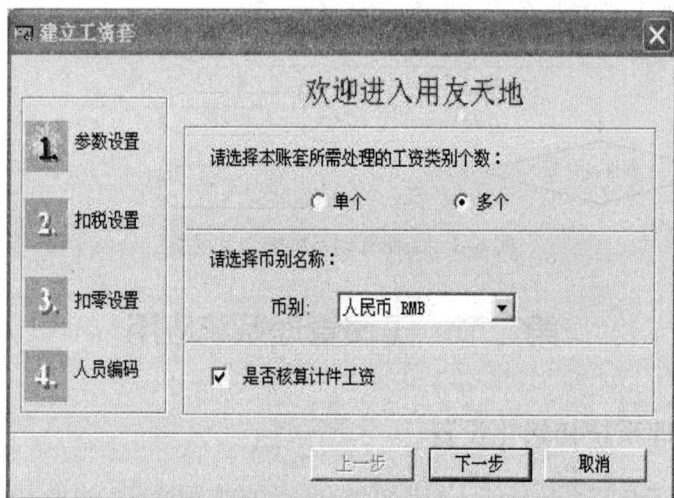

图 6–3 参数设置

2. 参数设置

（1）选择本账套处理的工资类别个数：多个。

工资管理系统提供了"单个"和"多个"两种类别的参数设置，若单位对所有职工工资实行统一管理时，选择"单个"；当单位每月多次发放工资，且不同职工的工资项目不同，计算公式也不同，但需要统一管理时，选择"多个"。

（2）选择币别名称：人民币。

（3）在"是否核算计件工资"处进行勾选，即要核算计件工资。

计件工资是按计件单价支付劳动报酬的一种形式。由于计时工资和计件工资的核算方法不同，因此，在工资管理系统中对于企业是否存在计件工资特别设置了确认选项。选中该选项，系统自动在工资项目设置中显示"计件工资"项目；在人员档案中显示"核算计件工资"选项；在设置菜单中显示"计件工资标准设置"命令；在业务处理菜单中显示"计件工资统计"命令。

（4）单击"下一步"，进入"扣税设置"对话框，如图 6-4 所示。

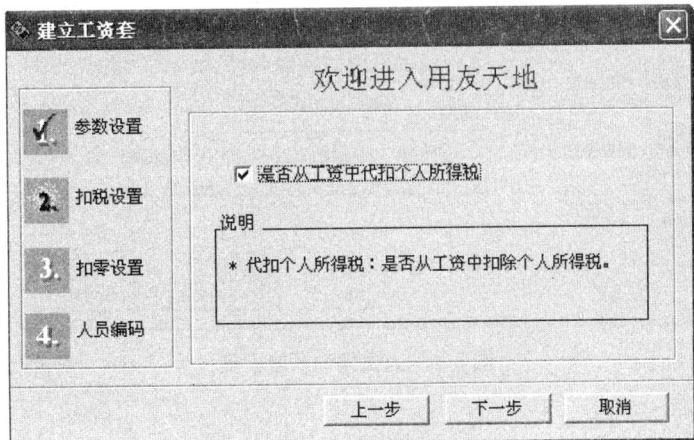

图 6-4 扣税设置

3. 扣税设置

在"扣税设置"对话框中，选中"是否从工资中代扣个人所得税"复选框，单击"下一步"按钮，进入"扣零设置"对话框，如图 6-5 所示。

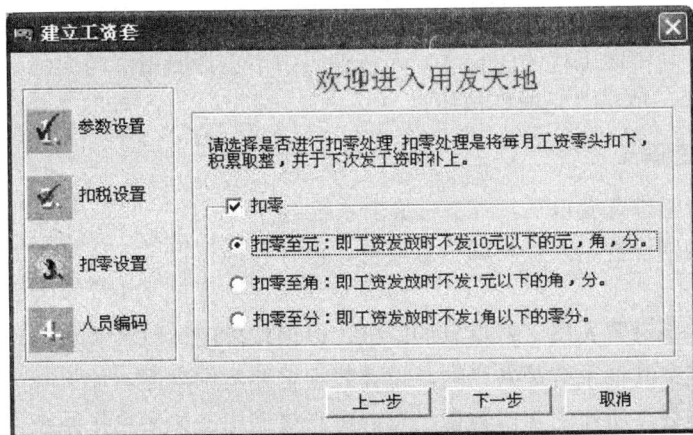

图 6-5 "扣零设置"对话框

用户选择从工资中代扣个人所得税后，系统将自动在工资项目中生成"代扣税"项目，工资核算时系统就会根据输入的税率自动计算个人所得税。

4. 扣零设置

在扣零设置对话框中，选中"扣零"复选框和"扣零至元"单选按钮，单击"下一步"进入"人员编码设置"对话框，如图 6-6 所示。

选择进行扣零处理后，系统在计算工资时将依据所选择的扣零类型将零头扣下，积累取整，并在下次发放工资时补上。这种设置一般适用于以现金发放工资的单位，如果采用银行代发工资的形式，则无须此项设置。选择了进行扣零处理，系统自动在工资项目中增加"本月扣零"和"上月扣零"两个项目，扣零的计算公式将由系统自动定义，无须设置。

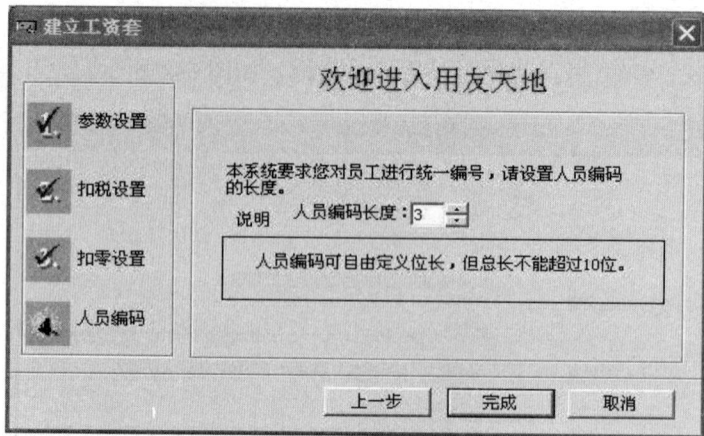

图 6-6　人员编码长度设置

扣零类型包括以下三种：

"扣零至元"，即工资发放时不发 10 元以下的元、角、分。

"扣零至角"，即工资发放时不发 1 元以下的角、分。

"扣零至分"，即工资发放时不发 1 角以下的分。

5. 人员编码

（1）在"人员编码"对话框中，单击上下调节按钮，设置人员编码长度为"3"。

人员编码长度的确定应结合企业员工人数而定，但总长不能超过 10 位字符，人员编码的长度决定了工资账套中职工代码的长度。人员编码中不包括所属部门编码。

（2）设置完毕，单击"完成"按钮。

（二）基础信息设置

在建立了工资管理账套以后，需要对整个系统运行所需的一些基础信息进行设置，包括：部门设置、人员类别设置、人员附加信息设置、银行名称设置、工资项目设置等。

1. 部门设置

设置部门档案是设置人员工资信息的基础，以便按部门核算各类人员工资，提供部门核算资料。部门档案与其他系统是共享的，设计时一定要考虑全面。如果部门档案已在总账系统的基础设置中进行，所需的部门数据已有，可直接调用；如果总账系统中还未设置，则可在工资管理系统中进行设置。

【例 2】 重庆市望江股份有限公司的部门档案如表 6-1 所示。

表 6-1　重庆市望江股份有限公司的部门档案

部门编码	部门名称	负责人	部门属性
01	综合部	刘祥	管理部门
02	财务部	陈勇	财务管理
03	生产部	李成	生产部门
0301	一车间	杨易	生产部门
0302	二车间	雷鸣	生产部门

续表

部门编码	部门名称	负责人	部门属性
04	市场部	袁罡	购销管理
0401	供应处	袁罡	供应部门
0402	销售处	李芳	销售部门

具体操作步骤如下：

（1）执行"设置"|"部门设置"命令，进入"部门设置"窗口。

（2）单击"增加"按钮，输入部门编码01，部门名称"综合部"，负责人"刘祥"，部门属性"管理部门"等，单击"保存"按钮。

（3）重复步骤（2），录入全部部门档案资料，结果如图6-7所示。

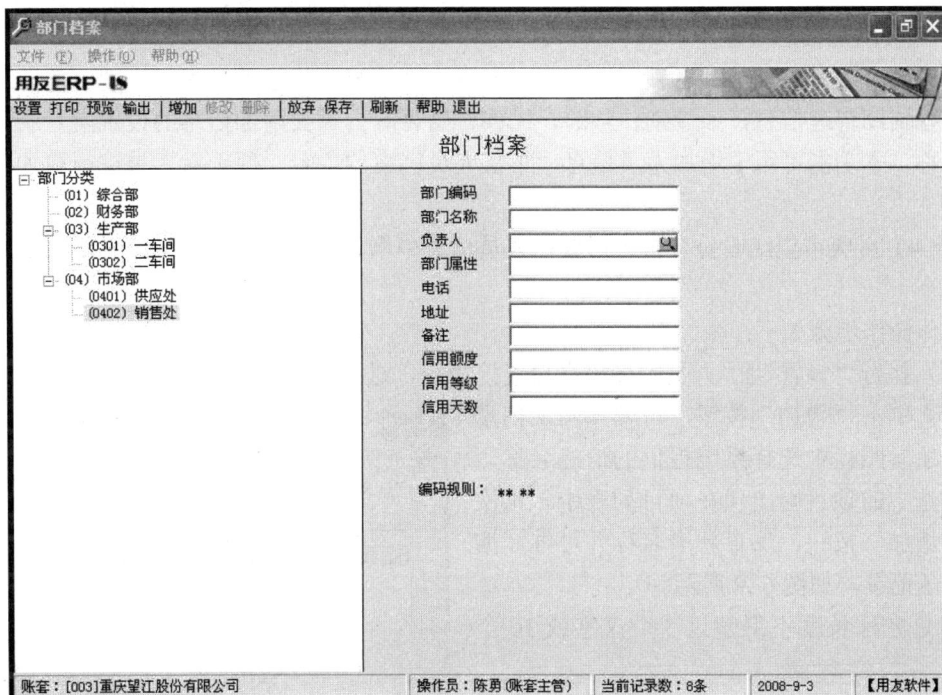

图6-7 部门设置

2. 人员类别设置

人员类别是按工资分配政策或核算中计入会计科目的不同而对人员进行的分类。设置人员类别，有助于实现工资的多级化管理，便于用户按类别对所属人员进行工资费用的汇总和分配，并有针对性地对各类人员的工资进行管理，也可以对不同类别人员的工资水平进行比较，为单位制定和修改分配政策提供参考。

【例3】 重庆市望江股份有限公司的人员类别有：管理人员、生产人员、采购人员、销售人员。

具体操作步骤如下：

（1）执行"设置"|"人员类别设置"命令，进入"类别设置"窗口。

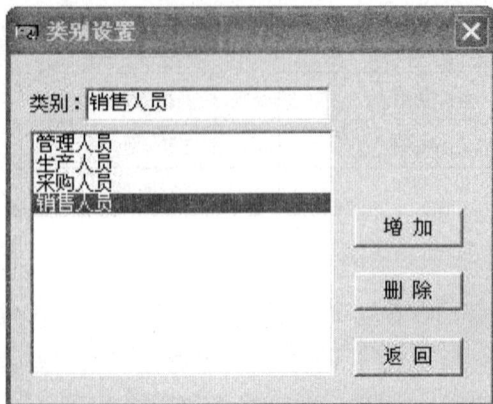

图 6-8　人员类别设置

（2）单击"增加"按钮，光标停在"类别"栏处，输入本账套的人员类别，新增人员类别名称将在人员类别名称栏显示。再次单击"增加"即可保存设置并新增一条记录，结果如图 6-8 所示。

人员类别名称长度不得超过 10 个汉字或 20 个字符。

（3）单击"删除"按钮，可在人员类别名称栏内删除光标所在行的人员类别。

已经使用的人员类别不允许删除，人员类别只剩一个时将不允许删除。

（4）输入完成后，单击"返回"按钮。

3. 人员附加信息设置

除了人员编号、人员姓名、所在部门、人员类别等基本信息外，为了管理的需要还可以增加一些辅助管理信息，如性别、年龄、民族、婚否等。人员附加信息的设置就是录入附加信息名称。本功能可用于增加人员信息，丰富人员档案的内容，便于对人员进行更加有效的管理。

【例 4】重庆市望江股份有限公司要在人员信息中增加"性别"和"年龄"两项附加信息内容。

具体操作步骤如下：

（1）执行"设置"|"人员附加信息设置"命令，进入"人员附加信息设置"界面。

（2）单击"增加"按钮，可输入附加信息名称或从参照栏中选择系统提供的信息名称，输入或选中的项目则出现在项目列表中。再次单击"增加"按钮，保存新增名称并可继续增加下一条记录，如图 6-9 所示。

信息名称长度不得超过 5 个汉字或 10 个字符。

（3）单击"删除"按钮，可删除光标所在行的附加信息。

在用的人员附加信息不允许删除。

（4）输入完毕后，单击"返回"按钮。

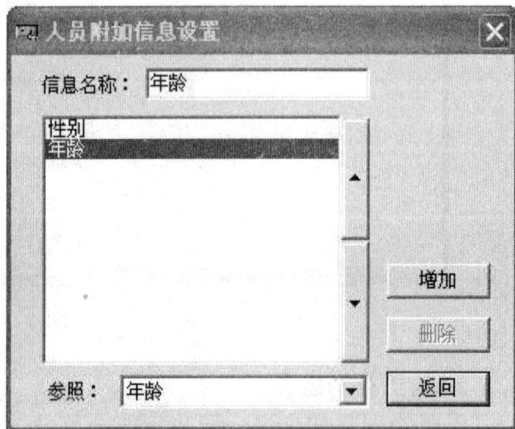

图 6-9　人员附加信息设置

4. 工资项目设置

设置工资项目即定义工资项目的名称、类型、宽度。系统提供了一些固定的工资项目，如"应发合计"、"扣款合计"、"实发合计"，这三项是工资账套必不可少的，不能删除和重命名；其他工资项目，用户可根据需要自定义名称、类型、宽度，如：基本工资、岗位工资、奖金、副食补贴等。

若账套设置了"扣零处理"，则系统在工资项目中自动生成"本月扣零"和"上月扣零"两个项目；若选择了自动扣税功能，则系统在工资项目中自动生成"代扣税"项目。

【例5】重庆市望江股份有限公司工资项目如表6-2所示。

表6-2 重庆市望江股份有限公司工资项目

工资项目	类别	长度	小数位数	工资增减项
基本工资	数字	8	2	增项
岗位工资	数字	8	2	增项
奖金	数字	8	2	增项
副食补贴	数字	8	2	增项
应发合计	数字	10	2	其他
事假天数	数字	8	0	其他
事假扣款	数字	8	2	减项
代扣税	数字	10	2	减项
扣款合计	数字	10	2	减项
实发合计	数字	10	2	其他

具体操作步骤如下：

（1）执行"设置"|"工资项目设置"命令，进入"工资项目设置"窗口。

（2）单击"增加"按钮，在工资项目列表末增加一行空行。直接输入工资项目或在"名称参照"中选择工资项目名称。

系统提供若干常用工资项目供参考，可选择输入；对于系统未提供的工资项目，可以在关闭工资类别后，在"设置"|"工资项目设置"项进行增加、删除、重命名等操作。

（3）分别双击"类型"、"长度"、"小数"、"增减项"栏，设置工资项目的类型、长度、小数位数和工资增减项。

（4）重复步骤（2）～步骤（3），增加所有工资项目。

（5）单击界面上的向上、向下移动按钮，调整工资项目的排列顺序，结果如图6-10所示。

（6）设置完毕后单击"确认"按钮，即可完成工资项目设置。若单击"取消"按钮，则取消当前操作，返回系统主界面。

（7）选中某个工资项目后，单击"删除"按钮即可删除该项，单击"重命名"按钮即可对该项目重新命名。

工资项目名称必须唯一，且一经使用，数据类型就不允许修改。工资项目若为字符型，则小数位数不可用，增减项为"其他"，即不参与应发合计与扣款合计。

如果在建立工资管理系统账套时，选择单个工资类别，那么，在设置完工资项目后，即可定义工资项目计算公式。

5. 银行名称设置

当企业发放工资采用银行代发形式时，必须设置代发银行的名称及账号的长度。账号长

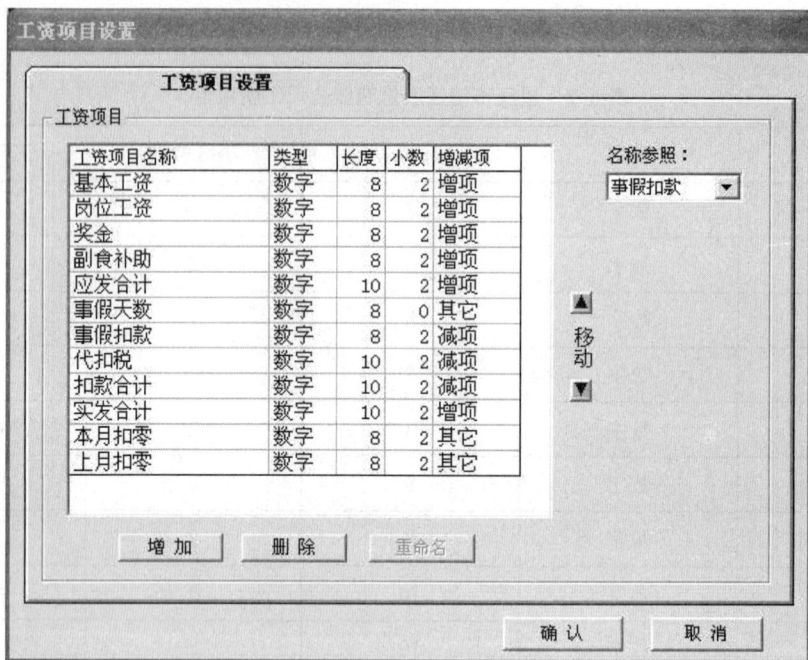

图 6-10　工资项目设置

度不得超过 11 位，且设定后不能修改。银行名称设置可设置多个发放工资的银行，以适应不同的需要，例如：同一工资类别中的人员由于在不同的工作地点，需在不同的银行代发工资，或者不同的工资类别由不同的银行代发工资。

【例 6】　重庆市望江股份有限公司的工资代发银行为工商银行渝中分理处。

具体操作步骤如下：

（1）执行"设置"|"银行名称设置"命令，进入"银行名称设置"窗口。

（2）单击"增加"按钮，输入银行名称，并确定银行账号是否为规定长度，确定输入时需自动带出的账号长度，如图 6-11 所示。

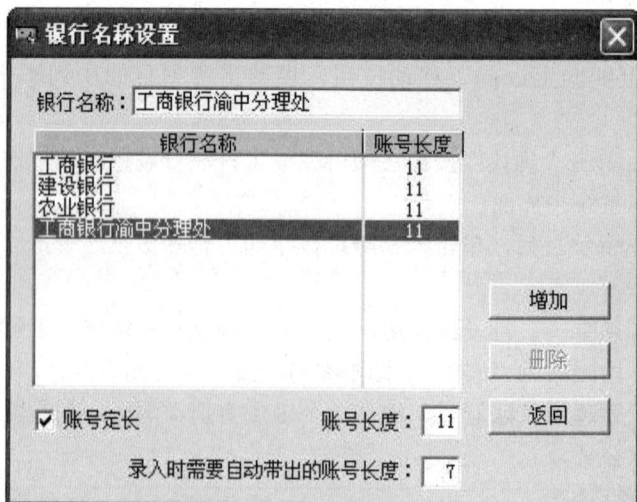

图 6-11　银行名称设置

系统默认银行账号定长为选中，长度为 11 位。若设置了自动带出的账号长度，则在输入"人员档案"的银行账号时，从第二个人开始，系统根据用户在此定义的长度自动带出银行账号的前 N 位，可提高录入速度。

（3）单击"删除"按钮可删除当前光标所在行的银行记录。

（4）单击"返回"按钮，返回系统主界面。

银行名称栏不可为空，长度不得超过 10 个汉字或 20 个字符。银行账号长度不可为空，且不能超过 30 位，银行账号为定长时要求所有人员的账号长度必须相同。删除银行名称时，同此银行有关的所有设置将一同删除，包括：银行代发文件格式的设置、磁盘输出格式的设置，以及人员档案中涉及此人员的银行名称和账号等。

（三）建立工资类别

在同一工资账套核算中，企业可以根据工资管理的需要，进行单个或多个类别的核算。建立工资账套时，如果选择多个类别，则需要设置工资类别。工资类别是指同一套工资账中，根据不同情况而设置的工资数据管理类别。每个工资类别下有不同职工花名册、工资变动、工资数据、报税处理、银行代发等。

【例 7】重庆市望江股份有限公司将正式职工和临时工分别设置工资类别进行工资管理。正式职工涉及综合部、财务部、生产部和市场部，临时工涉及生产部。

具体操作步骤如下：

（1）执行"工资类别"|"新建工资类别"命令，打开"新建工资类别"对话框。

（2）在工资类别名称栏输入工资类别名称：正式职工，如图 6-12 所示。

图 6-12 新建工资类别

工资类别名称最长不超过 15 个汉字或 30 个字符。

（3）单击"下一步"按钮，出现如图 6-13 所示的窗口，选择综合部、财务部、生产部和市场部等部门。

如果选中"选定下级部门"，表示如选中上级部门，则其所属的下级部门被全部选中。

（4）单击"完成"按钮，在出现的对话框中单击"是"。

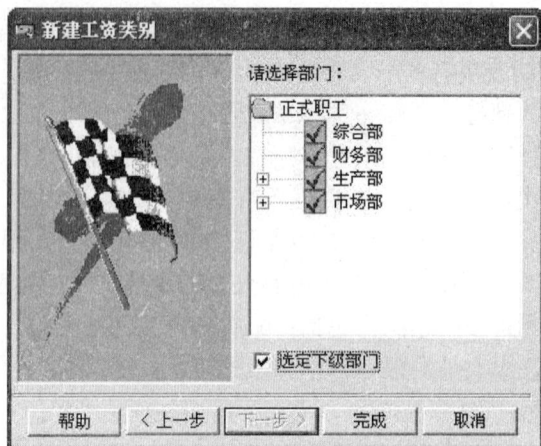

图 6–13 新建工资类别

（5）关闭工资类别。

（6）重复步骤（1）～步骤（5）建立临时工的工资类别，如图 6–14 所示。

若当前账套为首次使用，在建立工资账套后，用户即可进入工资类别向导新建工资类别。若当前已打开一个工资类别，必须在关闭该工资类别后才可进行工资类别的新建工作。

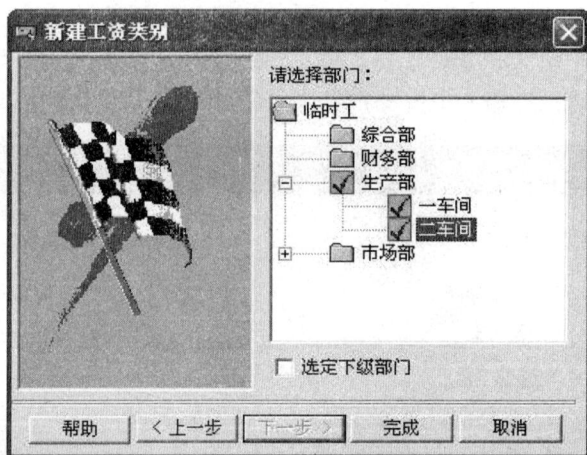

图 6–14 新建工资类别

（四）工资类别的初始设置

在基础信息设置完毕后，需要对各个工资类别再进行初始设置，设置内容包括：选择部门、建立人员档案、选择工资项目、定义工资项目计算公式、设置所得税参数等。

1. 打开工资类别

在多类别工资管理中，要进行某工资类别下的信息设置和日常核算，必须先打开该工资类别。

【例 8】 打开重庆市望江股份有限公司正式职工的工资类别。

具体操作步骤如下：

（1）单击"工资类别"|"打开工资类别"，进入"打开工资类别"窗口，如图 6–15 所示。

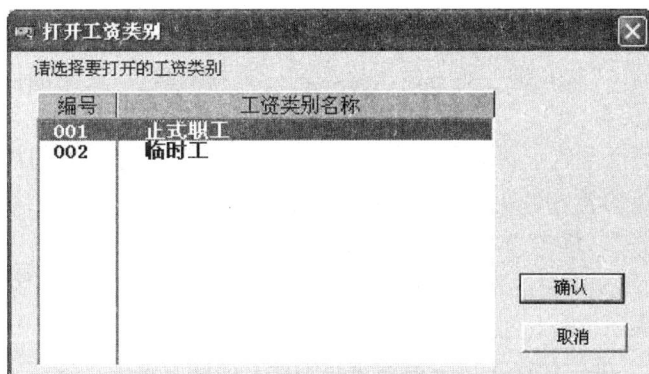

图 6-15　打开工资类别

（2）在列表中选择需要打开的工资类别：正式职工。

（3）单击"确认"按钮，即可打开选中的工资类别。

2. 建立人员档案

人员档案的设置用于登记工资发放人员的姓名、职工编号、所在部门、人员类别等信息，设置职工个人档案有利于各部门对职工进行有效的管理。

【例9】增加职工刘祥的档案：职员编号（001），职员名称（刘祥），性别（男），年龄（36），所属部门（综合部），银行账号（11022088001），进入日期（2016-4-20），人员属性（中方人员、计税），代发银行名称（工商银行渝中分理处）。

具体操作步骤如下：

（1）执行"设置"|"人员档案"命令，显示"人员档案"列表。单击工具栏上的"增加"按钮或选择右键菜单"增加"，进入人员档案信息设置窗口，如图6-16所示。

图 6-16　"人员档案—基本信息"对话框

（2）在"基本信息"页签中录入新增人员的编号"001"和姓名"刘祥"，并选择其所属部门编码"01"、名称"综合部"和人员所属类别"管理人员"，参照选择或输入该人员进入本单位的日期"2016-4-20"。

其中，人员编码必须唯一，且与人员姓名一一对应，只有末级部门才可设置人员，人员类别必须选择。人员的调入日期不应大于当前的系统注册日期。

（3）设置"属性"：选中"计税"、"中方人员"复选框。

选择"计税"，则系统自动对该人员进行个人所得税扣缴、申报。当单位有外籍员工时，由于中外员工的个人所得税计税规定不同，需要选择该员工是否"中方人员"。选择"核算计件工资"，表示该员工进行计件工资核算管理，则在"计件工资统计表"中才能输入该人员的计件数量及单价。

（4）在银行名称下拉列表框中选择"工商银行渝中分理处"，在银行账号文本框中输入"11022088001"。

若用户单位工资为银行代发工资，就要选择代发银行的名称，并输入银行账号。

（5）在"附加信息"页签中录入"性别"、"年龄"等人员附加信息，如图6-17所示。

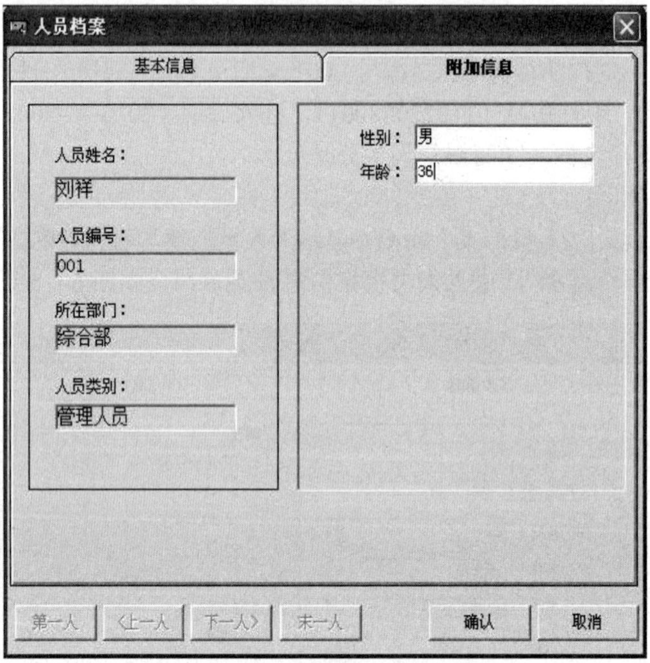

图6-17　人员档案—附加信息

该界面显示的项目在"附加信息"中设置。

（6）单击"确认"，系统将保存当前设置并新增一条人员记录。

（7）重复以上步骤可继续录入其他人员档案。

3. 选择工资项目

在打开工资类别之前，已在基础设置中建立了本单位各种工资类别所需要的全部工资项目。由于不同的工资类别其工资发放项目不尽相同，计算公式也不同，因此在进入某个工资类别后，应先增加该工资类别所需的工资项目，然后再设置项目间的计算公式。

【例 10】重庆市望江股份有限公司正式职工工资类别涉及的工资项目有：基本工资、岗位工资、奖金、副食补贴、事假天数、事假扣款、代扣款、应发工资、扣款合计、实发工资。

具体操作步骤如下：

（1）执行"工资类别"|"打开工资类别"命令，打开正式职工工资类别。

（2）执行"设置"|"工资项目设置"命令，打开"工资项目设置"对话框。

（3）打开"工资项目设置"选项卡，再单击"增加"按钮，在工资项目列表末增加一空行。

（4）单击"名称参照"下拉列表框，从中选择"基本工资"。

（5）重复步骤（3）～步骤（4），选择其他工资项目。

（6）单击向上和向下"移动"按钮，调整工资项目的排列顺序，结果如图 6-18 所示。

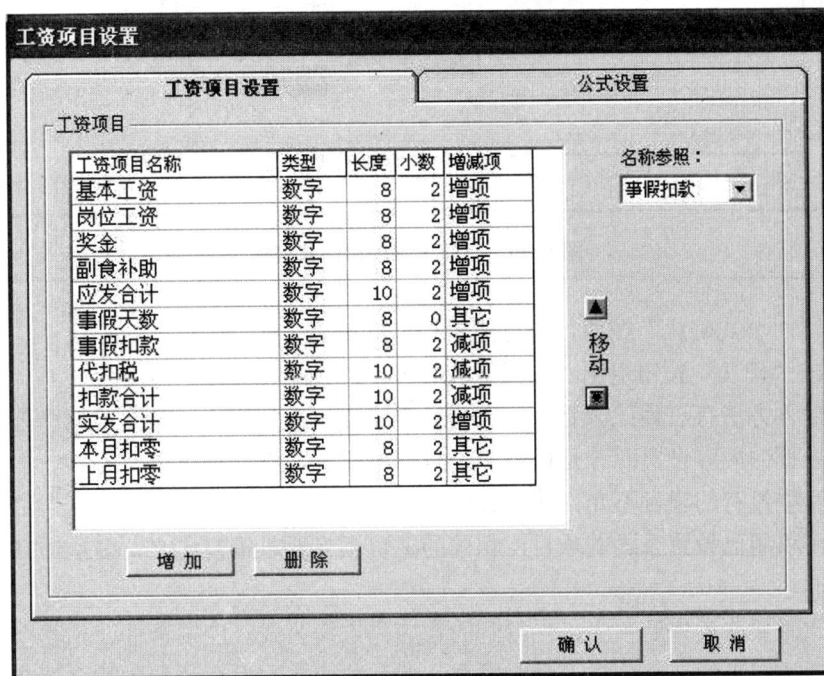

图 6-18 选择工资项目

（7）单击"确认"按钮。

4. 定义工资项目计算公式

定义工资项目的计算公式是指对工资核算生成的结果设置计算公式。设置计算公式可以直观表达工资项目的实际运算过程，灵活地进行工资计算处理。

【例 11】重庆市望江股份有限公司正式职工工资类别中，扣款合计＝事假天数×20。

具体操作步骤如下：

（1）执行"设置"|"工资项目设置"命令，打开"工资项目设置"对话框。

（2）单击"公式设置"选项卡，单击"增加"按钮。

（3）在"工资项目"列表框中单击"扣款合计"。

（4）在"扣款合计公式定义"文本框中输入计算公式，如图 6-19 所示。

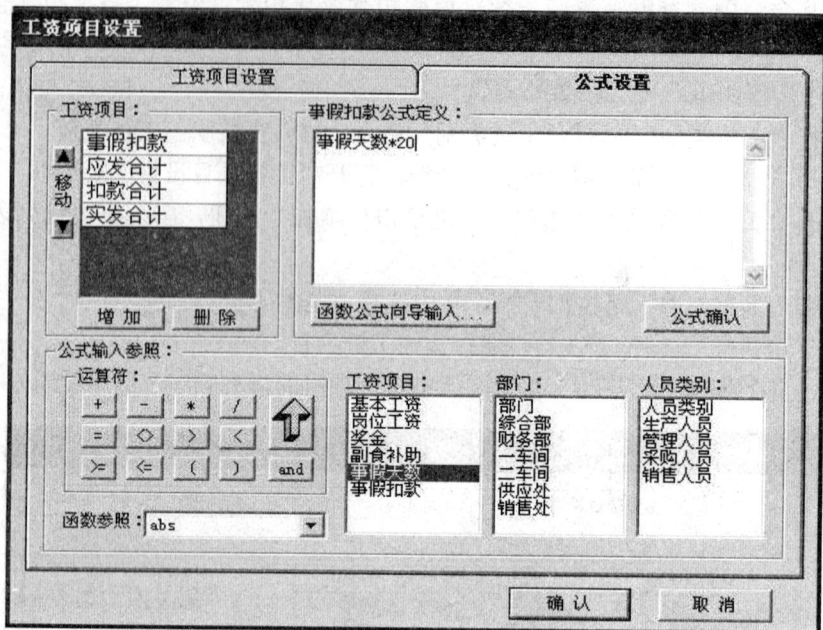

图6-19 定义工资项目计算公式

（5）单击"公式确认"按钮，进行逻辑合法性检查。

（6）单击"确认"按钮退出"公式设置"。

公式的输入方法有三种：一是直接在公式定义文本框中输入；二是根据"公式设置"选项卡中各列表框的内容设置；三是根据"函数公式向导输入"进行定义。

工资项目中没有的项目不允许在公式中出现。

公式中可引用已设置公式的项目，相同的工资项目要以重复定义，多次计算，以最后的运算结果为准。

定义公式时要注意先后顺序，先得到的数应先定义公式。应发合计、扣款合计和实发合计公式应是最后定义的三个公式，且实发合计的公式要在应发合计和扣款合计公式定义之后再定义。

5. 设置所得税参数

设置所得税参数是指设置个人所得税扣缴申报表中的栏目及有关栏目的内容和税率表中的有关内容。

【例12】重庆市望江股份有限公司代扣按实发工资征收的所得税，个人所得税扣缴申报表中的栏目采用默认设置，纳税基数为3 500元，无外方人员。

具体操作步骤如下：

（1）执行"业务处理"|"扣缴个人所得税"命令，打开"栏目选择"对话框如图6-20所示。

（2）在各栏目中进行设置，此处选择系统默认设置，单击"确认"按钮。

（3）单击"税率"按钮，出现如图6-21所示的界面。

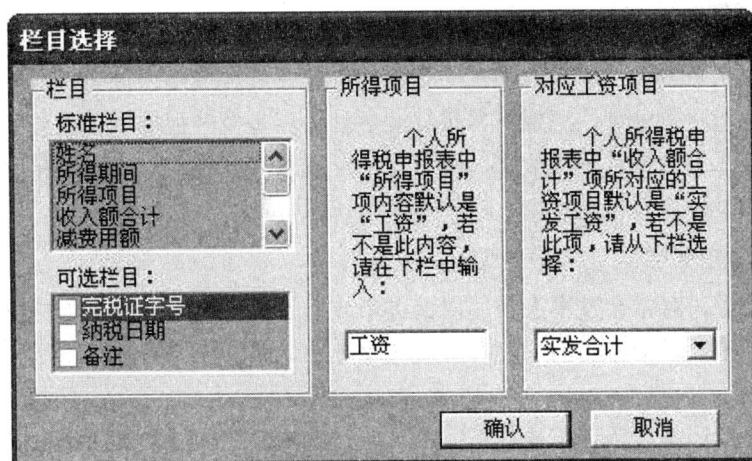

图 6-20 设置所得税参数

（4）修改所得税的纳税基数为"3 500"。

（5）单击"确认"按钮。

完成设置后，系统自动根据职工当月工资计算出新的所得税申报表。

需要说明的是，系统中的个人所得税计算是为普遍使用的工资所得设置的，在会计实务中，可能还会遇到向个人发放劳务报酬所得、稿酬所得、特许权使用费所得等其他类型的个人所得税情况。由于各种个人所得的计税方法不同，用户应分清个人所得的归属类型，不能一概用系统中原有的工资所得的计税方法来计算。在计税方法发生改变或税率调整时，应调整系统中的计税设置。另外，系统中默认的申报个人所得税的收入额为"实发合计"，但事实上，由于不同的用户在工资项目设置上有所不同，实际的应纳税收入额不一定等于"实发合计"，因此，用户必须根据实际的工资构成在系统中定义应纳税的个人收入额。

图 6-21 税率表

二、工资管理系统日常业务处理

工资的日常核算业务主要是对职工工资数据进行计算和调整，按照计算数据发放工资以及进行凭证填制等账务处理，工资日常核算业务的重点是及时根据职工人员变动对人员档案进行调整，根据工资分配政策的变化及时进行工资数据的准确计算，在此基础上利用系统的报表功能对工资分配进行报表分析，为企业制定和调整分配政策提供参考。

（一）人员变动管理

在日常经营中，时常会发生人员调出调进，或由于某些原因停发工资的情况，在日常工资核算业务处理中，首先要对发生的人员变动及时进行调整。

1. 人员增加

新增加人员的档案设置与建立人员档案方法一样。

2. 人员调转

操作步骤如下：

（1）执行"设置"|"人员档案"命令。

（2）选中调转人员后，单击"修改"按钮。

（3）修改调转人员的档案资料。注意人员编码不能修改。

（4）单击"确认"返回。

3. 人员调离

操作步骤如下：

（1）执行"设置"|"人员档案"命令。

（2）选中调离人员后，单击"修改"按钮。

（3）在"属性"栏下勾选"调出"。

（4）单击"确认"按钮。

标志为"调出"的人员不再参与工资发放与汇总。已做"调出"标志的人员，所有档案信息不可修改，其编号可以再次使用。调出人员可在当月未做月末结账前取消"调出"标志，但若编号已被其他人员使用，则不可取消"调出"标志。年中调离人员，当年不可删除，只能在年末处理后，下一年开始时删除。

4. 停发工资

具体操作步骤如下：

（1）执行"设置"|"人员档案"命令。

（2）选中调离人员后，单击"修改"按钮。

（3）在"属性"栏下勾选"停发工资"。

（4）单击"确认"按钮。

有"停发工资"标志的人员不再参与工资发放与汇总，但保留人员档案，以后可恢复工资发放。

（二）工资数据管理

1. 工资数据录入及修改

第一次使用工资系统必须将所有人员的工资数据录入计算机，平时如果每月发生工资变动也在此进行更改。

【例13】重庆市望江股份有限公司正式职工工资数据如表6-3所示。

表6-3 重庆市望江股份有限公司正式职工工资数据

姓　　名	基本工资	岗位工资	奖　　金
刘祥	3 900	600	600
陈勇	3 600	500	600
李佳	2 100	200	600
何杰	2 700	300	600
唐丽	2 700	300	600
刘梅	1 800	200	600
李成	3 000	500	800
杨易	3 000	400	800
雷鸣	3 000	400	800
袁罡	3 300	500	600
李芳	2 700	400	600
郑权	1 800	200	600

具体操作步骤如下：

（1）执行"业务处理"|"工资变动"命令，进入"工资变动"窗口，如图6-22所示。

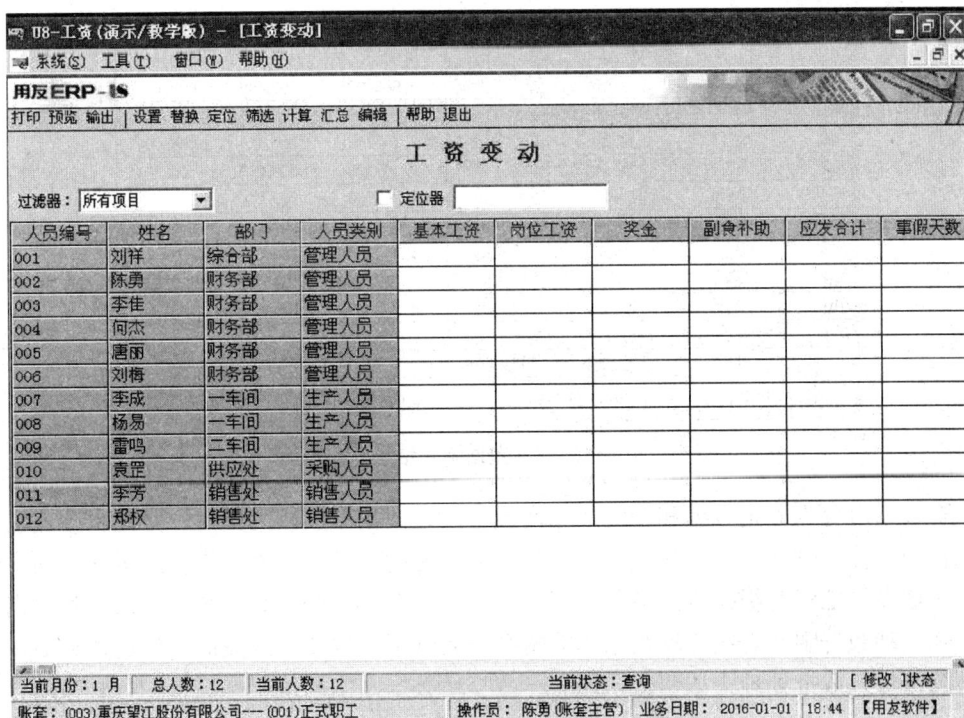

图6-22 工资变动

（2）单击"过滤器"下拉列表框，选择"过滤设置"选项，打开项目过滤对话框，将"工资项目"列表框中的"基本工资"、"岗位工资"和"奖金"三项选入，如图6-23所示。

（3）单击"确认"按钮，返回"工资变动"窗口，此时每个人的工资项目只显示"基本工资"、"岗位工资"和"奖金"三项。

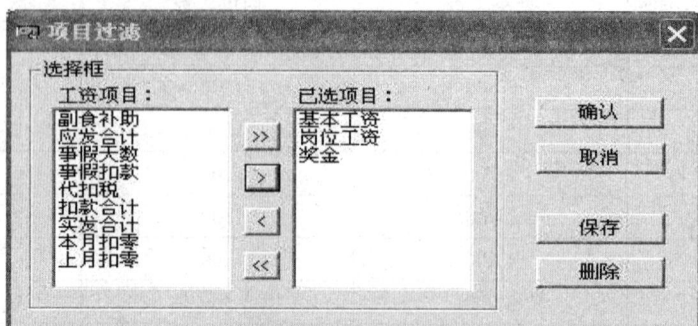

图6-23 项目过滤

（4）输入工资数据，结果如图6-24所示。

图6-24 数据录入结果

工资数据可分为固定数据和变动数据两类。固定数据一般较为固定，数值很少变动，在日常工作中只需等到其发生变化时才重新调整，常见的有基本工资、岗位工资等；而变动数据则需每期发放工资时根据实际情况进行调整，如奖金、请假天数、个人所得税和养老保险金等。在变动数据中，有些变动数据的编辑必须通过手工逐项录入完成，如请假天数，有些变动数据则可以成批处理，如奖金，还有一些变动数据则由系统根据设置的公式自动计算生成，如请假扣款、个人所得税等。

2. 工资数据更新

为了快速地编辑某个人或某一批人的数据，首先要把他们从人员档案中提取出来，因此，系统提供了"筛选"和"定位"功能。一般情况下，工资变动只对部分人员进行，通过筛选功能把修改人员过滤出来，能加快修改速度。如果要对同一个工资项目做统一变动，可采用"替换"功能。

【例14】重庆市望江股份有限公司生产部人员的岗位工资在原有基础上加200元。

具体操作步骤如下：

（1）执行"业务处理"|"工资变动"命令，进入"工资变动"窗口。

（2）单击工具栏中的"替换"按钮，打开"工资项数据替换"对话框。单击"将工资项目"下拉列表框，选择"岗位工资"选项，在"替换成"文本框中输入"岗位工资＋200"，如图6-25所示。

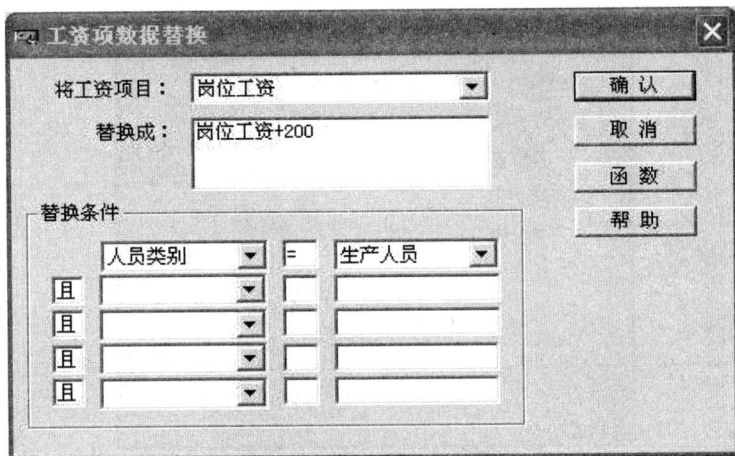

图6-25 工资项数据替换

（3）在"替换条件"选项区中选择"人员类别"、"＝"、"生产人员"。

（4）单击"确认"按钮。

3. 工资数据的计算与汇总

如果修改了某些工资数据，重新设置了工资项目计算公式，替换了工资数据，或在个人所得税中执行了自动扣税等操作，就必须重新计算并汇总工资数据，以保证数据正确。

具体操作步骤如下：

（1）执行"业务处理"|"工资变动"命令，进入"工资变动"窗口。

（2）在工资变动窗口中，单击工具栏中的"重新计算"按钮，重新计算工资数据。

（3）在工资变动窗口中，单击工具栏中的"汇总"按钮，汇总工资数据。

（4）单击工具栏中的"退出"按钮，退出"工资变动"窗口。

4. 工资分钱清单

在实际工作中，工资的发放有现金发放和银行代发两种方式。对采用现金发放方式的用户，系统提供了"工资分钱清单"功能，帮助用户筹划现金提取的票面组合；对采用银行代发方式的用户，系统提供了"银行代发"功能，帮助用户制作符合银行要求的工资发放文件。

工资分钱清单是按单位计算的工资发放分钱票面额清单，会计人员根据此表从银行取款并发给各部门。执行此功能必须在个人数据输入调整之后，如果个人数据在计算后又做了修改，须重新执行本功能，以保证数据正确。

采用银行代发工资的企业不必进行工资分钱清单操作。

具体操作步骤如下：

（1）执行"业务处理"|"工资分钱清单"命令，打开"票面额设置"对话框，如图6-26所示。票面额设置即设置工资分钱清单的票面组合，用户可根据单位需要自由设置。系统默认用户要进行分钱的工资数据项目为实发工资项目。另外，还可在"工资分钱清单"窗口单击"设置"按钮，或利用快捷菜单中"票面额设置"命令项，重新进入该功能。

（2）在"票面额设置"对话框中先选择分钱月份，再选择票面额组合。如果用户选择了扣零处理且扣零到角，则壹元票面额必须选择；如果用户未设置扣零，但实发工资包含元、角、分，则壹元、壹角、壹分票面额必须选择。

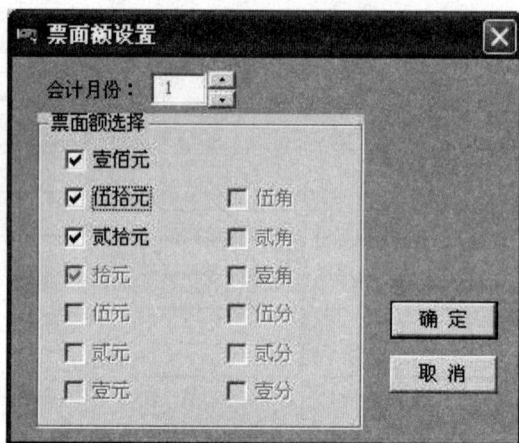

图6-26 票面额设置

（3）单击"确定"按钮，进入"工资分钱清单"窗口，如图6-27所示。

打印 预览 输出 | 设置 | 帮助 退出

分 钱 清 单

部门分钱清单	人员分钱清单	工资发放取款单

请选择部门级别：全体

部门	壹佰元	伍拾元	贰拾元	拾元	金额合计
综合部	47	1			4750.00
财务部	166	3	4	2	16850.00
生产部	118	3	3	2	12030.00
一车间	79	2	2	1	8050.00
二车间	39	1	1	1	3980.00
市场部	102	2	1	1	10330.00
供应处	41	1			4150.00
销售处	61	1	1	1	6180.00
票面合计数	433	9	8	5	------
金额合计数	43300.00	450.00	160.00	50.00	43960.00

图6-27 工资分钱清单

（4）单击"部门分钱清单"页签即可查看部门分钱情况。执行此功能必须在个人数据输入调整完之后，如果个人数据在计算后又做了修改，须重新执行本功能。

（5）单击"人员分钱清单"页签即可查看人员分钱情况。

（6）单击"工资发放取款单"页签即可查看单位整体计算的票面分钱总数，用于出纳按票面取款，以便发放。

5. 银行代发处理

银行代发即由银行发放企业职工个人工资。目前许多单位发放工资时都采用工资信用卡方式。这种做法既减轻了财务部门发放工资工作的繁重，又有效地避免了财务部门到银行提取大笔款项所承担的风险，同时还提高了对员工个人工资的保密程度。

银行代发业务处理是指每月末单位向银行提供银行给定文件格式的软盘。银行代发对格式的要求分为文件格式设置和输出格式设置两方面，进行了文件格式设置和输出格式设置后，即可将数据输出到软盘或通过网络发送给银行代发工资。

1）银行代发文件格式设置

银行代发文件格式设置是指根据银行的要求，设置提供给银行的数据中所包含的项目以及项目的数据类型、长度和取值范围等。

【例15】工商银行要求重庆市望江股份有限公司提交的数据盘中包括的数据内容和顺序为：单位编号（10位）、姓名（8位）、账号（11位）、金额（10位）、日期（8位）。标志行在首行，标志行内容包括：单位银行账号、代发金额合计、代发人数。

具体操作步骤如下：

（1）执行"业务处理"|"银行代发"命令。第一次执行银行代发功能时，系统自动显示"银行文件格式设置"对话框，如图6-28所示，即可进行设置。以后再进入，可单击"格式"菜单或利用快捷菜单下"银行文件格式设置"命令项，即可进入"银行代发文件格式设置"功能。

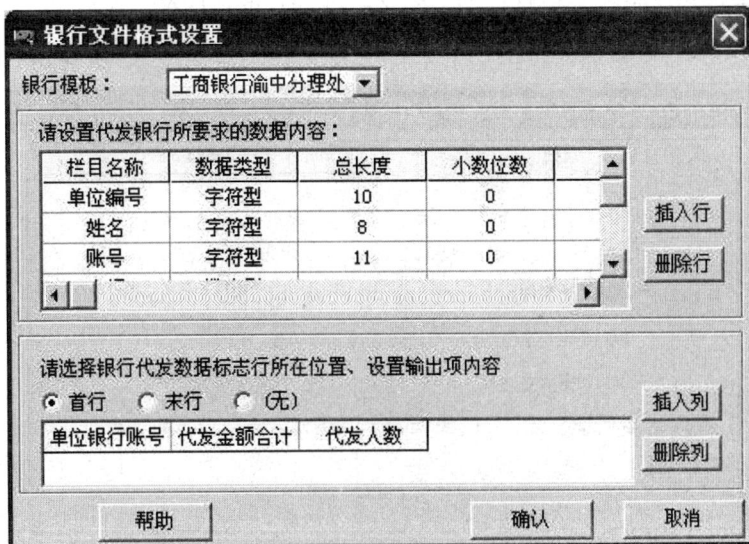

图6-28 银行文件格式设置

（2）在"银行文件格式设置"对话框中选择代发工资的银行，输入栏目名称、选择数据类型、输入总长度、小数长度，输入数据内容或双击空白处后参照录入。

（3）单击"插入行"按钮可增加一行，单击"删除行"按钮可删除选中行。

（4）单击"确认"按钮，将保存设置，并生成银行代发一览表，如图6-29所示。

银行代发一览表

名称：工商银行渝中分理处　　　　　　　　　　　　　　　　人数：12人

单位编号	姓名	账号	金额	录入日期
1234934325	刘祥	11022088001	4580.00	20160101
1234934325	陈勇	11022088002	4240.00	20160101
1234934325	李佳	11022088003	2710.00	20160101
1234934325	何杰	11022088004	3300.00	20160101
1234934325	唐丽	11022088005	3300.00	20160101
1234934325	刘梅	11022088006	2370.00	20160101
1234934325	李成	11022088007	4070.00	20160101
1234934325	杨易	11022088008	4240.00	20160101
1234934325	雷鸣	11022088009	4240.00	20160101
1234934325	袁罡	11022088010	3980.00	20160101
1234934325	李芳	11022088011	3610.00	20160101
1234934325	郑权	11022088012	2710.00	20160101

[合计] 金额：43,350.00

图6-29　银行代发一览表

2）银行代发文件输出格式设置

银行代发文件输出格式设置是根据银行的要求，设置向银行提供的数据以何种文件格式存放在磁盘中，以及在文件中各数据项目如何存放和区分。

具体操作步骤如下：

（1）执行"业务处理"|"银行代发"命令，进入"银行代发"窗口。

（2）单击"方式"按钮，打开文件方式设置对话框，如图6-30所示。

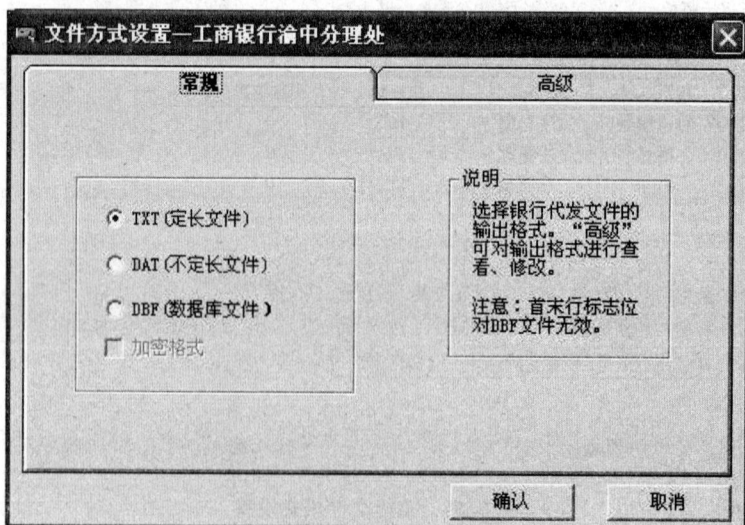

图6-30　文件方式设置

（3）按银行规定在"常规"选项卡中选择文件类型，在"高级"选项卡中对磁盘文件的格式进行查看和修改。

（4）单击"确认"按钮，完成磁盘文件的格式设置，返回银行代发主界面。

3）磁盘输出

磁盘输出即按用户已设置好的格式和设定的文件名将数据输出到指定的磁盘中。

操作步骤：

（1）执行"业务处理"|"银行代发"命令，进入"银行代发"窗口。

（2）在"银行代发"窗口中单击"传输"按钮，输入文件名称并选择磁盘和存储路径后，单击"保存"按钮。

三、工资管理系统期末业务处理

工资核算业务期末处理的主要内容是进行与工资有关的费用计提和分配，内容包括：汇总计算出本月的工资总额；按人员性质将工资费用分摊计入各类成本和期间费用；按工资总额计提应付福利费、工会经费、职工教育经费，以及其他需按工资总额计提的费用；在完成以上费用计提和分摊后，进行程序性的结账工作。

（一）工资分摊

工资分摊是指财会部门根据工资费用分配表，将工资费用根据用途进行分配，同时进行各种经费的计提，并编制自动转账凭证，将之传递给账务系统，以供账务系统记账之用。

工资分摊业务处理流程为：打开某工资类别→选择部门和日期→确定基数→定义分摊类型→工资费用分摊→设置会计科目。

【例16】重庆市望江股份有限公司月末进行工资分摊，工资分摊计提基数为应付工资总额，应付福利费的计提比例为应付工资总额的14%，工会经费的计提比例为应付工资总额的2%，见表6-4。

表6-4 重庆市望江股份有限公司工资及附加费分配表

部门	人员类别	工资	应付福利费	工会经费
		入账科目	入账科目	入账科目
综合部	管理人员	管理费用	管理费用	管理费用
财务部	管理人员			
一车间	生产人员	生产成本	生产成本	管理费用
二车间	生产人员			
供应处	采购人员	管理费用	管理费用	管理费用
销售处	销售人员	销售费用	销售费用	销售费用

具体操作步骤如下：

1. 设置工资分摊类型

（1）执行"业务处理"|"工资分摊"命令，进入"工资分摊"窗口，如图6-31所示。

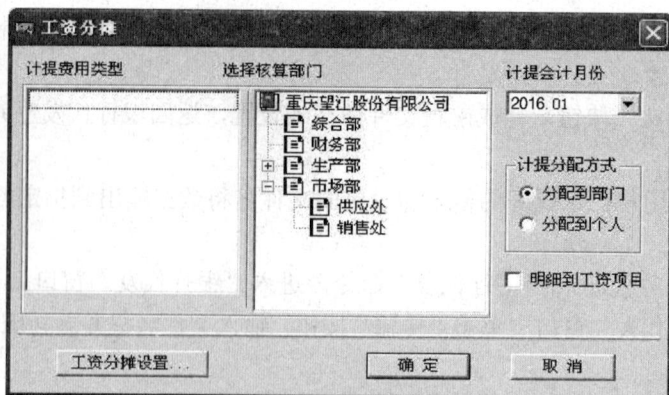

图 6-31 "工资分摊"窗口

（2）单击"工资分摊设置"按钮，打开"分摊类型设置"对话框，如图 6-32 所示。

（3）在"分摊类型设置"对话框中单击"增加"按钮，打开"分摊计提比例设置"对话框，输入新的计提类型名称和分摊计提比例，如图 6-33 所示。

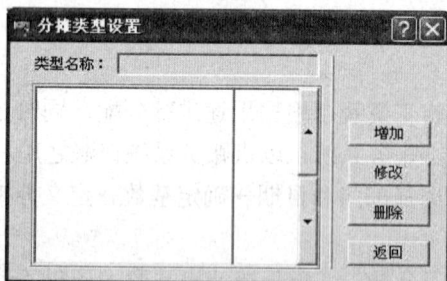

图 6-32 "分摊类型设置"对话框

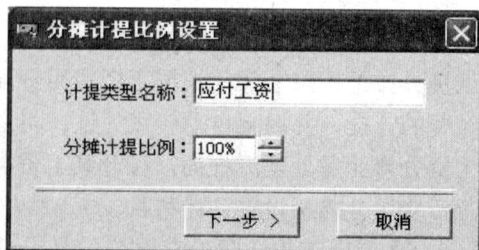

图 6-33 "分摊计提比例设置"对话框

在"分摊类型设置"对话框中单击"修改"按钮可修改光标所在行的工资分配计提类型。

在"分摊类型设置"对话框中单击"删除"按钮可删除光标所在行的工资分配计提类型，但已分配计提的类型不能删除，最后一个类型不能删除。

（4）单击"下一步"按钮，进入"分摊构成设置"界面，输入分摊构成设置的各项内容，所有构成项目均可参照输入，如图 6-34 所示。

分摊构成设置

部门名称	人员类别	项目	借方科目	贷方科目
综合部	管理人员	应发合计	5502	2151
财务部	管理人员	应发合计	5502	2151
一车间	生产人员	应发合计	410101	2151
二车间	生产人员	应发合计	410101	2151
供应处	采购人员	应发合计	5502	2151
销售处	销售人员	应发合计	5501	2151

图 6-34 "分摊构成设置"界面

部门名称：一次可选择多个部门。不同部门，相同人员类别可设置不同分摊科目。

人员类别：选择费用分配人员类别。

项目：对应选中的部门、人员类别，选择计提分配的工资项目。每个人员类别可选择多个计提分配的工资项目。工资项目包括本工资类别所有的增项、减项和其他项目。

借方科目：对应选中部门、人员类别的每个工资项目的借方科目。

贷方科目：对应选中部门、人员类别的每个工资项目的贷方科目。

（5）单击"完成"按钮，返回"分摊类型设置"对话框，便可增加一个新的分摊类型。

（6）重复步骤（3）～步骤（5），进行"应付福利费"和"工会经费"的分摊设置，结果如图6-35所示。

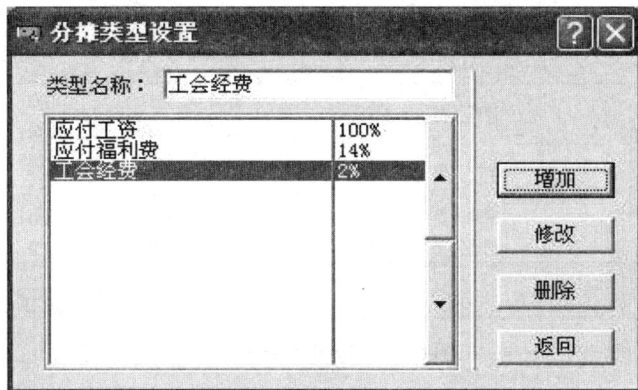

图 6-35 "分摊类型设置"对话框

2. 生成凭证

（1）执行"业务处理"|"工资分摊"命令，进入"工资分摊"窗口。

（2）选择参与本次分摊计提费用类型、参与核算的部门以及计提月份、计提分配方式并确定是否明细到工资项目（若选中此项，则按工资项目明细列示分摊表格），如图6-36所示。

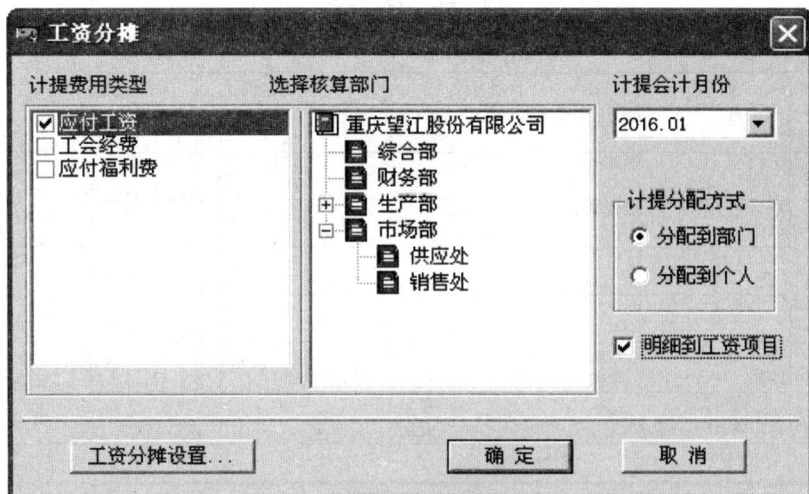

图 6-36 工资分摊

（3）单击“确定”按钮，进入“工资分摊明细”窗口，显示“应付工资一览表”，如图 6–37 所示。

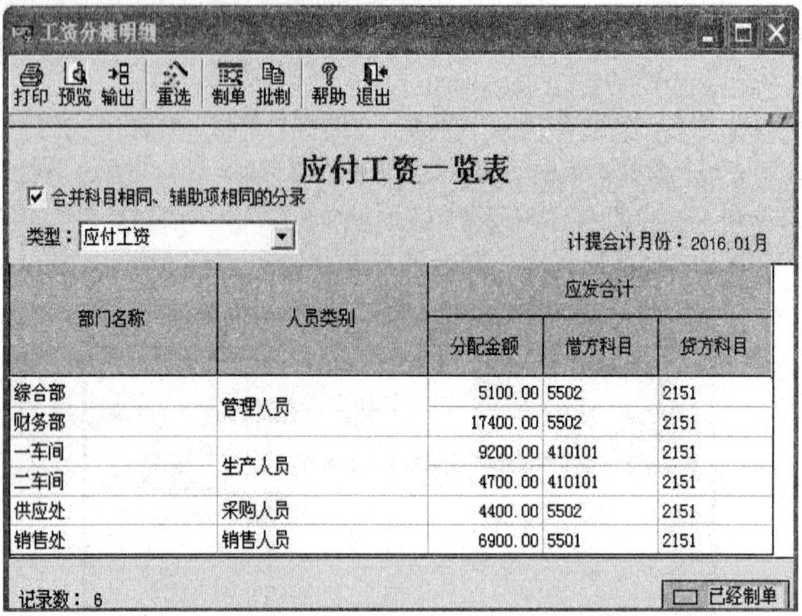

部门名称	人员类别	应发合计		
		分配金额	借方科目	贷方科目
综合部	管理人员	5100.00	5502	2151
财务部		17400.00	5502	2151
一车间	生产人员	9200.00	410101	2151
二车间		4700.00	410101	2151
供应处	采购人员	4400.00	5502	2151
销售处	销售人员	6900.00	5501	2151

图 6–37　应付工资一览表

（4）从“类型”下拉列表框中选择分摊类型，系统按选择的类型显示相应的一览表。

（5）单击“制单”按钮或在右键菜单中选择“制单”项，将生成当前所选分摊类型所对应的工资费用分配凭证，如图 6–38 所示。

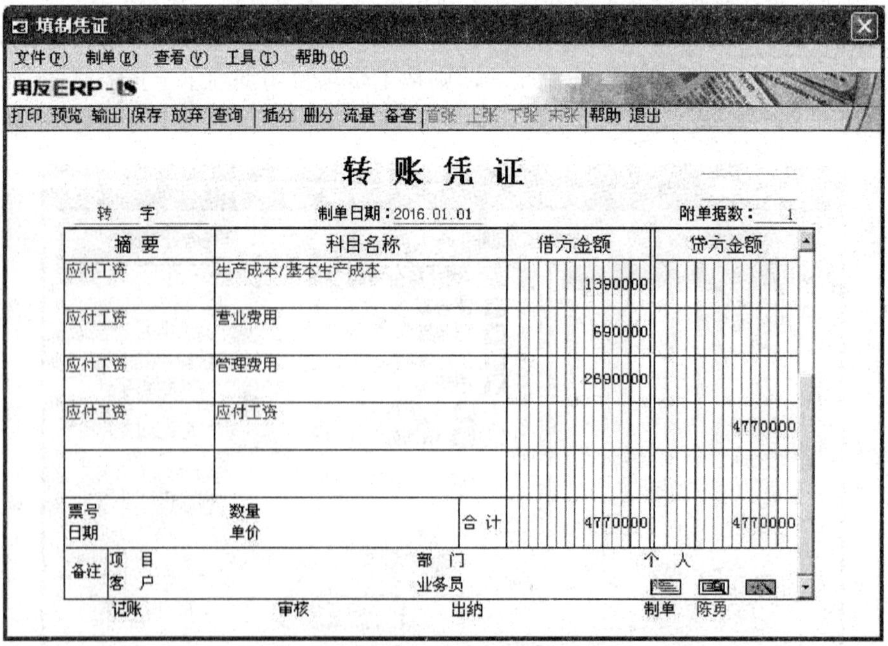

摘要	科目名称	借方金额	贷方金额
应付工资	生产成本/基本生产成本	1390000	
应付工资	营业费用	690000	
应付工资	管理费用	2690000	
应付工资	应付工资		4770000
	合计	4770000	4770000

图 6–38　工资分摊凭证

（6）选择凭证类型，确认凭证日期，单击"保存"按钮，凭证左上角出现红色"已生成"字样，表明该凭证已传递到账务处理系统中。

单击"批制"按钮，可一次生成所有参与本次分摊的分摊类型所对应的凭证。

工资管理系统在凭证处理上只提供工资费用分摊和相关费用计提的自动计算和凭证处理功能，日常工资发放的凭证处理还需在总账系统中完成。操作员可以通过工资管理系统的账表查询功能，汇总工资发放数据，然后在总账系统中按凭证处理的一般程序生成凭证。

（二）月末结账

结账是工资管理系统每月末必须进行的工作，通过月末结账，可以将当月数据经过处理后结转至下月，并自动生成下月的新的工资明细表。此功能只有主管人员才能执行。

具体操作步骤如下：

（1）执行"业务处理"|"月末处理"命令，进入"月末处理"窗口，如图6-39所示。

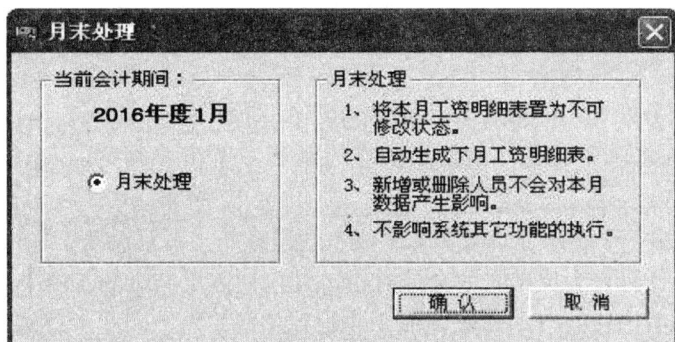

图6-39 "月末处理"窗口

（2）单击"确认"按钮，进入月末处理，系统给出是否继续的提示，如图6-40所示。

（3）单击"是"按钮，进入是否清零选择，如图6-41所示。

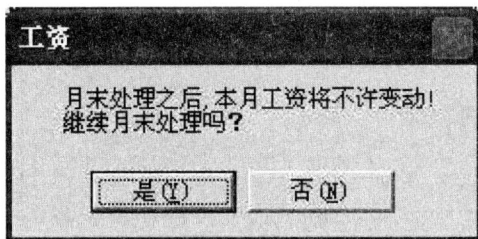

图6-40 系统提示

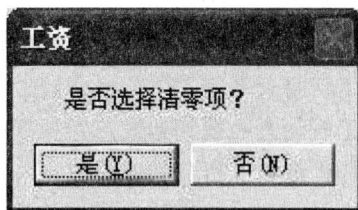

图6-41 清零提示

由于在工资项目中，有的项目是变动的，即每月的数据均不相同，因此在每月工资处理时，均需将其数据清零，而后输入当月的数据，此类项目即为清零项目。若不进行清零操作，则下月项目将完全继承当前月数据。

（4）单击"是"按钮，打开"选择清零项目"对话框，如图6-42所示。

（5）选择清零项目后单击"确认"按钮，出现月末处理完毕提示窗口，单击"确认"按钮。

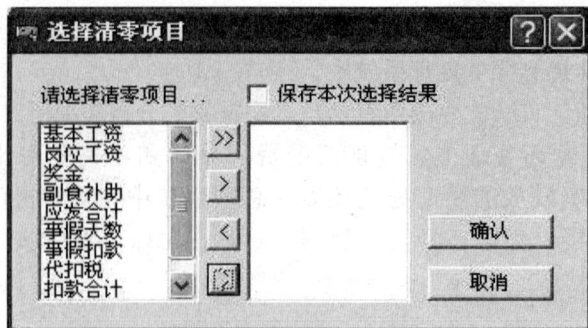

图6-42 选择清零项目

（三）反结账

在工资管理系统结账后，若发现还有一些业务或其他事项需要在已结账月份进行账务处理，这时就需要使用反结账功能取消已结账标志。此功能只能由账套主管执行。

操作步骤：

（1）关闭所有工资类别。

（2）执行"业务处理"|"反结账"命令，进入"反结账"窗口。

（3）在列表中选择需要进行反结账操作的账套，单击"确定"，系统就会进行反结账处理。

出现以下情况之一，将不允许反结账：成本管理系统上月已结账；总账系统上月已结账；汇总工资类别的会计月份为反结账的会计月份，且包括需反结账的工资类别。

由于工资分摊中生成的自动转账凭证要传输到总账系统，因此，反结账时还应区别情况处理：如果总账系统未做任何操作，只需在删除该凭证后即可进行反结账；如果凭证已经由出纳签字或主管签字，则应先取消出纳签字或主管签字，再删除该凭证，然后才能进行反结账；如果总账系统已制单并记账，应先制作红字冲销凭证冲账，然后才能进行反结账。

复习思考题

1. 简述工资管理系统的主要功能。
2. 工资管理系统的主要操作流程是怎样的？
3. 工资管理系统初始设置包括哪些内容？
4. 如何进行工资分摊的设置？
5. 工资管理系统的凭证该如何生成？
6. 如何理解工资系统的结账与总账系统的结账之间的联系？

实训一 工资核算练习

一、实训目的

掌握工资系统的初始设置、基本信息建立、工资的分摊和月末处理的操作方法。

二、实训要求

1. 建立工资账套。

2. 进行工资账套的各项初始设置。

3. 进行工资日常数据管理。

4. 工资分摊设置和分摊凭证生成。

5. 进行工资账套的月末处理。

三、实训案例

（一）重庆市望江股份有限公司核算账套资料

1. 账套信息

（1）账套号：003

（2）账套名称：重庆市望江股份有限公司（简称：重庆望江）。

（3）账套路径：系统默认。

（4）启用会计期：2016 年 1 月。

2. 单位信息

（1）单位名称：重庆市望江股份有限公司（简称：重庆望江）。

（2）单位地址：重庆市中山路 187 号。

（3）法人代表：刘祥

（4）邮政编码：6347102　联系电话：023-6831286　传真：023-6831286。

3. 核算类型

（1）本位币：人民币（代码：RMB）。

（2）企业类型：工业。

（3）行业性质：新会计制度科目。

（4）账套主管：陈勇。

（5）按行业性质预置会计科目。

4. 基础信息

存货、客户、供应商要进行分类，无外币核算。

5. 分类编码方案

（1）科目编码级次：42222

（2）客户分类编码级次：223

（3）供应商分类编码级次：223

（4）存货分类编码级次：223

（5）部门分类编码级次：22

（6）其余采用系统默认值。

6. 数据精度

存货数量、存货单价及换算率的小数位数均为2。

7. 财务分工

（1）账套主管：001 陈勇，口令 001，拥有软件操作及管理的所有权限。

（2）会计：002李佳，口令002，拥有总账、工资和固定资产系统的所有权限。

（3）出纳：003何杰，口令003，拥有总账系统中凭证处理、出纳的所有权限。

（4）操作员：004唐丽，口令004，负责核算采购业务，具有公共目录设置，应收应付、总账、采购、销售、库存管理系统和存货核算的全部权限。

（5）操作员：005刘梅，口令005，负责核算销售业务，具有公共目录设置，应收应付、总账、采购、销售、库存管理系统和存货核算的全部权限。

8. 设置凭证类别为：收款凭证、付款凭证和转账凭证

（二）重庆市望江股份有限公司的工资账套资料

1. 账套信息

工资类别分为正式职工和临时工两个，核算币别为人民币；单位代扣个人所得税，费用扣除基数为3 500元；进行扣零处理（扣零至元）；人员编码为3位。

2. 部门档案（表6-5）

表6-5　部门档案

部门编码	部门名称	负责人	部门属性
01	综合部	刘祥	管理部门
02	财务部	陈勇	财务管理
03	生产部	李成	生产部门
0301	一车间	杨易	生产部门
0302	二车间	雷鸣	生产部门
04	市场部	袁罡	购销管理
0401	供应处	袁罡	供应部门
0402	销售处	李芳	销售部门

3. 人员类别

管理人员、生产人员、采购人员、销售人员。

4. 人员附加信息

包括性别、年龄。

5. 职员档案

（1）正式职工档案（表6-6）。

表6-6　正式职工档案

编号	姓名	性别	年龄	所属部门	银行账号
001	刘祥	男	36	综合部	11022088001
002	陈勇	男	35	财务部	11022088002
003	李佳	女	28	财务部	11022088003
004	何杰	男	44	财务部	11022088004

续表

编号	姓名	性别	年龄	所属部门	银行账号
005	唐丽	女	34	财务部	11022088005
006	刘梅	女	24	财务部	11022088006
007	李成	男	39	生产部	11022088007
008	杨易	男	42	一车间	11022088008
009	雷鸣	男	38	二车间	11022088009
010	袁罡	男	33	供应处	11022088010
011	李芳	女	29	销售处	11022088011
012	郑权	男	27	销售处	11022088012

（2）临时工档案（表6–7）。

表6–7 临时工档案

编号	姓名	性别	年龄	所属部门	银行账号
101	赵军	男	28	一车间	
102	钱亮	男	26	一车间	
103	孙梅	女	30	一车间	
104	李明	男	32	一车间	
105	周艳	女	27	二车间	
106	吴雪	女	29	二车间	
107	郑虎	男	28	二车间	
108	王刚	男	31	二车间	

6. 工资项目（表6–8）（以下仅列出正式职工工资项目）

表6–8 工资项目

工资项目	类别	长度	小数位数	工资增减项
基本工资	数字	8	2	增项
岗位工资	数字	8	2	增项
奖金	数字	8	2	增项
副食补贴	数字	8	2	增项
应发合计	数字	10	2	其他
事假天数	数字	8	0	其他
事假扣款	数字	8	2	减项

续表

工资项目	类别	长度	小数位数	工资增减项
代扣税	数字	10	2	减项
扣款合计	数字	10	2	减项
实发合计	数字	10	2	其他

7. 正式职工工资类别设置

（1）部门设置。见表6-5。

（2）职员档案。见表6-6，全部为中方人员，计税。

（3）银行名称：工商银行渝中分理处。

（4））工资项目：基本工资、岗位工资、奖金、副食补贴、事假天数、事假扣款、代扣税、应发工资、扣款合计、实发工资。

（5）工资计算公式：

事假扣款＝事假天数×20

扣款合计＝事假扣款＋代扣税

应发合计＝基本工资＋岗位工资＋奖金＋副食补贴

实发合计＝应发合计－扣款合计

8. 月初正式职工工资数据（表6-9）

表6-9　月初正式职工工资数据

姓名	基本工资	岗位工资	奖金
刘祥	3 900	600	600
陈勇	3 600	500	600
李佳	2 100	200	600
何杰	2 700	300	600
唐丽	2 700	300	600
刘梅	1 800	200	600
李成	3 000	500	800
杨易	3 000	400	800
雷鸣	3 000	400	800
袁罡	3 300	500	600
李芳	2 700	400	600
郑权	1 800	200	600

9. 本月工资变动

（1）本月李芳请假2天，刘梅请假4天。

（2）生产部人员岗位工资在原有基础上增加200元，销售处人员的奖金在原有基础上增加 300 元。

10. 工商银行要求重庆市望江股份有限公司提交的数据盘中包括的数据内容和顺序为：单位编号（10 位）、姓名（8 位）、账号（11 位）、金额（10 位）、日期（8 位）。标志行在首行，标志行内容包括：单位银行账号、代发金额合计、代发人数。文件格式为数据库文件。

11. 月末分摊工资

（1）应付工资总额＝基本工资＋岗位工资＋奖金＋副食补贴

应付福利费、工会经费以应付工资总额为基数进行计提。应付福利费和工会经费的计提比例分别为 14% 和 2%。

（2）工资分摊如表 6-10 所示。

表 6-10 工资分摊

部门	人员类别	工资	应付福利费	工会经费
		入账科目	入账科目	入账科目
综合部	管理人员	管理费用	管理费用	管理费用
财务部	管理人员			
一车间	生产人员	生产成本	生产成本	管理费用
二车间	生产人员			
供应处	采购人员	管理费用	管理费用	管理费用
销售处	销售人员	销售费用	销售费用	销售费用

固定资产管理

第一节 固定资产管理系统概述

固定资产管理系统是一套用于企事业单位进行固定资产核算和管理的模块，帮助企事业单位的财务部门进行固定资产原值、累计折旧、计提减值准备以及卡片管理和账簿查询等，协助企业进行部分成本核算，同时还为设备管理部门提供各项指标管理工作。

一、固定资产管理系统的主要功能

固定资产管理系统的作用是完成企业固定资产日常业务的核算和管理，生成固定资产卡片，按月反映固定资产的增加、减少、原值变化以及其他变动，并输出相应的增减变动明细账，按月自动计提折旧，生成折旧分配表和折旧分配凭证。同时可以输出一些与"设备管理"相关的账簿和报表，本系统主要功能体现在以下几个方面：系统初始化设置、固定资产卡片管理、自动计提折旧并生成凭证、月末对账、结账、账表查询等。

另外，系统具有多种自定义功能，可自定义汇总分配周期、卡片项目、折旧方法等；为适应行政事业单位固定资产管理的需要，提供整套账不提折旧功能；对于需要计提折旧的系统自动计提折旧，生成折旧分配表，并按分配表自动制作记账凭证，并传达到账务系统，同时在本系统中可以查询、修改和删除此凭证；固定资产系统日常发生原值增减、计提减值准备、内部转移、资产评估变动等可以通过填制变动单反映，并生成会计凭证传达到账务系统；同时，本系统可以为成本核算系统提供需要的折旧数据，以及提供领导查询系统所需的数据。

二、固定资产管理系统操作流程

固定资产管理在企业中分为两部分，一是固定资产卡片台账管理，负责登记固定资产增加、减少、折旧，记录使用部门、是否在用等所有有关固定资产的信息；二是固定资产的会计处理，包括确定固定资产的折旧方法和使用年限、每月计提固定资产折旧、固定资产清理等。因此固定资产管理系统设计时考虑了这些需求来设计操作流程，如图7-1所示。

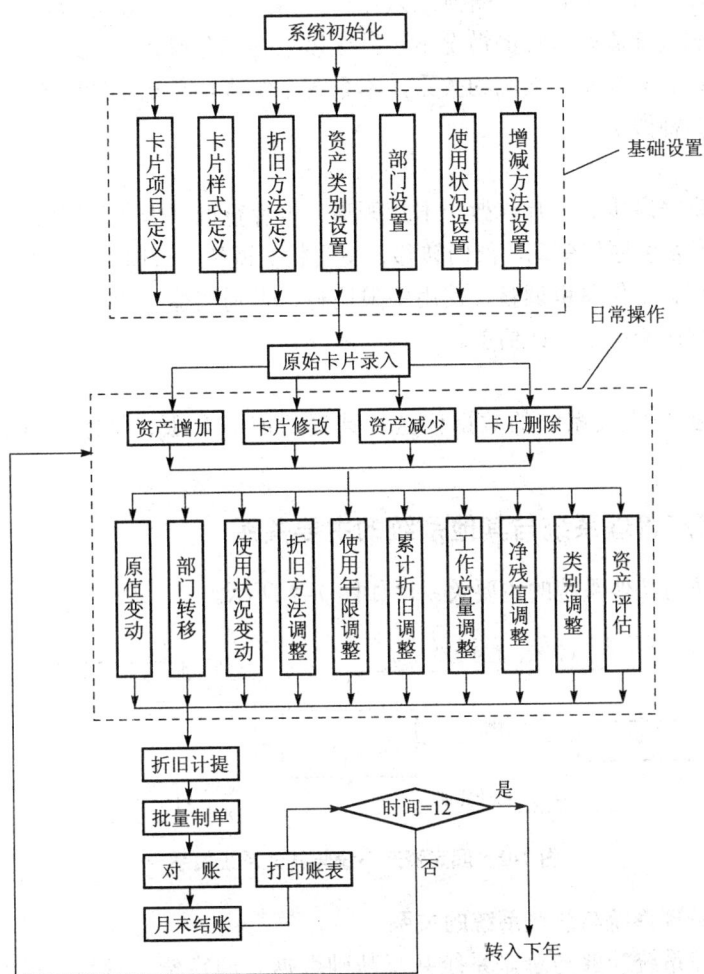

图7-1　固定资产管理系统操作流程

1. 系统初始化

在系统管理模块建立新账套后，运行固定资产管理系统，并打开该账套，第一步要做的工作是系统初始化。

2. 基础设置

初始化工作完成后，进行基础设置操作。基础设置操作包括卡片项目定义、卡片样式定义、折旧方法定义、类别设置、部门设置、使用状况定义、增减方式定义等部分。除资产类别设置没有预置内容外，其他部分都把常用的内容预置出来，如果符合您的要求，可不再设置。资产类别设置是必须经过的步骤。系统运行过程中，如果设置的内容不满足要求，可在系统允许的范围内重新设置。

3. 原始卡片录入

原始卡片录入是把使用系统前的原始资料录入系统，以保持固定资产核算和管理的连续性和完整性。鉴于原始资料可能较多，在一个月内不一定能录入完毕，所以本系统原始卡片录入不限于第一个月。也就是说如果第一个月到月底原始资料没有录入完毕，您可以有两种选择，一是一直以该月日期登录，直到录入完毕，再进行以下各部分操作；另一种做法是，月底前在没有完成全部原始卡片的情况下，继续以下各部分操作，以后各月陆续进行录入。由于固定资产系统和其他系统的制约关系，本系统不结账，总账不能结账，所以在特定情况下，必须执行第二种做法。

4. 日常操作

新增资产、资产减少、卡片修改、卡片删除、卡片查询、卡片打印等几部分的操作。资产变动操作：资产发生原值变动、部门转移、使用状况调整、折旧方法调整、累计折旧调整、净残值（率）调整、工作总量调整、使用年限调整、类别调整、计提减值准备、转回减值准备、资产评估，制作变动单或评估单。

5. 月末处理

月末处理包括与相关系统的数据传送，计提折旧、对账、结账、查看及打印报表等操作。

三、固定资产管理系统与其他系统的主要关系

固定资产系统与其他系统的主要关系，如图 7-2 所示。

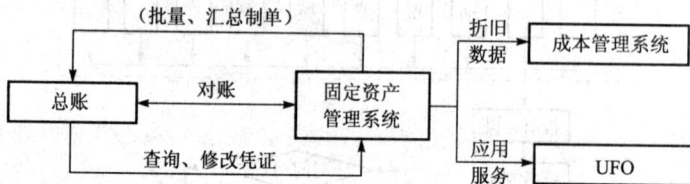

图 7-2　固定资产系统与其他系统关系

1. 固定资产管理系统与总账系统的关系

固定资产管理系统能够与总账系统共享基础数据。固定资产管理系统需要的基础数据可以在总账系统中设置，也可以在固定资产系统中自行设置。另外，固定资产管理系统中资产的增加、减少以及原值和累计折旧的调整、折旧的计提通过批量、汇总制单生成会计凭证并传递到总账系统，同时通过对账功能保持固定资产管理系统的账目与总账系统保持一致。

2. 固定资产管理系统与成本管理系统的关系

固定资产管理系统对折旧文件分类统计，分配汇总折旧费用，并将其数据传递到成本管理系统，为其成本管理使用。

3. 固定资产管理系统与 UFO 系统的关系

固定资产管理系统可以为 UFO 系统提供数据支持。

第二节　固定资产管理系统初始化

在"系统管理"中建立企业核算账套后，就可以建立一个适合自己实际情况的固定资产子账套。它是使用固定资产管理系统的首要操作。要建立固定资产子账套，前提是在"系统管理"中建立本单位的核算账套并且启用了固定资产管理系统。根据固定资产管理核算流程，系统初始化主要包括建立固定资产子账套、基础设置和录入原始卡片三项内容。

一、建立固定资产子账套

建立固定资产子账套是指在已有企业核算账套的基础上，在固定资产管理系统中建立子账套。

在用友 ERP-U8 中从"财务会计"中单击"固定资产"进入固定资产管理系统，首次使用该系统时，系统会自动提示是否进行账套初始化，如图 7-3 所示。单击"是"系统将引导完成各项参数的设置。

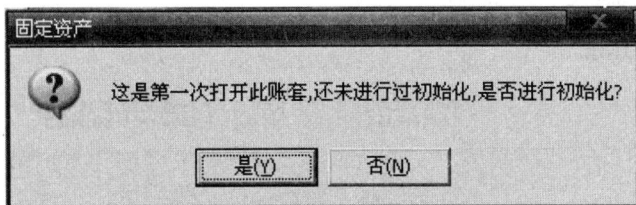

图 7-3　账套初始化提示

（1）约定及说明：该页显示一些账套参数以及资产管理的基本原则、折旧计算和分配汇总原则，如图 7-4 所示。阅读了解相关内容后，单击"下一步"。

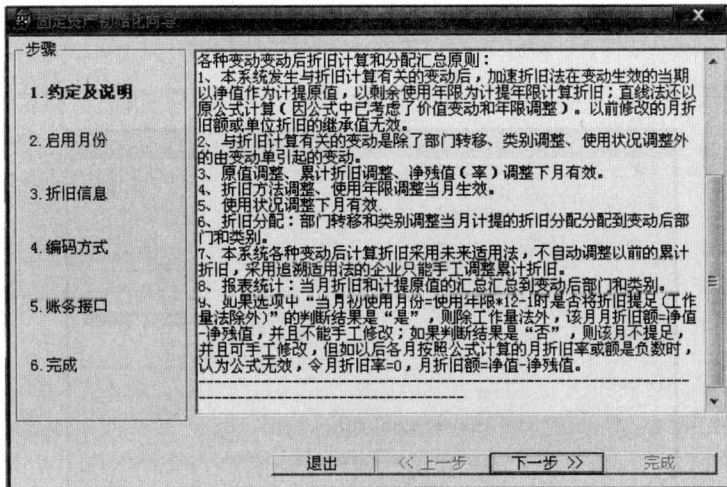

图 7-4　约定及说明

（2）启用月份：该页查看本账套固定资产开始使用的年份和会计期间，启用日期只能查看不可修改。后面要进行的"原始卡片录入"就是指截止该期的期初固定资产。单击"下一步"。

（3）折旧信息：折旧信息页面如图 7–5 所示，如果不计提折旧，则将判断框内不打钩，一旦确定本账套不提折旧，账套内与折旧有关的功能不能操作，该判断在保存初始化设置后不能修改；如果要计提折旧则将判断框内打钩，系统提供了常用的五种方法：平均年限法（一）、平均年限法（二）、工作量法、年数总和法、双倍余额递减法。折旧汇总分配周期：如果该账套还没有进行过一次月末结账，该分配周期可从 1、2、3、4、6、12 中选择。一旦选定，系统将在相应的月末生成折旧分配表，提示制作记账凭证。同时将"当（月初已计提月份＝可用月份－1）时将剩余折旧全部提足（工作量法除外）"前面打钩，以便最后一月足额计提折旧，完成设置后单击"下一步"。

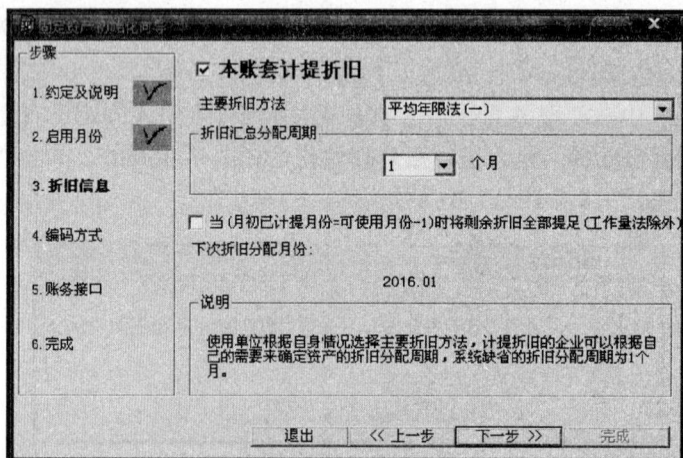

图 7–5 折旧信息

（4）编码方式：如图 7–6 所示，该页主要设置资产类别编码方式、固定资产编码方式。可根据企业实际需要设置合适的编码级次长度。固定资产编码方式可以选择手工输入和自动编码，自动编码有四种形式。需要注意的是这些编码方案设置好以后就不能修改。设置好后单击"下一步"。

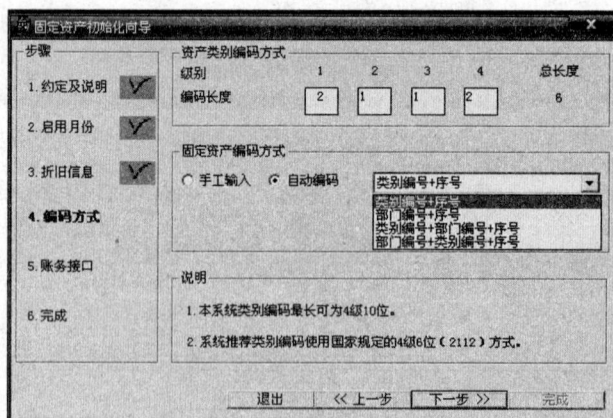

图 7–6 编码方式

（5）财务接口：如图 7–7 所示，为了便于与总账系统对账需要设置对账科目，固定资产对账科目设置为"1501，固定资产"，累计折旧对账科目为"1502，累计折旧"。系统在月末结账前自动执行"对账"功能一次（存在相对应的总账账套的情况下），给出对账结果，如果不平，说明两系统出现偏差，应予以调整。但是偏差并不一定是由错误引起的，有可能是操作的时间差异（在账套刚开始使用时比较普遍，如第一个月原始卡片没有录入完毕等）造成的，因此给出判断是否"对账不平允许月末结账"，如果希望严格控制系统间的平衡，并且能做到两个系统录入的数据没有时间差异，则可在该判断的判断框内打钩，否则不要打钩。

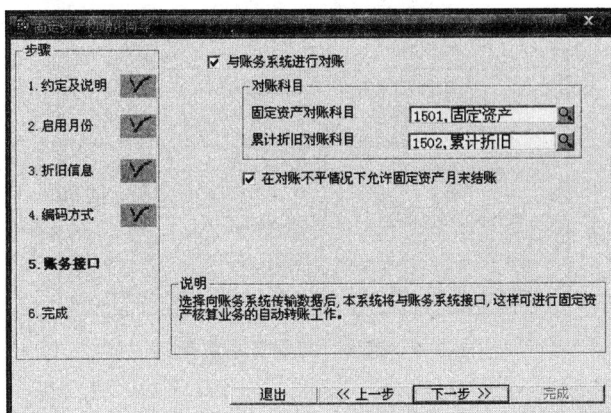

图 7-7 财务接口

（6）完成：上面各项根据需要设置完成之后，单击"完成"可以完成初始化，进入固定资产主界面。初始化完成之后有些参数可以在固定资产主界面"设置"菜单下的"选项"中单击"编辑"进行重新设置（后面基础设置将介绍），有些参数不能修改。对于不能修改，而又必须修改的参数，只能通过"维护"菜单下"重新初始化账套"进行，但是这样将清空对于该子账套的一切工作。

二、基础设置

基础设置是对固定资产管理系统的一些参数做进一步的设置，这些设置是使用固定资产系统进行资产核算和管理的基础。主要包括选项、部门档案、部门对应折旧科目、资产类别、增减方式、使用状况、折旧方法、卡片项目、卡片样式、原始卡片录入等。下面逐项介绍固定资产管理系统的基础数据的设置。

（一）选项设置

选项中包括在账套初始化中设置的参数和其他一些在账套运行中使用的参数或判断。选项中包括四个页签，单击"编辑"按钮修改可修改项。

1. 与财务系统接口

（1）与账务系统进行对账：前面"建立固定资产子账套"时已介绍，此选项可修改。

（2）在对账不平情况下允许固定资产月末结账：前面"建立固定资产子账套"时已介绍，此选项可修改。

（3）业务发生后立即制单：此选项用来确定制单的时间。可以不钩此选项，在"批量制单"部分统一完成制单工作。

（4）［固定资产］默认入账科目、［累计折旧］默认入账科目：即固定资产系统制作记账凭证时，凭证中上述科目的默认值，如果不设置，则在生成凭证时相关科目为空，如图7-8所示。

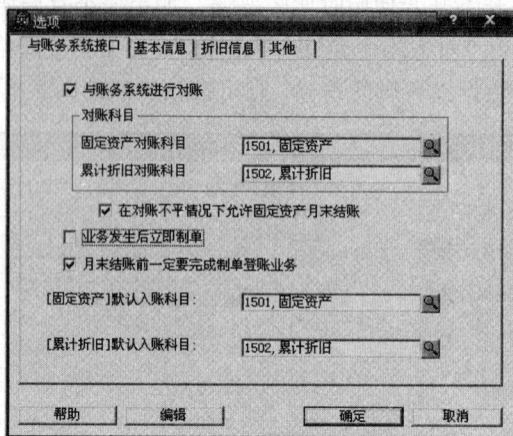

图7-8 选项—与财务系统接口

2. 基本信息

其主要是关于账套号、账套名称、使用单位等信息不能修改。

3. 折旧信息

其主要是折旧方法、折旧汇总周期等设置，可以修改。

4. 其他

（1）已发生资产减少卡片可删除时限：根据制度规定已清理的资产的资料应保留5年，所以系统设置了该时限，默认为5年，只有5年后才能将相关资产的卡片和变动单删除（删除是指从系统的数据库中彻底删除）。使用者可根据需要修改这个时限，系统按修改后的时限判断已清理资产的卡片和变动单能否删除。

（2）资产类别编码方式：资产类别是您单位根据管理和核算的需要给资产所做的分类，可参照国家标准分类，也可根据需要自己分类。本系统类别编码最多可设置4级、10位，您可以设定级数和每一级的编码长度。系统推荐采用国家规定的4级6位（2112）方式。

（3）固定资产编码方式：固定资产编号是资产的管理者给资产所编的编号，可以在输入卡片时手工输入，也可以选用自动编码的形式自动生成。如果您选择了"手工输入"，则卡片输入时通过手工输入的方式录入资产编号。如果您选择了"自动编码"，根据系统初始化设置的编码方式，不能修改编码方式，但可修改序号长度。

（4）自动连续增加卡片：选择此项，增加卡片保存后自动增加一张新的空白卡片。

（5）卡片关联图片：因为固定资产管理要求一定金额以上的固定资产在固定资产卡片中能联查扫描或数码相机生成的资产图片，以便管理得更具体、更直观。因此在选项中增加固定资产卡片联查图片功能，允许在卡片管理界面中联查资产的图片文件，如图7-9所示。

（6）每次登录系统时显示资产到期提示表：根据此参数判断是否当用户每次登录固定资产时自动显示该表，如图7-10所示。

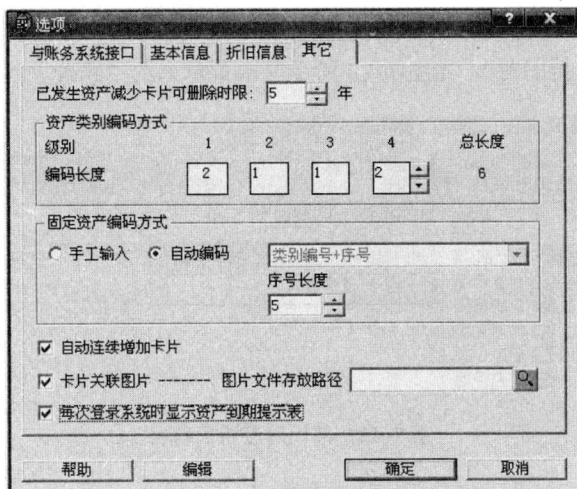

图 7–9 选项—其他

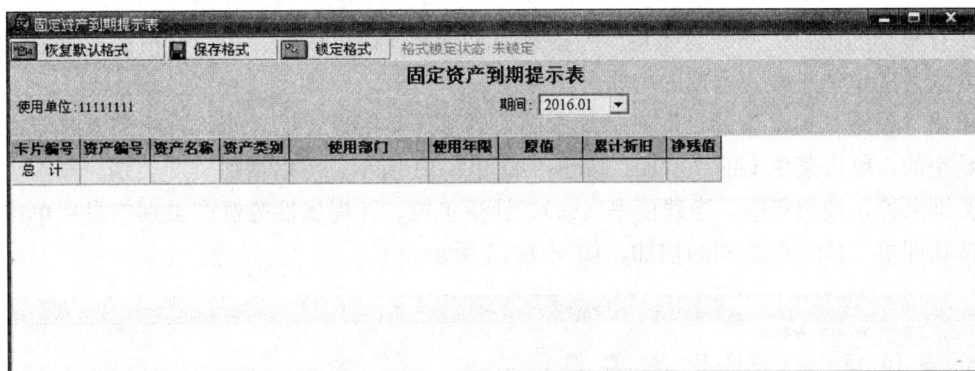

图 7–10 固定资产到期提示表

（二）部门档案设置

在"总账"系统的"部门档案"中设置的数据在这里可以共享，在这里也可以设置部门档案。部门编码：需要符合编码级次原则。必须录入，必须唯一。部门名称：必须录入。其他均可为空，负责人可以利用"职员档案"参照录入，如图 7–11 所示。

（三）部门对应折旧科目设置

资产计提折旧后必须把折旧归入成本或费用，根据企业的不同情况，有的按部门归集，有的按资产类别归集。部门对应折旧科目就是在按部门归集费用时给每个部门一个比较固定的折旧科目，这样在录入卡片时，该科目自动添加到卡片中，不必一个一个输入。由于每种费用科目都有很多明细，在设置部门对应折旧科目时要选择对应的末级科目而不能选择费用的总账科目。总账系统在建立"会计科目"时需要建

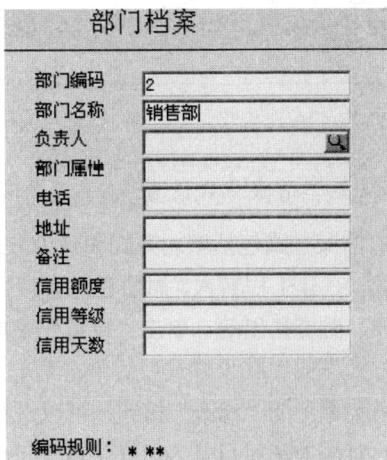

图 7–11 部门档案

立这些对应的明细科目。比如将销售部的折旧归集于"销售费用－折旧费"，将办公室的折旧费用归集于"管理费用－折旧费"，如图7-12所示单击菜单上的"修改"就可以设置"折旧科目"。

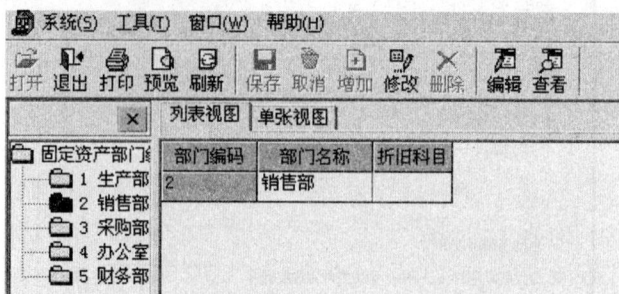

图7-12　部门对应折旧科目

（四）资产类别设置

固定资产的种类繁多，规格不一，要强化固定资产管理，及时、准确做好固定资产核算，必须建立科学的固定资产分类体系，为核算和统计管理提供依据。企业可根据自身的特点和管理要求，确定一个较为合理的资产分类方法。

单击"设置"菜单下的"资产类别"进入"资产类别设置"界面，首次进入时资产类别目录是空的，单击菜单上的"增加"按钮，如图7-13所示，可以增加资产类别。输入类别编码、类别名称、使用年限、净残值率（%）、计量单位、计提属性等资产类别信息后单击"保存"按钮即可完成资产类别的增加，如图7-13所示。

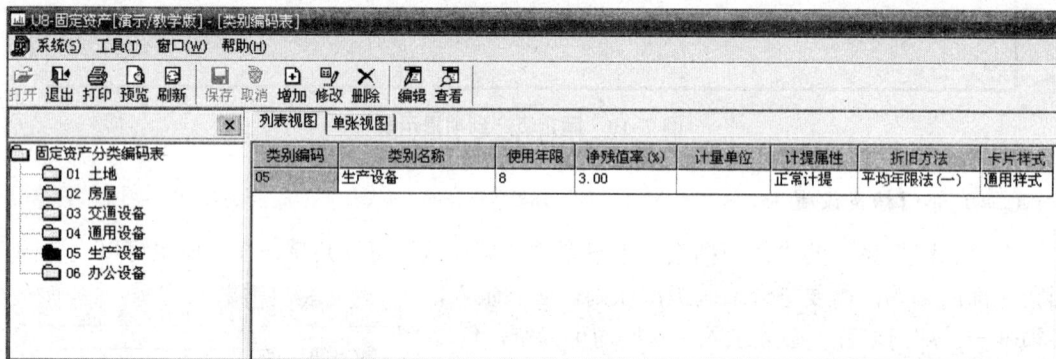

图7-13　资产类别设置

（五）增减方式设置

增减方式包括增加方式和减少方式两类。增加的方式主要有：直接购入、投资者投入、捐赠、盘盈、在建工程转入、融资租入。减少的方式主要有：出售、盘亏、投资转出、捐赠转出、报废、毁损、融资租出等。单击"设置"菜单下的"增减方式"进入"增减方式"设置界面，选定"增加方式"或"减少方式"后单击菜单上的"增加"按钮可以增加其他方式。选中其中一种方式，单击菜单上的"修改"按钮，可以进行修改，并设置"对应入账科目"，如图7-14所示。此处设置的对应入账科目是为了在生成凭证时使用，例如，选择"直接购入"方式，单击"修改"按钮设定对应入账科目为"银行存款"。设置完毕后，在后续的资产变动业务中，只要确认资产对应的增加方式为"直接购入"，系统即可在生成凭证时自动将其贷方科目设为"银行存款"。

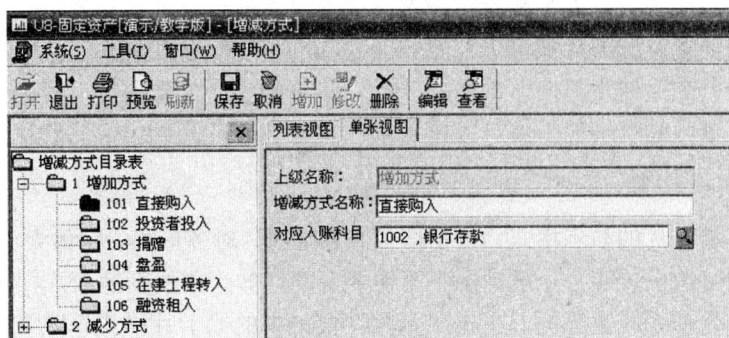

图 7-14　增减变动方式

（六）使用状况设置

从固定资产核算和管理的角度，需要明确资产的使用状况，一方面可以正确地计算和计提折旧（对于未使用和不需用的系统不计提折旧）；另一方面便于统计固定资产的使用情况，提高资产的利用效率。

在固定资产管理系统主界面，单击"设置"菜单下的"使用状况"即可进入固定资产使用状况目录表，系统提供了使用中、未使用和不需用三种一级使用状况，不能增加、修改和删除。只能在这三种一级使用状态下增加二级使用状态。如果需要增加二级使用状态，则选定一个一级使用状态后，单击菜单上"增加"按钮即可，如图 7-15 所示。

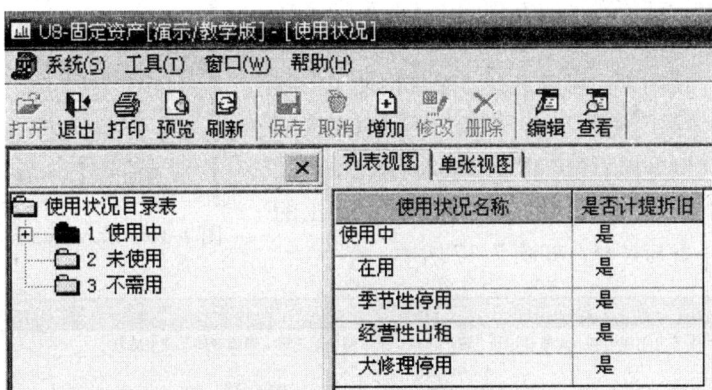

图 7-15　资产使用状况

（七）折旧方法定义设置

折旧方法设置是系统自动计算折旧的基础。系统提供了五种常用的折旧方法：平均年限法（一）、平均年限法（二）、工作量法、年数总和法、双倍余额递减法。这几种方法只能选用，不能删除和修改。另外，如果这几种方法不能满足企业的使用需要，系统提供了折旧方法的自定义功能，可以定义自己合适的折旧方法的名称和计算公式。

（八）卡片项目设置

卡片项目是固定资产卡片上显示的用来记录资产资料的栏目，如原值、资产名称、使用年限、折旧方法等卡片最基本的项目。固定资产系统提供了一些常用卡片必需的项目，称为系统项目，这些系统项目不能被删除，但是这些项目不一定能满足资产特殊管理的需要，那么就可以根据需要自定义卡片项目。

在固定资产管理系统主界面，单击"卡片"菜单中的"卡片项目"即可进入卡片项目定义窗口，单击菜单中的"增加"就可以定义自己需要的项目。

（九）卡片样式设置

卡片样式是指卡片的显示格式，包括格式（表格线、对齐形式、字体大小、字型等）、所包含的项目和项目的位置等。一般情况下不需要变动，如果需要变换卡片样式也可以设置。

在固定资产管理系统主界面，单击"卡片"菜单中的"卡片样式"即可进入卡片样式管理窗口，单击菜单中的"增加"就可以定义自己需要的项目。

三、录入原始卡片

原始卡片是固定资产核算和管理的基础，在使用固定资产系统进行核算前，必须将原始卡片资料录入系统，以保持历史资料的连续性。

在固定资产管理系统主界面，单击"卡片"菜单中的"录入原始卡片"，在"资产类别参照"中选择资产类别以及查询方式，单击"确定"进入固定资产卡片设置界面，进行卡片录入，如图7-16所示。

在固定资产卡片页面，我们可以看见使用年限、残值率和折旧方法等已经根据资产类别确定了，还需要输入的固定资产名称、部门名称、增加方式、使用状况、原值和累计折旧。使用部门可以选择"单部门使用"和"多部门使用"，"多部门使用"时，累计折旧可以在多部门之间按设置的比例分摊。资产的主卡录入后，单击"其他页签"，输入附属设备及其他信息。"附属页签"上的信息只供参考，不参与计算，如图7-17所示。

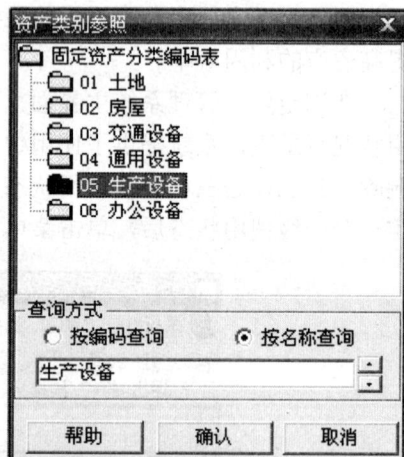

图7-16 录入原始卡片—资产类别参照

图7-17 录入原始卡片—固定资产卡片

第三节　固定资产管理系统日常业务处理

固定资产管理系统日常业务处理主要涉及资产增加与减少、资产变动、资产评估与卡片管理。

一、资产的增加

"录入原始卡片"是指录入启用固定资产管理系统时就存在的资产。在启用固定资产管理系统管理固定资产后，也会购进或通过其他方式增加企业资产，该部分资产通过"资产增加"操作录入系统。

在固定资产管理系统主界面，从"卡片"菜单中选择"资产增加"功能菜单，选择要增加的资产所属的类别，确定后显示单张卡片编辑界面，其录入过程与"录入原始卡片"相同，由于新增资产第一个月不提折旧，折旧额为空或零。原值录入的一定要是卡片录入月月初的价值，否则将会出现计算错误。资产增加需要入账，前面系统初始化时，若没有选择"业务完成后立即制单"则可以在期末处理时批量制单。假设，销售部购入一辆丰田汽车，价格120 000 元，用银行转账付款。其资产增加界面如图 7-18 所示。

二、资产减少

资产在使用过程中，总会由于各种原因，如毁损、出售、盘亏等，退出企业，就要进行"资产减少"操作。若当前账套设置了计提折旧，则需在计提折旧后才可执行资产减少。否则，只能通过后面要讲的"卡片管理"功能将其删除。

在固定资产管理系统主界面，单击"卡片"菜单，选择"资产减少"进入资产减少界面，如图 7-19 所示。

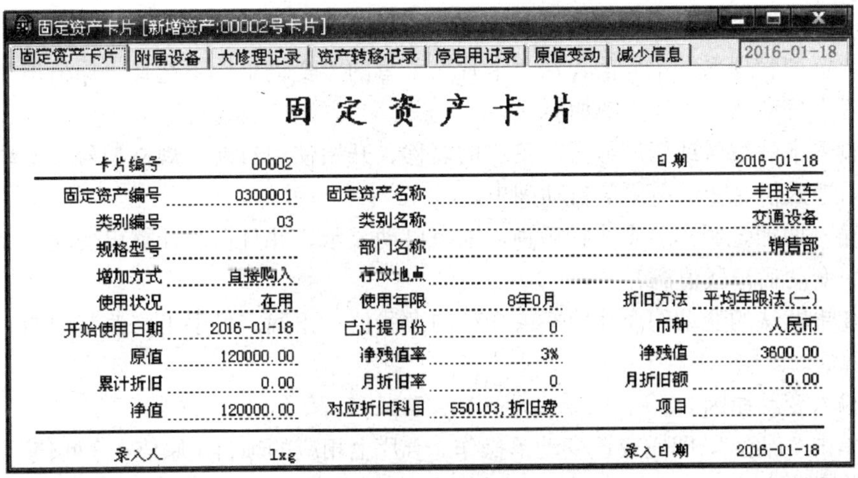

图 7-18　资产增加—固定资产卡片

选择要减少的资产，有两个方法：如果要减少的资产较少或没有共同点，则通过输入资产编号或卡片号，然后单击"增加"，将资产添加到资产减少表中。如果要减少的资产较多并且有共同点，则通过单击"条件"功能，定义条件筛选出资产减少。然后输入所减少资产的"减少日期"、"减少方式"、清理原因"等信息即可，如图7-19所示。

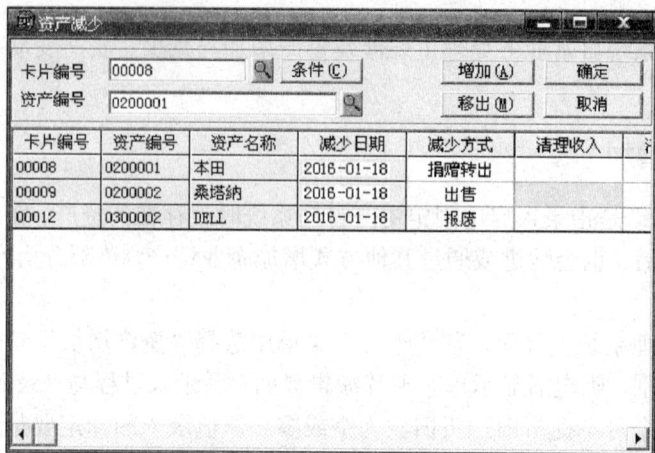

图7-19 资产减少

对于已减少资产，在"卡片管理"页面中，从卡片列表右边的下拉框中选择"已减少资产"，则列示的即是已减少的资产集合，双击任一行，可查看该资产的卡片。

三、资产变动

资产在使用过程中，卡片上的项目可能会发生一些变动，这时就需要填制变动单。资产的变动主要包括原值增减、部门转移、使用状况调整、折旧方法调整、累计折旧调整、使用年限调整、工作总量调整、净残值（率）调整、类别调整、计提减值准备和转回减值准备。这些调整影响账面金额的在批量制单时需要生成会计凭证。资产变动操作基本相似，以下以资产增加和计提减值准备为例：

1. 资产增加

在固定资产管理系统主界面，从"卡片"菜单的"变动单"下选择"原值增加"菜单，显示固定资产变动单——原值增加界面。

（1）输入卡片编号或资产编号，资产的名称、开始使用日期、规格型号、变动的净残值率、变动前净残值、变动前原值自动列出。

（2）输入增加金额，参照选择币种，汇率自动显示。并且自动计算出变动的净残值、变动后原值、变动后净残值。

（3）如果默认的变动的净残值率或变动的净残值不正确，可手工修改其中的一个，另一个自动计算。

（4）输入变动原因。

（5）单击"保存"，即完成该变动单操作。卡片上相应的项目（原值、净残值、净残值率）根据变动单而改变。

2. 计提减值准备

在固定资产管理系统主界面，从"卡片"菜单的"变动单"下选择"计提减值准备"菜单，显示固定资产变动单——计提减值准备界面，如图7-20所示。操作与原值增加类似，需要输入减值准备金额和变动原因。减值准备金额：允许手工录入该资产的预计减值金额，但录入的金额的范围必须大于零，且小于或等于"原值－累计折旧－累计减值准备＋累计转回减值准备"的余额。

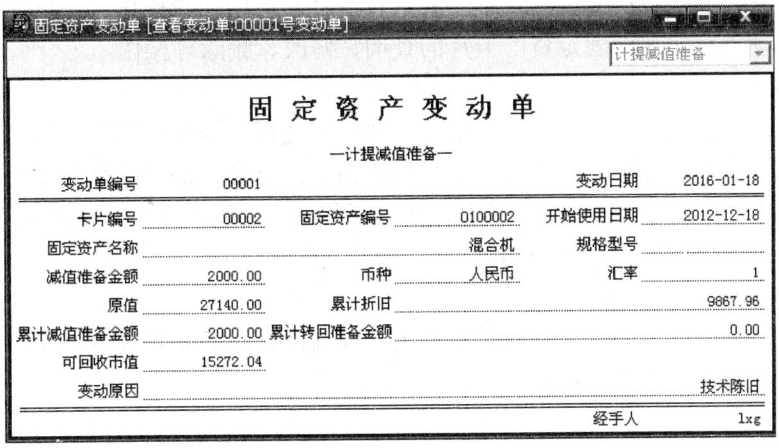

图7-20　固定资产变动单——计提减值准备

四、资产评估

资产评估主要完成的功能是：① 评估机构的评估数据手工录入或定义公式录入到系统。② 根据国家要求手工录入评估结果或根据定义的评估公式生成评估结果。可评估的资产内容包括原值、累计折旧、净值、使用年限、工作总量、净残值率。在固定资产管理系统主界面，从"卡片"菜单中选择"资产评估"即可进入资产评估界面，如图7-21所示。

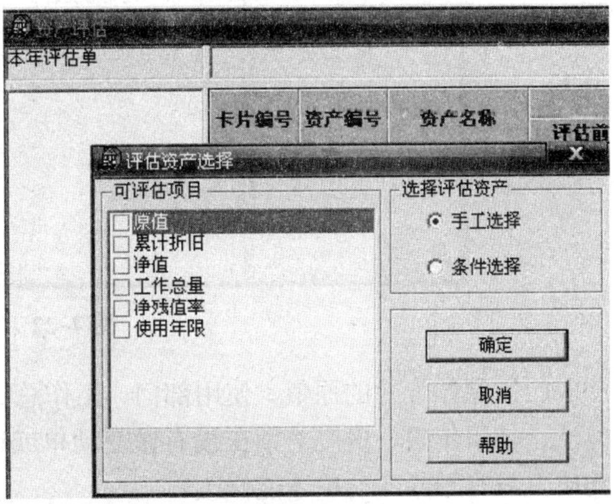

进行资产评估时包括以下三个步骤：

（1）选择要评估的项目。在资产评估管理界面中单击"增加"，进入"评估资产选择"窗口，在左侧的"可评估项目"列

图7-21　资产评估——评估资产选择

表中选择要评估的项目。原值、累计折旧和净值三个中只能选两个，并且必须选择两个，第三个通过公式"原值－累计折旧＝净值"推算得到。

（2）选择要评估的资产。每次要评估的资产也可能不同，可以选择以手工选择方式，或以条件选择方式，挑选出要评估的资产。

（3）制作资产评估单。必须录入评估后数据或通过自定义公式生成评估后数据，系统才能生成评估单，评估单显示评估资产所评估的项目在评估前和评估后的数据。当表中列出的资产有一个项目发生变化，表示该资产已评估，"评估状态"一列就会自动作"Y"标记。当评估变动表中评估后的原值和累计折旧的合计数与评估前的数据不同时，需要填制记账凭证。

前面系统初始化时，若没有选择"业务完成后立即制单"则可以在期末处理时批量制单。

五、卡片管理

卡片管理是对固定资产系统中所有卡片进行综合管理的功能操作。在日常的业务操作中通过卡片管理功能可实现对固定资产卡片的查询、修改、删除等操作。

1. 卡片查询

在固定资产管理系统主界面，从"卡片"菜单下选择"卡片管理"菜单，显示卡片管理界面，窗口左边可以设置按部门查询、按类别查询、自定义查询三种查询方式。右边显示所有在用和已减少资产状况；比如要查询已减少资产情况，可以选择"已减少资产"，如图7-22所示。

2. 卡片修改

进入"卡片管理"界面后，从卡片管理列表中双击调出需要修改的卡片，单击"修改"即可修改相关信息，需要注意的是：

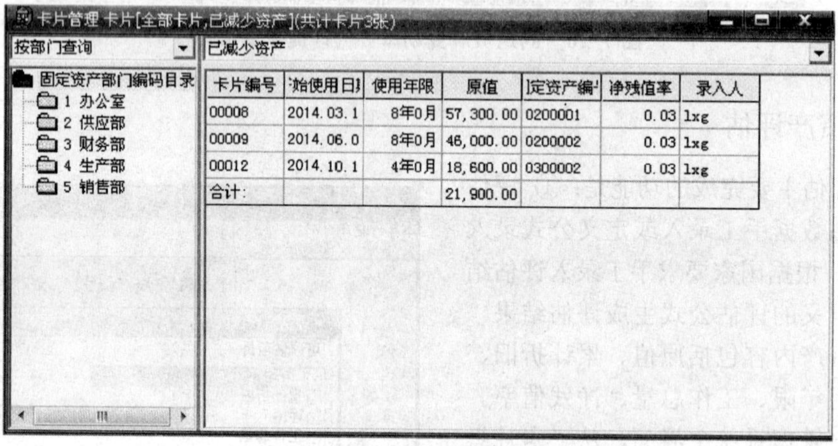

图7-22 卡片管理

（1）原始卡片的原值、使用部门、工作总量、使用状况、累计折旧、净残值（率）、折旧方法、使用年限、资产类别在没有做变动单或评估单情况下，录入当月可修改。如果做过变动单，只有删除变动单才能修改。

（2）通过"资产增加"录入系统的卡片如果没有制作凭证和变动单、评估单情况下，录入当月可修改。如果做过变动单，只有删除变动单才能修改。如果已制作凭证，要修改原值或累计折旧必须删除凭证后，才能修改。

（3）原值、使用部门、使用状况、累计折旧、净残值（率）、折旧方法、使用年限、资产类别各项目在做过一次月末结账后，只能通过变动单或评估单调整，不能通过卡片修改功能改变。在没有结账但资产制作了记账凭证时，只有删除该凭证才能修改卡片。

3. 卡片删除

进入卡片管理界面后，从卡片管理列表中选择要删除的固定资产卡片，单击"删除"按钮，即可删除该卡片。需要注意的是：

（1）不是本月录入的卡片，不能删除。

（2）已制作过凭证的卡片删除时，提示请删除相应凭证，然后删除卡片。

（3）卡片做过一次月末结账后不能删除。做过变动单或评估单的卡片删除时，提示先删除相关的变动单或评估单。

第四节　固定资产管理系统期末处理

固定资产管理系统中期末处理主要包括折旧的计提、批量制单、对账和结账。

一、计提折旧

自动计算折旧是固定资产管理系统的主要功能之一，在系统初始化时以及录入原始卡片和资产增加时，我们已经为每项资产定义了折旧方法、使用年限、残值率等，系统就可以根据这些数据自动计算折旧额，如果设置了"工作量法"计提折旧，每期计提折旧前要求录入当期的工作量。系统在计提折旧的同时，生成了折旧清单和折旧分配表。折旧清单显示了所有应计提折旧资产所计提的折旧额。折旧分配表有两种类型：类别折旧分配表和部门折旧分配表，生成折旧分配表由"折旧汇总周期"决定，折旧分配表是制作会计凭证，把折旧额分配到有关成本和费用的依据。计提折旧具体操作如下：

（1）在"处理"菜单中单击"计提本月折旧"，系统即将提示"计提折旧后是否要查看折旧清单"，选择"是"。

（2）出现"本操作将计提本月折旧，并花费一定时间，是否要继续？"，选择"是"。

（3）当进度条到100%以后，将显示折旧清单，如图7-23所示。

卡片编号	资产编号	资产名称	原值	计提原值	本月折旧
00001	0100001	生产设备A	855,220.00	855,220.00	8,637.72
00002	0100002	混合机	27,140.00	27,140.00	274.11
00003	0100003	粉碎机	14,000.00	14,000.00	141.40
00004	0100004	变电器	420,000.00	420,000.00	4,242.00
00005	0100005	锅炉	52,500.00	52,500.00	530.25
00006	0100006	电子秤	42,000.00	42,000.00	424.20
00007	0100007	机组设备	503,840.00	503,840.00	15,188.78
00008	0200001	本田	357,300.00	357,300.00	3,608.73
00009	0200002	桑塔纳	146,000.00	146,000.00	1,474.60
00010	0300001	浪潮服务器	18,500.00	18,500.00	373.70
00011	0200003	帕萨特	247,300.00	247,300.00	2,497.73
00012	0300002	DELL	18,600.00	18,600.00	375.72
合计			702,400.00	702,400.00	37,768.94

图 7-23　计提折旧——折旧清单

如果对系统计算的折旧不满意，并且不想自定义折旧方法，可在折旧清单界面使用折旧修改功能把系统计算的折旧额手工改为希望的值，手工修改折旧的操作步骤如下：

（1）在折旧清单的期间选择列表中选择附有"最新"字样的期间，只有该期间的折旧清单中的月折旧额是可以修改的。

（2）执行快捷键"Ctrl＋Alt＋g"，工具栏上显示"修改"按钮图标。

（3）双击要修改的单元格，可以把系统自动计算的月折旧额改为要计提的月折旧额。并回答"是否以后每次计提折旧继承该值？"，如果"是"，则以后该资产每次计提折旧不按公式计提，按修改后的值计提折旧。如果"否"，则以后每次计提还按折旧方法公式计算月折旧额，如图 7-24 所示。

注意：折旧清单中只有月折旧额（工作量法时是单位折旧）可手工修改。如果选项中"当月初使用月份＝使用年限×12-1 时是否将折旧提足"的判断结果是"是"，则除工作量法外，本月月折旧额＝净值-净残值，并且不能手工修改；如果选项中"当月初使用月份＝使用年限×12-1 时是否将折旧提足"的判断结果是"否"，则该月不提足，并且可手工修改，但如以后各月按照公式计算的月折旧率或额是负数时，认为公式无效，令月折旧率＝0，月折旧额＝净值-净残值。

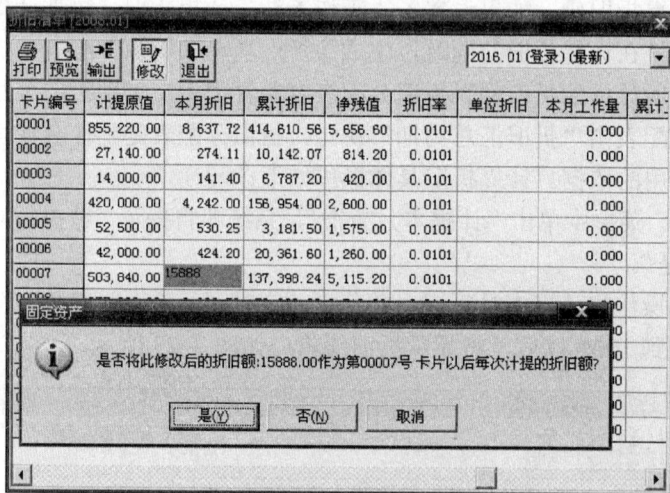

图 7-24　手工修改折旧额

二、批量制单

1. 批量制作会计凭证

固定资产管理系统与总账系统之间通过记账凭证传递数据，固定资产管理系统生成的凭证在总账系统审核和记账。制作记账凭证可以采取"立即制单"或"批量制单"来实现。如果在系统初始化时在"选项"中未设置"业务完成后立即制单"，则进行"批量制单"。"批量制单"功能可同时将一批需制单业务连续制作凭证传输到总账系统，避免了多次制单的烦琐。凡是业务发生当时没有制单的，该业务自动排列在批量制单表中，表中列示应制单而没有制单的业务发生的日期、类型、原始单据号，默认的借贷方科目和金额以及制单选择标志，如图 7-25 所示。在"制单选择"中选择好需要制单的项目。再单击"制单设置"，根据经济业务补全会计科目，单击"制单"，补全凭证后，单击"保存"后，即可完成制单。

2. 凭证查询、修改、删除

本系统所制作传输到账务系统的记账凭证，可通过凭证查询功能查看和删除，从"处理"

菜单中单击"凭证查询"进入凭证查询界面,如图7-26所示。再单击"查询"设置查询条件就可以选出需要查询的凭证,对其进行修改或删除。

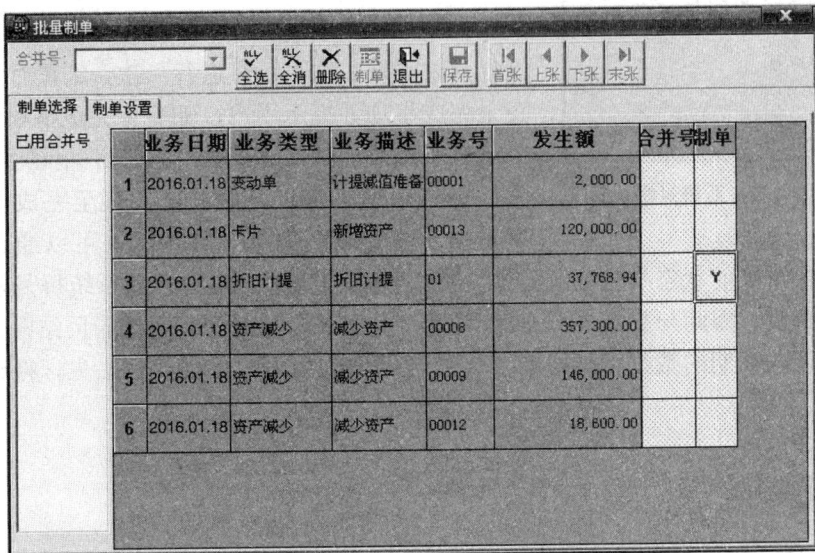

图 7-25　批量制单—制单选择

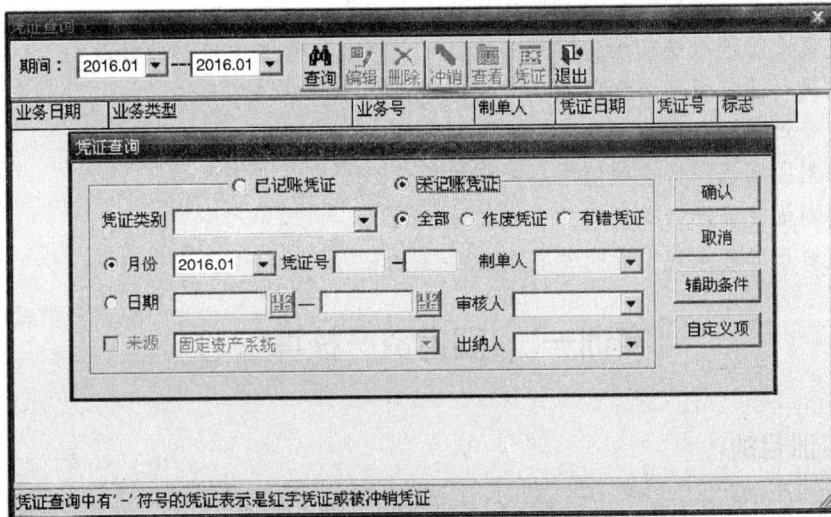

图 7-26　批量制单——凭证查询

三、对账

只有在系统初始化或选项设置中选择了"与账务系统对账",才可使用对账功能。通过对账可检查本系统管理的固定资产的价值和总账中固定资产科目的数值是否相等。单击"处理"菜单下的"对账"时,可能出现"不平衡",如图7-27所示。原因在于,固定资产管理系统中卡片录入后数据立即被保存,生成的凭证数据也传递给总账系统,但是只有总账系统把这些凭证审核、记账以后,执行对账功能才可能平衡;否则,就是拿固定资产系统的期末数与

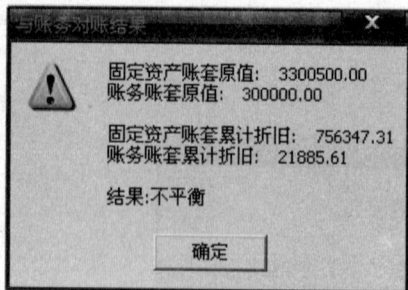

图7-27　与账务系统对账

总账系统期初数对账，当然会不平衡。

四、结账

当固定资产系统完成了本月全部制单业务后，可以进行月末结账，结账每月进行一次，结账时系统自动核查未完成事项并提示用户，如有未完成事项不能结账。当所有事项均完成时，单击"结账"，根据系统的提示，确认每一项后可以"开始结账"直至完成。结账后当期数据不能修改。如果必须修改，可以通过系统提供的"恢复月末结账前状态"功能反结账，再进行相应修改。成本管理系统每月从本系统提取折旧费用数据，因此一旦成本管理系统提取了某期的数据，该期不能反结账。本期不结账，将不能处理下期的数据；结账前一定要进行数据备份，否则一旦丢失，将造成无法挽回的后果。

复习思考题

1. 固定资产管理系统的主要功能？
2. 固定资产管理系统主要操作流程有哪些？
3. 简述固定资产管理系统与其他系统之间的关系。
4. 固定资产管理系统初始化后哪些项目可以修改、哪些项目不能修改？
5. 如何进行固定资产增加以及制作相应凭证？
6. 固定资产减少与卡片删除有什么区别？
7. 如何对固定资产计提减值准备并制作凭证？
8. 如何对固定资产计提折旧并生成凭证？
9. 固定资产管理系统主要有哪些账表？

实训一　　固定资产核算练习

一、实训目的

掌握固定资产系统的初始化设置、日常业务以及期末处理。

二、实训要求

1. 完成固定资产子系统的初始化设置。
2. 完成基础设置及原始卡片录入。
3. 完成固定资产增减等日常业务处理。
4. 完成期末处理。
5. 账簿查询。

三、实训案例

前期准备：在用友 ERP-U8 "系统服务" 菜单下选 "系统管理" 以 admin 身份进入，设定用户、建立账套，账套名称自定，启用会计期 2016 年 1 月，其他信息自定，建立账套以及启用相关模块。

1. 固定资产系统初始化操作

以主管固定资产的操作员进入固定资产管理系统，并进行初始化操作，主要信息如下：

（1）折旧信息：本账套计提折旧，主要折旧方法为 "平均年限法（一）"，折旧汇总周期 1 个月，最后一个月将剩余折旧全部提足。

（2）编码方式：自动编码，资产类别＋序号。

（3）与财务系统接口：要与账务系统对账，对账不平允许结账。

2. 基础设置

（1）在 "选项" 下编辑固定资产、累计折旧的默认入账科目，制单采用批量制单。

（2）部门档案：生产部、销售部、采购部、办公室和财务部。

（3）部门对应折旧科目：销售部的折旧归集于 "销售费用－折旧费"，将采购部、财务部和办公室的折旧费用归集于 "管理费用——折旧费"，生产部折旧费用归集于 "制造费用——折旧费"。

（4）资产类别（表 7-1）：

表 7-1　资产类别表

类别名称	类别编码	使用年限	残值率/%	折旧方法
土地	01	60		平均年限法（一）
房屋	02	40	5	平均年限法（一）
交通设备	03	8	3	平均年限法（一）
通用设备	04	5	5	平均年限法（一）
生产设备	05	8	3	平均年限法（一）
办公设备	06	4	3	平均年限法（一）

（5）增减方式设置：设置 "直接购入、投资者投入、出售" 三种方式的对应入账科目。

（6）卡片项目：增加 "管理人" 项目。

（7）原始卡片信息（表 7-2）：

表 7-2　原始卡片信息

购入日期	资产名称	使用部门	资产类别	数量	借方原值	累计折旧
2012.01.13	生产设备 A	生产部	生产设备	1	855 220	405 972.84
2012.12.18	混合机	生产部	生产设备	1	27 140	9 867.96
2012.01.12	粉碎机	生产部	生产设备	1	14 000	6 645.8
2012.12.18	变电器	生产部	生产设备	1	420 000	152 712

续表

购入日期	资产名称	使用部门	资产类别	数量	借方原值	累计折旧
2015.07.08	锅炉	生产部	生产设备	1	52 500	2 651.25
2012.01.12	电子秤	生产部	生产设备	1	42 000	19 937.4
2015.04.05	机组设备	生产部	生产设备	1	1 503 840	121 510.24
2014.03.18	本田	办公室	交通设备	1	357 300	75 783.33
2014.06.07	桑塔纳	办公室	交通设备	1	146 000	26 542.8
2015.06.09	浪潮服务器	财务部	办公设备	1	18 500	2 242.2
2015.11.01	帕萨特	销售部	交通设备	1	247 300	2 497.73
2014.10.12	DELL	办公室	办公设备	1	18 600	5 260.08
合　计				12	3 702 400	831 623.63

3. 日常业务处理

（1）资产增加：1 月 18 日销售部购入一辆丰田汽车，价格 120 000 元，用银行转账付款，使用年限 8 年，残值率 3%，平均年限法（一）。

（2）资产减少：本月办公室的本田汽车捐赠转出，桑塔纳报废，DELL 出售，通过"条件"功能筛选。

（3）资产变动：生产部混合机由于技术陈旧计提减值准备 2 000 元。

（4）卡片管理：查询"已减少资产"。

4. 期末处理

（1）计提本月折旧，查询折旧清单和折旧分配表。

（2）批量制单：对当月资产增加、资产减少、计提减值准备和计提折旧生成会计凭证。

（3）凭证查询：对批量制单生成的凭证进行查询。

（4）到总账系统对生成的凭证由相关人员审核、记账。

（5）对账。

（6）结账。

完成上述四项后，最后查询固定资产管理系统分析表、统计表、折旧表。

第八章

供应链管理

通过本章学习，应了解供应链系统的主要功能及业务处理流程；掌握供应链系统初始化设置，掌握采购管理，存货管理，存货核算、销售管理的业务流程及数据流程，掌握各系统之间的数据传递流程。

具备供应链业务操作技能，能基本胜任会计电算化采购、库存、销售岗位工作。

第一节　供应链管理系统概述

一、供应链管理的基本概念

所谓供应链，其实就是由供应商、制造商、仓库、配送中心和渠道商等构成的物流网络。同一企业可能构成这个网络的不同组成结点，但更多的情况下是由不同的企业构成这个网络中的不同结点。比如，在某个供应链中，同一企业可能既在制造商、仓库结点，又在配送中心结点等占有位置。在分工越细，专业要求越高的供应链中，不同结点基本上由不同的企业组成。在供应链各成员单位间流动的原材料、在制品库存和产成品等就构成了供应链上的货物流。供应链实际上是由所有加盟的结点企业（或企业单位）组成，其中一般有一个核心企业，结点企业（或企业单位）在需求信息的驱动下，通过供应链的职能（制造、转运、分销、零售等）分工与合作实现整个供应链的不断增值。

供应链管理（Supply Chain Management，SCM）是一种管理思想，包括从订单、生产到发货等的每一个环节。

供应链管理是企业的有效性管理，表现了企业在战略和战术上对企业整个作业流程的优化。整合并优化了供应商、制造商、零售商的业务效率，使商品以正确的数量、正确的品质、在正确的地点、以正确的时间、最佳的成本进行生产和销售。在供应链管理系统中，企业发生的各项业务，会涉及采购供应、销售、仓储和财务等不同部门，通过业务流程和单据传递实现各部门的承接关系。供应链系统正是基于各部门的业务流程和单据承接关系，将企业的供应链业务管理与核算紧密结合起来，有效地实现了采购供应部门、销售部门、仓储部门和财务部门的业务关联和数据传递，在满足各部门的业务管理需求的同时，与财务部门共享各项业务原始单证，并对其进行进一步会计核算处理，大大简化了会计部门的数据录入，提高了工作效率。

首先，供应链管理把产品在满足客户需求的过程中对成本有影响的各个成员单位都考虑在内了，包括从原材料供应商、制造商到仓库再经过配送中心到渠道商。不过，实际上在供应链分析中，有必要考虑供应商的供应商以及顾客的顾客，因为它们对供应链的业绩也是有影响的。

其次，供应链管理的目的在于追求整个供应链的整体效率和整个系统费用的有效性，总是力图使系统总成本降至最低。因此，供应链管理的重点不在于简单地使某个供应链成员的运输成本达到最小或减少库存，而在于通过采用系统方法来协调供应链成员以使整个供应链总成本最低，使整个供应链系统处于最流畅的运作中。

最后，供应链管理是围绕把供应商、制造商、仓库、配送中心和渠道商有机结合成一体这个问题来展开的，因此它包括企业许多层次上的活动，包括战略层次、战术层次和作业层次等。

具体来说，供应链管理包括五大基本内容：

（1）计划：这是 SCM 的策略性部分。你需要有一个策略来管理所有的资源，以满足客户对你的产品的需求。好的计划是建立一系列的方法监控供应链，使它能够有效、低成本地为顾客递送高质量和高价值的产品或服务。

（2）采购：选择能为你的产品和服务提供货品和服务的供应商，和供应商建立一套定价、配送和付款流程并创造方法监控和改善管理，并把对供应商提供的货品和服务的管理流程结合起来，包括提货、核实货单、转送货物到你的制造部门并批准对供应商的付款等。

（3）制造：安排生产、测试、打包和准备送货所需的活动，是供应链中测量内容最多的部分，包括质量水平、产品产量和工人的生产效率等的测量。

（4）配送：是调整用户的订单收据、建立仓库网络、派送人员提货并送货到顾客手中、建立货品计价系统、接收付款。

（5）退货：这是供应链中的问题处理部分。建立网络接收客户退回的次品和多余产品，并在客户应用产品出问题时提供支持。

二、供应链系统的基础设置

1. 供应链系统基础信息设置

供应链系统基础信息主要包括以下几个方面：

（1）设置基础档案的编码方案；

（2）设置存货分类、地区分类、供应商分类；

（3）设置部门、职员、供应商、存货档案、仓库存货对照表、收发类别、常用摘要、项目档案、计量单位等基础档案；

（4）设置采购类型、付款条件、发运方式、结算方式、外币设置、非合理损耗类型以及自定义项目。

2. 供应链系统参数设置

系统选项也称系统参数、业务处理控制参数，是指企业在业务处理过程中所使用的各种控制参数，系统参数的设置将决定用户使用系统的业务流程、业务模式、数据流向。因此在进行选项设置之前，一定要详细了解各选项对业务处理流程的影响，并结合企业的实际业务需要进行设置。由于有些选项在日常业务开始后不能随意更改，最好在业务开始之前进行一个整体的考虑。

（1）采购管理系统参数设置。操作步骤如下：

① 以 demo 登录企业门户，单击"供应链"|"采购管理"，打开采购管理系统；

② 单击"系统菜单"|"设置"|"采购选项"，进入"采购管理选项设置"界面；

③ 单击"业务及权限控制"。在"是否允许超订单到货及入库"前的复选框上打"√"；在"订单\到货单\发票单价录入方式"中选中"手工录入"，如图 8-1 所示；

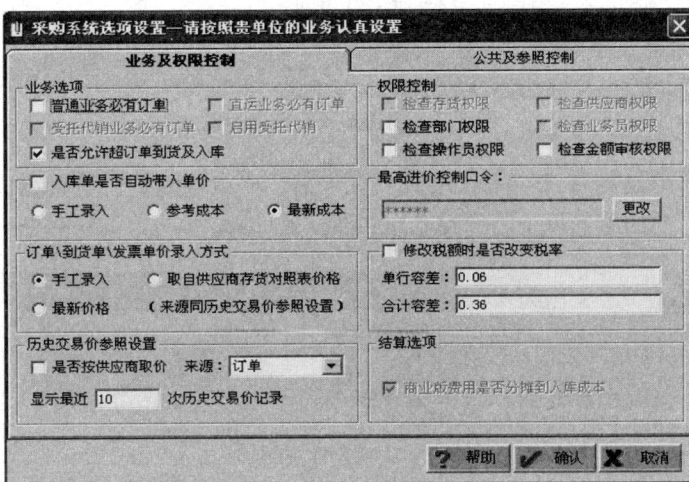

图 8-1 采购选项—"业务及权限控制"

④ 单击"公共及参照控制"，在"专用发票默认税率"中输入"17"；

⑤ 所有参数选定后，单击"确认"，保存系统设置。

（2）销售管理及系统参数设置。操作步骤如下：

① 在"企业门户"中，单击"供应链"|"销售管理"，打开销售管理系统；

② 单击"设置"|"销售选项"，进入"选项"界面；

③ 单击"业务控制"，在"是否有零售日报业务"、"是否有销售调拨业务"、"是否有委托代销业务"、"是否销售生成出库单"的复选框中打"√"，如图 8-2 所示；

④ 其他系统中设置默认；

⑤ 所有参数选定以后，单击"确认"，保存系统参数的设置。

3. 库存管理系统参数设置

操作步骤如下：

（1）在"企业门户"中，单击"供应链"|"库存管理"，打开库存管理系统；

（2）单击"系统菜单"|"设置"|"库存选项"，进入"库存选项设置"界面；

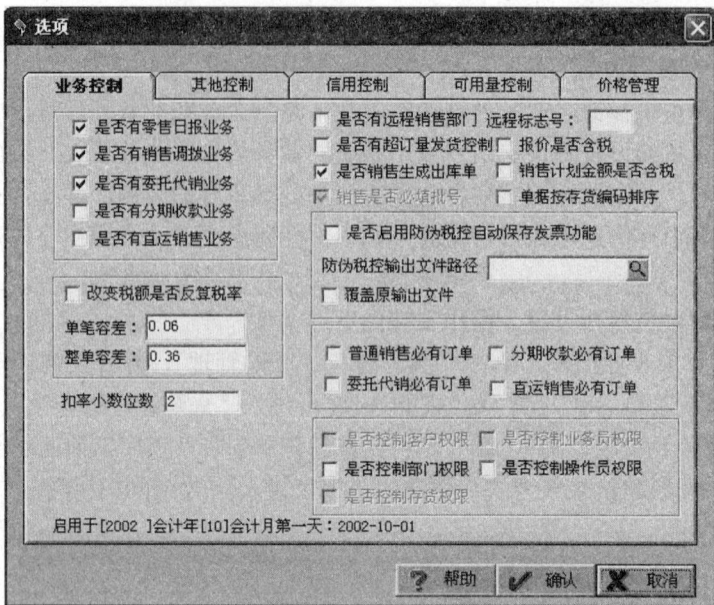

图8-2　销售选项—业务控制

（3）单击"通用设置"。在"有无委托代销业务"、"审核时是否检查货位"、"是否显示未审核的产品结构"前的复选框上打"√"，如图8-3所示。

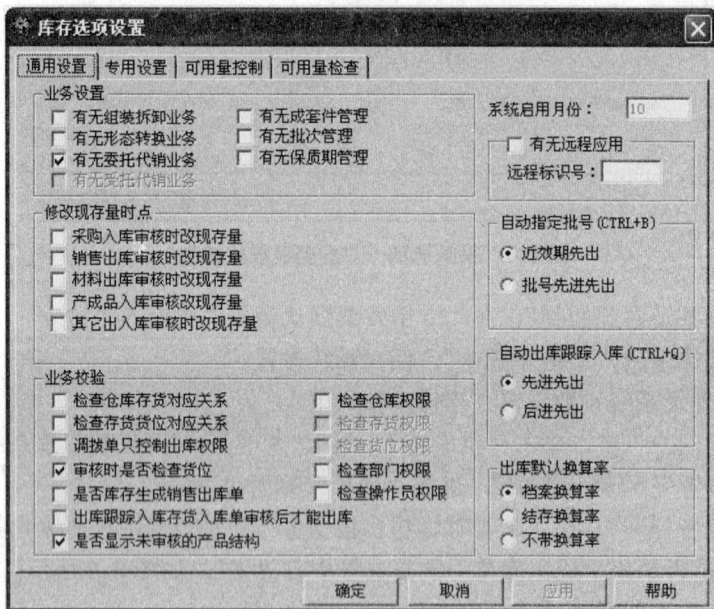

图8-3　库存选项设置

4. 存货核算系统参数设置

操作步骤如下：

（1）在"企业门户"中，单击"供应链"|"存货核算"，打开存货核算系统；

（2）单击"初始设置"|"选项"|"选项录入"，进入"基本设置修改"界面；

（3）在"核算方式"中选"按仓库核算"；在"暂估方式"中选"月初回冲"；在"销售成本核算方式"中选"销售出库单"，如图8-4所示；

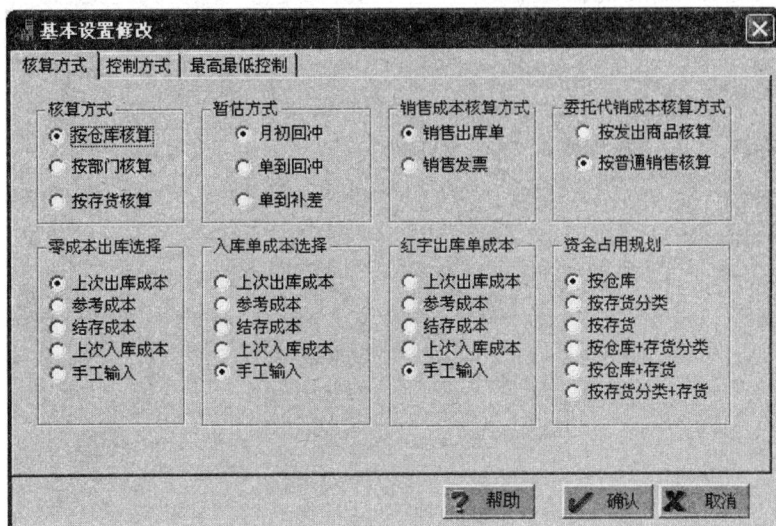

图8-4　基本设置修改

（4）其他系统设置默认。

5. 应收、应付系统参数设置及初始设置

（1）应收系统。操作步骤如下：

① 在"企业门户"中，单击"财务会计"|"应收款管理"，打开应收管理系统；

② 单击"设置"|"选项"，进入"账套参数设置"界面；

③ 单击"常规"，单击"编辑"，使所有参数处于可修改的状态，如图8-5所示；

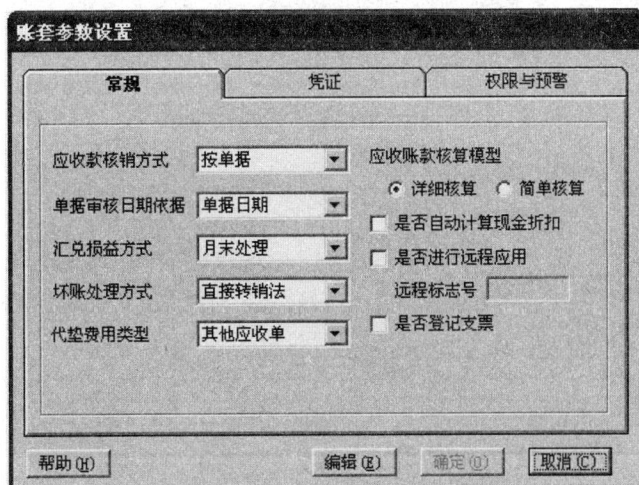

图8-5　应收账款选项—常规

④ 修改设置并单击"确定"，保存应收款系统的参数设置；

⑤ 单击"设置"|"初始设置"，进入"初始设置"界面；

⑥ 单击"设置科目"，按照实验要求进行设置，如图 8-6 所示。

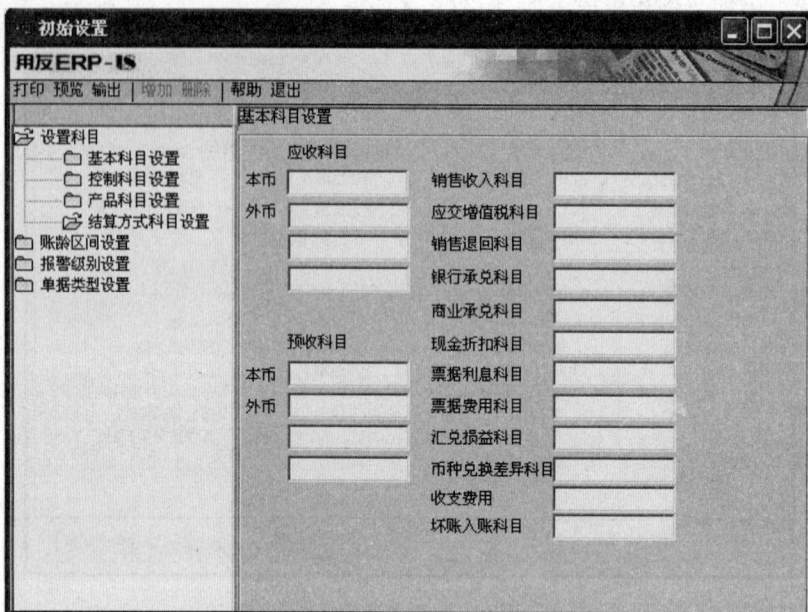

图 8-6 基本科目设置

（2）应付系统。操作步骤如下：

① 在"企业门户"中，单击"财务会计"|"应付款管理"，打开应付管理系统；

② 单击"设置"|"选项"，进入"账套参数设置"界面；

③ 单击"常规"，单击"编辑"，使所有参数处于可修改的状态，如图 8-7 所示；

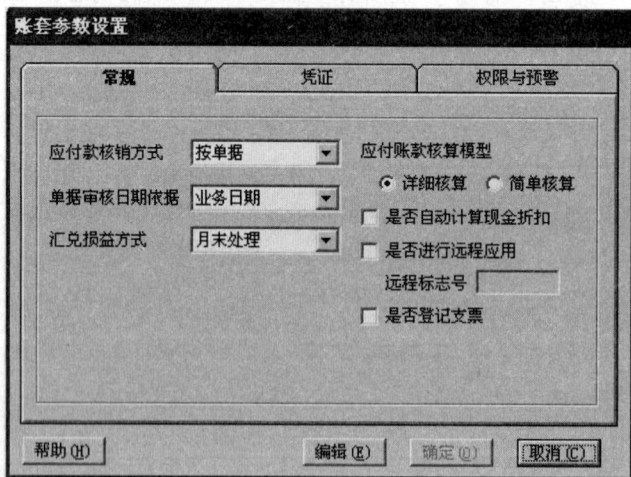

图 8-7 应付账款选项—常规

④ 修改设置并单击"确定"，保存应付款系统的参数设置；

⑤ 单击"设置"|"初始设置"，进入"初始设置"界面；

⑥ 单击"设置科目"，按照实验要求进行设置，如图 8-8 所示。

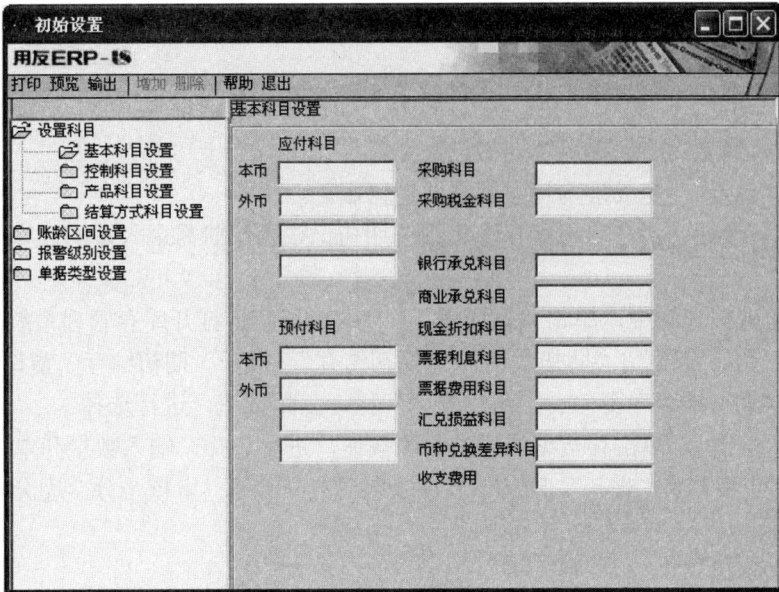

图 8-8　结算方式科目设置

6. 供应链系统初始数据

（1）采购管理期初。操作步骤如下：

① 在"企业门户"中，单击"供应链"|"采购管理"，打开采购管理系统；

② 单击"业务"|"入库"|"入库单"，打开"期初采购入库单"窗口（在材料期初记账前，采购管理系统的"入库"中只能录入"期初采购入库单"期初记账以后，采购入库单需要在库存系统录入或生成）；

③ 单击"增加"，录入期初采购入库单信息，如图 8-9 所示；

图 8-9　期初采购入库单

④ 单击"保存"，保存"期初采购入库单"信息；

⑤ 单击"退出"；

⑥ 单击"设置"|"采购期初记账"，打开"期初记账对话框"；

⑦ 单击"记账"，出现提示"期初记账完毕"；

⑧ 单击"确定"，完成采购管理系统期初记账。

（2）库存管理期初：在启用库存管理系统期初记账操作前需录入采购入库单。操作步骤如下：

① 在"企业门户"中，单击"供应链"|"库存管理"，打开库存管理系统；

② 单击"初始设置"|"期初数据"|"期初结存"，打开"期初结存"窗口；

③ 单击"期初结存"窗口右上角"仓库"栏下三角按钮，进行选择；

④ 单击"修改"，单击存货编码中的参照按钮，进行选择，输入数量和单价；

⑤ 单击"审核"或"批审"，确认该仓库录入的存货信息（审核是分仓库分类别进行的），如图 8-10 所示；

⑥ 单击"退出"。

图 8-10　审核存货信息

7. 存货核算期初

各个存货的期初结存情况，分为库存期初数和期初余额，可以分别在库存管理系统和存货核算系统中录入。操作步骤如下：

（1）在"企业门户"中，单击"供应链"|"存货核算"，打开存货管理系统；

（2）单击"初始设置"|"期初数据"|"期初余额"，打开"期初余额"窗口；

（3）单击"仓库"栏下三角按钮，进行选择；

（4）单击"取数"，系统自动从库存管理系统取出该仓库的全部存货信息；

（5）单击"对账"，选择所有仓库，系统自动进行存货核算与库存管理系统的存货数据同时核对；

（6）单击"记账"，系统提示"期初记账成功"；

（7）单击"确定"，完成记账工作，如图 8-11 所示。

8. 销售管理期初

录入期初已经发货、出库、尚未开发票的业务和录入期初发货单并对期初发货单进行审核。

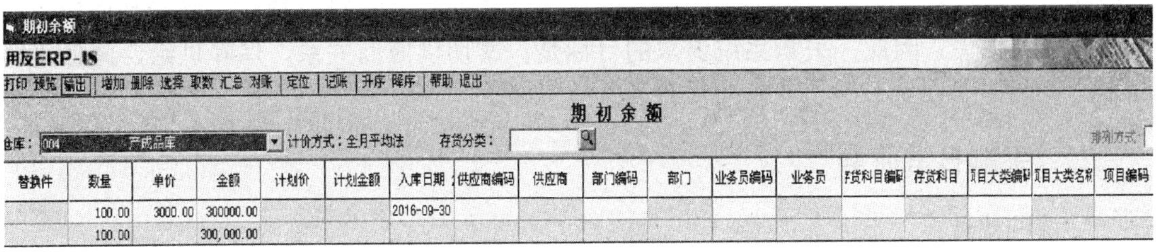

图 8-11 录入存货期初余额

操作步骤如下：

（1）在"企业门户"中，单击"供应链"|"销售管理"，打开销售管理系统；

（2）单击"初始设置"|"期初录入"|"期初发货单"，打开"期初发货单"窗口；

（3）单击"增加"，录入"期初发货单"的信息；

（4）单击"保存"，保存发货单的信息；

（5）单击"审核"，审核确认发货单的信息，如图 8-12 所示；

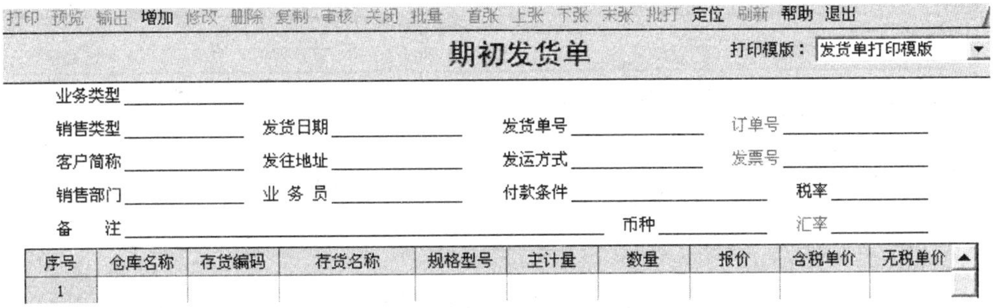

图 8-12 期初发货单

（6）"期初发货单"全部录入，审核完毕后，单击"退出"，完成"期初发货单"录入和审核的工作。

第二节 采购管理系统应用

一、采购管理系统概述

采购是企业采购部门根据由企业的生产计划、库存情况和管理需要而确定的物料需求计划，通过市场采购、加工定制等各种渠道，取得企业生产经营活动所需要的各种物资的经济活动。

通常，企业的采购是从订单开始的，订单是根据产品的市场销售情况或客户的需求依据库存情况产生的，采购订单是从供应商处订货和企业验收货物的一种依据，同时通过采购订单可以跟踪整个采购过程的业务流程。

采购系统的基本目标是减少企业库存，因为过多的库存，会给企业产生很多不良的影响。比如：产生额外的管理费用，包括仓库租赁费、保险费等；造成资本的僵化，使周转资金紧张；存货因陈旧而变为废料，或削价出售，导致收益的恶化等。虽然库存产生问题的原因可能来自生产过程，但是管理不善的采购作业所导致的生产缺料或物料过剩仍会造成企业无法计量的损失。因此，采购系统追求的目标是：密切供应商关系，保障供给，降低采购成本。

二、采购日常业务

1. 请购业务

请购业务是企业内部其他各部门根据采购需求，向采购部门提出采购申请。操作步骤如下：

（1）以 demo 进入"企业门户"，打开"采购系统"；

（2）在采购管理系统中，单击"业务"|"请购"|"请购单"，打开"请购单"窗口；

（3）单击"增加"，进行数据录入，如图 8-13 所示；

（4）单击"保存"和"审核"，直接审核该审核单。

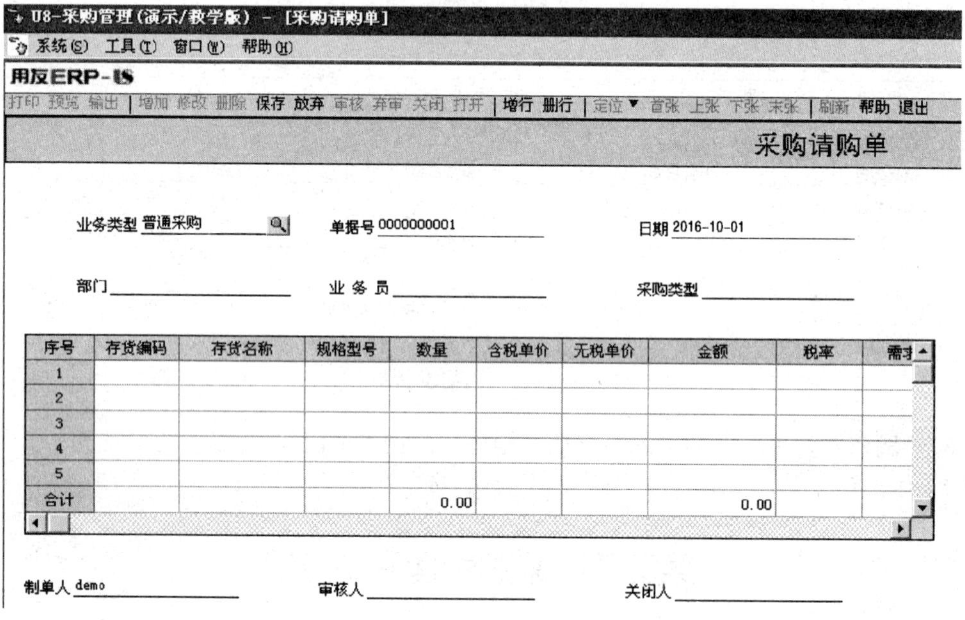

图 8-13 请购单录入

2. 订货业务

订货业务是企业与供应商签订采购合同，确认供货要求。在系统中可以直接输入采购订单，如果采购管理系统与销售管理系统、生产管理系统或库存系统相联系的话，可以根据销售情况、生产情况和库存情况自动生成采购订单，并通过采购订单与采购入库单的对比，随时掌握采购订货业务的执行情况。操作步骤如下：

（1）在"采购系统管理"中，单击"业务"|"订货"|"采购订单"，打开"采购订单"，录入相应数据，如图 8-14 所示。

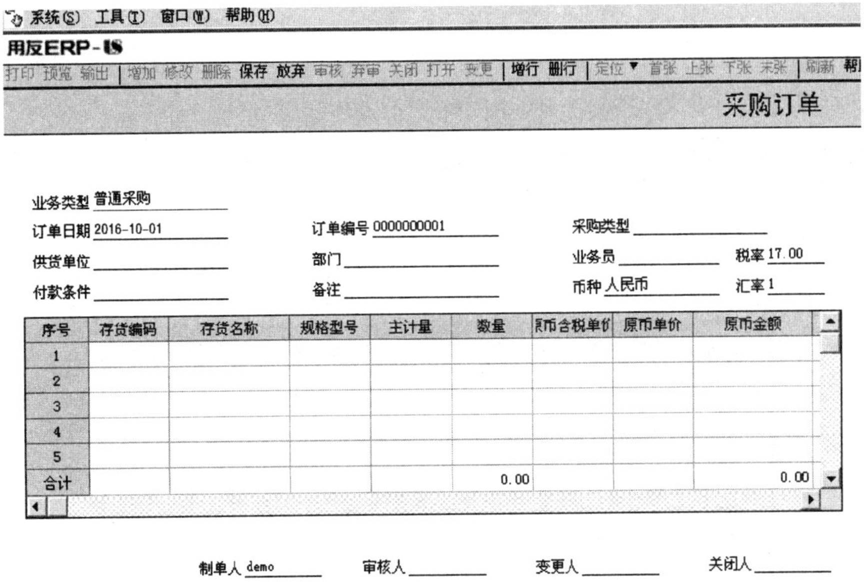

图 8-14 采购订单

（2）单击"业务"|"订货"|"采购订单列表"，打开"过滤条件"，如图 8-15、图 8-16 所示。

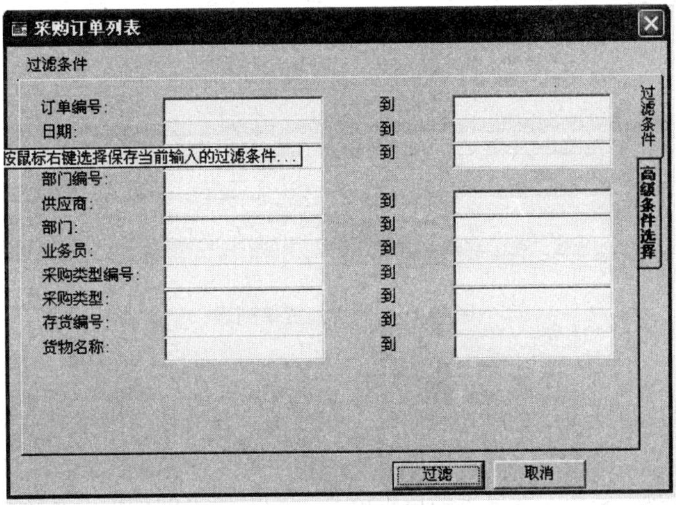

图 8-15 采购订单列表

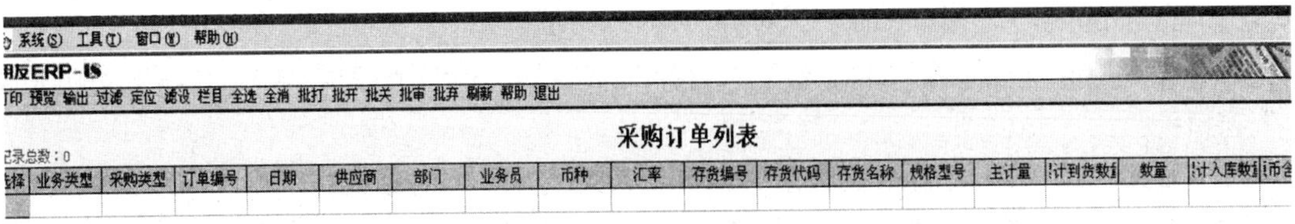

图 8-16 采购订单列表

（3）单击"确定"，选中"请购单"中的资料自动传递到采购订单中，"计划到货日期"

可进行修改。

3. 到货处理

到货处理是采购订货和采购入库的中间环节。操作步骤如下：

（1）在"采购系统管理"中，单击"业务"|"到货"|"到货单"，打开"采购到货单"，录入相应数据，如图8-17、图8-18所示；

（2）单击选中的采购订单，单击"确定"，系统自动生成"采购到货单"；

（3）单击"保存"和"退出"。

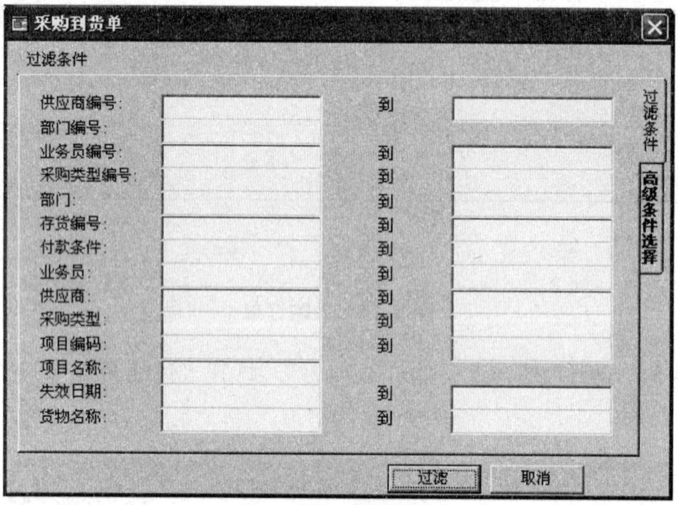

图8-17　采购到货单

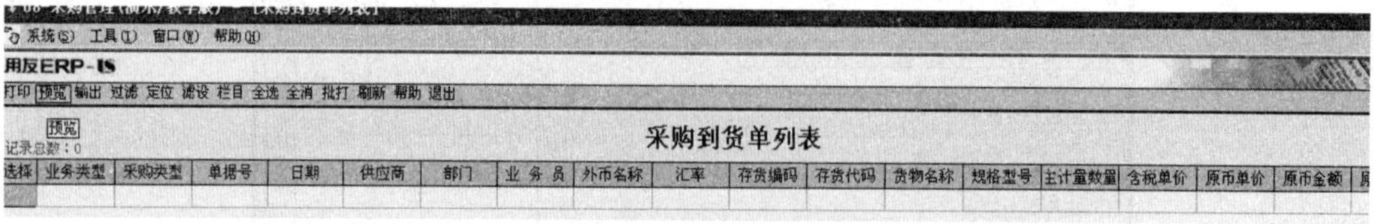

图8-18　采购到货单列表

4. 入库处理

货物到达以后，通过清点、进入仓库的工作环节。在此环节产生的业务单据是采购入库单，采购入库单可以直接输入，也可以通过采购订单或采购发票来生成，如果采购入库单是根据采购发票生成的，采购入库单上的单价就是采购发票上的单价。系统可依据采购入库单数据，对采购入库业务做各种系统分析。操作步骤如下：

（1）以demo进入"企业门户"，打开"库存管理系统"；

（2）在"库存管理系统"中，单击"业务"|"入库"|"采购入库单"，打开"采购入库单"窗口；

（3）单击"菜单"，打开"选择采购订单或采购到货单"对话框；

（4）系统显示生成的"采购入库单"，可以对生成的"采购入库单"进行有限制的修改；

（5）单击"审核"，确认并保存"采购入库单"，如图8-19所示。

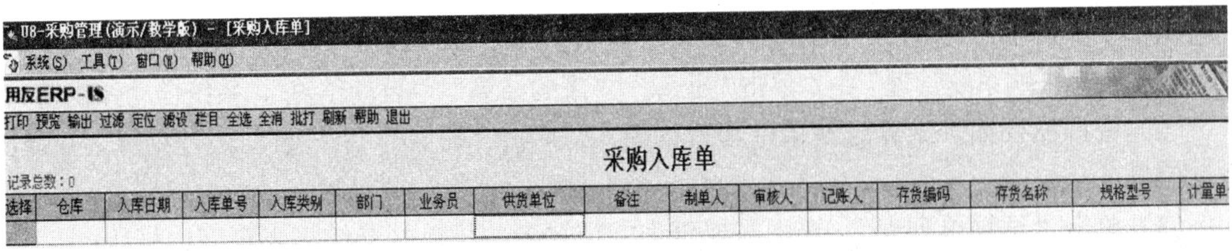

图 8-19 采购入库单

5. 采购发票

从供应商处获取发票以后，需要在系统中编制采购发票，采购发票可直接输入，也可以通过采购订单或采购入库单来生成。编制好的采购发票要经过审核才能成为正式的单据存入系统。系统可依据采购发票对采购业务进行统计分析和形成对供应商的往来账，并生成记账凭证传到总账系统。操作步骤如下：

（1）在"采购系统管理"中，单击"业务"｜"发票"｜"专用采购发票"，打开"采购专用发票"，如图 8-20 所示；

（2）单击"增加"，输入表头信息；

（3）单击"保存"，保存参照采购入库单生成的采购专用发票。

6. 采购结算

将采购入库单与采购发票核对的工作。通过"采购结算"，系统将把采购发票上的材料或商品单价确认为采购入库单上的材料或商品的单价，为存货系统核算存货成本打下基础，同时能够反映票到货未到或货到票未到存货的明细。

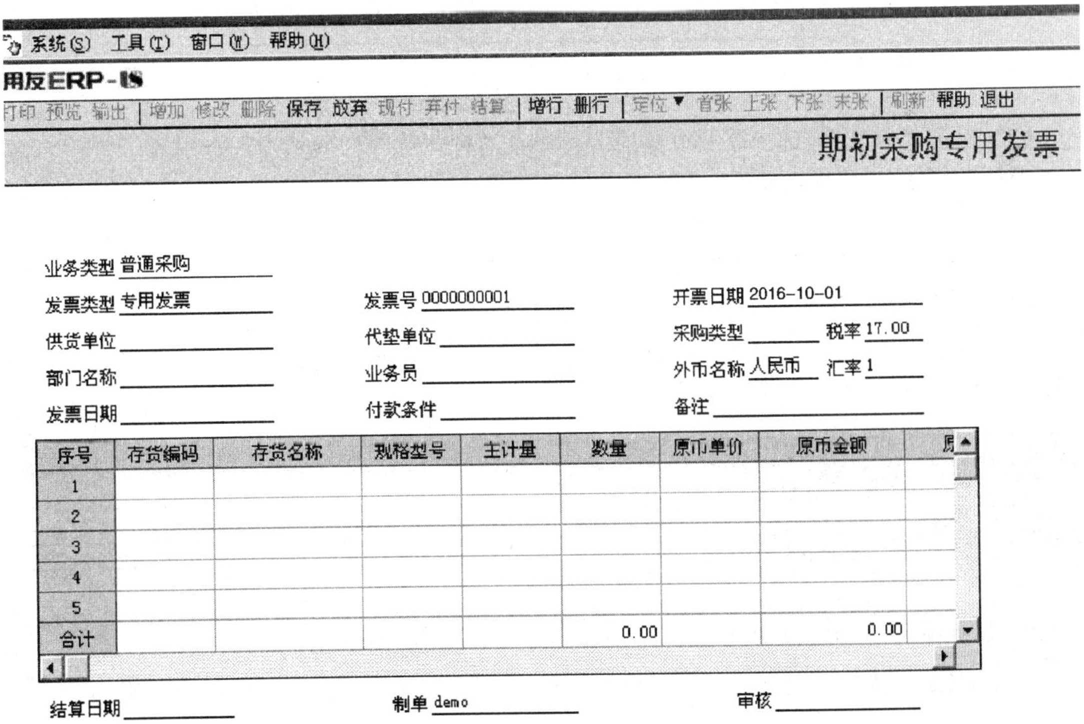

图 8-20 期初采购专用发票

操作步骤如下：

（1）在"采购系统管理"中，单击"业务"|"采购结算"|"自动结算"，系统自动弹出窗口；

（2）根据需要输入结算过滤条件和过滤模式，单击"确认"，系统自动进行结算，并弹出注意信息；

（3）单击"结算单列表"，选中需要查询的结算表，可以打开结算表查询、打印；

（4）单击"退出"。

7. 应付账款确认及付款处理

完成对采购业务转入的应付款项的处理。采购结算后的发票会自动传递到应付款管理系统，财务部门确认应付账款。操作步骤如下：

（1）以 demo 登录到应付款管理系统，单击"日常处理"|"应付单据处理"|"应付单据审核"，系统自动弹出条件过滤窗口，设置过滤条件，如图 8-21 所示。

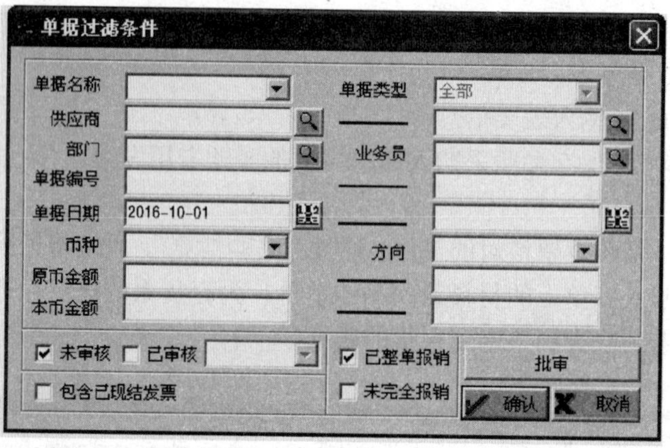

图8-21　录入单据过滤条件

（2）单击"确认"，选择需要审核的应付单据，在"选择"处双击，选中显示"Y"，单击"审核"，系统审核成功单据一张，单击"退出"。

（3）单击"日常处理"|"制单处理"，系统自动打开单据过滤窗口，设置单据过滤条件，选择"发票制单"，单击"确认"，如图 8-22 所示。

（4）选择需要制单的记录，选择凭证类别为"记账凭证"，单击"保存"。

（5）单击"单据查询"|"凭证查询"，可以查询根据应收单据生成的记账凭证，查询完毕。

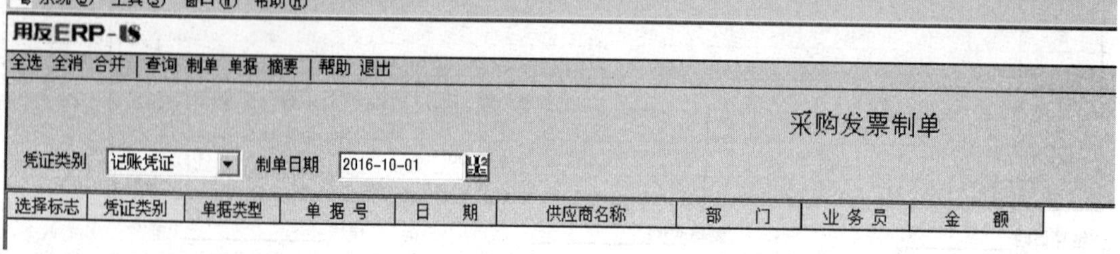

图8-22　根据发票制单

8. 账表查询

操作步骤如下：

（1）单击"采购管理"|"账表"|"统计表"|"到货明细表"，输入查询条件。

（2）单击"过滤"按钮，显示"到货明细表"，如图8-23所示。

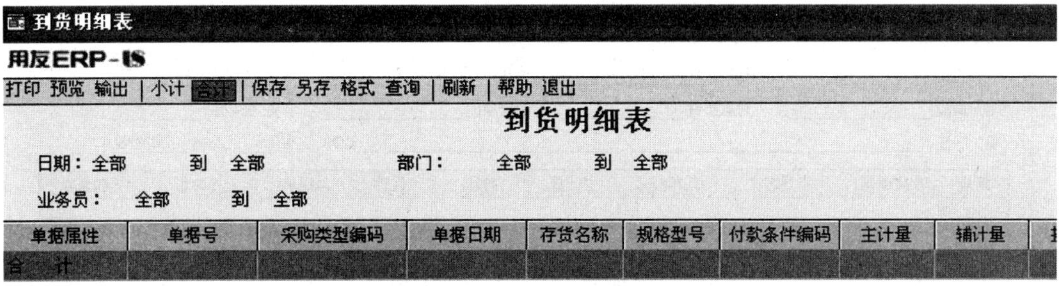

到货明细表

用友ERP-tS

打印 预览 输出 | 小计 合计 | 保存 另存 格式 查询 | 刷新 | 帮助 退出

到货明细表

日期：全部　　到　全部　　　　部门：　　全部　　到 全部

业务员：　全部　　　到　全部

单据属性	单据号	采购类型编码	单据日期	存货名称	规格型号	付款条件编码	主计量	辅计量	
合　计									

图8-23 查询到货明细表

第三节　销售管理系统应用

一、销售管理系统概述

销售是企业生产经营活动的最后一个环节，企业通过出售产品、商品或提供劳务获得生产经营成果，实现企业的价值。销售活动包括两个方面：一方面是将生产出的产品发送给购货单位；另一方面还要按照销售价格收取货款。企业通过取得产品销售收入来补偿已消耗的生产资料、支付工资和其他费用、缴纳税金并实现利润。销售管理系统主要是编制并审核销售订单、发货单、销售发票等单据，经审核的发货单可以自动生成销售出库单并冲减商品库存量，进行销售出库单的记账与制单，完成销售的成本的核算，根据销售发票完成销售收入和税金的核算，以销售发票为依据，记录应收账款情况。

二、销售日常业务

1. 销售报价

企业向客户提供货品、价格等不同信息。操作步骤如下：

（1）以 demo 登录到销售管理系统，单击"业务"|"销售报价"|"销售报价单"，打开填制"销售报价单"窗口；

（2）单击"增加"，输入表头信息，输入完后单击"保存"和"审核"，然后单击"退出"，如图8-24所示。

2. 销售订货

企业的销售合同一般都是从与客户签订合同开始的。合同签订后或者根据合同收取定金后，如果是工业企业，由计划部门安排生产，如果是商业企业，则应安排采购。此环节的销售订单可以直接输入系统，通过销售订单与销售出库单的对比，可以随时掌握销售合同的执行情况。

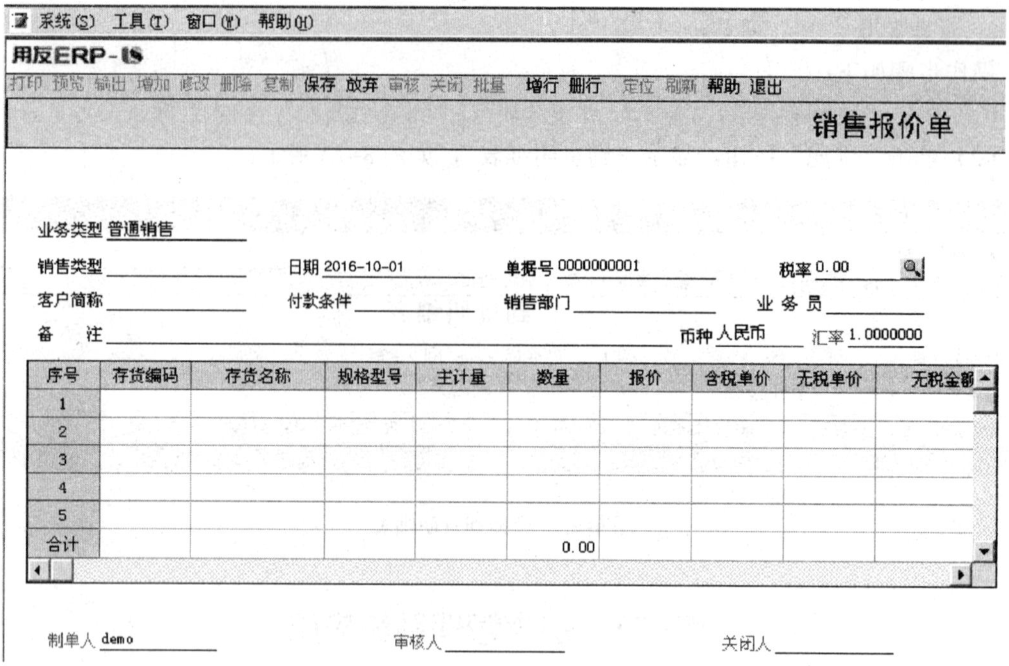

图8-24 录入报价单

操作步骤如下：

（1）以demo登录到销售管理系统，单击"业务"|"销售订货"|"销售订单"；

（2）打开"销售订单"窗口，单击"增加"，单击"报价"；

（3）系统弹出"选择报价单"对话框，单击"显示"，单击要选中的销售订单和相应存货，选中出现"Y"，单击"确认"；

（4）录入资料信息，单击"保存"|"审核"|"退出"，如图8-25所示。

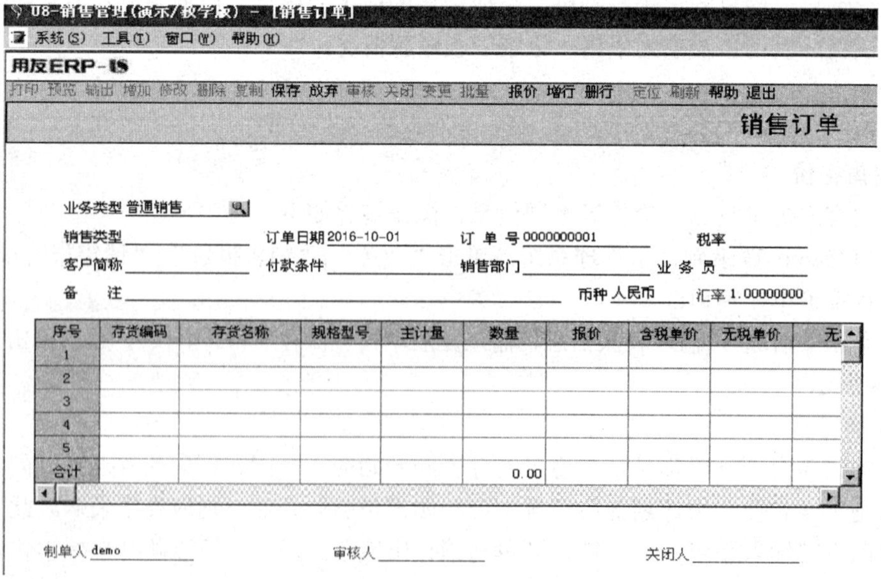

图8-25 录入销售订单

3. 销售发货

销售发货是企业执行与客户签订的销售合同或销售订单，将货物发往客户的行为，是销售业务的执行阶段。在先发货后开票的模式下，发货业务的发货单由销售部门根据销售订单自动生成或手工输入，客户通过发货单取得货物所有权。发货单审核以后，可以生成销售发票和销售出库单。在开票直接发货模式下，发货单可由销售发票产生，审核后的发货单自动产生销售入库单。操作步骤如下：

（1）以 demo 登录到销售管理系统，单击"业务"|"发货"|"发货单"，打开"发货单"窗口；

（2）单击"增加"，系统自动显示"选择订单"，在"选择订单"窗口单击"显示"，单击要选中的销售订单和相应存货，选中出现"Y"，如图 8-26 所示；

（3）单击"确认"，系统自动参照销售订单生成发货单，单击"保存"和"审核"，单击"退出"。

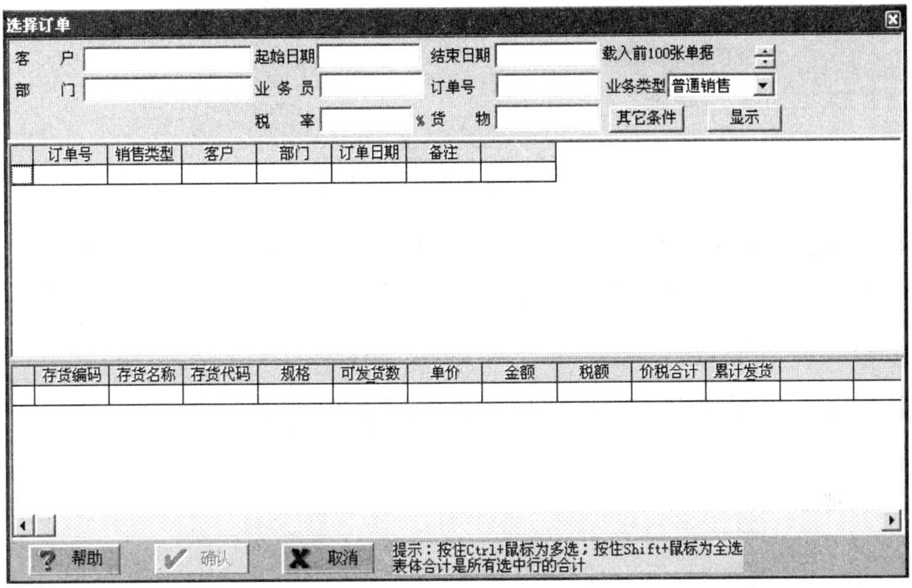

图 8-26 选择订单

4. 销售开票

销售过程中企业给客户开具发票的过程，是销售收入确认、销售成本计算、应交税费确认和应收账款确认的依据。操作步骤如下：

（1）以 demo 登录到销售管理系统；

（2）单击"业务"|"开票"|"销售专用发票"，打开"销售专用发票"窗口；

（3）单击"增加"，系统显示发货单过滤窗口，单击"显示"，单击要选中的销售订单和相应存货，选中出现"Y"；

（4）单击"确认"，系统自动参照销售订单生成销售专用发票，单击"保存"和"复核"，单击"退出"，如图 8-27 所示。

5. 销售出库

仓库管理部门根据销售部门开出的发货单或提货单，将货物从仓库搬出，形成实物流转。

在该业务环节，应手工编制销售出库单，或根据发货单或销售发票由系统自动生成。与库存管理系统联用时，销售出库单一般应该参照发货单生成，不可手工填制。操作步骤如下：

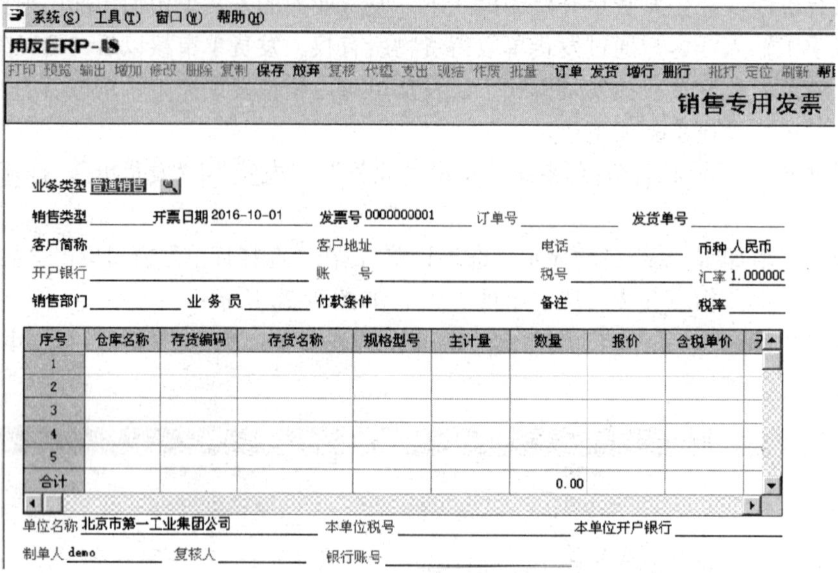

图 8-27　录入销售专用发票

以 demo 登录到库存管理系统，单击"业务" | "日常业务" | "出库" | "销售出库单"，打开"销售出库单"窗口，系统根据发货单自动生成销售出库单，单击"审核"和"退出"，如图 8-28 所示。

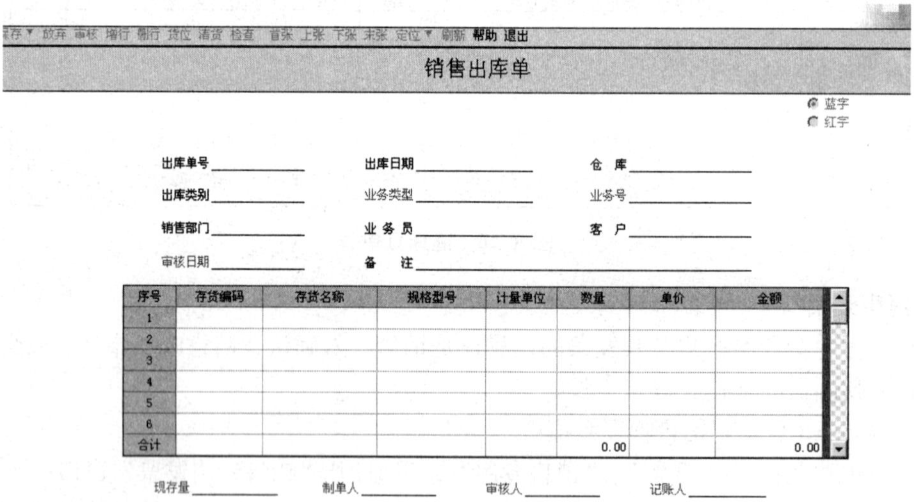

图 8-28　填制销售出库单

6. 应收账款确认

对到期的应收账款应该及时催收，当收到客户的款项时，需要填制收款单，记录企业所收到的客户款项，款项性质包括应收款、预收款等。而这部分收款单还应该与发票、应收单进行核销勾对。操作步骤如下：

（1）以 demo 登录到应收款管理系统，单击"日常处理"|"应收单据处理"|"应收单据审核"，系统自动弹出条件过滤窗口，设置过滤条件；

（2）单击"确认"，选择需要审核的应收单据，在"选择"处双击，选中显示"Y"，单击"审核"，系统审核成功单据一张，单击"退出"，如图 8-29 所示；

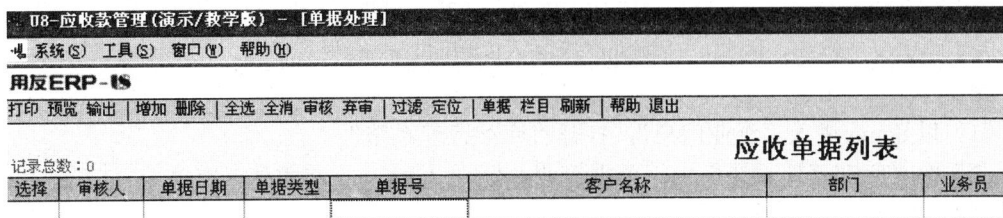

图 8-29 审核单据

（3）单击"日常处理"|"制单处理"，系统自动打开单据过滤窗口，设置单据过滤条件，选择"发票制单"，单击"确认"；

（4）选择需要制单的记录，"选择标志"栏显示"Y"，选择凭证类别为"记账凭证"，单击"保存"；

（5）单击"单据查询"|"凭证查询"，可以查询根据应收单据生成的记账凭证，查询完毕，单击"退出"。

第四节　库存管理和存货核算系统应用

一、库存管理和存货核算系统概述

库存管理的主要功能是管好材料存货、半成品和产成品存货，可以避免材料积压或材料短缺，有利于生产计划的制订安排和组织销售。库存管理系统处理各种类型的出、入库业务，能够支持辅助计量单位、批次、保质期等业务的管理，并进行库存安全性控制。通过对存货的收、发、存业务的处理，及时动态地掌握库存存货的各种信息。提供各种库存汇总统计，输出账表，进行储备分析，进行保质期和安全库存预警提示，便于企业进行存货控制。

存货核算系统主要是针对存货的收发业务进行核算，掌握存货的耗用情况，及时将各类存货成本归集到各种成本项目和成本对象。如果与成本核算系统联用，可为成本核算系统提供材料采购成本，计算出产成品的单位成本核算。如果与总账系统联用，则可将各种单据生成的凭证传递到总账系统中进行账务处理。

二、库存管理系统日常业务的处理

库存业务的处理包括入库业务、出库业务、调拨业务及盘点业务的处理。

（一）入库业务的处理

1. 采购入库

将供应商提供的货品检验确认合格后，放入仓库的业务。采购入库单需要由库管员在"库存管理系统"中编制。在编制采购入库单时，也可以参照采购管理系统中的采购订单、到货单、采购发票等单据生成。操作步骤在本章第二节中已详细介绍。

2. 产成品入库

产成品入库是指工业企业对原材料或半成品，进行加工后形成的可销售产品入库。在库存管理系统"产成品入库单"中，填制产成品入库单并审核。产成品一般在入库单时是无法确定产品的总成本和单位成本的，因此，在填制产成品入库单时，一般只有数量，没有单价和金额。

操作步骤如下：

（1）以 demo 进入"企业门户"，打开"库存管理系统"。

（2）在"库存管理系统"中，单击"业务"|"入库"|"产成品入库单"，打开"产成品入库单"窗口。

（3）单击"生单"，打开"选择采购订单或采购到货单"对话框。

（4）系统显示生成的"产成品入库单"，可以对生成的"产成品入库单"进行有限制的修改。

（5）单击"审核"，确认并保存"产成品入库单"，如图 8-30 所示。

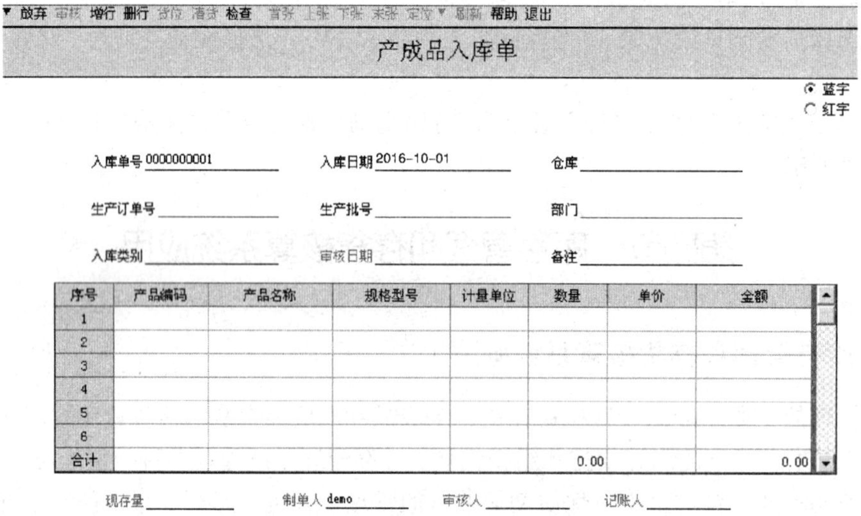

图 8-30　录入产成品入库单

3. 其他入库业务

除了采购入库、产成品入库之外的其他入库业务，如调拨业务、盘盈入库、组装拆卸业务、形态转换入库等业务可以自动形成相应的其他入库单；操作步骤同"产品入库"。

（二）出库业务的处理

1. 材料出库业务

材料出库是指工业企业生产中所必须耗用的原材料而形成的材料出库业务，即材料领用业务。在软件中是通过录入材料出库单来完成此项业务。操作步骤如下：

（1）以 demo 进入"企业门户"，打开"库存管理系统"。

（2）在"库存管理系统"中，单击"业务"|"出库"|"材料出库单"，打开"材料出库单"窗口。

（3）单击"增加"，打开"选择采购订单或采购到货单"对话框。

（4）系统显示生成的"材料出库单"，可以对生成的"材料出库单"进行有限制的修改。

（5）单击"审核"，确认并保存"材料出库单"，如图8-31所示。

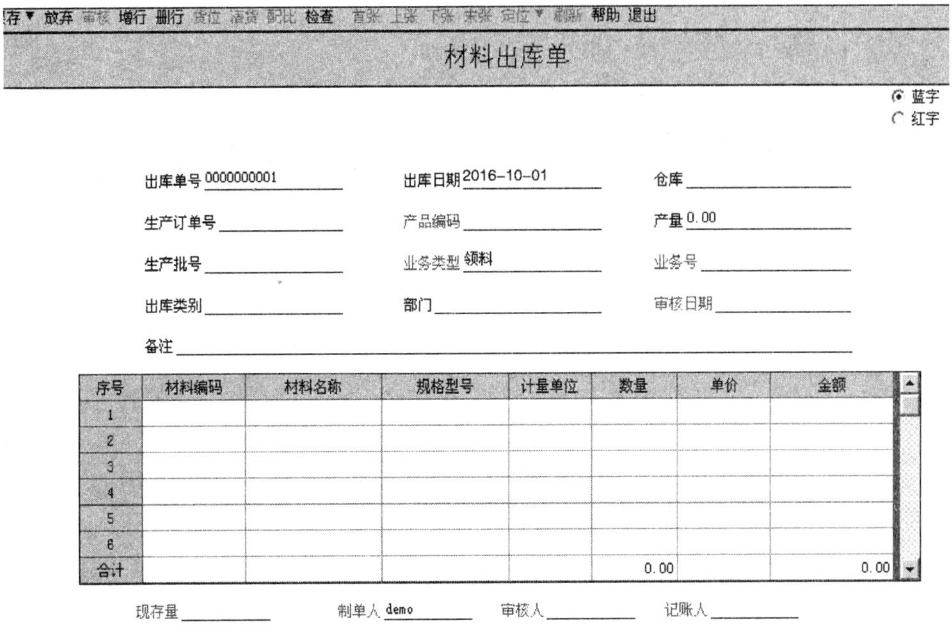

图8-31　录入材料出库单

2. 其他出库业务

其他出库业务是指非生产领用所形成的出库业务，其操作方法与材料出库相同。

（三）调拨业务

调拨业务是指从一个部门到另一个部门的转移所形成的调拨业务。这里的调拨业务与销售中的调拨业务区别是：没有结算业务发生，也不会生成应收或应付业务。

操作步骤如下：

（1）以demo进入"企业门户"，打开"库存管理系统"。

（2）在"库存管理系统"中，单击"日常业务"|"出库"|"调拨"，打开"调拨单"窗口。

（3）单击"增加"，转出仓库的计价方式有移动平均、先进、先出等，调拨单的单价可以为空，系统根据计价方式自动填入。

（4）单击"审核"和"保存"，保存以后，系统自动生成其他入库单，并且生成的入库单不得修改和删除，如图8-32所示。

（5）在存货核算系统中对其他入库单进行记账。

（四）盘点业务

（1）盘点业务处理时，应在库存管理系统下的其他业务中增加一张盘点表，选择盘点仓库，通过盘点表上的"盘库"和"选择"按钮，实现对整个仓库的存货或该仓库的某大类存货进行盘点。

（2）如果想对某一批次的存货进行盘点，应首先在盘点表表头设计中增加"盘点批次"内容，再从盘点业务单中选择存货的批次即可。

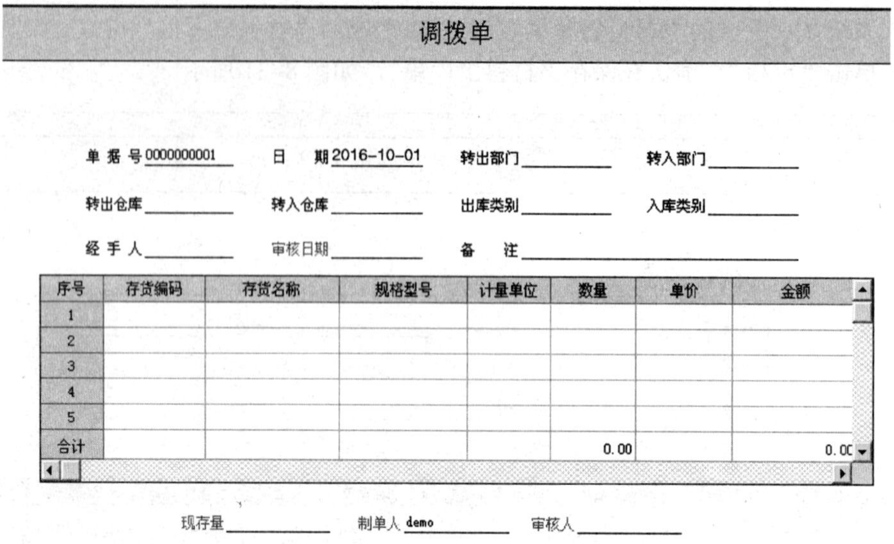

调拨单

单据号 0000000001　日期 2016-10-01　转出部门　转入部门

转出仓库　转入仓库　出库类别　入库类别

经手人　审核日期　备注

序号	存货编码	存货名称	规格型号	计量单位	数量	单价	金额
1							
2							
3							
4							
5							
合计					0.00		0.0

现存量　制单人 demo　审核人

图 8–32　录入调拨单

（3）实盘数量填入存货盘点数量栏目后保存，系统自动计算存货的盘盈、盘亏数量。

（4）单击“审核”按钮，根据盘点表的盘盈、盘亏情况分别生成其他入库单和其他出库单，以后的业务与其他入库单、其他出库单处理相同。

（5）最后，将盘盈、盘亏入库单和出库单制单，在总账系统中增加凭证，盘点单如图 8–33 所示。

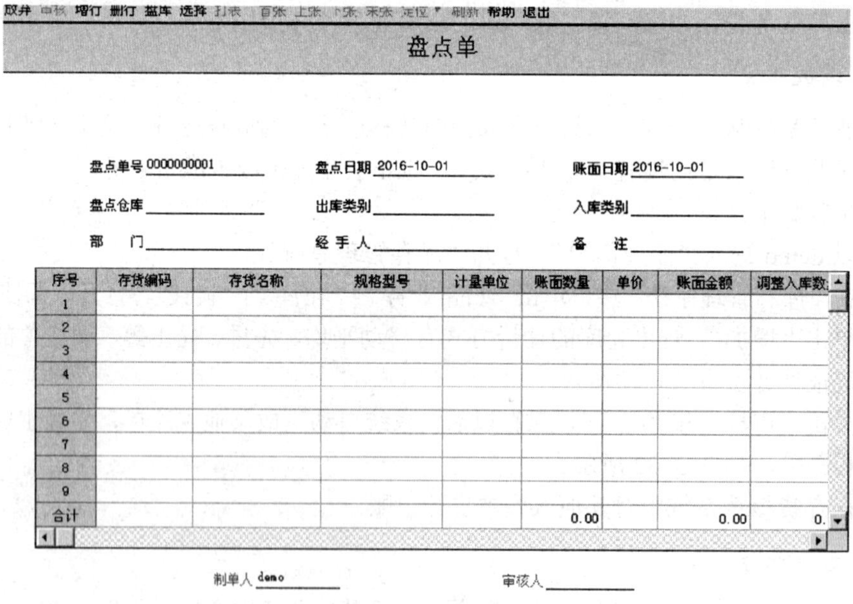

放弃 审核 增行 删行 盘库 选择 打表 首张 上张 下张 末张 定位 刷新 帮助 退出

盘点单

盘点单号 0000000001　盘点日期 2016-10-01　账面日期 2016-10-01

盘点仓库　出库类别　入库类别

部门　经手人　备注

序号	存货编码	存货名称	规格型号	计量单位	账面数量	单价	账面金额	调整入库数
1								
2								
3								
4								
5								
6								
7								
8								
9								
合计					0.00		0.00	0.

制单人 demo　审核人

图 8–33　盘点单

三、存货核算系统日常业务的处理

存货是指企业在生产经营过程中为销售或耗用而储备的各种资产，包括商品、产成品、半成品、在产品以及各种材料、燃料、包装物、低值易耗品等。在企业经营过程中，总是在不断地购入、耗用或销售存货，每个会计期都要进行存货会计核算。存货的核算是企业会计核算的一项重要内容，正确计算存货购入成本，反映和监督存货的收发、领退和保管情况，促进企业提高资金的使用效果。

1. 出库业务处理

出库单包销售出库、材料出库和其他出库。在存货核算系统修改出库单单价和金额。

2. 单据记账

单据记账是将所输入的各种出入库单据记入存货明细账、差异明细账、受托代销商品明细账等。单据记账应注意以下三点：

（1）无单价的入库单据不能记账，因此记账前应对暂估入库的成本、产成品入库单的成本进行确认或修改；

（2）各个仓库的单据应该按照时间顺序记账；

（3）已记账单据不能修改和删除，如果发现已记账单据有错误，在本月未结账状态下可以取消记账。如果已记账单据已生成凭证，就不能取消记账，除非先删除相关凭证。

3. 调整业务

出入库单据记账后，发现单据金额错误，如果是录入错误，通常用修改的方式进行调整。但如果遇到暂估入库后发生零出库业务等原因所造成的出库成本不准确，或库存数量为零仍有库存金额，就需要利用单据进行调整。

调整单据包括入库调整单和出库调整单，只调整存货的金额，不调整存货的数量。

操作步骤如下：

（1）以 demo 进入"企业门户"，打开"存货核算系统"。

（2）在存货核算系统中，单击"日常业务"|"入库调整单"，打开"入库调整单"窗口。

（3）单击"增加"，按照要求填入信息。

（4）单击"审核"和"保存"，然后单击"记账"。

出库单调整操作步骤同上。

4. 暂估处理

存货核算系统对采购暂估入库业务提供了月初回冲、单到回冲、单到补差三种方式，暂估方式一旦选择不可修改。无论采用哪种方式，都要遵守以下规则：

（1）待采购发票到达后，在采购管理系统填制发票并进行采购结算；

（2）然后在存货核算系统中，完成暂估入库业务成本处理。

具体操作：在"库存管理系统"中，根据暂估单价，编制采购入库单并审核。

5. 期末处理

当日常业务全部完成后，可以进行期末处理，其主要功能是：

（1）计算按全月平均方式核算的存货的全月平均单价及其本月出库成本；

（2）对已完成日常业务的仓库或部门做好处理标识。

如果使用采购和销售系统，应在采购和销售系统中做好结账处理才能进行。

6. 月末结账

如果库存系统、采购系统、销售系统集成使用，必须在库存系统、采购系统、销售系统结账以后，存货系统才能进行结账。

复习思考题

1. 简述采购业务、销售业务、存货管理业务处理的业务流程。
2. 简述销售管理系统与库存管理系统之间的数据关系。
3. 简述库存管理系统与存货核算系统之间的数据关系。
4. 简述采购业务、销售业务、存货管理业务的记账凭证是怎样自动生成的。

实训一　采购管理练习

一、实训目的

1. 掌握采购管理系统初始设置的基本内容。
2. 掌握日常采购业务的处理流程。

二、实训要求

1. 初始化。
2. 主要业务处理。
3. 月末结账。

三、实训案例

1. 采购管理的初始化资料（见表8–1）

表8–1　采购管理的初始化资料

控 制 参 数	参 数 设 置
是否允许超订单到货及入库	√
入库单是否自动带入单价	参考成本
订单\到货单\发票单价录入方式	手工录入
专用发票默认税率	17%

2. 本月发生的经济业务

2016年12月份采购业务如下：

（1）12月5日，向北京联想分公司订货一批，货物为联想天鹤PⅢ/500，数量为50套，单价为9 659元，预计到货日期为本月8日。

（2）12月6日，收到北京联想分公司提供的联想天禧PⅢ/550，数量为20台，商品已验收入硬件库，未收到发票。

（3）12月8日，收到北京联想分公司提供的联想17英寸显示器，共计30台，商品已验收入硬件库，并收到专用发票一张，发票号AS8751，单价2 200元，总金额77 220元，已用转账支票支付，支票号2356，银行账号83165879620。

（4）12月8日，收到向北京联想分公司所订的联想天鹤PⅢ/500，入库数量为50套，单价9 659元，已验收入硬件库。同时，收到专用发票一张，发票号AS5581，款未付（注：可立即进行采购结算）。

（5）12月10日，收到上海信息记录纸厂提供的上月已验收入库的20吨铜板纸的专用采购发票，发票号48210，发票单价5 060元；同时收到运费发票一张，发票号8201，金额5 000元，税率7%，货款均未付（注：运费需分摊至采购成本中）。

（6）12月18日，向南京多媒体教学研究所订货一批：货物为"管理革命"多媒体教学光盘，数量为100张，单价为80元，预计到货日期为12月23日。

（7）12月23日，收到向南京多媒体教学研究所订的"管理革命"光盘，入库数量100张，已验收入配套用品库。同时，收到专用发票一张，发票号AS8806，单价80元。立即用转账支票付款，支票号1803，银行账号8316587962。

（8）12月30日，将23日收到的南京多媒体教学研究所提供的"管理革命"光盘20张退货，单价80元，红字发票号H2521，结算金额1 872元。

实训二 销售管理练习

一、实训目的

1. 掌握销售管理系统初始设置的基本内容。
2. 掌握日常销售业务的处理流程。
3. 掌握应收账款的形成过程及货款结算的处理方法。

二、实训要求

1. 系统初始化。
2. 销售与应收系统主要业务处理。
3. 月末结账。

三、实训案例

1. 销售管理的初始化资料（见表8-2）

表8-2 销售管理的初始化资料

参 数 名 称	参 数 值
是否有超订量发货控制	√
是否销售生成出库单	√
自动匹配入库单	先进先出
订单批量生成发货时表体记录	一条
新增发货单默认	参照订单生成

续表

参 数 名 称	参 数 值
新增退货单默认	参照订单生成
新增发票单默认	参照订单生成
是否有客户信用控制	√
信用检查点	单据审核
是否允许非批次存货超可用量发货	√
是否做可用量检查	√，保存时检查
取价方式	价格政策
报价参数设置	销售订单

2. 本月发生的经济业务

2016年12月份采购业务如下：

（1）12月14日，昌新贸易公司想购买10台计算机，向业务一部了解价格。业务一部报价为2 300元/台。填制并审核报价单。该客户了解情况后，要求订购10台，要求发货日期为12月16日。填制并审核销售订单。业务一部从成品仓库向昌新贸易公司发出其所订货物。并据此开具专用销售发票一张。业务部门将销售发票交给财务部门，财务部门结转此业务的收入及成本。

（2）12月17日，业务二部向昌新贸易公司出售1600K打印机5台，报价为2 300元，成交价为报价的90%，货物从外购品仓库发出。根据上述发货单开具专用发票一张。

（3）12月17日业务一部向昌新贸易公司出售计算机10台，报价为6 400元，货物从成品仓库发出。根据上述发货单开具专用发票一张。同时收到客户以支票所支付的全部货款。

（4）12月17日，业务一部向昌新贸易公司出售计算机10台，报价为6 400元，货物从成品仓库发出，业务二部向昌新贸易公司出售1600K打印机5台，报价为2 300元，货物从外购品仓库发出。根据上述两张发货单开具专用发票一张。

（5）12月18日，业务二部向华宏公司出售1600K打印机20台，报价为2 300元，货物从外购品仓库发出。12月19日，应客户要求，对上述所发出的商品开具两张专用销售发票，第一张发票中所列示的数量为15台，第二张发票上所列示的数量为5台。

（6）12月19日，业务一部向昌新贸易公司出售10台1600K打印机，报价为2 300元，物品从外购品仓库发出。并据此开具专用销售发票一张。

（7）12月19日，业务一部在向昌新贸易公司销售商品过程中支付了一笔代垫的安装费500元。

（8）12月20日，业务二部向精益公司出售17寸显示器20台，由原料仓库发货，报价为1 500元/台。开具发票时，客户要求再多买两台，根据客户要求开具了22台显示器的专用发票一张。客户先从原料仓库领出18台显示器，然后客户再从原料仓库领出4台显示器。

（9）12月25日，业务一部售给昌新公司的计算机10台，单价为6 500元，从成品仓库发出。12 月 26 日，业务一部售给昌新公司的计算机因质量问题，退回 1 台，单价为 6 500 元，收回成品仓库。开具相应的专用发票一张，数量为 9 台。

（10）12 月 26 日，业务二部收到昌新公司的转账支票一张，结算上个月购买的显示器货款 234 000 元，支票号 SA265，并做收款处理。

实训三　库存管理练习

一、实训目的

1. 掌握用友网络财务软件中有关库存管理的相关内容。
2. 掌握企业库存日常业务处理方法，理解库存管理与其他系统之间的数据传递关系。

二、实训要求

1. 入库业务处理。
2. 出库业务处理。
3. 其他业务处理。
4. 库存账簿查询。
5. 月末结账。

三、实训案例

1. 库存管理系统与存货核算系统的日常业务处理

2016 年 12 月份库存业务如下：

（1）12 月 3 日，制造部，从材料库领用 20 吨铜版纸用于生产普通打印纸—A4。

（2）12 月 5 日，销售一部，从制造部调拨普通打印纸—A4（批号 5768）和凭证套打印纸—8X（批号 5903）各 500 箱。

（3）12 月 9 日，销售二部，收到赠品——联想 17 英寸显示器一台，单价 2 200 元。

（4）12 月 10 日，销售二部，收到北京联想分公司提供的联想天鹤 PⅢ/500，共计 20 台，暂估价为 9 699 元，入硬件库。

（5）12 月 12 日，收到制造车间普通打印纸—A4（批次 6001），共计 100 箱，验收入产品库。

（6）12 月 15 日，销售　部，领取样品普通打印纸—A4（批号 6001）和凭证套打印纸—8X（批号 5903）各 1 箱。

（7）12 月 20 日，销售二部，向天津海达公司销售联想 17 英寸显示器一台，单价 2 500 元。

（8）12 月 31 日，配套用品库进行盘点，"管理革命"光盘实际库存 998 张，"星光灿烂"光盘实际库存 1 100 张。

第九章

会计电算化管理

知识目标 ///

了解会计电算化的组织形式以及计算机硬件、软件设备维护管理、数据管理、机房管理和费用管理。

理解会计电算化内部控制的主要内容。

掌握电算化会计工作岗位设置以及会计档案安全管理与保密措施。

能力目标 ///

能胜任直接管理、操作、维护计算机及会计软件系统的工作岗位。

具备一定的对硬件设备进行保养、检查的技能以及对会计数据的安全维护技能。

掌握凭证和账簿的打印技能。

会计电算化实施的根本目的是利用计算机这一现代化手段及时、灵活地为经营管理提供服务，使会计人员从传统的记账、算账、报账中解脱出来，从而参与决策、参与管理，更好地发挥会计工作和会计人员的作用，实现会计工作的现代化。因此，电算化会计信息系统建立之后，应制定并形成一套与之相配套的管理工作体系，加强系统的组织与管理工作，确保电算化会计信息系统的安全正常运行，充分发挥系统的潜能，为实现管理现代化的目标服务。会计电算化管理是指各企事业单位在遵循财政部和主管部门电算化会计发展规划、制度等基础上，结合本单位具体情况，设立组织机构和拟订有关制度的管理活动。具体包括会计工作组织形式的选择、人员管理、内部控制、使用管理、维护管理和档案管理等内容。

第一节　会计电算化组织及岗位

制定电算化会计信息系统的组织是指适应电算化的需要，设置单位电算化的机构并调整原有会计部门的内部组织。会计电算化的组织工作涉及单位内部的各个方面，需要人力、物力和财力等多项资源。因此，必须由单位领导或总会计师亲自抓这项工作，成立一个制定本单位电算化会计信息系统发展规划和管理制度、组织电算化会计信息系统的建立和本单位财务人员培训并负责会计电算化投入运行的组织策划机构。

一、组织形式

各单位实现电算化以前的会计组织机构，是为适应手工会计的核算方式而组织的；实现电算化会计以后，整个会计工作的业务流程、核算方法、内部分工和对会计人员的素质要求都将发生很大的变化。因此，原有的组织机构也需要进行相应的调整，以适应电算化会计工作的要求。各单位应结合自身的性质、经营规模、管理模式和会计业务要求等因素，进行电算化后的组织机构设计。一般而言，电算化后的组织机构有以下三种组织形式。

（一）集中管理组织形式

集中管理组织形式是指将会计电算化工作，包括管理、系统开发和使用维护等都放在企业信息中心（计算中心），财务部门不设数据处理部门，也不安装计算机设备。财务部门只定期按规定向信息中心提供核算和管理所需的数据，由计算中心负责会计电算化的日常运行。在这种方式下，财务部门的组织机构一般不做大的变动，除了一些业务由计算机处理外，许多工作仍由手工来完成。该方式有利于单位计算机应用的统一领导、规划和组织，提高数据共享程度。但是，这种组织也有很大的缺点：第一，计算中心人员和财务人员不能很好地协作，各自不了解对方的知识和业务特点，各自偏重本部门情况，导致系统质量低，实用性较差等情况；第二，各部门极易产生依赖思想，认为开展电算化工作是对方的事，从而不能很好地配合和支持系统的实施和运行，影响会计电算化工作的正常进行。目前，该组织形式在实践中已较少使用。

（二）分散管理组织形式

分散管理组织形式是指企业财会部门单独配备计算机硬件设备和机房设施，并配备一定的专业人员，如系统管理与开发人员等，完全由财务部门负责计划、组织系统开发、使用和维护等工作。这种组织形式的优点是：第一，能调动财会部门的积极性；第二，能根据财会部门的实际需要，分期分批解决急需电算化的项目，并且实用性强、投资少、见效快。其缺点也是明显的：一是缺乏整体考虑，各部门都可能从各自的目标出发，少考虑相互之间的联系，数据不能共享，系统效益不高；二是各业务部门都需要配置计算机专门人员，否则影响系统实施，平时遇到的简单问题及维护工作，都不能及时处理。这种组织形式是我国电算化会计管理中最普遍的形式。

（三）集中管理下的分散组织形式

集中管理下的分散组织形式是指企业设立专门的机构（信息中心），统一负责全单位电算化信息系统的总体规划和维护等工作，但同时在财务部门设置计算机网络终端，财务部门主要负责数据的收集、整理、输入及系统运行。

在这种组织形式下，财务部门的内部组织机构在计算机与手工并行的试运行阶段，一般不做大的调整；若甩手账后，即会计核算工作基本上由计算机完成时，就必须调整财务部门的内部组织机构。其调整方法是将手工核算方式下以会计事务性质为依据划分的资金组、存货组和成本组等，调整为系统开发组、数据准备组、数据操作处理组、财务管理组和档案管理组等。在这种组织方式下，系统开发组负责电算化会计工作的规划，并参与系统开发工作；数据准备组负责电算化会计信息系统所需数据的组织、整理工作，并按照规定要求填制数据供输入使用；数据处理组负责电算化会计信息系统的运行工作，其中包括输入、处理、输出和查询等工作；财务管理组负责会计信息的分析、整理、参与决策和参与管理等工作；档案管理组负责各种打印输出的账表、备份数据和资料的管理工作。

这种组织形式，既照顾了各业务部门的特点，又能统一管理组织，是目前较理想的一种组织形式。

二、人员岗位

单位会计电算化后的工作岗位可分为基本会计岗位和电算化会计岗位。

1. 基本会计岗位

基本会计岗位可分为：会计主管、出纳、会计核算、稽核和会计档案管理等工作岗位。各基本会计岗位与手工会计的各岗位相对应，基本会计岗位必须是持有会计证的会计人员，未取得会计证的人员不得从事会计工作。

2. 电算化会计岗位

电算化会计岗位是指直接管理、操作、维护计算机及会计软件系统的工作岗位，实行会计电算化的单位要根据计算机系统操作、维护和开发的特点，结合会计工作的要求，划分电算化会计岗位。大中型企业和使用大规模会计电算化系统的单位，电算化可设立如下岗位：

（1）电算主管。负责协调计算机及会计软件系统的运行工作。要求具备会计和计算机应用知识以及有关的会计电算化组织管理的经验。电算化主管可由会计主管兼任，采用大中型计算机系统和计算机网络财务软件的单位，应设立此岗位。

（2）软件操作。负责输入原始凭证和记账凭证等会计数据，输出记账凭证、会计账簿、报表和进行部分会计数据处理工作。要求具备会计软件操作知识，达到会计电算化初级知识培训的水平。各单位应鼓励基本会计岗位的会计人员兼任操作岗位的工作。

（3）审核记账。负责对已输入计算机的会计数据（记账凭证和原始凭证等）进行审核，以保证记账凭证的真实性、准确性；操作会计软件登记机内账簿，对打印输出的账簿、报表进行确认。此岗位要求具备会计和计算机应用知识，达到会计电算化初级知识培训的水平，可由主管会计兼任。

（4）电算维护。负责保证计算机硬件、软件的正常运行，管理机内会计数据。此岗位要求具备计算机应用知识和会计知识，经过会计电算化中级知识培训。采用大中型计算机系统和计算机网络会计软件的单位，应设立此岗位。此岗位在大中型企业中应由专职人员担任，维护员不应对实际会计数据进行操作。

（5）电算审查。负责监督计算机及会计软件系统的运行，防止利用计算机进行舞弊。审查人员要求具备会计和计算机应用知识，达到会计电算化中级知识培训的水平。此岗位可由会计稽核人员或会计主管兼任。采用大中型计算机系统和大型会计软件的单位，可设立此岗位。

（6）数据分析。负责对计算机内的会计数据进行分析。要求具备计算机应用和会计知识，达到会计电算化中级知识培训的水平。采用大中型计算机系统和计算机网络会计软件的单位，可设立此岗位。此岗位可由会计主管兼任。

（7）档案管理。负责磁盘或光盘等数据、程序的保管，打印输出账表、凭证等各种会计档案资料的保管工作，做好数据及资料的安全保密工作。

（8）软件开发。主要负责本单位会计软件的开发和软件维护工作。由本单位人员进行会计软件开发的单位，设立此软件开发岗位。

在实施电算化会计信息系统过程中，各单位可根据内部牵制制度的要求和本单位的工作需要，参照上述电算化会计岗位进行内部调整和增设必要的工作岗位。基本会计岗位与电算化会计岗位，可在保证会计数据安全的前提下交叉设置，各岗位人员应保持相对的稳定。由本单位进行会计软件开发，还可增设软件开发岗位。而小型企事业单位设立电算化岗位，应根据实际需要对上述岗位进行适当的合并。

第二节　会计电算化后的内部控制

内部控制是管理现代化的必然产物，是指被审计单位为了保证业务活动有效进行，保护资产的安全和完整，防止、发现、纠正错误与舞弊，保证会计资料的真实、合法、完整而制定和实施的政策与程序。

新《会计法》第 27 条明确规定，各单位必须建立本单位的内部控制制度。内部控制关系到企业财产物资的安全完整、关系到会计核算系统对企业经济活动反映的正确性和可靠性。所以，企业为实现其既定的经营管理目标，提高其经济效益，必须加强管理，建立一整套内部控制制度，以保证企业稳定、健康、有序地发展。企业在建立了会计电算化系统后，企业会计核算和会计管理的环境发生了很大的变化。

一、会计核算和管理环境的变化

（一）会计业务处理的内容和方式发生变化

企业使用会计软件处理财会数据后，企业会计核算工作的环境和传统的工作方式相比有许多不同，财会部门人员的构成从原来的财会专业人员，转变为由财会专业人员和会计电算化系统管理员、维护员等构成。传统会计工作中由会计人员处理的有关财会业务，实施电算化后可由其他有关人员在终端机上完成；原来由几个部门按原规定的步骤才能完成的业务事项，现在可以由一个部门甚至一个人完成。因此，需要建立一套符合新形势的内部控制制度，以保证企业财产物资的安全完整、保证会计系统对企业经济活动反映的正确和可靠，达到企业管理的目标。

（二）会计信息载体的变化

企业应用电算化会计系统进行会计核算后，财会业务处理的方法和程序发生了很大的变化，各类会计凭证及报表的生成方式、财会信息的储存方式及载体也与传统的方式不同。原来书面形式的各类会计凭证改为以磁、光介质为媒体进行存储，因此，电算化会计系统的内部控制与手工会计系统的内部控制制度相比，控制的重点由对人的控制为主转变为对人、机的控制为主，控制的程序也应当与计算机处理程序相一致。

二、电算化会计信息系统内部控制的主要内容

电算化会计信息系统的内部控制可以划分为：一般控制和应用控制两大类。它们都是用

来预防、发现、纠正系统所发生的错误、舞弊和故障，使系统能正常运行；是提供可靠和及时的信息保证。与手工会计系统相比，它们也是计算机应用于会计信息系统所产生的特殊控制。

（一）电算化会计信息系统的一般控制

它有时也称为管理控制，是对电算化会计信息系统中的组织、操作、安全、开发等系统运行环境方面所进行的控制。一般控制主要包括以下三个方面的内部控制：一是组织和操作控制；二是系统硬件和软件控制；三是系统开发和系统文档控制。

1. 组织控制

组织控制的目的主要是减少电算化部门发生错误及舞弊行为的可能性。组织控制的基本原则是不相容的职责由不同的人员或部门来承担，基本目标是建立恰当的组织机构和职责分工制度。

（1）电算部门与用户部门的职责分离。电算部门主要负责业务记录及对数据进行处理和控制，而用户部门主要负责批准执行各种业务交易。两者之间应尽可能保持不相容职责（业务授权、执行、保管和记录）的分离。具体职责分离如下：

① 电算部门不能负责业务的批准和执行，所有业务均应由用户部门发起或授权。电算部门负责控制该部门内进行的数据处理，检查处理中发生的错误并纠正本部门产生的错误，控制在更正错误后重新输入并处理数据；用户部门负责更正产生于电算部门以外的错误，并将更正后的数据重新传递到电算部门进行处理。

② 电算部门不能保管除计算机系统以外的任何资产。

③ 所有业务记录与主文件记录的改变均需用户部门授权，电算部门无权私自改动业务记录和有关文件。

④ 所有业务过程中产生的错误数据均应由业务部门负责或授权改正，电算部门只允许改正数据在输入、处理、输出过程中由于操作疏忽而引起的错误。

⑤ 所有现有系统的改进，新系统的应用都由用户部门授权，电算部门无权私自修改系统程序。

（2）电算部门内部的职责分离。电算化会计信息系统的建立导致新的职能工作的产生，由于计算机信息处理的特点是将数据集中起来统一处理，会使得本应分离的某些职责集中化。为保证系统可靠运行，防止错误和舞弊发生，电算部门内部不相容职责也应分离。首先应对系统开发职能与数据处理职能分离。所有参与系统分析、设计、编程和数据库管理的人员都不能参与日常业务数据处理操作，操作人员也不能参与程序的编制与修改；独立的档案保管职能有助于防止任何未经批准而使用程序、数据文件和系统资料的行为；独立的控制职能有利于单独检查系统的输出，监督和保证数据处理的准确性。其次应对数据处理职能进行分离，一般在数据处理小组可设置凭证输入员、审核员、记账员和会计档案保管员，这些职责一般应予以分离，例如，凭证输入与审核工作由不同的人员完成，可以保证输入人员错误数据的检测，也减少了输入人员利用工作之便弄虚作假的可能。

（3）人事控制。电算化会计信息系统是人机系统，内部控制的好坏还取决于有关人员的素质，高素质的人员才可能建立高质量的系统。要建立人员招聘、在职教育、定期评价、轮换任职、奖惩制度等控制措施，对工作人员的知识、技能、职业道德提出更高的要求。

2. 操作控制

电算化会计信息系统的使用操作应当有一套完整的管理制度，具体操作控制措施包含如下内容：

（1）制订工作计划，各部门严格按照工作计划操作。计算机的具体操作也强调工作计划的制订，如定期对整个系统进行全面或局部的检测，定期进行数据文件备份，定期盘存输出资料等，以使整个工作能有条不紊地进行。此外，计算机操作还应实行责任轮换制，对不同的操作岗位，定期地进行调换。所有这些，都是保障系统正常运行的前提。

（2）管理人员制定上机守则和操作规程，操作人员严格遵守上机守则和操作规程。上机守则主要是关于机房工作的一般性规定，如对进出机房的人员和物品的限定，操作人员进出机房需要的手续及进出时间，操作人员的日常工作性质和范围，交接班制度，出现紧急状态时的应急措施，以及保持机房的整洁、干净等。操作规程主要是对电算业务处理过程的具体操作步骤的叙述。

在执行守则和规程的检查时，一要注意坚持经常性的检查；二要严格认真，避免流于形式而使守则和规程形同虚设。操作人员在实际的操作工作中，要以具体的上机守则和操作规程为指导，积极接受并配合管理人员的检查。

（3）做好日志记录的登记。日志记录是对系统日常工作情况最基本、最全面和最详尽的反映，一方面是计算机审计取证工作的主要对象，是系统管理人员或内部审计人员进行检查的重点；另一方面，当系统发生故障时，可以根据日志记录检查原因，并且可以根据日志记录恢复数据。日志可以由操作员来记录，也可以由系统自动生成。

手工日志和自动日志相辅相成，内容不完全相同，两者彼此不可替代。

（4）制定对非常状态的应急措施和物理安全规则。计算机系统所面临的非常状态有：系统遭受火灾、水灾、盗窃等灾害，硬件的物理性损坏、系统发生断电、通信中断等故障、软件存储介质毁损、数据文件丢失或破坏、病毒发作，破坏了系统的正常运转等。为了应付上述非常状态，避免一切操作从头开始，使系统尽快恢复工作，应制定相应的安全规则和应急措施，例如定期做好数据备份，系统程序备份，备份与原件分开存放等。

3. 硬件控制

硬件控制，亦称"设备控制"，是由计算机生产厂家在计算机设备中实现的控制技术和方法。硬件控制能自动查出某些类型的错误，而无须程序或操作人员送入任何特殊指令。硬件控制的失效会削弱其他控制措施的作用，影响系统的可靠性，因此，审计人员应定期对其控制效果进行测试。

一旦硬件系统的故障或错误暴露出来，应立即予以记录并报告，让硬件维护人员来处理。

4. 软件控制

计算机软件分为系统软件和应用软件。系统软件是负责管理计算机软硬件资源的软件，如操作系统、数据库管理系统等；应用软件是专门解决特定任务的软件，如会计软件。利用系统软件如操作系统、数据库管理系统实现控制，是电算化会计信息系统内部控制机制的一个显著特色。控制功能主要包括：错误处理、程序保护、文件保护、安全保护和自我保护。

5. 网络控制

电算化会计信息系统已经从单机系统向网络系统发展，不管是基于局域网络的系统，还是基于互联网的系统，网络控制都是对系统的一种重要的内部控制。网络中常用的控制措施如：网络中数据加密；网络端口保护和网络中主体验证标识。

6. 系统开发控制

系统开发控制主要运用于那些自行设计电算化会计软件的单位。

为了保证电算化会计信息系统成功地完成，并且能满足用户的需求，为了保证系统的开发过程合法、有效，需制定如下的控制措施：要制订全面、完整的开发计划；采用结构化系统开发方法；制定编程规则与规范，以提高系统的可审性；进行开发进程控制，以保证系统开发进程和质量；系统测试控制；系统审批控制程序和系统程序变更控制和系统转换控制。

7. 系统文档控制

系统文档包括电算化会计信息系统中的证、账、表以及所有系统开发中产生的数据文档，如系统说明书，数据流程图，源程序、系统使用手册及编程说明等。系统文档控制就是指要建立文档管理制度及安全保密制度，其主要规则有：

（1）文档应由专人保管，会计数据在纳入机内系统之前，必先经系统主管审批。

（2）计算机打印输出书面资料，应由输出和审核人员共同签字后才是合法的会计档案，使用时必须经过批准，而且借调资料必须如实登记。

（3）存储在磁性介质上的文件应加密保护。

（4）系统数据文件应定期复制备份，以防数据丢失或数据毁损后无法恢复。

（5）应根据会计档案的规定制定文档的保管数量、保管时间、定期备份的间隔期等。

（二）电算化会计信息系统的应用控制

电算化会计信息系统的应用控制是指影响系统特定用途的控制，即为适应会计处理的特殊要求而建立并实施的控制。应用控制主要包括三个方面：输入控制、处理控制、输出控制。

1. 输入控制

如果输入数据出错，以后的处理环节再正确，也只能输出错误的信息。因此，要提高电算化会计系统的可靠性，必须设计有效的输入控制措施。

（1）数据采集控制。数据采集控制的目的在于确保应用系统在合理授权的基础上完整地收集、正确地编制、安全地传递输入数据。其控制措施主要有：

① 用户部门内部的职责分离。资产保管与数据采集职能分离、业务授权与资产保管职能分离、业务授权与原始凭证填制职能分离、填制原始凭证与审核原始凭证职能分离。

② 标准化的凭证格式。设计和使用标准凭证格式能减少发生错误的概率。

③ 制定凭证编制程序。明确要使用的凭证、编制凭证的时间、编码的使用、凭证传递的程序和时间等。

④ 凭证审核。指定专人负责凭证的审核，以发现和纠正凭证上的错误。

⑤ 手续控制。业务批准人，资产保管人，凭证的编制人、审核人应在凭证上签字，以明确责任。

⑥ 凭证更正规程。数据处理部门（电算部门）发现原始数据有错应交用户部门更正，用户部门更正后再将凭证传递到数据处理部门再处理。

⑦ 批量控制。为每批凭证编号以便凭证的交接（用户部门送电算部门或其他部门）计算批量总数（如业务总数、数量总数、金额总数等），以便检查凭证传递、输入、处理中的错误。

（2）数据输入控制。数据输入控制是为防止输入数据时的遗漏或重复，检查输入数据是否有错误的控制措施。电算化会计信息系统中，数据输入的依据可以是原始凭证，也可以是记账凭证，还可以是这两者的合并。其中以记账凭证作为输入主要依据的方式在目前使用的系统中较为常见，这里就介绍以记账凭证为输入依据的控制。

以记账凭证为依据输入数据时可能发生的问题和错误主要有：会计科目输入错误；借贷方向输错；金额输错；对应关系搞错；由于是键盘输入，输入的速度较慢等。

对于可能发生的问题和错误可采用以下控制措施：

① 顺序校验。检查凭证号码的顺序是否连续，有无重复和遗漏，这项工作可由程序自动控制完成。例如，如果用户输入重复或不连续的凭证号时，程序自动向用户提示凭证输入错误信息。

② 设置会计科目代码与名称对照文件。当输入科目代码时，系统先在对照文件中进行查找，如果找到，可以给用户汉字提示以确认是否为正确科目；如果找不到，应提示"科目不合法"，并要求重新输入正确的科目代码。

③ 设置对应关系参照文件。会计科目输入正确不能保证对经济业务的处理就是正确的，还有可能发生账户对应关系错误。对应关系参照文件根据业务间的相互关系事先确定对应的会计科目，当输入一张记账凭证后，查询对应关系参照文件，检查和判断输入的科目之间是否存在正确的对应关系。

④ 合理性校验。对某些输入的数据确定合理的范围，若输入数据超出合理范围，系统就会给予提示，要求检查输入的数据，如材料的最高、最低储量等可作为合理范围的标准。

⑤ 平衡校验。通过数据间应有的平衡关系检查数据输入是否有错，如当一张凭证输入完毕后系统自动进行"借方科目金额合计＝贷方科目金额合计"的检查。

⑥ 人工校验。由电算化会计信息系统将输入的数据打印出来或在屏幕上再次显示供输入操作人员或审核人员根据原始数据进行检查核对。

⑦ 重输入控制。将同样数据向计算机系统输入两次，由系统自动核对两次输入的结果，并对不一致的记录做标记，核对完毕后由输入员对标记错误的记录进行修改。

可见，在系统程序设计中，将控制关系考虑进去，既方便用户操作，又提高输入数据的正确性和可靠性。

2. 处理控制

数据输入计算机后，按照预定的程序进行加工处理，在数据处理过程中极少人工干预，一般控制和输入控制对保证数据处理的正确和可靠起着非常重要的作用。但是针对计算错误、用错文件、用错记录、用错程序、输入数据错误在输入过程中没检查出来等情况，还必须在处理过程中设置处理控制。这些处理控制措施大都为纠正性和检查性控制，而且多是程序控制。

（1）业务时序控制。会计业务数据处理有时序性，某一处理过程的运行结果取决于若干相关条件过程处理的完成，所以可以在程序中增加业务时序控制，例如，凭证输入计算机后不经审核直接记账，系统程序不予处理。

（2）数据有效性检验。要保证所处理的数据来自正确文件和记录，可采用的控制措施主要有：文件标签校验、业务编码校验和顺序校验。

（3）程序化处理有效性检验。硬件、系统软件或应用软件的错误可能导致数据处理的错误，发现数据处理错误的有效性检验方法是：计算正确性测试和数据合理性检验。

（4）错误更正控制。根据错误处理的方式建立相应的控制。对于数据有效性检验发现的错误，将错误数据先写入待处理文件，更正后与同批或其他批次业务数据一起再输入、处理；对于处理过程结束后发现的错误，不能采用直接删除原有错误记录的方式，要输入两次数据更正错误，第一次输入冲销原有的错误，第二次输入正确的数据。应设置专门的控制日志，记录错误的传递、更正与再输入情况。

（5）断点技术。断点是由一条指令或其他条件所规定的程序中的一个点。断点技术是指在这个点上，程序运行能被外部干预或为监督程序中断，程序运行中断以后，可以直观检查、打印输出或做其他分析。在断点可以通过计算，发现错误可能出在程序运行的哪一个环节，从而及时更正错误，并从断点开始继续处理数据。

（6）数据合理性检查。可以将金额合理性标准编入程序，一般来说，在借贷记账法下，资产类账户余额在借方，负债及所有者权益类账户余额在贷方，通过这些标准，可以检测数据处理是否合理。此外，还可根据试算平衡原理编制程序，对全部账户的期末余额和本期发生额进行检查，一旦发现不平衡，即说明处理有误，应进行查找和更正。

3. 输出控制

计算机数据处理结果输出主要有屏幕显示输出、打印输出、存入磁性介质和网络传输等方式。在输出环节，可能会发生输出结果未经授权输出、未送给指定部门或未及时送到，输出结果不正确或不完整等错误和问题。针对这些错误和问题设置的主要控制措施如下：

（1）输出授权控制。只有经过批准的人才能进行输出操作。可以通过口令控制。

（2）输入过程的控制总数与输出得到的控制总数相核对。

（3）审校输出结果，检查正确性、完整性。

（4）将正常业务报告与例外报告中有关数据做分析对比。

（5）设置输出报告发送登记簿，记录报告发送份数、时间、接收人等事项。

（6）制定输出错误纠正和对重要数据进行处理的规定。

（7）在会计报表输出前，由计算机检查报表间应有的钩稽关系是否满足，若不满足，则给出错误信息。

不同的单位和不同的电算化会计信息系统内部控制的技术方法会有很大差异。应用控制大部分通过程序实现，所以选用的会计软件不同，应用控制的实现方式也不同。但是，不管系统的应用控制采用哪种技术方法，都必须保留审计线索。

第三节　会计电算化后的使用与维护管理

为了保证电算化会计信息系统的安全正常运行，必须设计相应的控制措施进行管理，其维护管理的内容主要包括计算机硬件、软件设备维护管理、数据管理、机房管理和电算费用管理。

一、计算机硬件设备维护管理

机房设备安全和计算机正常运行是实行会计电算化的前提条件，计算机硬件设备的维护主要包括以下几点：

（1）保证机房设备安全和计算机正常运转的措施。如要有防火防盗设施，要经常对硬件设备进行保养、检查，保持机房和设备的整洁，防止意外事故的发生，保证硬件系统正常运行；要定期对计算机场地的安全措施进行检查，保证这些措施的有效性。

（2）排除计算机硬件故障，保证会计数据完整的措施。硬件维护工作中，小故障的维护可以通过计算机命令或各种软件工具来解决，一般由本单位的维护人员来做，较大的故障，本单位的技术人员没有能力解决的，一般要与硬件经销单位联系，协助解决。

（3）使用不间断电源，避免因掉电而破坏会计数据。

二、软件维护管理

软件维护包括会计软件和系统软件的维护。系统软件是由系统开发商提供的，一般购买计算机时就配备好了，也可以通过购买得到。系统软件不需要修改，维护比较简单。系统软件维护的主要任务是：检查系统文件的完整性，杜绝系统文件被非法删除和修改，保证系统软件的正常运行。

自行开发软件的单位一般应配备专职系统维护员进行软件程序维护。

三、会计数据安全维护管理

会计数据的安全维护是为了确保会计数据和会计软件的安全保密，防止对数据和软件的非法修改和删除，包括：必须经常进行备份工作，以避免意外和人为错误造成数据的丢失，每日必须对计算机内的会计资料在计算机硬盘中进行备份；需要做备份的内容，是能够完全恢复会计系统正常运行的最少的数据，一般包括系统设置文件、科目代码文件、期初余额文件、凭证、各种账簿、报表及其他核算系统的数据文件；对磁性介质存放的数据要保存双备份，备份盘应该定期检查复核，保证不丢失数据；系统维护一般由系统维护员或指定的专人进行，数据录入员、系统操作员等其他人员不得进行系统维护操作，系统管理员可进行操作维护但不能执行程序维护；在软件修改、升级和硬件更换过程中，要制定保证实际会计数据的连续和安全的工作程序；健全防治计算机病毒措施，及时预防、检测、清除计算机病毒；制定会计电算化系统发生意外事故时的会计数据维护的制度，以解决因发生意外事故而使数据混乱或丢失的问题。

四、计算机操作管理

计算机操作管理制度的主要内容包括以下几个方面：

（1）明确规定上机操作人员对会计软件的操作内容和权限。操作员对密码要严格管理、定期更换。密码是限制操作权限、检查操作人员身份的一道防线，管理每个操作人员的密码，对整个系统的安全至关重要。

（2）防止非指定人员进入计算机房操作计算机，杜绝未经授权人员操作会计软件，防止操作人员越权使用软件的措施。

（3）按软件的操作功能和会计业务处理流程操作软件，会计人员要按规定录入原始数据的各种代码、审核凭证、记账、执行各功能模块、输出各类信息等。

（4）预防已输入计算机的原始凭证和记账凭证等会计数据未经审核登记机内账簿的措施。

（5）操作人员离开机房前，应执行相应的命令退出会计软件，否则密码的防线就失去了作用，会给无关人员操作软件留下机会。

（6）计算机程序的上机操作日志，应记录操作人、操作时间、操作内容、故障情况等内容，操作记录应由专人保管。

（7）及时备份保证会计数据的安全、完整的措施。每次上机完毕应及时做好所需的各项备份工作，以防发生意外事故。备份的会计数据，应由指定人员用专用保存柜妥善保管。各种备份的数据均要标明类型、年、月、日及备份人等有关标识，以便查找和及时恢复数据，并分清责任，避免会计数据随着会计人员的变更而丢失，备份双份的应分别保存在两个不同的地点。

（8）防止计算机病毒的措施。应该避免使用来历不明的软盘和各种非法复制的软件，以及在财务专用计算机上玩游戏，以防止计算机病毒的感染与传入。另外，应采用安装病毒卡等外部措施，以避免计算机病毒侵入的危险。

五、运行费用管理

电算化后的会计工作，无论是固定费用还是变动费用，都会大幅度增加。各种计算机设备及配套设备会增加大量的固定费用；各种打印纸、软盘、光盘和色带等材料都会增加变动费用。因此，必须加强电算化后的费用管理，合理配置计算机设备和软件，降低固定费用；控制各种材料的购买和使用，降低材料费用；合理配置人员，降低人员费用。

电算化会计信息系统的费用管理主要是控制计算机的使用、人员编制、各种材料的消耗，以节约费用，提高系统运行效益。费用管理中应做到：

（1）人员配置要合理，减少冗余人员。

（2）对各种材料的使用应有预算或计划。

（3）对各种电算化系统运行所需的材料采购、领用要有控制手续。

（4）对计算机的运行要有安排计划，提高运行效益。

第四节　会计电算化档案管理

会计档案管理主要是建立和执行会计档案立卷、归档、保管、调阅和销毁等管理制度。电算化后，大量的会计数据存储在磁盘中，而且还增加了各种程序、软件等资料。这些都给原有的档案管理工作提出了新的要求，需要加强会计档案的管理。档案管理的任务是负责系统内各类文档资料的存档、安全保管和保密工作。有效的档案管理是存档数据安全、完整与保密的有效保证。

一、电算化会计档案的内容

电算化会计档案，包括存储在计算机中的会计数据、以磁性介质或光盘存储的会计数据、计算机打印输出的书面形式的会计数据、会计软件程序及有关资料。其中采用磁带、磁盘、光盘、微缩胶片等介质存储会计账簿、报表，具有磁性化和不可见的特点。作为会计档案保存，其保存期限同《会计档案管理办法》中规定的相应的会计数据（书面形式的会计账簿、报表）保存期限一致。

采用电子计算机打印输出书面会计凭证、账簿、报表的，应当符合国家统一会计制度的要求，采用中文或中外文对照字迹清晰，作为会计档案保存，保存期限按《会计档案管理办法》的规定执行。

二、会计账簿、报表的生成与管理

（一）凭证和账簿的打印

1. 凭证的打印

在原始凭证直接录入计算机并打印输出记账凭证情况下，记账凭证上应有录入人员、稽核人员、会计主管人的签名或盖章。收付款记账凭证还应由出纳人员签名和盖章。打印生成的记账凭证，应按《会计档案管理办法》的有规定立卷归档保管。

计算机与手工并行工作期间，可以保存手工记账凭证，也可以用计算机打印输出的记账凭证替代手工填制的记账凭证，并根据有关规定进行审核、装订成册，加盖骑缝章，作为会计档案保存。

2. 账簿的打印

一般账簿可以根据实际情况和工作需要按月或按季、年打印；发生业务少的账簿，可以满页打印。

现金日记账和银行存款日记账要求每天登记，业务量大的单位应打印输出，做到日清月结。现金日记账和银行存款日记账的打印，由于受到打印机条件的限制，可采用计算机打印输出的活页账页装订成册，每天业务较少、不能满页打印的，也可按旬打印输出。

在所有记账凭证数据和明细分类账数据都存储在计算机内的情况下，总分类账可用"总分类账本期发生额及对照表"替代。

在保证凭证、账簿清晰的条件下，计算机打印输出凭证、账簿中表格线可适当减少。

记账凭证、总分类账、现金日记账和银行存款日记账，还要按照相关税务、审计等管理部门的要求，及时打印输出。

采用磁带、磁盘、光盘、微缩胶片等介质存储会计账簿、报表，作为会计档案保存的单位，如果不再定期打印输出会计账簿，必须征得同级财政部门的同意。

（二）会计档案安全管理及保密措施

1. 存档管理

各单位每年形成的会计档案，都应由财务会计部门按照归档的要求，负责整理立卷、装订成册。账簿应有封皮、封底和启用一览表。打印的凭证、报表不允许有手工更改的数字。当年会计档案，在会计年度终了后，可暂由本单位财务会计部门保管一年。期满后，原则上应由财务会计部门编造清册移交本单位档案部门保管。

各部门保存的会计档案，向外单位提供利用时，档案原件原则上不得外借，调用会计档案应有审批借阅手续。各单位对会计档案必须进行科学管理，做到妥善保管、存放有序、查找方便。

2. 安全、保密措施

对存档的会计资料要检查记账凭证上录入人员、稽核人员、会计主管人员的签名或盖章，收付款记账凭证还应由出纳人员签名和盖章；对电算化会计档案管理要做好防磁、防火、防潮、防尘、防盗、防虫、防霉烂和防鼠咬等工作，重要会计档案应备双份，存放在两个不同的地点，最好存放在两个不同的建筑物内；采用磁性介质保存会计档案，要定期进行检查，定期进行复制，防止由于磁性介质损坏，而使会计档案丢失；大中型企业应采用磁带、光盘、微缩胶片等介质存储会计数据，尽量少采用软盘存储会计数据；存有会计信息的磁性介质及其他介质，在未打印成书面形式输出之前，应妥善保管并留有副本；严格执行安全和保密制度，会计档案不得随意堆放，严防毁损、散失和泄密；各种会计资料包括打印出来的会计资料以及存储会计资料的软盘、磁盘、计算机设备、光盘、微缩胶片等，未经单位领导同意，不得外借和拿出单位；经领导同意的借阅会计资料，应该履行相应的借阅手续，经手人必须签字记录；会计档案应该由专人负责保管；对违反会计档案管理制度的，应该进行检查纠正，情节严重的，应当报告本单位领导或财政、审计机关严肃处理。

复习思考题

1. 电算化会计岗位设置有哪些？
2. 电算化会计档案安全管理及保密措施有哪些？
3. 试述企业在实施会计电算化后应如何有效防范会计舞弊。

第十章

综合实训

第一部分　系统管理

一、账套信息

重庆阳光信息技术有限公司（简称：阳光公司——888），参照工业行业，执行股份有限公司会计制度，启用日期：2016 年 01 月 01 日。会计期间：1 月 1 日～12 月 31 日。记账本位币名称为人民币（RMB）（建账时按行业性质预留会计科目）。对数量、单价等核算时小数位为 2。

地址：重庆市永川区昌州大道路 111 号，法定代表人：肖剑，邮政编码：402160，联系电话及传真：023-49838866，电子邮件：YG@YGXX.net，纳税人登记号：110108200711013。

进行经济业务处理时，需要对存货、客户、供应商进行分类，要求进行外币核算。存货分类编码级次 1223；客户分类编码级次：223；供应商分类编码级次：223；部门编码级次：122；结算方式编码级次：12；会计科目编码级次：42222。

二、财务分工及权限设置

001 陈明（口令：1）——电算主管

负责财务软件运行环境的建立，以及各项初始设置工作；负责财务软件的日常运行管理工作，监督并保证系统的有效、安全、正常运行；审核业务兼负责总账及报表管理。

002 王晶（口令：2）——软件操作员

负责所有凭证的输入及记账工作；负责应收系统、应付系统、工资系统和固定资产系统等管理。

三、建立部门档案和职员档案（表 10–1，表 10–2）

表 10–1　部门档案

部门编码	部门名称	负责人	部门属性
1	综合部	101（肖剑）	管理部门
101	总经理办公室	101（肖剑）	综合管理

续表

部门编码	部门名称	负责人	部门属性
102	财务部	102（陈明）	财务管理
2	市场部	201（赵斌）	购销管理
3	开发部	301（孙健）	技术开发

表10-2　职员档案

职员编号	职员名称	所属部门	职员属性
101	肖剑	总经理办公室	总经理
102	陈明	财务部	会计
103	王晶	财务部	出纳
201	赵斌	市场部	部门经理
202	宋佳	市场部	职员
301	孙健	开发部	部门经理
302	王华	开发部	职员
303	白雪	开发部	职员

四、定义结算方式（表10-3）

表10-3　结算方式

结算方式编码	结算方式名称	票据管理
1	支票	否
101	现金支票	是
102	转账支票	是
9	其他	否

五、记账本位币

人民币，外币：美元，1月1日汇率1:7.304 6。

六、开户银行

中国工商银行永川支行昌州大道办事处，账号：20107012555。

七、客户和供应商分类

1. 客户分类（表 10-4）

表 10-4　客户分类

分类编码	分类名称
01	长期客户
02	中期客户
03	短期客户

2. 供应商分类（表 10-5）

表 10-5　供应商分类

分类编码	分类名称
01	工业
02	商业
03	事业

八、客户档案和供应商档案

1. 客户档案（表 10-6）

表 10-6　客户档案

客户编号	客户名称	客户简称	所属分类码	所属行业	邮编	税号	开户银行	银行账号	电话
001	重庆世纪学校	世纪学校	02	事业单位	400077		工行	7777	66666666
002	成都海达公司	海达公司	03	商业	200088	2222222222222222	工行	6666	55555555

2. 供应商档案（表 10-7）

表 10-7　供应商档案

供应商编号	供应商名称	简称	所属分类码	所属行业	邮编	税号	开户银行	银行账号	电话
001	重庆万科有限公司	万科	02	商业	100011	1111111111111111	工行	1111	66666667

九、地区分类（表10–8）

表10–8　地区分类

地区分类编码	地区分类名称
01	西北地区
02	西南地区
02001	重庆
02002	成都
10	其他

十、付款条件（表10–9）

表10–9　付款条件

编码	信用天数	优惠天数1	优惠率1	优惠天数2	优惠率2	优惠天数3	优惠率3
01	30	5	2				
02	60	5	4	15	2	30	1
03	90	5	4	20	2	45	1

十一、存货分类（表10–10）

表10–10　存货分类

存货分类编码	存货分类名称
1	教材
2	软件

十二、存货档案（表10–11）

表10–11　存货档案

存货编码	存货名称	计量单位	是否销售	是否外购	是否自制	是否生产耗用	计划价售价	参考成本	参考售价	最低售价	最新成本
0001	多媒体教程	套	√	√			32	28	0	0	0
0003	多媒体课件	套	√	√			58	35	0	0	0

注：增值税税率13%。

第二部分 总 账 系 统

一、业务控制参数

凭证制单时，采用序时控制（不能倒流），进行支票管理与资金及往来赤字控制，客户往来款项和供应商往来款项在总账系统核算，制单权限不控制到科目，不可修改他人填制的凭证，打印凭证页脚姓名，凭证审核时控制到操作员，由出纳填制的凭证必须经出纳签字，进行预算控制方式。

账簿打印位数每页打印行数按软件的标准设定，明细账查询控制到科目，明细账打印按年排页。

数量小数位和单价小数位 2 位，部门、个人、项目按编码方式排序，会计日历为 1 月 1 日～12 月 31 日。

二、2016 年 1 月份期初余额表（表 10–12）

表 10–12　科目体系及期初余额表

科目名称	账类	方向	币别/计量	期初余额
库存现金（1001）	指定科目	借		6 595.70
银行存款（1002）		借		119 488.89
工行存款（100201）	指定科目	借		119 488.89
中行存款（100202）		借		
		借	美元	
应收账款（1122）	客户往来	借		157 600.00
坏账准备（1231）		贷		788.00
其他应收款（1221）	个人往来	借		3 800.00
库存商品（1405）		借		199 976.00
多媒体教程（140501）	数量金额	借		87 976.00
		借	册	3 142.00
多媒体课件（140505）	数量金额	借		112 000.00
		借	套	3 200.00
待摊费用（1505）		借		642.00
报刊费（150501）		借		642.00
固定资产（1601）		借		260 860.00
累计折旧（1602）		贷		10 689.87
无形资产（1701）		借		58 500.00

续表

科目名称	账类	方向	币别/计量	期初余额
短期借款（2001）		贷		200 000.00
应付账款（2202）	供应商往来	贷		276 850.00
应付职工薪酬（2211）		贷		10 222.77
应交税费（2221）		贷		−13 000.00
应交增值税（222101）		贷		0.00
进项税额（22210101）		贷		0.00
销项税额（22210102）		贷		0.00
转出多交增值税（22210103）		贷		0.00
转出未交增值税（22210104）		贷		0.00
未交增值税（222102）		贷		−13 000.00
其他应付款（2241）		贷		2 100.00
预提费用（2244）		贷		0.00
短期借款利息（224401）		贷		0.00
股本（4001）		贷		500 000.00
本年利润（4103）		贷		0.00
利润分配（4104）		贷		−163 022.31
未分配利润（410407）		贷		−163 022.31
生产成本（5001）		借		17 165.74
直接材料（500101）	项目核算	借		155.00
直接工资（500102）	项目核算	借		15 000.00
制造费用（500103）	项目核算	借		2 010.74
制造费用（5101）	项目核算	借		
主营业务收入（6001）		贷		
多媒体教程（600101）	数量金额	贷		
多媒体课件（600105）	数量金额	贷		
汇总损益（6061）		贷		
主营业务成本（6401）		借		
多媒体教程（640101）	数量金额	借		
多媒体课件（640105）	数量金额	借		
销售费用（6601）		借		
管理费用（6602）		借		
工资费用（660201）	部门核算	借		

续表

科目名称	账类	方向	币别/计量	期初余额
办公费用（660203）	部门核算	借		
其他费用（660205）	部门核算	借		
财务费用（6603）		借		
利息支出（660301）		借		

注：该公司正在研制开发 A1 软件产品。

三、辅助账期初余额表

1. 其他应收款余额（表 10-13）

表 10-13 1221 其他应收款

日期	凭证号数	部门名称	个人名称	摘要	方向	本币期初余额
2015.12.25	付-78	总经理办公室	肖剑	出差借款	借	3 800
			合计		借	3 800

2. 应收账款余额（表 10-14）

表 10-14 1122 应收账款

日期	凭证号	客户	摘要	方向	金额	业务员	票号	票据日期
2015-10-25	转-118	世纪学校	销售商品	借	99 600	宋佳	P111	10-25
2015-11-10	转-15	海达	销售商品	借	58 000	宋佳	Z111	11-10

3. 应付账款余额（表 10-15）

表 10-15 2202 应付账款

日期	凭证号	供应商	摘要	方向	金额	业务员	票号	票据日期
2015-9-20	转-45	万科	购买商品	贷	276 850	宋佳	C000	9-19

4. 凭证类型设置（表 10-16）

表 10-16 凭证类型

类型	限制类型	限制科目
收款凭证	借方必有	1001，100201，100202
付款凭证	贷方必有	1001，100201，100202
转账凭证	凭证必无	1001，100201，100202

5. 项目档案（表10-17）

表10-17 项目档案

项目目录 核算科目	项目大类：生产成本			
	自行开发项目		委托开发项目	
	101 软件产品	…	网络培训内容	…
5001 生产成本				
500101 直接材料				
500102 直接工资				
500103 制造费用				

四、2016 年 1 月份发生如下经济业务

1. 3 日财务部王晶从工行提取现金 10 000 元。（附单据 1 张，现金支票号 XJ2000）

借：库存现金　　　　　　　　　　　　　　　　　10 000
　　贷：银行存款——工行存款　　　　　　　　　　　　10 000

2. 5 日总经理办公室肖剑出差归来，报销差旅费 3 600 元，交回现金 200 元（附单据 1 张）。

借：管理费用——其他费用　　　　　　　　　　　　3 600
　　库存现金　　　　　　　　　　　　　　　　　　200
　　贷：其他应收款——应收个人款　　　　　　　　　　3 800

3. 12 日，市场部宋佳收到重庆世纪学校转来转账支票 2 张，面值分别为：40 000 元和 60 000 元，用以归还前欠货款。

借：银行存款——工行存款　　　　　　　　　　　100 000
　　贷：应收账款　　　　　　　　　　　　　　　　　100 000

4. 14 日，市场部宋佳向重庆世纪学校售出《多媒体教学教程》600 册，单价 32 元。货税款尚未收到（适用税率 13%）。

借：应收账款　　　　　　　　　　　　　　　　　21 696
　　贷：主管业务收入——多媒体教程　　　　　　　　　19 200
　　　　应交税费——应交增值税——销项税　　　　　　2 496

5. 16 日，市场部宋佳从万科公司购入《多媒体课件》3 000 套，单价 35 元，货税款暂欠，商品已验收入库（发票号 C111，适用税率 13%）。

借：库存商品——多媒体课件　　　　　　　　　　105 000
　　应交税费——应交增值税——进项税　　　　　　13 650
　　贷：应付账款　　　　　　　　　　　　　　　　　118 650

6. 19 日，市场部宋佳归还前欠万科公司部分货款 100 000 元（支票号 201）。

借：应付账款　　　　　　　　　　　　　　　　　100 000
　　贷：银行存款——工行存款　　　　　　　　　　　　100 000

7. 19 日，总经理办公室支付业务招待费 1 200 元。

借：管理费用——其他费用　　　　　　　　　　　1 200

　　贷：银行存款——工行存款　　　　　　　　　　　　1 200

8. 20 日，收到泛美集团投资资金 10 000 美元，按双方约定的当时汇率 7.259 8 折算入账。

借：银行存款——中行存款　　　　　　　　　　　72 598

　　贷：股本　　　　　　　　　　　　　　　　　　　72 598

9. 25 日，A1 软件产品项目发生工资费用 20 000 元。

借：生产成本——直接工资　　　　　　　　　　　20 000

　　贷：应付职工薪酬　　　　　　　　　　　　　　　20 000

五、银行对账余额

阳光公司银行账的启用日期为 2016/01/01，工行人民币户企业日记账调整前余额为 119 488.89 元，银行对账单调整前余额为 159 488.89 元，未达账项一笔，系银行已收企业未收款 40 000 元。

六、2016 年 1 月银行对账单（表 10-18）

表 10-18　银行对账单

日　期	结算方式	票号	借方金额	贷方金额
2015.12.31			40 000.00	
2016.01.03	201	XJ2000		10 000.00
2016.01.06			60 000.00	
2016.01.21	202	201		100 000.00
2016.01.29	202	202		32 760.00

七、设置月末转账分录

1. 自定义转账

（1）计提短期借款利息（月利率 0.165%）。

借：财务费用（660301）　　　　　　　取对方科目计算结果

　　贷：预提费用（2244）　　　　2001 科目的贷方期末余额×0.165%

（2）摊销当月应负担的报刊费（642/12）。

借：管理费用——其他费用（660205）　　　　　　642/12

　　贷：待摊费用（1505）　　　　　　　　　　　　　642/12

（3）摊销当月应负担的无形资产（60000/10/12）。

借：管理费用——其他费用（660205）　　　　　60000/10/12

　　贷：无形资产（1701）　　　　　　　　　　　60000/10/12

2. 对应结转分录（表 10–19）

表 10–19　对应结转设置

编号	凭证类别	摘　要	转出科目编码	转出科目名称	转入科目编码	转入科目名称	系数
0001	转	结转进项税额	22210101	进项税额	22210103	转出多交增值税	1.00
0002	转	结转销项税额	22210102	销项税额	22210104	转出未交增值税	1.00
0003	转	结转转出多交增值税	22210103	转出多交增值税	222105	未交增值税	1.00
0004	转	结转转出未交增值税	22210104	转出未交增值税	222105	未交增值税	1.00
0005	转	结转制造费用	5101		500103	制造费用	1.00

3. 销售成本转账分录

库存商品科目　　　　　　1405
主营业务收入科目　　　　6001
主营业务成本科目　　　　6401

4. 汇兑损益转账分录（设 1 月 31 日美元汇率为 1:7.185 3）

凭证类别　　　　　　　　付款凭证
汇兑损益入账科目　　　　6061

5. 期间损益转账分录

（1）结转支出类账户。
（2）结转收入类账户。

第三部分　UFO 报表

1. 编制《货币资金表》。注意自定义模板的使用。
2. 编制《资产负债表》时，注意定义取数公式：货币资金、存货、未分配利润等项目。
3. 编制《损益表》（批命令）。

第四部分　应收款管理

1. 业务控制参数

应收款核销方式：按余额
控制科目依据：按客户
产品销售科目依据：按存货
预收款核销方式：按余额
制单方式：明细到单据
汇兑损益方式：月末处理

坏账处理方式：应收余额百分比

现金折扣是否显示：√

录入发票时显示提示信息：√

2. 账龄区间设置（表 10-20）

表 10-20 账龄区间

序号	起止天数/天	总天数/天
01	0～30	30
02	31～60	60
03	61～90	90
04	91～120	120
05	121 以上	

3. 报警级别设置（表 10-21）

表 10-21 报警级别

序号	起止比率/%	总比率/%	级别名称
01	0 以上	10	A
02	10～30	30	B
03	30～50	50	C
04	50～100	100	D
05	100 以上		E

4. 常用科目设置

应收科目：1122

销售收入科目：6001

销售税金科目：22210102

5. 结算方式科目设置（表 10-22）

表 10-22 结算方式与对应科目

结算方式	币种	科 目
现金支票	人民币	1001（库存现金）
转账支票	人民币	100201（银行存款——工行存款）

6. 坏账准备参数设置

提取比率：0.5%

坏账准备期初余额：788 元

坏账准备科目：1231（坏账准备）

对方科目：660205（管理费用——其他费用）

7. 应收账款期初余额（表 10–23）

表 10–23　1122 应收账款明细

单据类型	单据编号	单据日期	客户	科目	摘要	方向	金额/元	部门	业务员
普通发票	P1111	2015–10–25	世纪学校	1122	销售教程 1 300 册	借	41 600.00	市场部	宋佳
普通发票	P1111	2015–10–25	世纪学校	1122	销售课件 1 000 套	借	58 000.00	市场部	宋佳
普通发票	Z1111	2015–11–10	海达公司	1122	销售课件 1 000 套	借	58 000.00	市场部	宋佳

8. 部分经济业务（业务员：市场部宋佳）

（1）1 月 10 日，重庆世纪学校从市场部购《多媒体课件》1 000 套，货款已收（发票号 Z113）。

（2）1 月 10 日，收到世纪学校交来的 8 000 元转账支票一张，其中 5 000 元用以归还前欠货款，另外 3 000 元作为预收款。

（3）1 月 13 日，收到世纪学校交来的 10 000 元现金支票一张用于归还前欠货款。

（4）1 月 15 日，收到世纪学校的转账支票一张，票号为 394，金额为 25 000 元以作预收款。

（5）1 月 18 日，经批准确认海达公司所欠的 18 000 元货款无法收回，作坏账损失处理。

（6）1 月 20 日，收到世纪学校交来的 6 000 元转账支票一张，连同 5 600 元预收款一并用于归还前欠货款。

（7）1 月 22 日，经协商将海达公司 5 000 元应收款转入到世纪学校中。

（8）1 月 25 日，将世纪学校 3 000 元预收款冲抵其应收款。

（9）1 月 25 日，将世纪学校 15 000 元应收款冲抵所欠万科公司的 5 000 元应付款。

（10）1 月 25 日，收到已作坏账处理的海达公司货款 18 000 元（转账支票票号为 4501）。

第五部分　应付款管理

一、业务控制参数

按单据核销应付账款，按供应商控制科目，产品采购科目依据存货，按余额核销预付款；制单方式：明细到单据，汇兑损益方式：月末处理；显示现金折扣。

二、账龄区间设置（表10-24）

表 10-24 账龄区间

序号	起止天数/天	总天数/天
01	0～30	30
02	31～60	60
03	61～90	90
04	91～120	120
05	121 以上	

三、报警级别设置（表10-25）

表 10-25 报警级别

序号	起止比率/%	总比率/%	级别名称
01	0 以上	10	A
02	10～30	30	B
03	30～50	50	C
04	50～100	100	D
05	100 以上		E

四、基本科目设置

应付科目　　　　　　应付账款 2202
预付科目　　　　　　预付账款 1123
采购科目　　　　　　库存商品 1405
采购税金科目　　　　应交税费——应交增值税——进项税额 22210101

五、结算方式科目设置

现金支票：库存现金 1001
转账支票：100201 银行存款——工行存款

六、应付账款期初余额（表10-26）

表 10-26 2202 应付账款明细

单据类型	单据编号	单据日期	供应商	科目	摘要	方向	金额/元	部门	业务员
专用发票	C0000	2015-09-20	万科公司	2202	购教程 5 000 册	贷	158 200	市场部	宋佳

续表

单据类型	单据编号	单据日期	供应商	科目	摘要	方向	金额/元	部门	业务员
专用发票	C0000	2015—09—20	万科公司	2202	购课件3 000套	贷	118 650	市场部	宋佳

七、部分经济业务

（1）1月10日，支付给万科公司10 000元转账支票一张，其中5 000元用以归还前欠货款，另外5 000元作为预付款。

（2）1月15日，支付给万科公司转账支票一张，票号为394，金额为25 000元以作预付款。

（3）1月16日，从万科公司购入《多媒体课件》3 000套，货税款暂欠（发票号C111）。

（4）1月17日，从万科公司购入《多媒体教程》1 000套，货税款以转账支票方式支付（发票号C222；支票号200）。

（5）1月19日，开出金额为15 000元的转账支票一张，支票号395，用于归还万科公司前欠货款。

（6）1月20日，开出金额为6 000元的转账支票一张，支票号396，连同15 600元预付款，一并用于归还前欠万科公司的货款。

第六部分　工　资　系　统

一、业务控制参数

工资类别个数：多个。

核算币种：人民币（RMB）。

要求代扣个人所得税，不进行扣零处理。

人员编码长度：3位。

二、人员类别

经理人员、经营人员、开发人员、管理人员。

三、建立工资项目（表10—27）

表10—27　工资项目

项目名称	类型	长度	小数位数	工资增减项
基本工资	数字	8	2	增项
奖励工资	数字	8	2	增项

续表

项目名称	类型	长度	小数位数	工资增减项
交　补	数字	8	2	增项
应发合计	数字	10	2	增项
请假扣款	数字	8	2	减项
养老保险金	数字	8	2	减项
扣款合计	数字	10	2	减项
实发合计	数字	10	2	增项
代扣税	数字	10	2	减项
请假天数	数字	8	2	其他

四、工资计算公式（表 10-28）

表 10-28　工资计算公式

工资项目	定 义 公 式
请假扣款	请假天数×20
养老保险金	（基本工资＋奖励工资）×0.05
交　补	iff（人员类别＝"经理人员" OR 人员类别＝"经营人员"，100，50）

五、人员档案（表 10-29，表 10-30）

001　正式人员　　　部门设置：综合部（包括总经理办公室，财务部）市场部，开发部

表 10-29　正式人员档案

部门名称	人员编号	人员姓名	人员类别	账　号	中方人员	是否计税
总经理办公室	101	肖剑	经理人员	20070090001	是	是
财务部	102	陈明	经理人员	20070090002	是	是
财务部	103	王晶	管理人员	20070090003	是	是
市场部	201	赵斌	经理人员	20070090004	是	是
市场部	202	宋佳	经营人员	20070090005	是	是
开发部	301	孙健	经理人员	20070090006	是	是
开发部	302	王华	开发人员	20070090007	是	是
开发部	303	白雪	开发人员	20070090008	是	是

002   临时人员   部门设置：开发部、市场部

表10-30 临时人员档案

部门名称	人员编号	人员姓名	人员类别	账　　号
市场部	211	刘青	经营人员	20070080001
开发部	311	邢海	开发人员	20070080002

六、设置银行名称

中国工商银行永川支行昌州大道办事处；账号定长为11。

七、1月初人员工资情况

1. 正式人员工资情况（表10-31）

表10-31 正式人员工资　　　　　　　　单位：元

姓　　名	基本工资	奖励工资
肖剑	5 000	500
陈明	3 000	300
王晶	2 000	200
赵斌	3 000	300
宋佳	2 000	200
孙健	4 500	450
王华	3 500	350
白雪	3 500	350

2. 临时人员工资情况（表10-32）

表10-32 临时人员工资　　　　　　　　单位：元

姓　　名	基本工资	奖励工资
刘青	2 000	200
邢海	3 000	300

八、1月份工资变动情况

（1）考勤情况：王华 请假2天；赵斌 请假1天。

（2）因需要，决定招聘李力（编号304）到开发部担任开发人员，以补充技术力量，其

基本工资 2 000 元，无奖励工资，代发工资银行账号：20070090009。

（3）因去年市场部推广产品业绩较好，每人增加奖励工资 200 元。

九、计税基数

计算所得税的基数改为 3 500 元。

十、工资分摊

应付工资总额等于工资项目"等级工资＋奖励工资"，福利费、工会经费、职工教育经费、养老保险金也以此为计提基数。

十一、工资费用分配的转账分录（表 10–33）

表 10–33　工资费用分配表

部　门		工资分摊	工资总额		福利费（14%）		工会经费（2%）、教育经费（1.5%）、养老保险金（15%）	
			借方	贷方	借方	贷方	借方	贷方
综合计划部	总经理办公室	经理人员	660 201	2 211	660 201	2 211	660 205	2 241
	财务部	经理人员	660 201	2 211	660 201	2 211		
		管理人员	660 201	2 211	660 201	2 211		
市场部		经理人员	660 101	2 211	660 101	2 211		
		经营人员	660 101	2 211	660 101	2 211		
开发部		经理人员	510 101	2 211	510 101	2 211		
		开发人员	500 102	2 211	500 102	2 211		

第七部分　固定资产管理

一、业务控制参数

按平均年限法（一）计提折旧，折旧分配周期为 1 个月，类别编码方式为 2112。

固定资产编码方式：按"类别编码＋部门编码＋序号"自动编码，卡片序号长度为 3。

已注销的卡片 5 年后删除；当（月初已计提月份＝可使用月份－1）时，要求将剩余折旧全部提足。

要求与账务系统进行对账，固定资产对账科目：1601 固定资产，累计折旧对账科目：1602 累计折旧，在对账不平情况下不允许月末结账；业务发生后立即制单，月末结账前一定要完成制单登账业务；固定资产默认入账科目：1601，累计折旧默认入账科目：1602。

二、资产类别（表10-34）

表10-34　资产类别

编码	类别名称	单位	计提属性
01	交通运输设备		正常计提
011	经营用设备		正常计提
012	非经营用设备		正常计提
02	电子设备及其他通信设备		正常计提
021	经营用设备	台	正常计提
022	非经营用设备	台	正常计提

三、原始卡片（表10-35）

表10-35　固定资产卡片信息

固定资产名称	类别编号	所在部门	增加方式	可使用年限	开始使用日期	原值/元	累计折旧/元	对应折旧科目名称
轿车	012	总经理办公室	直接购入	6	2015.10.1	215 470	5745.87	管理费用
笔记本电脑	022	总经理办公室	直接购入	5	2015.11.1	28 900	4624	管理费用
传真机	022	总经理办公室	直接购入	5	2015.10.1	3 510	112.32	管理费用
微机	021	开发部	直接购入	5	2015.11.1	6 490	103.84	制造费用
微机	021	开发部	直接购入	5	2015.11.1	6 490	103.84	制造费用

注：净残值率均为4%，使用状均为"在用"，折旧方法均采用平均年限法（一）。卡片项目与卡片式采用软件的标准设定。

四、部门及对应折旧科目（表10-36）

表10-36　部门及对应折旧科目

部门	对应折旧科目
1 综合计划部	管理费用
2 市场部	销售费用
3 开发部	制造费用

五、增减方式设置（表 10-37）

表 10-37　增减变动及对应科目

增减方式目录	对应入账科目
增加方式	
直接购入	100201 工行存款
减少方式	
出售	1606 固定资产清理

六、部分经济业务

1. 1 月 21 日，开发部购买扫描仪一台，价值 1500 元，净残值率 4%，预计使用年限 5 年。

2. 1 月 25 日，经营需要，总经理办公室的传真机调拨到市场部使用。

3. 1 月 25 日，开发部出售微机一台，售价 5 800 元，已提折旧 103.84 元。

4. 1 月 25 日，总经理办公室的轿车添置新配件 10 000 元。

5. 1 月 31 日，计提本月折旧费用。

参 考 文 献

[1] 庄明来. 会计电算化（第二版）[M]. 天津：天津大学出版社，2002.

[2] 何日胜. 会计电算化系统应用操作（第二版）[M]. 北京：清华大学出版社，2005.

[3] 周小芬. 新编电算化会计及模拟实训教程 [M]. 北京：中国发展出版社，2007.

[4] 重庆市会计电算化协会. 会计电算化初级教材（第二版）[M]. 重庆：重庆出版社，2006.

[5] 钟齐整，段全虎. 会计电算化 [M]. 北京：中国财政经济出版社，2006.

[6] 王小云，杨玉顺，李朝晖. ERP 企业管理案例教程 [M]. 北京：清华大学出版社，2007.

[7] 许向澄. 用友 ERP-U8 财务管理使用详解 [M]. 北京：科学出版社，2008.

[8] 龚中华，何平. 用友 ERP-U8（8.61 版）培训教程——财务/供应链/生产制造 [M]. 北京：人民邮电出版社，2008.

[9] 王庆春. 会计电算化原理与实训 [M]. 北京：高等教育出版社，2008.

[10] 武新华，李防，黄宗响. 用友 ERP-U8 财务管理实务（8.7X 版）[M]. 北京：清华大学出版社，2008.

[11] 汪刚，沈银萱. 会计信息系统实验（第二版）[M]. 北京：高等教育出版社，2008.

[12] 葛军. 会计学原理（第二版）[M]. 北京：高等教育出版社，2004.

[13] 王朝晖. 财务软件应用 [M]. 北京：清华大学出版社，2005.

[14] 刘亚杰，李娟. 会计电算化 [M]. 北京：北京大学出版社，2006.

[15] 刘东辉，张洪波. 会计电算化（第二版）[M]. 北京：中国财政经济出版社，2007.

[16] 应连军，谢小春. 会计电算化 [M]. 北京：北京理工大学出版社，2007.

[17] 范洪波，王忠孝. 新编会计电算化 [M]. 大连：大连理工大学出版社，2008.

[18] 刘照军. 会计电算化实用教程 [M]. 北京：北京交通大学出版社，2007.

[19] 何万能. 会计软件操作 [M]. 长沙：中南大学出版社，2006.

[20] 张洪瀚，闫少铭. 会计软件操作（第二版）[M]. 北京：高等教育出版社，2005.

[21] 毛华扬，李帅. 会计电算化教程 [M]. 北京：电子工业出版社，2005.

[22] 曹军，刘洪南. 会计电算化基础 [M]. 北京：清华大学出版社，2005.

[23] 张国平. 会计电算化 [M]. 北京：科学出版社，2004.

[24] 孙莲香. 会计信息化应用教程（高职版）[M]. 南京：南京大学出版社，2006.

[25] 会计从业资格考试教材辅导编写组. 初级会计电算化 [M]. 北京：中国财政经济出版社，2007.

[26] 钱玲. 电算化会计信息系统. 上海：华东师范大学出版社，2004.